Novo Paradigma da Liderança

Lidere a si mesmo
Lidere os outros
Lidere uma organização
Lidere uma sociedade

Tradução:

Maya Reyes-Ricón

RICHARD BARRETT

O Novo Paradigma da Liderança

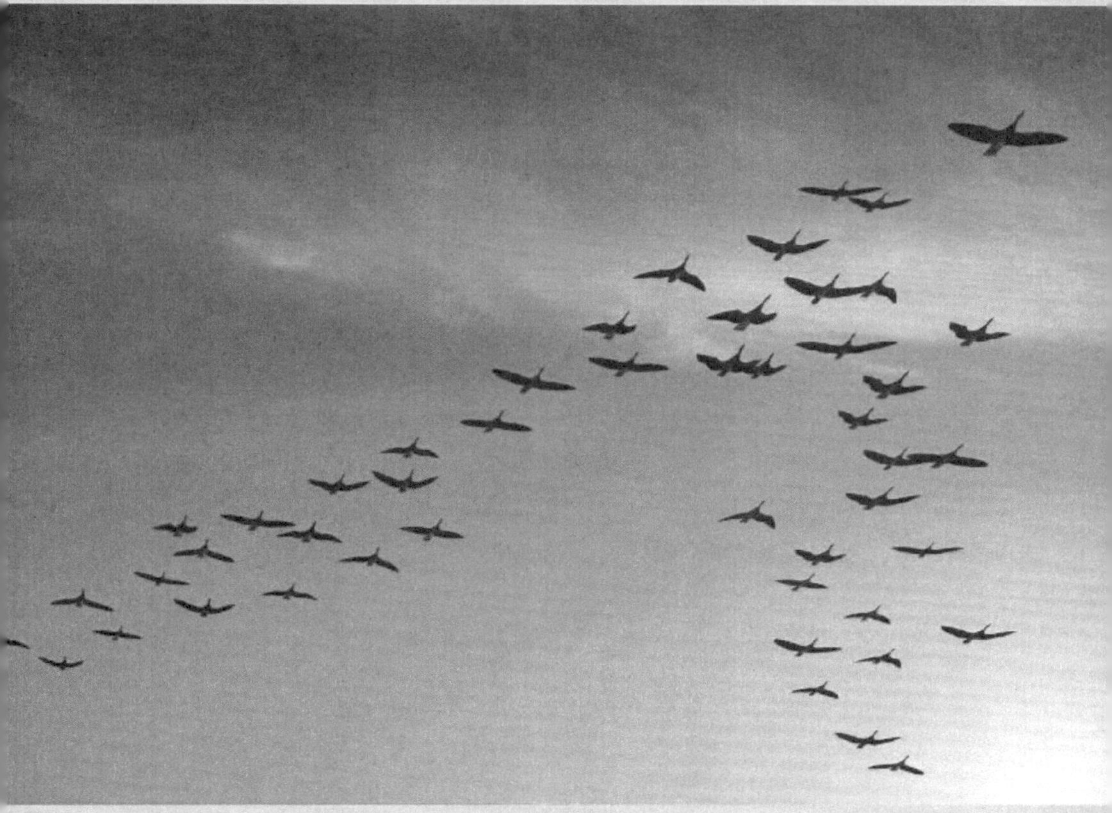

Lidere a si mesmo
Lidere os outros
Lidere uma organização
Lidere uma sociedade

Copyright© 2014 by Richard Barrett

Todos os direitos desta edição reservados à Qualitymark Editora Ltda.
É proibida a duplicação ou reprodução deste volume, ou parte do
mesmo, sob qualquer meio, sem autorização expressa da Editora.

Direção Editorial SAIDUL RAHMAN MAHOMED editor@qualitymark.com.br	Produção Editorial EQUIPE QUALITYMARK
Capa EQUIPE QUALITYMARK	Editoração Eletrônica EDEL

CIP-Brasil. Catalogação-na-fonte
Sindicato Nacional dos Editores de Livros, RJ

B264n

Barrett, Richard
    O novo paradigma da liderança / Richard Barrett ; [tradução de Maya Reyes-Ricón] / Rio de Janeiro. - Qualitymark Editora : 2014.
    488p. : 23 cm

    Tradução de: The new leadership paradigm
    Inclui bibliografia
    ISBN 978-85-414-0009-1

    1. Liderança. 2. Administração de pessoal. I. Título.

12-2913.

CDD: 658.4092
CDU: 005.316.46

2014
IMPRESSO NO BRASIL

Qualitymark Editora Ltda.
Rua Teixeira Júnior, 441 - São Cristovão
20921-405 - Rio de Janeiro - RJ
Tel. : (21) 3295-9800

QualityPhone:0800-0263311
www.qualitymark.com.br
E-mail: quality@qualitymark.com.br
Fax: (21) 3295-9824

Agradecimentos

Como sempre, escrever um livro envolve muito mais do que se sentar diante de um computador para registrar pensamentos, ideias e propostas. Também envolve toda ajuda e apoio que se recebe, de muitas formas diferentes: e são tantos que é quase impossível de se lembrar e listar todos. Mesmo assim, vou tentar.

Primeiro, quero mencionar todos do Barret Values Center. Essa equipe incrível de pessoas talentosas me apoiou nos quatro anos durante os quais este livro estava em preparação. Essa equipe inclui Phil Clothier, Catherine Clothier, Chris Gomez, Ashley Munday, Hannah Lee, Jennifer Quinn, Ella Long, Brittney Stauffer, Allyn Chambliss, Nathan Egge, Patrick McGuire, Tyler Kim, Sara Olsen, Liz Hyatt e Ana Stanaway.

A seguir, quero agradecer à Rede de Transformação Cultural – os usuários das Ferramentas de Transformação Cultural. Houve muita interação, apresentações e discussões envolvendo os membros desse grupo nos últimos anos na Austrália, na América do Norte e na América do Sul. Dentro desse grupo, quero fazer menção especial a Tor Eneroth, Malcolm Lewis, Tom Brady e John Whitmore, que deram contribuições significativas à primeira versão deste livro que resultaram em grandes mudanças. Tor Eneroth também me deu um apoio inestimável no desenvolvimento do conteúdo do web site e do sistema de aprendizado, assim como Marylin Taylor. Também quero agradecer a Nick Le Clere por suas sugestões, assim como a Niran Jiang e Amy Powell.

Outras contribuições importantes para o pensamento sobre a liderança estão indicadas nos locais adequados ao longo do livro, assim como os endereços na web nos quais os recursos citados podem ser acessados.

Se esqueci de alguém, por favor, aceitem minhas desculpas.

Prefácio

Quando recebi o primeiro convite para escrever um livro sobre Liderança, resisti à ideia. Eu não tinha certeza do que poderia acrescentar aos diversos livros que já tinham sido escritos sobre o tema. A pergunta em minha mente era: "O que eu poderia acrescentar que ainda não tinha sido dito?" Mas já que alguma coisa dentro de mim, que guia minha intuição, continuava a insistir, meu cérebro lógico decidiu ir atrás dos fatos para provar o meu argumento.

Consultei os web sites da Amazon e da Barnes & Noble e fiz uma busca pelo termo "liderança". A Amazon listava 330.000 livros e a Barnes & Noble 20.000. Foi justamente ali que achei que tinha encerrado o caso. O que mais poderia ser acrescentado? Decidi aprofundar minha pesquisa acrescentando algumas palavras-chave que acreditava estarem intrinsecamente ligadas ao tema da liderança.

Primeiro escolhi a palavra "cultura". Isso fez com que a lista diminuísse para 13.800 e 1.800 livros nos dois web sites. Depois, acrescentei "valores". Isso fez a lista cair para 1.150 e 270 livros. Por fim, acrescentei "consciência". Com isso, fiquei com uma lista de 39 livros na Amazon e apenas um livro na Barnes & Noble.

Agora sim, eu fiquei intrigado. Esse nexo específico entre os assuntos, que na minha opinião era essencial para se compreender a liderança – liderança, cultura, valores e consciência – tinha sido muito pouco explorado.

Para mim, a cultura que você cria como líder é um reflexo dos seus valores, crenças e comportamentos, o que, por sua vez, é definido pelos níveis de consciência a partir dos quais você opera. E eu pensei, naquele momento, que talvez minha intuição estivesse correta. Talvez eu *devesse* escrever um livro sobre liderança.

Decidi repetir o mesmo exercício usando os termos "desenvolvimento da liderança" como palavras-chave e depois acrescentar "cultura", "valores" e "consciência", nesta ordem. Encontrei inicialmente 25.000 livros na Amazon e 3.250 na Barnes & Noble. Com o acréscimo do termo "cultura", consegui 1.250 e 315 livros, e quando acrescentei "valores", os números caíram para 210 e 50. Ao acrescentar "consciência", encontrei 8 livros na Amazon e apenas um na Barnes & Noble. Agora eu ficara ainda mais intrigado.

Ainda havia uma pergunta em minha cabeça. Como se explica o fato de existirem 330.000 livros sobre liderança? Acho que se soubéssemos do que se trata a liderança, alguém já teria escrito o livro definitivo sobre o assunto e todos nós o teríamos comprado.

Estilos de Liderança

Depois de refletir sobre essa pergunta, percebi que não é porque ninguém sabe o que é a liderança que existem tantos livros sobre o assunto; é porque todo mundo escreve sobre liderança a partir do nível de consciência no qual opera.

Por isso, quando Jack Welch escreve um livro sobre liderança, o conteúdo deste livro é um reflexo da consciência de Jack Welch. Quando Donald Trump escreve sobre liderança, o conteúdo do livro é um reflexo da consciência de Donald Trump.

Quem respeita e admira Jack Welch comprará o *seu* livro e quem respeita e admira Donald Trump comprará o *seu* livro. As pessoas que respeitamos e admiramos são aquelas que desejamos emular. Portanto, as pessoas que compram os livros de Jack Welch o fazem porque se harmonizam com a consciência de Jack Welch, e as pessoas que compram os livros de Donald Trump se harmonizam com a consciência de Donald Trump.

Nessa altura, eu decidi seguir essa linha de raciocínio, lendo os livros desses dois líderes para entender sua "assinatura de valores". Ou, em outras palavras, para identificar os valores e crenças desses dois líderes, e então mapear esses valores dentro do modelo dos sete níveis de consciência.[1] Desse modo, eu conseguiria ver em que níveis de consciência esses dois líderes operam e poderia comparar os resultados (ver Figura P1).

O que me fascinou com relação aos resultados dessa análise foi que muito embora ambos os líderes estejam concentrados em "vencer", os valores que usam para apoiar a "vitória" são bastante diferentes. Fica óbvio pela

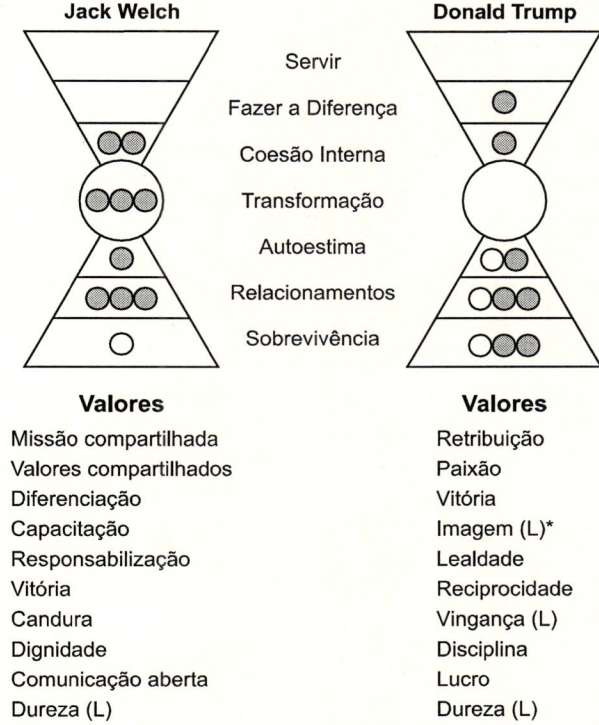

Figura P1 Mapa de valores para Jack Welch e Donald Trump.

Figura P1 que Jack Welch e Donald Trump operam em diferentes níveis de consciência e, com isso, atrairão tipos diferentes de leitores.

Jack Welch

A filosofia de liderança de Jack Welch diz respeito a criar as condições que permitem a sua vitória.[2] Para Welch, vencer é o que importa. Ele aponta quatro princípios para a vitória. Primeiro, você precisa de uma missão clara e poderosa que defina como pretende vencer nos seus negócios, e um conjunto de valores e comportamentos de sustentação que não deixa que as pessoas tenham dúvidas sobre o que se espera delas.

Em segundo lugar, Jack Welch acredita profundamente nos valores da "candura". A candura só pode ocorrer em uma cultura onde todos sejam en-

---
* L = Valores potencialmente limitantes.

corajados a comunicarem sua verdade como desejarem. Isso significa dar a oportunidade para que todos na organização sejam ouvidos e tratados com dignidade.

A seguir, na lista de Jack, vem a "diferenciação". Para ele, ela é um sinônimo para desempenho. Ele acredita em recompensar os 20% de mais alto desempenho entre os empregados, capacitar os 70% de desempenho intermediário e demitir os 10% de desempenho mais baixo. A diferenciação também significa ser o primeiro ou o segundo melhor em sua área de atuação. Se você não está entre os dois melhores, é melhor procurar outro mercado. Em outras palavras, você vence quando se concentra naquilo que você faz bem, e esquece o resto.

O estilo de liderança de Jack Welch centra-se na comunicação (consciência relacional), em dar voz às pessoas (consciência transformacional) e em missão e valores compartilhados (consciência da coesão interna). Sua abordagem para a vitória por meio da diferenciação possui um elemento rude. Este é um valor que potencialmente limita a sobrevivência.

Donald Trump

A filosofia de Donald Trump sobre a liderança também diz respeito à vitória.[3] Para ele, ficar rico é um trabalho duro, e as pessoas vão necessariamente se machucar. Você tem que ser duro como o ferro e estar disposto a chutar alguns traseiros, se deseja vencer. Isso se alinha com sua crença de que o mundo é um lugar bruto e mau, e de que, para sobreviver, você precisa ser respeitado.

Mesmo que você precise contratar as pessoas mais capacitadas, Trump aconselha que não se confie nelas. Lealdade e reciprocidade valem muito no mundo de Donald Trump, assim como a vingança, e parecer importante e grande. Trump acredita que para ter sucesso você tem que ser disciplinado, rude, concentrado e totalmente passional sobre aquilo que faz. Sempre esteja em contato com seus instintos, e quanto mais duro você trabalhar, mais sorte terá.

No mundo de Donald Trump você tem que esquecer o equilíbrio: o trabalho é mais importante. Como o mundo é um lugar perigoso, você nunca pode tirar os olhos da bola. Exceto por esse foco na paixão (consciência de coesão interna) e retribuir quando tiver sucesso (consciência de fazer a diferença), o estilo de liderança de Trump é basicamente centrado nos aspectos positivos e potencialmente limitantes dos primeiros três níveis de consciência.

Outros Líderes

Depois de mapear os valores desses dois líderes de negócios tão conhecidos no modelo dos sete níveis de consciência, decidi analisar as obras de outros autores e pesquisadores bastante conhecidos no ramo da liderança, como Bill George, Stephen M. R. Covey, Jim Collins e Tom Peters. O que percebi foi que, quando mapeei os valores que eles defendem em seus livros, nenhum deles cobria todo o espectro dos sete níveis de consciência.

Minhas Conclusões

O que ficou imediatamente óbvio para mim a partir deste exercício foi que nenhum desses gurus dos negócios escrevia sobre a liderança de espectro completo – a liderança que provinha de todos os sete níveis de consciência.

Nossa pesquisa no Barrett Values Center nos últimos doze anos mostrou que as organizações de maior sucesso operam próximas ou em todo o espectro de consciência. Seus valores, da forma como são percebidos pelos empregados, estão relativamente bem distribuídos ao longo de todos os níveis de consciência. Eles também operam com baixos níveis de entropia cultural – a proporção de valores limitantes em sua cultura atual medida por nossos instrumentos de avaliação de valores é menos de 10%. Esses são os valores marcados com "(L)" na Figura P1.

Eu concluí que as filosofias de negócios que esses autores e pesquisadores estavam promovendo variavam de medíocres a boas, mas nenhuma delas era o que eu chamaria de "realmente boas". Se fossem boas, sua "assinatura de valores" cobriria todos os sete níveis de consciência.

Os resultados desse exercício de mapeamento dos valores deram-me o insight necessário – a resposta era escrever um livro sobre *liderança de espectro total*. Ou, em outras palavras, eu estava sendo chamado a escrever um livro sobre liderança da perspectiva do modelo dos sete níveis de consciência.

Eu propus em 1998, no livro "Liberating the Corporate Soul",[4] que as organizações de maior sucesso eram conduzidas por líderes que criavam organizações de espectro total. A partir de 1997, à medida que mapeávamos os valores de mais e mais organizações, percebíamos que este postulado era absolutamente verdadeiro.

> Organizações de espectro total são vencedoras porque criam as condições para que todos vençam.

As organizações de espectro total não apenas têm maior sucesso do que as outras empresas, elas frequentemente recebem grandes honrarias em seus mercados de atuação. Elas são vencedoras porque criam as condições para que todos vençam – investidores, empregados, clientes, fornecedores, sociedade e meio ambiente. Elas se concentram tanto no bem comum quanto em seus interesses particulares.

Evolução da Consciência

Nesta altura de minhas reflexões sobre se deveria ou não escrever um livro sobre liderança, outro aspecto significativo de minha pesquisa começou a tomar conta dos meus pensamentos.

Tenho pesquisado sobre consciência e sua evolução por mais de 10 anos. O que descobri a partir de minhas pesquisas foi que há um padrão universal para a evolução da consciência que começa com o "big bang" e que continua a partir daí. Além do mais, descobri que este padrão de evolução, aplicável aos seres humanos, pode ser mapeado diretamente segundo o modelo dos sete níveis de consciência.

O que vem chamando a atenção sobre este processo universal de evolução é que ele tem sido a estratégia de maior sucesso para a sobrevivência e a prosperidade num espaço de bilhões de anos. É tanto um caminho para a resiliência quanto para o desempenho. É como as entidades de maior sucesso no planeta conseguiram evoluir e crescer.

Com esta compreensão, era óbvio para mim que este processo universal de evolução tinha implicações diretas para a evolução da consciência humana, e para a evolução das organizações, nações, assim como para a estrutura e conteúdo dos programas de desenvolvimento de liderança. Este processo, quando entendido e aplicado corretamente, pode aumentar significativamente o conjunto de líderes de espectro total disponíveis no mundo. Agora sim eu estava empolgado. Eu tinha finalmente compreendido qual era o meu chamado.

Essas duas revelações – a importância da liderança de espectro total e o padrão universal de evolução no desenvolvimento da liderança – convenceram-me de que eu tinha uma contribuição única a fazer para a literatura sobre liderança atual. Eu decidi que escreveria um livro que aplicasse esses princípios a todos os níveis de liderança: liderar a si mesmo, liderar os outros, liderar uma organização e liderar a sociedade.

Também decidi desenvolver um Sistema de Aprendizado do Novo Paradigma da Liderança para liderar a si mesmo, liderar os outros, liderar organizações e liderar em sociedade, que estaria disponível para todo mundo na Internet. O web site do Novo Paradigma da Liderança conteria todos os materiais necessários para que as escolas de administração, os consultores e agentes de mudança pudessem aplicar o novo paradigma em cursos de liderança ou para que as pessoas pudessem seguir os programas de forma isolada ou em grupos de estudo autodidatas e autogeridos.

Ferramentas de Transformação Cultural

Em muitas partes deste livro, faço referência às Ferramentas de Transformação Cultural do Barrett Values Center: em especial, a Avaliação de Valores Culturais (AVC), a Avaliação de Valores de Equipe (AVE), e a Avaliação de Valores do Líder (AVL).[5]

As Ferramentas de Transformação Cultural baseiam-se em dois modelos – o Modelo dos Sete Níveis de Consciência, e o Scorecard das Necessidades da Empresa (SNE). O modelo dos Sete Níveis de Consciência é uma adaptação e uma expansão do modelo da Hierarquia das Necessidades Humanas, de Maslow e o Scorecard de Necessidades da Empresa é uma adaptação do Balanced Scorecard, de Kaplan e Norton (Figura P2).

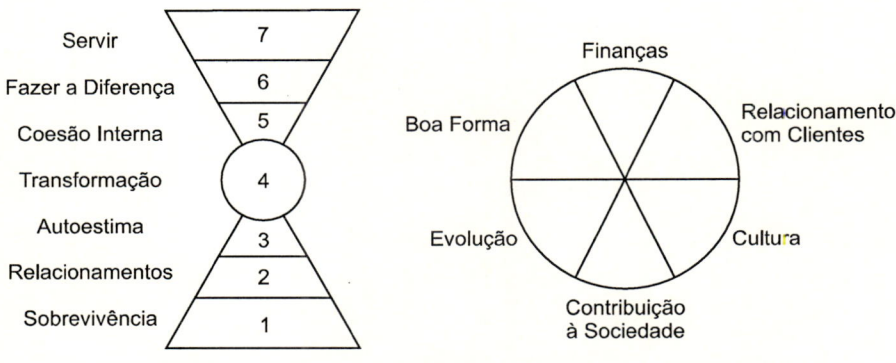

Figura P2 Modelos usados nas Ferramentas de Transformação Cultural.

O Livro

Este livro é organizado em seis partes.

A primeira parte descreve os princípios e conceitos fundamentais que estão no centro do modelo do Novo Paradigma da Liderança.

As quatro partes seguintes demonstram como esses princípios são aplicados para liderar a si mesmo (Parte 2), liderar os outros (Parte 3), liderar uma organização (Parte 4) e liderar na sociedade (Parte 5).

A última parte inclui dois anexos. O primeiro deles traz informações adicionais sobre a origem do modelo dos Sete Níveis de Consciência e o segundo descreve o Sistema de Aprendizado do Novo Paradigma da Liderança: como pode ser acessado, como está estruturado e como pode ser usado.

NOTAS

1. O modelo dos Sete Níveis de Consciência é uma adaptação e extensão do modelo de Maslow para a hierarquia das necessidades humanas. Uma visão geral do modelo e de suas origens pode ser vista no Anexo 1.
2. Jack Welch, *Winning*. New York Harper-Collins, 2005.
3. Donald Trump and Bill Zancker. *Think Big and Kick Ass in Business and in Life*. New York: Harper-Collins, 2007.
4. Richard Barrett. *Liberating the Corporate Soul: Building a Visionary Organization*. Boston: Butterworth-Heinemann, 1998.
5. Para maiores informações sobre as Ferramentas de Transformação Cultural, visite www.valvescentre.com (em inglês).

Sumário

Parte 1: Os Fundamentos 1
    1   Introdução 3
    2   A Mudança de "Eu" para "Nós" 23
    3   A Evolução da Consciência Humana 37
    4   Implicações para o Desenvolvimento da Liderança 65
    5   O Fator Idade/Complexidade 89
    6   Compreendendo a Tomada de Decisão 101
    7   Consciência de Liderança 117

Parte 2: Liderar a Si Mesmo 121
    8   Consciência Pessoal 123
    9   Maestria Pessoal 141
   10   Coesão Interna 183
   11   Coesão Externa 197
   12   Práticas Gerais 211

Parte 3: Liderar os Outros 229
   13   Consciência da Equipe 231
   14   Maestria da Equipe 243
   15   Coesão Interna em Equipes 259
   16   Coesão Externa em Equipes 279
   17   Práticas Gerais 283

Parte 4: Liderar uma Organização **293**
        18   Consciência Organizacional.......................... 295
        19   Maestria Empresarial................................. 311
        20   Coesão Interna nas Organizações...................... 323
        21   Coesão Externa nas Organizações 369
        22   Práticas Gerais 379

Parte 5: Liderar na Sociedade **389**
        23   Consciência Social 391
        24   Maestria Social...................................... 413
        25   Coesão Interna na Sociedade 429
        26   Coesão Externa na Sociedade......................... 447
        27   Práticas Gerais 453

Parte 6: Anexos.. **457**
Anexo 1 Os Sete Níveis de Consciência: Um breve resumo
         das origens do modelo 459
Anexo 2 O Novo Paradigma da Liderança: Sistema de
         aprendizagem emergente, autodirigido e autogerido 465

PARTE 1

Os Fundamentos

CAPÍTULO 1	Introdução
CAPÍTULO 2	A Mudança de "Eu" para "Nós"
CAPÍTULO 3	A Evolução da Consciência Humana
CAPÍTULO 4	Implicações para o Desenvolvimento da Liderança
CAPÍTULO 5	O Fator Idade/Complexidade
CAPÍTULO 6	Compreendendo a Tomada de Decisão
CAPÍTULO 7	Consciência de Liderança

1

Introdução

A premissa básica deste livro é que, para sobreviver e prosperar no Século XXI, as empresas terão de desenvolver um novo paradigma de liderança – que se comprometa com o bem comum global ao invés de com o interesse próprio individualista – um paradigma baseado numa liderança guiada por uma visão, orientada por valores, que vise não apenas ao sucesso da empresa, mas também ao bem-estar de todos os stakeholders – empregados, clientes, investidores, sócios, sociedade e meio ambiente – nada menos do que o espectro total da sustentabilidade.

Ao longo do século passado, as empresas se tornaram as instituições mais poderosas do planeta – mais dominantes e mais poderosas do que as Nações Unidas, o Banco Mundial e o Fundo Monetário Internacional juntos. Para sobreviver e prosperar, a instituição dominante em uma determinada sociedade precisa ser vista como sendo a responsável pelo todo.

E não apenas as empresas não vêm assumindo a responsabilidade pelo todo, elas vêm merecendo cada vez menos confiança por parte da sociedade. Como resultado da crise econômica de 2008/2009, 68% dos norte-americanos e 67% dos ingleses tinham uma opinião pior sobre os líderes empresariais do que antes. Na mesma pesquisa, 76% dos norte-americanos e franceses achavam que os líderes empresariais eram antiéticos, comparados com 67% dos ingleses e 81% dos alemães.[6] Em março de 2009, 85% dos norte-americanos achavam que as grandes empresas tinham poder demais para influenciar as decisões do governo dos EUA.[7]

Shoshana Zuboff, que trabalhou 25 anos como professora na Escola de Administração de Harvard, incluindo 15 anos lecionando no programa de MBA, acredita que esse estado de coisas chocante tem muito a ver com a forma como os líderes empresariais foram educados. Ela defende que:

4 O NOVO PARADIGMA DA LIDERANÇA

> *Passei a acreditar que muito do que meus colegas e eu ensinávamos causou sofrimento real, impediu a geração de riqueza, desestabilizou a economia mundial e acelerou a morte do capitalismo do século XX. Não éramos estúpidos, e não éramos maus. Mesmo assim, conseguimos produzir uma geração de gestores e profissionais de negócios que é muito desprezível e tão pouco digna de confiança para a maioria das pessoas na sociedade e em todo o mundo. Essa foi uma falha terrível.*[8]

O verdadeiro problema reside no fato de que os responsáveis pelo nosso sistema financeiro global e pelas organizações empresariais se veem como algo separado do resto da sociedade. Eles não se veem como parte do coletivo global que chamamos humanidade. Eles veem a Terra como um recurso infinito que pode ser explorado à vontade. Eles acham que a única responsabilidade que possuem é para com os acionistas, e veem seus acionistas também como algo magicamente separado da sociedade. É como se todos os envolvidos no mundo dos negócios estivessem desconectados da realidade ou vivessem em um planeta diferente. Eles vivem uma existência esquizofrênica.

Quando estão em casa, preocupam-se com o seu meio ambiente local – eles querem viver em lugares bonitos, estão preocupados com o futuro de seus netos – querem viver em um mundo melhor, pois estão preocupados com a diversidade ecológica – querem visitar áreas selvagens e remotas ou reservas de vida selvagem, e podem até mesmo apoiar causas que atacam algumas das injustiças sociais do mundo.

Quando estão no trabalho, negam que estas questões existam ou as consideram como obstáculos ao seu sucesso. Os líderes se comportam desta forma porque estão respondendo a dois tipos de incentivo:

- Os incentivos que a sociedade tem permitido que elites determinem por meio da aprovação de leis nacionais e internacionais em matéria de responsabilidade limitada das empresas e a prevalência do retorno para os acionistas nos negócios.
- Os incentivos financeiros oferecidos para quem se adequar a esta maneira de pensar.

Esses incentivos levam a tomadas de decisão de curto prazo que se concentram no interesse próprio de alguns poucos (as elites) ao invés de mirarem o bem comum de nossa sociedade global. As únicas exceções são alguns dos líderes de empresas familiares que aceitaram sua responsabilidade diante da coletividade, e não são movidos apenas pela motivação do lucro.

Argumentei, em "Liberating the Corporate Soul"[9], que os líderes empresariais esclarecidos sabem que só podem sustentar fortes resultados positivos quando se preocupam com o bem comum. Líderes esclarecidos aprenderam que o cuidado com os empregados, com os clientes e com a comunidade local é bom para os resultados. Eles também aprenderam, durante as últimas décadas do século XX, que é por sua própria conta e risco que ignoram a responsabilidade social maior de sua empresa, como a proteção ambiental, a justiça social e a diversidade ecológica. Infelizmente, esta mensagem ainda não penetrou muito profundamente na comunidade empresarial.

Nossos líderes empresariais esclarecidos estão descobrindo que a ética e os valores são bons para os negócios. Quem é você e o que você defende tornaram-se tão importantes quanto a qualidade de bens e serviços que você vende. Empresas que deliberadamente permitem que produtos contaminados ou perigosos cheguem ao mercado sofrem muito mais do que aquelas que tomam medidas corretivas imediatas. Uma falha em abraçar a liderança ética ou orientada pelos valores levou à extinção ou à diminuição do retorno ao acionista de muitas grandes empresas nas duas últimas décadas. Os casos da Enron, da WorldCom, da Parmalat, da Siemens, da Bear Sterns, da RBS, da Northern Rock e do Lehman Brothers dão testemunho desse fato.

Em todos esses casos, bilhões de dólares de valor para os acionistas e planos de pensão de empregados foram exterminados da noite para o dia, pelas ações de líderes que não conseguiam enxergar além de seu próprio interesse ou do da sua empresa. Os líderes destas organizações estavam tão seduzidos pelo glamour do sucesso ou então consumidos pela necessidade de realização, que isso acabou prejudicando seriamente o seu julgamento sobre o que constituiu um bom negócio. Eles não foram capazes de perceber que sua estratégia para o sucesso empresarial estava baseada em uma estratégia de fracasso moral.

Estes líderes estavam operando sob o paradigma da velha liderança, deixando que os seus interesses próprios de curto prazo sobrepujassem o bem comum no longo prazo.

Muitos deles também subestimaram a capacidade da sociedade civil de mobilizar a opinião pública para destruir suas reputações e seus negócios. O mundo interconectado pela Internet está tornando o planeta cada vez mais transparente. Não há mais onde se esconder. A sociedade está se tornando hipervigilante com relação a seus líderes. As massas estão exigindo que seus líderes sejam cada vez mais responsabilizados e atuem com uma crescente autorregulação. No futuro, somente os líderes que adotarem os níveis mais altos de conduta serão considerados dignos de cuidar dos investimentos dos acionistas ou deter altos níveis de poder político.

Eu concordo com Dov Seidman, uma autoridade em conduta ética nas organizações, que defende que:

> *Não é mais o que você faz que diferencia você dos demais, mas como você faz o que faz. A vantagem sustentável e o sucesso duradouro – tanto para a empresa quanto para as pessoas que trabalham nela – agora residem no reino do como, a nova fronteira da conduta.*[10]

> Os valores dos líderes são decisivos na determinação do sucesso de uma empresa

No livro "Building a Values Driven Organisation"[11], eu demonstrei como o capital cultural tornou-se a nova fronteira da vantagem competitiva e do desempenho, e que a cultura de uma organização é um reflexo dos valores (níveis de consciência) dos líderes. Quando esses dois fatos são justapostos, torna-se óbvio que os valores dos líderes são decisivos na determinação do sucesso de uma empresa. Os valores dos líderes determinam a sua vantagem competitiva. Eu também demonstrei nesse livro como organizações guiadas por uma visão, orientadas para os valores que operam em seu espectro de consciência total, são as de maior sucesso em todo o planeta.

O que isso significa é que há um mecanismo evolutivo em ação dentro do domínio dos negócios que encoraja e apoia a liderança ética e orientada por valores e pune a liderança orientada pelo ego que se centra puramente no interesse próprio. Esse mecanismo está sendo impulsionado pela evolução dos valores na sociedade e pela transparência cada vez maior trazida pela Internet.

No futuro, líderes orientados por valores que estejam alinhados e defendam as metas da sociedade naturalmente chegarão ao topo porque serão os líderes de maior sucesso. O problema que enfrentamos é que esses líderes ainda são um artigo raro. E por quê? Porque temos uma crise de liderança que é um reflexo da crise coletiva na consciência humana. Crise de liderança.

Bill George e John P. Kotter, ambos professores na Escola de Administração de Harvard, concordam com meu argumento de que estamos no meio de uma crise de liderança. John P. Kotter é um pesquisador organizacional internacionalmente reconhecido, autor de inúmeras publicações. Ele é o professor de liderança na cátedra Konosuke Matsuhshita. Formado no MIT e em Harvard, ele integra o corpo docente da Escola de Administração de Harvard desde 1972.

Kotter afirma que:

Após conduzir catorze estudos formais e mais de mil entrevistas, observar diretamente dezenas de executivos em ação e compilar inúmeras pesquisas de opinião, estou completamente convencido de que na maioria das organizações de hoje em dia falta a liderança que elas precisam. Não estou falando de um déficit de 10%, mas de 200%, 400% ou mais em postos de alta e baixa hierarquia. Isso não significa que somente pessoas pouco talentosas ou sem energia ocupem as funções gerenciais.

O caso típico é exatamente o oposto, com indivíduos brilhantes, experientes e dedicados, alguns bastante extraordinários, quase todos tentando fazer o que acreditam ser o certo.

O problema é que pouquíssimos dentre eles exercem a liderança que é cada vez mais necessária nas empresas, no governo, em toda parte... a questão central aqui não tem a ver com estilo. Tem a ver com comportamento essencial no trabalho, não com os detalhes e táticas superficiais, mas uma essência que muda muito pouco com o tempo, através de diferentes culturas, ou em mercados diversos.[12]

Bill George já foi Executivo-chefe na Medtronic, a empresa líder mundial em tecnologia médica, de 1991 a 2001, e liderou o conselho de 1996 a 2002. Sob sua liderança, a Medtronic saltou de uma capitalização de mercado de 1 bilhão para 60 bilhões de dólares, com um crescimento médio de 35% ao ano. Atualmente, ele é professor de práticas de gestão na Escola de Administração de Harvard.

Em seu livro "True North[13]", George defende que:

Há um enorme vácuo na liderança atualmente – nos negócios, na política, no governo, na educação, na religião e nas organizações sem fins lucrativos. Ainda assim, não faltam pessoas com a capacidade de liderança. O problema é que temos a noção errônea do que constitui um líder, orientada pela obsessão dos líderes que estão no topo. Essa visão deturpada geralmente resulta no fato de que as pessoas erradas conseguem os papéis de liderança.

Quando os problemas surgiram na Enron, WorldCom, Arthur Andersen, Tyco e dezenas de outras empresas, a gravidade da crise de liderança se tornou dolorosamente aparente, criando uma erosão disseminada da confiança nos líderes empresariais.

Ao longo dos últimos cinquenta anos, estudiosos da liderança conduziram mais de mil pesquisas na tentativa de determinar os estilos de liderança, as características ou traços de personalidade definitivos dos grandes líderes. Nenhuma dessas pesquisas produziu um perfil claro do líder ideal. Ainda bem. Se os estudiosos tivessem produzido um estilo de liderança pré-fabricado, as pessoas ficariam eternamente tentando imitá-lo. A realidade é que ninguém pode ser autêntico tentando ser outra pessoa. As pessoas confiam em você quando você é genuíno e autêntico, e não uma imitação... Você precisa ser quem você é, e não tentar imitar alguém... Os líderes são definidos por suas histórias de vida únicas e pela forma como encaram suas histórias para descobrir suas paixões e o propósito de sua liderança.

E George prossegue:

O que me preocupa são os muitos líderes empresariais poderosos que se curvaram diante das pressões da bolsa e do mercado em troca de ganhos pessoais. Eles perderam de vista o seu Verdadeiro Norte e puseram suas empresas em perigo ao se concentrarem nas armadilhas e nos mimos da liderança ao invés de construírem suas organizações para o longo prazo... O resultado foi uma queda da confiança dos empregados, clientes e acionistas... e, nos negócios, a confiança é tudo.

George conclui:

Todo líder empresarial de sucesso precisa fazer a mudança do "eu" para "nós".

A Mudança de "Eu" para "Nós"

A primeira mudança de "eu" para "nós" exige que os líderes coloquem o interesse de suas organizações acima dos seus próprios interesses.

No livro "Good to Great"[14], Jim Collins chama estas pessoas de Líderes de Nível 5. O que as diferencia dos outros líderes é que elas canalizam as necessidades do seu ego para longe de si mesmas e para a meta maior de construir uma grande empresa. Isso não significa que os líderes de Nível 5 não tenham ego ou interesses próprios. Na verdade, eles são incrivelmente ambiciosos – mas sua ambição é primeira e principalmente dirigida à instituição e não para si mesmos. A falha dos líderes empresariais em realizar essa mudança do "eu" para "nós" é isoladamente a maior inibição para o desempenho sustentável de longo prazo de uma empresa.

A segunda mudança de "eu" para "nós" exige que os líderes defendam não apenas os interesses de sua organização, mas também os interesses de seus sócios com quem formaram alianças estratégicas, e os interesses das comunidades locais nas quais atuam. O envolvimento com a comunidade local constrói a boa-vontade. Isso é especialmente verdadeiro para empreendimentos comerciais e bancos.

A terceira mudança de "eu" para "nós" envolve não apenas defender os interesses dos parceiros comerciais e da comunidade local nas quais se atua, mas também se unir com seus sócios e concorrentes para alinhar os interesses do seu mercado com os interesses de longo prazo da sociedade. Esta estratégia de defender os interesses de todos os stakeholders está provando ser a estratégia de maior sucesso nos negócios.

A tabela a seguir compara o retorno dos investidores ao longo de 3, 5 e 10 anos, terminando em 30 de junho de 2006 para as S&P 500, as "maiores" empresas identificadas por Jim Collins em "Good to Great", e as "Empresas Mais Queridas" (do livro "O Segredo das Empresas Mais Queridas"), identificadas por Sisodia, Wolfe e Seth.[15] As "Empresas Mais Queridas" mostram um desempenho significativamente superior no longo prazo em comparação com as empresas S&P 500 de "Good to Great".

De acordo com os autores, o traço distintivo das "Empresas Mais Queridas" é que elas tratam todos os stakeholders igualmente – sejam empregados, clientes, investidores, sócios e a sociedade. Além disso, elas reconhecem totalmente que são uma parte do ecossistema econômico com muitos participantes interdependentes; elas estão comprometidas com a cidadania

10 O NOVO PARADIGMA DA LIDERANÇA

Retorno dos Investidores	S&P 500	Good to Great	Empresas Mais Queridas
3 anos	38%	75%	73%
5 anos	13%	77%	128%
10 anos	122%	331%	1.026%

Figura 1.1 Retorno aos investidores em 3, 5 e 10 anos.

exemplar e defendem o conceito da liderança servidora. Os autores declaram que "se as Empresas Mais Queridas podem ser descritas por uma única característica, será pelo fato de que possuem uma alma humanista". Em minha opinião, essas empresas são pioneiras e exemplares de um novo paradigma de liderança.

O Novo Paradigma da Liderança

Um paradigma é um conjunto de práticas contidas dentro de um modelo filosófico ou teórico. Um novo paradigma se sobrepõe a um antigo quando este não funciona mais, seja porque já não é grande o suficiente para abarcar o novo conhecimento ou porque não é mais aplicável.

PARTE 1: OS FUNDAMENTOS **11**

- *Não é grande o suficiente:* Quando o modelo filosófico ou teórico que usamos resiste ou falha em acomodar o novo conhecimento é hora de construir um novo paradigma.
- *Não é mais aplicável:* Quando os problemas que experimentamos no momento são tão complexos que não podem mais ser resolvidos com o mesmo nível de pensamento que os criou, então precisamos de um novo paradigma.

A razão de precisarmos de um novo paradigma da liderança neste ponto é que não podemos mais nos dar ao luxo de ver o mundo de três perspectivas diferentes e através de três lentes diferentes. As três perspectivas são o setor privado, o setor público e o setor social, e as três lentes são as estruturas de crenças da ciência, religião e psicologia.

O ponto no qual o setor privado, o setor público e o setor social se encontram é a humanidade, e o ponto onde ciência, religião e psicologia se encontram é a consciência.

Se quisermos resolver os problemas do mundo, precisamos ver o mundo da perspectiva da humanidade, através da lente da consciência. Por essas razões, o novo paradigma de liderança que estou propondo vê o mundo da perspectiva da evolução da consciência da humanidade. Ver Figura 1.2.

O novo paradigma da liderança exige que nossas empresas e líderes políticos abandonem seus interesses próprios estreitos e adotem uma abordagem colaborativa baseada em valores que apoia o bem-estar de todos os

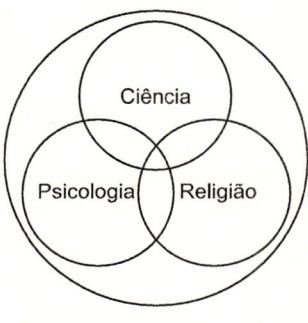
Estrutura da Consciência

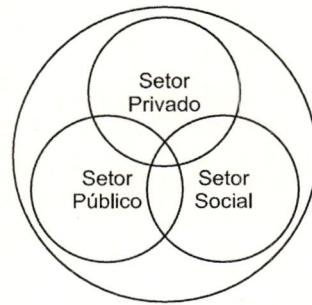
Estrutura da Humanidade

Figura 1.2 Perspectiva multinível.

stakeholders, incluindo a humanidade e o planeta, não porque seja a coisa certa a se fazer, mas porque é a melhor estratégia de negócios para o sucesso e para um futuro sustentável para todos.

Essas palavras de Rosabeth Moss Kanter,[16] Professora da Escola de Administração de Harvard, e catedrática da Iniciativa Avançada de Liderança da Universidade de Harvard, descrevem acuradamente como eu acredito que seria um líder do novo paradigma.

> *Diante da turbulência e da mudança, cultura e valores se tornam a maior fonte de continuidade e coerência, de renovação e sustentabilidade. Os líderes devem ser construtores de instituições, imbuindo a organização com um significado que inspira no presente e se mantém no futuro. Eles devem encontrar um propósito subjacente e um poderoso conjunto de valores que sirva como base para decisões de longo prazo mesmo em meio à volatilidade. Eles devem encontrar o propósito comum e os valores universais que unem pessoal altamente diverso ao mesmo tempo em que permita que as identidades individuais se expressem e se aprimorem. De fato, enfatizar propósito e valores ajuda os líderes a apoiarem e facilitarem redes auto-organizadas que podem responder rapidamente à mudança porque compartilham uma compreensão sobre a coisa certa a se fazer.*
>
> *Como inovadores cosmopolitas que enxergam para além do mercado, setor ou país de origem, os líderes devem entender o bem maior ao mesmo tempo em que encontram oportunidades na solução de problemas sociais para criar a inovação que constrói o futuro. Devem buscar parcerias que os ajudem a realizar missões que seriam impossíveis para uma única organização. Devem entender o contexto maior no qual atuam ao mesmo tempo em que possuem a visão para mudá-lo. Sua sagacidade nos negócios ainda é importante, mas ao adicionar os valores sociais aos valores financeiros eles criam uma instituição humana significativa a partir de um conjunto impessoal de ativos.*

A empresa é uma subsidiária integral da sociedade, e a sociedade é uma subsidiária integral do meio ambiente (planeta Terra). Se perdermos o nosso ambiente e nossos sistemas de suporte de vida, nossa sociedade vai perecer. Se perdermos a nossa sociedade, vamos perder a nossa economia (ver Figura 1.3). Está na hora de cada líder empresarial parar de tentar ser o melhor do mundo e começar a ser o melhor para o mundo.

PARTE 1: OS FUNDAMENTOS **13**

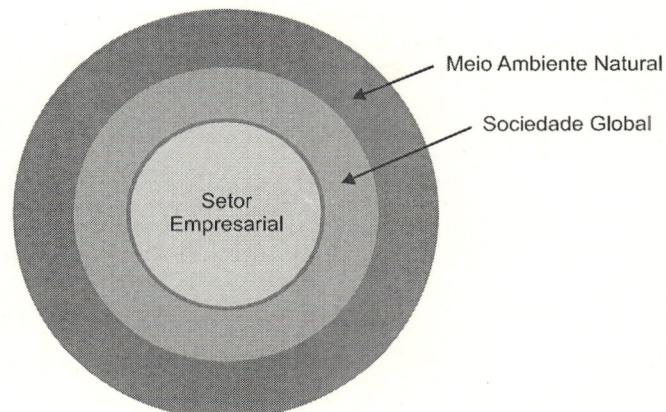

Figura 1.3 As empresas como subsidiárias integrais da sociedade.

Líderes políticos também devem adotar o paradigma da nova liderança. Eles devem desistir de seus interesses paroquiais e de sua crença falsamente exagerada na soberania nacional. Os problemas da existência tornam-se globais. A única maneira de resolvermos esses problemas é através da colaboração internacional.

O que está sendo exigido das empresas e da política mundial é uma mudança de paradigma, uma mudança de um mundo focado no "eu" para um mundo focado no bem comum, uma mudança do "o que eu vou ganhar com isso?" para "o que é melhor para todos". Em outras palavras, como Bill George, eu estou pregando uma mudança de "eu" para "nós". No futuro, só teremos sucesso individualmente se todos em nossa sociedade global forem bem-sucedidos.

> Está na hora de cada líder empresarial parar de tentar ser o melhor do mundo e começar a ser o melhor para o mundo.

Para mim, a seguinte declaração de Willis Harman, cofundador da World Business Academy, torna-se mais e mais verdadeira a cada ano:

> *As empresas tornaram-se a mais poderosa instituição do planeta. A instituição dominante em toda sociedade precisa assumir a responsabilidade pelo todo. Mas as empresas não possuem essa tradição. Esse papel é novo, e ainda não muito bem compreendido ou aceito. Por isso, as empresas precisam adotar uma tradição que jamais tiveram em toda a história do capitalismo: dividir a responsabilidade pelo todo. Cada decisão tomada e cada ação realizada devem ser vistas à luz dessa responsabilidade.*

Quais as implicações dessa mudança de paradigma para os líderes empresariais? Qual é a agenda da *nova* liderança?

O Imperativo Social

A primeira implicação do novo paradigma da liderança é que os líderes empresariais precisam compreender que comportamentos que comprometam o bem-estar de nossa sociedade global não serão mais tolerados. As empresas estão se tornando uma subsidiária global da sociedade, tanto literal quanto figurativamente – após a crise mundial de setembro de 2008, 75% do sistema bancário do Reino Unido foram postos sob a custódia do governo britânico. Por quê? Porque os líderes do setor bancário britânico não eram confiáveis: eles eram incompetentes ou excessivamente gananciosos.

Cinquenta anos atrás, os líderes empresariais e gestores bancários eram os pilares da sociedade – pessoas que eram respeitadas por sua contribuição à comunidade. Isso não é mais verdade nos dias de hoje. Sua reputação foi manchada.

Entre 2003 e 2007, apenas um em cada cinco americanos (20%) acreditava que os bancos deveriam ser mais regulados. Em 2008, esse número subiu para 36%, e em 2009 atingiu 40%. O aumento entre 2008 e 2009 deveu-se principalmente a uma queda na honestidade e na confiabilidade. Em 2004, dois em cada cinco americanos (40%) disseram que normalmente acreditam numa declaração feita por uma empresa do setor bancário. Em 2008, este número caiu para 21%, e em 2009 caiu novamente para 12%.[17]

Não podemos confiar nos banqueiros porque eles estão mais concentrados em seus pacotes de bônus (interesse próprio) do que no bem do todo. Eu sei que isto não é verdade para todos os banqueiros, mas certamente parece ser verdade para as pessoas envolvidas no setor de investimentos. O pior de tudo é que eles estão convencidos da sua própria justiça. Eles não estão dispostos ou são incapazes de verem a si mesmos a partir da perspectiva do resto da sociedade. Eles não têm sentimento de culpa ou vergonha.

A reputação dos banqueiros foi tão manchada pela crise econômica global de 2008 que é incerto se algum dia haverá o mesmo nível de confiança entre o público e o setor bancário novamente. A menos que o setor financeiro como um todo se reúna para criar uma nova imagem de responsabilidade, responsabilização e confiança, jamais será possível convencer o público de que os líderes do setor bancário estão focados no bem comum.

O que é verdade para os líderes do setor bancário também é verdade para outros líderes empresariais e políticos. Sob o disfarce de fazer o bem para seus negócios e comunidade, eles parecem ter *muito mais* interesse em fazer o bem para si mesmos.

O escândalo dos gastos parlamentares ingleses de 2009 erodiu significativamente a confiança dos cidadãos britânicos em seus representantes eleitos. Por causa de flagrantes abusos de privilégios, os cidadãos ingleses vêm exigindo regulações e controles mais restritos sobre o comportamento das elites. E vêm exigindo dos líderes empresariais e políticos que operem em um nível mais alto de consciência. O novo paradigma da liderança necessita de uma nova espécie de líderes e políticos que reconheçam que seu interesse próprio está ligado ao bem comum.

Hoje se exige que os líderes empresariais trabalhem junto com seus concorrentes e líderes políticos para que definam uma estrutura de políticas que promovam a evolução da nossa sociedade global, desenvolvendo políticas industriais que regulem as regras da concorrência entre as empresas de forma que promovam o bem-estar social. Os Princípios Caux[18] e a Carta da Terra[19] são excelentes pontos de partida para esta discussão.

Partilho dos sentimentos de Tex Gunning, Presidente da Unilever Bestfoods Ásia. Ele diz o seguinte:

> *O paradigma que divide o mundo entre o setor social, o setor privado e o setor governamental não está funcionando. Ele cria barreiras artificiais. Nós somos todos componentes do problema, por isso temos de combinar nossas forças, nossos esforços e nossas competências.*[20]

E ele prossegue:

> *Os líderes medianos cuidam de si próprios e de suas famílias. Os bons líderes cuidam de si próprios, de suas famílias e de alguns membros da comunidade. Os líderes ótimos – e as ótimas empresas – não só cuidam desses stakeholders, mas também querem mudar o mundo. Eles querem deixar o mundo melhor do que o encontraram.*
>
> *Todos nós compartilhamos este planeta juntos, nenhum de nós pode viver uma vida significativa enquanto em Bangladesh, na China, em Darfur, centenas de milhares de pessoas estão precisando de ajuda.*

> *Mas, apesar de termos percebido que o desenvolvimento econômico pode ser bom para o mundo, no momento em que setenta ou oitenta por cento do mundo não estão participando dele de uma forma justa, então o sistema está falhando. Assim, uma consciência está emergindo de que o próprio sistema capitalista está falhando.*
>
> *Se alguns de nós podem provar que um bom negócio não deve apenas ser socialmente responsável, mas incorporar uma missão social séria, intrínseca ao próprio negócio, então as pessoas escreverão sobre isso, isso será estudado e divulgado: porque nada é passado adiante mais rapidamente do que uma história de sucesso nos negócios. Por isso, estou muito otimista de que se algumas empresas podem dar o exemplo, podemos fazer disso um ponto de mudança. E, nesta altura, nós realmente não temos escolha.*[21]

A filosofia pessoal de Gunning, que ele traz para sua vida empresarial, exemplifica o paradigma da nova liderança. Ele é focado no significado e no propósito, e criou uma cultura corporativa na Unilever na Ásia, que abraça a honestidade, a confiança e a autenticidade.

Infelizmente, o número de líderes como Tex Gunning é pequeno. Gunning está operando a partir de um nível superior de consciência em relação aos seus pares, e ele foi recompensado com um sucesso significativo. Nossos líderes de negócios precisam elevar a sua consciência para um novo nível. Eles precisam reconhecer, como Tex Gunning, que o negócio só será bem-sucedido se a nossa sociedade for bem-sucedida. Não estamos mais operando em um mundo de nós e eles, há apenas nós.

Resiliência

A segunda implicação do paradigma da nova liderança é que os líderes empresariais precisam saber como construir culturas resilientes. Para fazerem isso, eles terão de reconhecer que as organizações são entidades vivas. Elas são estruturas coletivas humanas que funcionam como sistemas complexos e adaptativos, exatamente como todas as outras entidades vivas.

Entidades vivas são capazes de sobreviver e prosperar somente porque cada entidade individual em uma estrutura de grupo aprendeu que o seu interesse próprio é indissociável da promoção do bem geral. Portanto, a questão torna-se: "como os líderes criam culturas que se comportam como seres vivos?"

É só olhar para um corpo humano saudável para encontrar a resposta. Os seres humanos são capazes de sobreviver e prosperar porque as células que compõem o seu corpo aprenderam em algum ponto no passado como se tornar viáveis e independentes nos seus modelos de existência. Elas, então, aprenderam como se ligar umas com as outras para formar estruturas de grupo chamadas órgãos que, por sua vez, aprenderam a cooperar uns com os outros para formar uma entidade de uma ordem mais elevada – o corpo humano.

Cada célula do corpo humano tem uma função. Cada célula sabe o que fazer, e podemos confiar que elas trabalharão para o bem do todo. Os órgãos do nosso corpo cooperam em vez de competir. Eles também estão trabalhando para o bem do todo. Tudo isso funciona bem até que uma célula decide perseguir os seus próprios interesses. Chamamos isso de câncer. Uma célula que se torna cancerosa não conhece limites ao seu interesse próprio. Ela se reproduz continuamente, ameaçando o bem do todo. As células cancerosas são células normais que, basicamente, pararam de trabalhar para o bem comum.

Podemos traçar um paralelo entre o corpo humano e nossas organizações. Organizações sobrevivem e prosperam quando os funcionários aprendem a se tornar viáveis e independentes nos seus quadros de existência, em seguida aprendem a se juntar para formar equipes ou unidades de negócios, e as unidades de negócios aprendem a cooperar umas com as outras para formar uma entidade de ordem superior chamada de organização.

O interesse próprio por parte dos funcionários, gerentes ou executivos cria condições cancerosas, que, se não forem tratadas de imediato, drenam a energia da organização e sua capacidade de sobreviver. Estas condições cancerosas transparecem em comportamentos tais como a concorrência interna, a culpa, a mentalidade isolacionista, a burocracia, a construção de feudos e guetos, etc.

Estes três estágios do desenvolvimento, aprender como se tornar viável e independente; aprender a se ligar aos outros para formar estruturas de grupo e aprender a cooperar para formar uma entidade de ordem superior, são os três estágios da evolução universal. Vamos explorar este paradigma de três estágios evolutivos e sua aplicação para o desenvolvimento de liderança no próximo capítulo.

A ideia de que laços poderosos e cooperação criam estruturas coletivas humanas de sucesso não é nova. O pensador do século XIV Ibn Khaldun[22] percebeu que as tribos mais bem-sucedidas do norte da África operavam com *asabiya* – que pode ser traduzido como "a capacidade de ação coletiva". Ele percebeu ainda que nos grupos mais resistentes, o nível de *asabiya* era mais alto nos níveis mais altos de liderança. Para ter sucesso, a entidade decisória de um grupo (a equipe de liderança) operava em uníssono. Ela operava com um alto nível de confiança e coesão interna.

Isso me levou à hipótese de que as estruturas de grupo humanas e as organizações em particular funcionam melhor quando:

- Os empregados são *viáveis e independentes* em seu modelo de existência – quando todos os empregados se responsabilizam por suas contribuições específicas.
- Os empregados *se ligam* uns aos outros para formar estruturas de grupo viáveis e independentes – quando os empregados formam equipes ou unidades de negócios que são responsáveis por tarefas específicas.
- As equipes e unidades de negócios *cooperam* para o bem comum – quando estruturas de grupo viáveis e independentes trabalham juntas para formar uma entidade de mais alta ordem (a organização).

Nossa pesquisa no Barrett Values Center sustenta esta hipótese. Descobrimos que as organizações mais resilientes têm um forte alinhamento de valores, um compromisso compartilhado com a visão ou missão da organização e um forte sentido de responsabilidade pessoal entre todos os funcionários.

Quando todos esses fatores estão presentes, eles criam um alto nível de engajamento pessoal e um baixo nível de entropia cultural. Entropia cultural é o grau de disfunção em um sistema humano causado por comportamentos que estão enraizados no interesse próprio.[23]

> É a entropia pessoal dos líderes que cria a entropia cultural da organização, o que, por sua vez, limita o desempenho da organização.

Em uma organização, esses comportamentos entrópicos são movidos por valores potencialmente limitantes como a concorrência interna, a culpa, a mentalidade isolacionista, a burocracia, a construção de feudos e guetos, etc.

As origens desses valores estão nos corações e nas mentes dos líderes. É a entropia pessoal dos líderes que cria a entropia cultural da organização, o que, por sua vez, limita o desempenho da organização. Entropia pessoal é a quantidade de energia causada pelo medo que um líder expressa em suas interações cotidianas com as pessoas na organização. É uma medida da falta de domínio da habilidade e das competências pessoais, e representa um baixo nível de evolução pessoal.

Adaptabilidade

A terceira implicação do paradigma da nova liderança é que os líderes precisam saber como construir organizações adaptáveis. A adaptabilidade é a pedra angular da resiliência, bem como a qualidade mais importante para a sustentabilidade e a evolução a longo prazo.

Sem a capacidade de adaptação, não pode haver resiliência. Em "Strategy at the Edge of Chaos"[24], Beinhocker descreve a economia moderna como um sistema adaptativo complexo. Ele afirma:

Os mercados apresentam períodos de relativa calma e estabilidade, que são interrompidos por períodos de tempestade. Esses desequilíbrios fazem com que seja difícil para os participantes sobreviverem por longos períodos já que suas estratégias, habilidades ou cultura tendem a ficar finamente otimizadas em períodos estáveis, e de repente se tornam obsoletas quando ocorre uma reestruturação.

Beinhocker prossegue:

As empresas têm dificuldade em sobreviver a convulsões, oscilações de mercado e mudanças tecnológicas. Portanto, culturas fortes são valiosas somente quando exibem qualidades de adaptação e aprendizagem. Caso contrário, tornam-se um passivo durante os períodos de mudança acelerada.

Acredito que a crise econômica mundial de 2008 não foi um abalo de mercado ou uma mudança de tecnologia – foi a precursora da eventual quebra de um paradigma econômico insustentável que ameaça a sustentabilidade global da nossa sociedade humana.

O fracasso do nosso sistema financeiro, juntamente com a mudança climática global, o terrorismo global e o aumento do risco de uma pandemia global, não só desafia a resistência e adaptabilidade dos nossos negócios, mas também está testando a resistência e adaptabilidade da nossa sociedade global. Se quisermos sobreviver e prosperar em conjunto, nossos negócios e os líderes políticos devem aprender a construir uma forte cultura adaptativa. Devemos colocar de lado nossas diferenças e nos concentrarmos no bem comum global.

Em um estudo de quatro anos com 200 organizações, John Kotter e James Heskett da Escola de Administração de Harvard descobriram que as empresas com fortes culturas adaptáveis superavam empresas com culturas rígidas ou fracas por margens significativas.[25] As receitas cresceram quatro vezes mais rápido, a taxa de criação de empregos foi sete vezes maior e o preço das ações cresceu 12 vezes mais rápido.

A importância da adaptabilidade em nossa vida pessoal é uma das principais conclusões de um estudo multidécada longitudinal com 100 formandos de Harvard. Os resultados desta pesquisa estão relatados em "Adaptation to Life"[26], de George E. Vaillant.

Os pesquisadores descobriram que os indivíduos mais "bem-sucedidos" – aqueles que eram mais capazes de lidar com as vicissitudes da vida – usavam estratégias maduras de enfrentamento que lhes permitiam se adaptar às suas condições de vida. As estratégias que usavam para a autorregulação incluíam:

- *Altruísmo:* A capacidade de dedicar-se a atender às necessidades dos outros, fazendo delas as preocupações centrais para a sua vida.
- *Humor:* A capacidade de escarnecer de sua situação e, assim, aliviar a carga do que se tem de suportar.
- *Supressão:* A capacidade de evitar dar atenção a um impulso ou conflito até que se esteja pronto para lidar com ele.
- *Antecipação:* A capacidade de antecipar e se planejar para a possibilidade de desconforto interno futuro e gerenciar o processo.
- *Sublimação:* A capacidade de atenuar ou canalizar a expressão de respostas instintivas em avenidas de expressão que não resultam em consequências adversas.

Aqueles que eram menos capazes de se adaptar às situações de sua vida usavam estratégias como as seguintes:

- *Repressão:* Bloquear a percepção consciente dos sentimentos e instintos.

- *Comportamento passivo-agressivo:* Agressão sublimada, expressa indiretamente pela passividade.
- *Projeção:* Aliviar sua própria dor não reconhecida, projetando seus sentimentos sobre os outros.
- *Intelectualização:* Negar os sentimentos que se está enfrentando, racionalizando a situação à distância.
- *Representação:* Engajar-se em acessos de raiva e impulsos motores para evitar lidar com a tensão e os próprios sentimentos.

Hoje em dia, nós classificamos as estratégias de enfrentamento maduro sob o título de inteligência emocional. O que esta pesquisa e a pesquisa de Kotter e Heskett apontam é a importância da adaptação pessoal e organizacional para lidar com situações desafiadoras. Isso significa ser capaz de trabalhar com outras pessoas, outras organizações e outras nações que têm diferentes pontos de vista para encontrar soluções que promovam o bem comum. Ao longo da evolução a adaptabilidade tem sido uma estratégia mais poderosa para a sustentabilidade do que a força.

Conclusões

Em última instância, os problemas da existência que enfrentamos são questões de consciência, e a crise que enfrentamos é uma crise de liderança. Só vamos superar esta fase de nossa evolução coletiva se pudermos colocar de lado nosso limitado interesse próprio, concentrando-nos no sistema como um todo, e construindo uma estrutura de políticas voltada para os valores que promovam o bem comum.

Nossos líderes empresariais precisam estar à altura desse desafio. Os negócios precisam ser vistos como parte da solução, e não como parte do problema. As empresas precisam dar o exemplo – identificar, desenvolver e promover líderes que exibam um interesse próprio positivo com respeito à organização, mas fazê-lo dentro de um quadro de políticas abrangentes que promovam o bem comum da nossa sociedade global e dos seus sistemas de suporte à vida.

Os líderes de nossas organizações precisam reconhecer que a empresa é uma subsidiária integral da sociedade, e a sociedade é uma subsidiária inte-

> Construir um futuro sustentável para todos não é apenas um imperativo social: é também um imperativo dos negócios.

gral do meio ambiente. Uma empresa só pode crescer e prosperar em um mundo onde as pessoas vivam em paz uns com os outros, e onde todos nós vivamos em harmonia com o planeta. Se os sistemas de suporte à vida do nosso planeta não são preservados, não só a nossa sociedade humana perecerá, mas a nossa economia também irá se desintegrar. Construir um futuro sustentável para todos não é apenas um imperativo social: é também um imperativo dos negócios.

NOTAS

6. www.harrisinteractive.com/vault April 15, 2009.
7. www.harrisinteractive.com/vault March 12, 2009.
8. Shoshana Zuboff. *The Old Solutions Have Become the New Problems*. Business Week, Viewpoint, July 2, 2009.
9. Richard Barrett. *Liberating the Corporate Soul: Building a Visionary Organisation*. Boston: Butterworth-Heinemann, 1998.
10. Dov Seidman. *How: Why How we do anything Means Everything ... in Business (and in Life)*. New York: John Wiley & Sons, 2007.
11. Richard Barrett. *Building a Values-Driven Organisation: A Whole System Approach to Cultural Transformation*. Boston: Butterworth-Heinemann, 2006.
12. John P. Kotter and James L. Heskett. *Corporate Culture and Performance*. New York: The Free Press, 1992.
13. Bill George. *True North: Discover Your Authentic Leadership*. San Francisco: Jossey-Bass, 2007.
14. Jim Collins. *Good to Great*. New York: HarperCollins, 2001.
15. Rajendra S. Sisodia, David B. Wolfe, Jagdish N. Seth. *Firms of Endearment: The Pursuit of Purpose and Profit*. Upper Saddle River, New Jersey: Wharton School of Publishing, 2007.
16. Imagining the Future of Leadership, Harvard Business View Blog. www,blogs.hbr.org/imagining-the-future-of-leadership/2010/05/adding-valuesto-valuations-in.html
17. http://www.harrisinteractive.com/vault December 1, 2009.
18. http://www.cauxroundtale.org.
19. http://www.earthcharterinaction.org
20. http://www.enlightennext.org/magazine/j28/gunning.asp
21. http://www.enlightennext.org/magazine/j28/gunning.asp
22. Peter Turchin. *Historical Dynamics: Why States Rise and Fall*. Princeton: Princeton University Press, 2003.
23. Richard Barrett. *Building a Values-driven Organisation: A Whole System Approach to Cultural Transformation*. Boston: Butterworth-Heinemann, 2006.
24. Beinhocker, E. *Strategy at the Edge of Chaos*. McKinsey Quarterly, 1997, Vol. 1, pp 25-39.
25. John P. Kotter e James L. Heskett. *Corporate Culture and Performance*. New York: The Free Press, 1992.
26. George E. Vaillant. *Adaptation to Life*. Cambridge, MA: Harvard University Press, 1977.

2

A Mudança de "Eu" para "Nós"

Na Introdução, propus que o tema central do paradigma da nova liderança deve ser uma mudança do interesse próprio para o bem comum, e para realizar este objetivo temos de nos concentrar em mover-nos de um mundo motivado pelo "eu" para um mundo motivado pelo "nós".

A razão por que eu estou sugerindo que a mudança de "eu" para "nós" deve estar no centro de um paradigma da nova liderança não é porque isso pareça ser a coisa certa a se fazer, ou porque possa ser justificado do ponto de vista ético; é porque este conceito – *a mudança de "eu" para "nós"* – *é o princípio central responsável por 14 bilhões de anos de evolução bem-sucedida*.

Se quisermos construir um futuro sustentável para a humanidade, precisamos entender não apenas o papel de *Homo sapiens* na evolução, mas também o papel da consciência na modelagem do nosso futuro.

Evolução

De acordo com a ciência, tudo o que existe em nosso universo se originou a partir de um "big bang"[27] ocorrido 14 bilhões de anos atrás. Depois disso, tudo diz respeito à evolução. A evolução da energia para a matéria, da matéria para os organismos vivos, dos organismos vivos para as criaturas, e uma dessas criaturas – o *Homo sapiens* – está agora envolvida na tentativa de carregar o bastão da evolução até um novo nível.

Quando digo que tudo em nosso mundo teve sua origem 14 bilhões de anos atrás, quero dizer literalmente *tudo*, incluindo não apenas o mundo físico dos átomos, células, criaturas e do *Homo sapiens*, mas também o mundo mental dos instintos, pensamentos, sentimentos, crenças, valores e consciência. De fato, a evolução não poderia ter ocorrido se esses dois domínios não tivessem evoluído em paralelo.

A mente humana e o corpo humano não são apenas produtos da evolução: eles são o elo mais recente de uma corrente contínua de desenvolvimento que remete a 14 bilhões de anos atrás. Portanto, se quisermos construir um futuro sustentável para a humanidade, seria útil e inteligente tentar compreender os princípios subjacentes responsáveis pela evolução para que a espécie humana possa desempenhar seu papel nesta história em desenvolvimento.

Adaptação

A competência dominante no centro da evolução é a adaptação: a adaptação da energia em partículas atômicas, a adaptação de partículas atômicas em átomos, a adaptação de átomos em moléculas, a adaptação de moléculas em células, a adaptação de células em criaturas, e agora a adaptação de uma criatura – o *Homo sapiens* – na humanidade.

Graças aos pesquisadores científicos e aos paleontólogos, o papel da adaptação *física* na evolução é bem compreendido por meio de conceitos como a transmutação de espécies e do desenvolvimento da ciência da taxonomia – a classificação das formas de vida em estruturas hierárquicas. Proponho que chamemos este processo de adaptação física de *evolução estrutural*.

O papel da adaptação da "mente", ou *evolução da consciência*, é menos conhecido. Mesmo que não existam "fósseis" de consciências, estamos cercados por tipos semelhantes de matéria e criaturas que estiveram presentes ao longo da evolução. Ao observarmos o comportamento de átomos e moléculas sobre pressão e temperaturas intensas, e ao observarmos como células, plantas e criaturas se adaptam a situações desafiadoras e que ameaçam a "vida", somos capazes de compreender como a consciência pode ter evoluído ao longo das eras do tempo desde o big bang.

O que aprendemos com o trabalho de Darwin e outros é que cada entidade que existe no mundo físico é dirigida pelo "instinto" de sobrevivência, ou a "vontade" de existir, e que é relativamente seguro assumir que esse foi sempre o caso ao longo da evolução. Toda adaptação é dirigida por essa "vontade". Isso se aplica aos átomos, células, criaturas, seres humanos e suas estruturas de grupo, assim como moléculas, organismos, organizações, comunidades e nações. Cada tipo de entidade e estrutura de grupo se organiza de modo a maximizar seu potencial de sobrevivência. É esta vontade de sobreviver que dirige a adaptação, e a adaptação dirige a evolução. Deixem-me explicar melhor.

Os Princípios da Evolução

As entidades são capazes de existir no mundo físico por uma simples razão: elas aprenderam a gerir a sua estabilidade interna e externa em equilíbrio com as condições estruturais que definem a sua existência. Quando ocorrem mudanças anormais em suas condições estruturais, as entidades devem aprender a se adaptar ou deixarão de existir. Isto se aplica aos átomos, células ou seres humanos, e todas as suas estruturas de grupo — moléculas, organismos, organizações, comunidades e nações.

O propósito de toda adaptação é atingir, manter ou aprimorar a *estabilidade interna* e o *equilíbrio externo* de uma "entidade" e das suas estruturas de grupo.

Estou usando o termo "entidade" para definir os princípios estruturais que estão no cerne da evolução, as entidades que tornaram a cadeia evolutiva possível. Existem três dessas entidades.

Em nível atômico, foi o átomo de carbono que impulsionou a evolução para a frente. No nível celular, foi a célula eucariótica, e agora, no nível das criaturas, é a espécie conhecida como *Homo sapiens* que está carregando o bastão de evolução para a frente.

A razão pela qual estas três entidades são os elos vitais na cadeia evolutiva é porque todas elas se destacam em duas qualidades que as outras entidades em seu plano de existência não foram capazes de desenvolver na mesma medida. Todas elas têm uma facilidade para a ligação e cooperação que permite que elas se juntem para formar estruturas de grupo resistentes em situações ameaçadoras. Ligação e cooperação são as duas estratégias que estão no cerne da adaptação, sem a qual a evolução nunca teria ocorrido.

Estou usando a expressão "estrutura de grupo" para definir os produtos de ligação das três entidades que são os elos principais na cadeia evolutiva. Um átomo é uma entidade, e uma molécula é uma estrutura de grupo composta por átomos que se uniram. Uma célula é uma entidade, e um organismo é uma estrutura de grupo composta por células que se uniram. Um ser humano é uma entidade, e uma comunidade, tribo, nação ou organização é uma estrutura de grupo composta por seres humanos que se uniram.

Quando as estruturas de grupo de átomos de carbono, células eucarióticas e os seres humanos enfrentam situações de ameaça à vida, elas respondem por meio da cooperação com outras estruturas semelhantes e compatíveis para formar uma entidade de ordem superior. Assim, uma célula é uma entidade de ordem superior que se originou da união de átomos de carbono para formar moléculas, e de moléculas baseadas em carbono cooperando para formar uma célula. Um ser humano é uma entidade de ordem superior que se originou a partir de células eucarióticas se unindo para formar os órgãos (grupos de células), e os órgãos cooperando para formar um ser humano.

Se uma entidade (um átomo, célula ou criatura) for incapaz de se adaptar às mudanças nas condições estruturais – se não puder se tornar ou permanecer viável e independente – ela irá perecer, decompondo-se em suas partes componentes, ou será forçada a explorar formas de se relacionar com outras entidades similares e compatíveis para formar uma estrutura de grupo que seja resistente o suficiente para sobreviver nas novas condições estruturais.

Se uma estrutura de grupo (molécula, organismo, organização ou nação) for incapaz de se adaptar às mudanças em suas condições estruturais – se não puder se tornar ou permanecer viável e independente ela irá perecer, decompondo-se em suas partes componentes, sendo absorvida por outra entidade, ou terá de encontrar maneiras de cooperar com outras estruturas semelhantes e compatíveis para formar uma estrutura de grupo maior a fim de que possam sobreviver nas novas condições estruturais.

Um exemplo de comportamento de ligação pode ser visto nas amebas unicelulares *Dictyostelium discoideum*. Estas amebas vivem uma existência solitária no solo em busca de alimento. Quando o alimento é escasso, as amebas liberam substâncias químicas no ambiente. Estes produtos químicos agem como sinais para que outras amebas acionem um comportamento de enxame. As amebas então se reúnem e formam uma grande lesma multicelular ou um mofo gosmento. Durante o período de fome, a comunidade de células velhas partilha o seu DNA e cria a próxima geração de descendência. Quando o alimento é mais abundante, o mofo gosmento se rompe e a nova população unicelular é liberada para iniciar o ciclo novamente.[28]

Os Estágios Universais da Evolução

Portanto, podemos ver que a evolução de uma entidade avança em três estágios:

- As entidades individuais aprendem como se tornar *viáveis e independentes* em suas condições estruturais normais.
- Quando as condições estruturais de uma entidade se tornam mais complexas e ameaçadoras, ela aprende como aumentar sua resiliência *unindo-se* com outras entidades compatíveis para formar estruturas de grupo mais complexas.
- Quando as condições estruturais da estrutura de grupo se tornam mais complexas e ameaçadoras, a estrutura de grupo aprende como aumentar sua resiliência, *cooperando* com outras estruturas de grupo semelhantes e compatíveis para formar uma entidade de uma ordem mais complexa.

Podemos ver esse padrão de três estágios evolutivos ao longo de toda a evolução. Depois que os átomos se tornaram viáveis e independentes em suas condições estruturais de existência, eles se uniram com outros átomos para formar moléculas. Quando as condições estruturais se tornaram mais ameaçadoras, as moléculas se adaptaram, aprendendo como cooperar entre si para formar uma entidade de ordem mais elevada chamada célula.

Quando as células se tornaram viáveis e independentes em sua estrutura de existência, elas se uniram com outras para formar organismos. Quando as condições estruturais se tornaram mais ameaçadoras, os organismos se adaptaram, aprendendo a cooperar entre si para criar uma entidade de uma ordem mais elevada chamada *Homo sapiens*.

Agora que o bastão da evolução passou para o *Homo sapiens*, os seres humanos estão aprendendo como se tornar viáveis e independentes em sua estrutura de existência. Quando as condições se tornaram mais ameaçadoras, eles aprenderam como se unir com outros seres humanos para formar clãs, tribos e nações; e os maiores dentre essas estruturas de grupo – as nações – agora estão aprendendo como cooperar entre si para criar uma estrutura de ordem mais elevada chamada humanidade. Ver Figura 2.1.

É importante reconhecer que há um outro fator que torna a união e a cooperação uma estratégia evolutiva tão bem-sucedida: unir e cooperar per-

| Estágio 1: Tornar-se uma entidade viável e independente | → | Estágio 2: Entidades individuais se unem para formar estruturas de grupo que se tornam viáveis e independentes | → | Estágio 3: Estruturas de grupo cooperam para formar uma entidade viável e independente de ordem mais elevada |

Plano 4	Homo sapiens	→ Nações	→	Humanidade
Plano 3	Células eucarióticas	→ Organismos	→	Homo sapiens
Plano 2	Átomos de carbono	→ Moléculas	→	Células eucarióticas
Plano 1	Partículas/ondas de informação existindo em um campo de energia quântica			

Figura 2.1 Os três estágios da evolução.

mitem que as entidades e as estruturas de grupo aumentem seu nível coletivo de consciência e inteligência. Assim, à medida que as entidades e estruturas de grupo encontraram condições de vida cada vez mais complexas, sua complexidade interna aumentou, assim como seu nível de consciência e capacidade de processamento. Foi esse aumento de consciência e capacidade de processamento que permitiu que as entidades em estruturas de grupo sobrevivessem com mais sucesso do que teriam isoladamente.

Também é importante reconhecer que a evolução não possui apenas uma dimensão temporal linear, ela também possui uma dimensão holística. Em outras palavras, as entidades e estruturas de grupo em cada estágio de um plano de existência específico incluem todos os estágios e planos anteriores. Portanto, um ser humano contém átomos, moléculas, células e órgãos, todos tentando manter a estabilidade interna e o equilíbrio externo em seus próprios planos de existência simultaneamente.

No livro "Evolution: A General Theory", Ervin Laszlo afirma que:

Em cada estágio da evolução, a partir dos átomos até chegarmos à sociedade humana, as energias de ligação entre entidades têm perdido a força, sendo substituídas por um aumento nas energias de cooperação e organização. Assim, os átomos são muito mais ligados energeticamente do que as células e as células são muito mais ligadas energeticamente do que os Homo sapiens. *E segue-se, portanto, que do ponto de vista evolutivo, as células são mais dependentes de cooperação e organização do que os átomos para sua resiliência, e estruturas de grupos humanos são mais dependentes de cooperação e organização do que células para sua resiliência. Esse padrão também pode ser visto em ação à medida que os* *clãs evoluíram para tribos, e as tribos para nações. No nível do clã, há um vínculo familiar, no nível tribal há um vínculo étnico, e no nível da nação, pelo menos em se tratando de uma nação democrática, há um vínculo de valores. À medida que o nível das energias de ligação diminui, o nível de energias de cooperação aumenta.*²⁹

A diminuição na força das energias de união estrutural, e o aumento na força das energias de cooperação e organização que ocorreram ao longo da história da evolução significam que, em relação ao *Homo sapiens*, o futuro da evolução dependerá da evolução da mente, ao invés da evolução física. A união no nível do *Homo sapiens* não depende de características estruturais como no caso dos átomos: depende das características da consciência. Em outras palavras, com a passagem do bastão da evolução para o *Homo sapiens*, a continuação de quatorze bilhões de anos de evolução agora depende da evolução da consciência humana.

> A continuação de quatorze bilhões de anos de evolução agora depende da evolução da consciência humana.

O Papel da Consciência na Evolução

Para que a evolução progrida, cada entidade envolvida na cadeia evolutiva deveria ter consciência do seu entorno. Sem consciência não haveria nenhuma maneira para que uma entidade reconhecesse as ameaças à sua estabilidade interna e equilíbrio externo resultantes de mudanças nas condições estruturais.

Evolução também colocou outro requisito em todas as entidades e as suas estruturas de grupo: eles tinham que ser capazes de "institucionalizar" a sua aprendizagem sobre a bem-sucedida adaptação para que pudessem passar esse aprendizado para os seus "descendentes". Sem aprender a consciência, e adaptação institucionalizada, não poderia haver evolução.

Formas de vida institucionalizaram sua aprendizagem por meio da codificação de instruções para a adaptação em seu DNA ou, para usar o nome completo, em moléculas de ácido desoxirribonucleico. O DNA permite que as entidades armazenem informações do tipo "Se você observar na sua consciência um evento chamado 'a', faça 'x', e se você notar em sua consciência um evento chamado 'b', faça 'y'", onde "x" e "y" representam as ações que a entidade "acredita" que irão permitir a ela manter ou melhorar a sua estabilidade interna e o seu equilíbrio externo.

Em outras palavras, o DNA é uma forma "institucionalizada" de memorizar instruções para manter e reforçar a estabilidade interna e o equilíbrio externo que permitiu às entidades sobreviver e prosperar (crescer e se desenvolver) sob condições cada vez mais complexas por aproximadamente 4 bilhões de anos, a duração aproximada de tempo em que as formas de vida existem sobre a Terra.

O ponto mais importante a se notar sobre a afirmação acima é que os átomos e moléculas estão significativamente envolvidos na aprendizagem "institucionalizada" e estão intimamente ligados com a consciência e a memorização, especialmente em termos de se compreender o que fazer em circunstâncias que ameaçam a sobrevivência de uma entidade.

Se, portanto, definimos a consciência como *consciência com um propósito*, e reconhecemos que o propósito de todas as entidades físicas e suas estruturas de grupo é atingir, manter ou melhorar a estabilidade interna e o equilíbrio externo, podemos afirmar categoricamente que a consciência está presente em todos os níveis da criação, e podemos derrubar o mito de que apenas os seres humanos são conscientes.[30]

Prosperar

Enquanto atingir e manter a estabilidade interna e o equilíbrio externo são estratégias de sobrevivência, *aumentar* a estabilidade interna e o equilíbrio externo é uma estratégia para se prosperar.

Prosperar alivia a "dor" de sobreviver, porque permite que as entidades, e suas estruturas de grupo, conquistem mais estabilidade interna e equilíbrio externo, explorando oportunidades para aumentar sua resiliência, quando mudanças favoráveis ou que melhorem a "vida" ocorrem em suas condições estruturais. Prosperar, consequentemente, desempenhou um papel significativo no avanço da evolução, permitindo que as entidades (nos bons tempos) possam construir sua resiliência para resistir aos choques. Basicamente, prosperar promove a resiliência e a resiliência permite que as entidades e suas estruturas de grupo expandam suas possibilidades de sobreviver em condições estruturais mais complexas.

Reagir e Responder

As formas pelas quais os átomos, células e seres humanos reagem ou respondem a situações de risco de "vida" a fim de manter a sua estabilidade interna são diferentes:

- Os átomos mantêm a sua estabilidade interna, conservando seus campos eletromagnéticos em equilíbrio.
- As células mantêm a sua estabilidade interna, conservando sua composição química em equilíbrio (homeostase).[31]
- Os seres humanos mantêm a sua estabilidade interna, conservando suas emoções em equilíbrio por meio da maestria pessoal[32] e social.[33]

Assim, podemos identificar três tipos significativamente ou fases diferentes na evolução da consciência – a consciência atômica, a consciência celular e a consciência humana (uma forma avançada de consciência animal). Cada tipo de consciência se diferencia do tipo anterior pela sua capacidade de perceber e responder a níveis cada vez maiores de complexidade nas suas condições estruturais.

Desse modo, podemos afirmar que a evolução estrutural (físico) e a evolução da consciência (mente) representam um *continuum* paralelo de complexidade crescente no qual as energias envolvidas na evolução estrutural se tornaram mais fracas e as energias envolvidas na evolução da consciência se tornaram mais fortes.

No nível do *Homo sapiens* a união ocorre quando os indivíduos humanos confiam uns nos outros – eles têm valores e crenças similares, compartilham um sentido comum de identidade e uma visão partilhada do futuro. A cooperação ocorre quando os indivíduos humanos têm valores e crenças semelhantes; sentem empatia uns pelos outros, compartilham uma visão similar do futuro que gostariam de criar, mas não necessariamente compartilham um senso comum de identidade.

Ao contrário de todas as outras criaturas, os seres humanos estão conscientes de que possuem consciência. Temos a capacidade de entender a nós mesmos. Isto significa que temos uma possibilidade incrível diante de nós que nunca existiu, em qualquer momento no passado. *Temos a capacidade de fazer a evolução de nossa consciência, conscientes tanto individual quanto coletivamente.*

Para que isso aconteça, precisamos desenvolver uma forma de medir a consciência. Se pudermos medi-la, então poderemos controlá-la.[34] Precisamos também de um modelo de referência para que possamos nos orientar ao longo da evolução da consciência. O modelo que proponho é o padrão universal de três estágios evolutivos mapeado para o modelo de sete níveis de consciência.

A razão pela qual estou propondo o processo universal de três estágios evolutivos é porque ele é a estratégia mais bem-sucedida para sobreviver e prosperar que jamais existiu. A razão pela qual estou propondo o modelo de sete níveis de consciência é porque ele é o método mais simples e flexível que existe para se medir a consciência, e também porque ele pode ser transferido com precisão para os três estágios evolutivos universais.

De Volta ao Princípio

Comecei este capítulo destacando a importância do desenvolvimento de um novo paradigma de liderança que nos permitisse passar de um mundo motivado pelo "eu" para um mundo motivado pelo "nós". Eu também afirmei que, se quisermos construir um futuro sustentável para a humanidade, precisamos entender não apenas o papel do *Homo sapiens* na evolução, mas também o papel da consciência em modelar o nosso futuro. Foi isso que eu tentei fazer nas páginas anteriores.

Esta estratégia, a mudança do "eu" para o "nós", está baseada em um paradoxo.

A evolução nos mostra claramente que não mudamos do interesse próprio para o bem comum por meio da busca do bem comum: o bem comum surge da busca do interesse próprio. E eu não sou o primeiro a apontar isso.

A Mão Invisível

Aqueles dentre vocês que têm um conhecimento básico de teoria econômica devem estar pensando que a ideia de que o bem comum surge da busca pelo interesse próprio soa como a "mão invisível" de Adam Smith.[35] Na verdade, soa mesmo. Mas, é muito mais do que isso.

No cerne do conceito da "mão invisível" jaz a suposição de que o interesse próprio impulsiona as pessoas a comportamentos que são benéficos para as massas. Originalmente, Adam Smith cunhou esta frase em sua discussão sobre o comércio interno versus o comércio exterior. Sua hipótese era a de que, se cada consumidor pudesse escolher livremente o que comprar, e cada produtor estivesse autorizado a escolher livremente o que vender e como produzir, o mercado resolveria tudo com um sistema de distribuição de produtos e preços que seria benéfico para cada indivíduo e membro da comunidade e, portanto, para a comunidade como um todo. Em outras palavras, se uma economia fosse deixada à sua própria sorte, as energias humanas mostrariam uma inclinação natural para o interesse próprio que promoveria o bem comum. Se esta é uma "inclinação natural", então poderíamos esperar encontrar este conceito em operação em outros lugares por natureza, o que de fato acontece.

O Gene Egoísta

Richard Dawkins, um teórico da Biologia, construiu uma teoria da evolução em torno de uma versão biológica da "mão invisível" de Adam Smith, em seu livro seminal e controverso "O Gene Egoísta"[36]. Ao descrever os genes como "egoístas", Dawkins não pretende sugerir que eles são movidos por motivos egoístas ou qualquer vontade, mas apenas que, se deixados à sua própria sorte, os genes se comportam de tal maneira que o seu impacto no mundo ao seu redor é descrito com precisão pelo termo "egoísta".

O argumento de Dawkins é que os genes operam sempre de uma forma que se parece com o interesse próprio e que este comportamento é o impulsionador da evolução. Em outras palavras, quando as células se unem com outras para formar organelas, e organelas[37] colaboram entre si para formar um organismo complexo, elas o fazem porque esse é do interesse da célula, ou mais precisamente dos genes da célula. Em outras palavras, os genes aprenderam a sobreviver e a se replicar, alinhando o seu próprio interesse com o bem do todo.

Esta ideia inovadora revolucionou a Biologia, ao sugerir que uma sequência de DNA – um gene – é o motor principal da evolução. Em outras palavras, um subconjunto de uma molécula de ácido desoxirribonucleico, e os átomos contidos nele são os responsáveis pela evolução. Isso não poderia ter acontecido se as moléculas de DNA não possuíssem a capacidade de aprender, armazenar informações e de usar essas informações para a adaptação.

Para aprender e se adaptar, as complexas moléculas que formam o DNA tinham que estar cientes das mudanças nas condições estruturais de seu ambiente que pudessem ameaçar a sua existência física. Sem essa consciência, não poderia haver qualquer aprendizagem. Sem aprender não poderia haver qualquer adaptação, e sem adaptação não haveria evolução. Isso nos leva à conclusão de que a consciência existe em nível atômico, já que as moléculas são simplesmente grupos de átomos unidos com o propósito de aumentarem o seu potencial para a sobrevivência.

Uma vez que toda matéria é composta por átomos, e os átomos formam a ponte entre o que consideramos ser o mundo físico e o mundo quântico da energia,[38] então a consciência pode mesmo ser uma propriedade fundamental do universo, e ser uma das características definidoras da energia.

Implicações para a Consciência Humana

> É por meio da criação de um modelo que demonstre como a consciência evolui que poderemos fazer a evolução de consciência, de forma consciente.

A conclusão que podemos tirar do exposto acima é que o interesse próprio está no âmago da consciência humana, e que "união" e "cooperação" são simplesmente estratégias "egoístas" de sobrevivência que são acionadas quando as entidades individuais encontram condições que potencialmente ameaçam a sua existência física. Sob tais condições, a capacidade de exibir comportamentos que descrevemos como "mutualidade" ou "reciprocidade" aumenta significativamente a habilidade de uma entidade para sobreviver. Na verdade, estes comportamentos não são movidos pelo bem comum, mas por nosso foco coletivo em nosso próprio interesse próprio individual.

Em termos humanos, a capacidade de união é regida pelo valor da "confiança" e a capacidade de cooperar é regida pelo valor da "empatia". Sem a confiança, as pessoas não se uniriam umas às outras. Sem empatia e confiança, elas não iriam cooperar umas com as outras. A fim de entender completamente como o interesse próprio se expressa nos domínios humanos, é preciso explorar o tema a partir das perspectivas da psicologia e da identidade.

Ambas as abordagens nos levam a uma compreensão da evolução da consciência humana que tem em sua essência o interesse próprio, um interesse próprio que é benéfico para todos. A mudança de "eu" para "nós" é sempre impulsionada pelo interesse próprio de vários "eus". Em outras palavras, o comprometimento de "nós" é do interesse próprio de todos os "eus" que estão participando do "nós".

Estou seguindo esta abordagem multiperspectiva para a compreensão da evolução da consciência, em primeiro lugar, porque quero desmistificar o tema da consciência e torná-lo mais prático, e, em seguida, porque acredito que é por meio da criação de um modelo que demonstre como a consciência evolui que poderemos fazer a evolução de consciência, de forma consciente. Se você fosse capaz de medir onde se encontra em uma escala evolutiva da consciência, seria capaz de trabalhar conscientemente para se tornar um líder de espectro total, comandando uma organização de espectro total ou mesmo uma nação espectro total.

Eu sei que isso é verdade porque há centenas de pessoas e milhares de empresas ao redor do mundo que adotaram o modelo dos sete níveis de consciência, e estão trabalhando conscientemente – e com sucesso – para a construção de organizações de alto desempenho de espectro total. Elas incluem, para citar apenas algumas, a Unilever no Brasil, o Nedbank na África do Sul, a Volvo IT na Suécia, e a Westpac, na Austrália.

NOTAS

27 O big bang é o modelo cosmológico das condições iniciais e do desenvolvimento subsequente do Universo que é apoiado pelas explicações mais abrangentes e precisas a partir de evidências e observações científicas.

28 Bruce H. Lipton. *The Biology of Belief: Unleashing the Power of Consciousness, Matter and Miracles*. Carlsbad California: Hay House Inc., 2008, p. 99.

29 Ervin Laszlo. *Evolution: The General Theory*. New York: Hampton Press, 1996.

30 O único aspecto da consciência humana que a diferencia da consciência dos animais é que temos consciência de que estamos conscientes. Em todos os demais aspectos, a consciência humana e a animal diferem apenas no grau com que são capazes de lidar com a complexidade.

31 Homeostase é a propriedade de um sistema vivo que permite que ele mantenha a estabilidade por meio da regulação de sua composição química quando ocorrem mudanças em sua estrutura de existência.

32 Maestria pessoal é a capacidade de um ser humano manter a estabilidade do seu ego reconhecendo e gerenciando suas emoções quando ocorrem situações desafiadoras em sua estrutura de existência.

33 Maestria social é a capacidade de um ser humano manter o equilíbrio externo com um grupo de seres humanos compreendendo e gerenciando as emoções do grupo.

34 Esta é a razão fundamental pela qual inventei o modelo dos sete níveis de consciência e das Ferramentas de Transformação Cultural – para medir a consciência.

35 Adam Smith. *Uma Investigação sobre a Natureza e a Causa da Riqueza das Nações*. Ed. Momento Atual, 2003.

36 Richard Dawkins,. *O Gene Egoísta*. Editora Itatiaia, 2001.

37 Uma organela é uma parte especializada da célula, que possui uma função específica.

38 Uma ideia que deriva da equação de Einstein sobre a equivalência entre energia e matéria, expressa em sua famosa fórmula $E = mc^2$.

3

A Evolução da Consciência Humana

Eu concluí o capítulo anterior sugerindo que existem duas maneiras de se explorar a evolução da consciência humana: a partir de uma perspectiva psicológica, e a partir de uma perspectiva de identidade.

Podemos caracterizar a perspectiva psicológica como consciência de "profundidade", e a perspectiva de identidade como uma consciência de "amplitude".

Nós alcançamos uma maior consciência de "profundidade" à medida que conhecemos a nós mesmos em níveis psicológicos/espirituais cada vez mais profundos. Isso pode ser caracterizado como uma jornada que tem a consciência do ego em um dos extremos da escala e a consciência da alma e além, no outro.

Nós alcançamos uma maior "amplitude" da consciência à medida que o nosso sentido de identidade se torna mais inclusivo em relação aos outros. Isto pode ser caracterizado como uma jornada que tem a identificação com o seu corpo humano em um dos extremos da escala e a identificação com a humanidade e além no outro extremo.

Efetivamente, a consciência da profundidade e a consciência da amplitude são rotas diferentes para o mesmo destino. O destino, em ambos os casos, é a consciência de espectro total. A consciência de espectro total representa a forma mais elevada da evolução humana. À medida que progride de um nível de consciência para o próximo, você transcende o nível anterior e o inclui na compreensão que você conquista no novo nível: você ganha uma nova perspectiva sobre o que já sabe.

Aqueles que gostam de desenvolvimento pessoal e de dedicar tempo à reflexão estarão mais inclinados a tomar a rota da "profundidade" ou "transpessoal" até a consciência de espectro total. Aqueles que gostam de desafios mentais e de uma abordagem cognitiva estarão mais inclinados a seguir a rota da "amplitude" ou "identidade" para chegarem à consciência de espectro total. Mas, como alternativa, você pode seguir as duas vias simultaneamente. Em última análise, qualquer que seja o caminho que você siga serão os valores que você possui e os comportamentos que você demonstra que irão determinar o nível de consciência no qual você está operando.

Estou sugerindo esta abordagem em duas vertentes para a consciência espectro total, porque no meu trabalho com líderes tenho encontrado líderes bem-sucedidos que apresentam os atributos de "amplitude" de consciência superior, e também tenho encontrado líderes de sucesso que demonstram maiores atributos de "profundidade" de consciência.

Os primeiros representam argumentos bem pensados para operarem com altos níveis de inclusão: com uma identidade que inclui os outros. Eles operam dessa maneira porque logicamente isso faz sentido para eles.

Os últimos chegaram até a sua maneira de ser desenvolvendo uma visão unitária da vida. Eles fazem isso porque faz parte de sua jornada espiritual até a unidade. No Oriente, este é um caminho bem conhecido até os níveis mais elevados de consciência, sobre os quais se tem escrito e falado por milênios.

Ambos os tipos de líder são motivados a fazer a diferença no mundo por meio do seu trabalho. Sua paixão pelo que fazem é alimentada pela diferença que eles são capazes de fazer na vida dos outros ou na gestão da Terra. Ambas as perspectivas levam à mesma conclusão: a de que, perseguindo o nosso interesse próprio, chegamos ao bem comum. A rota para o "nós" nos leva a seguir um caminho em direção a uma compreensão cada vez mais profunda, ou cada vez mais ampla do "eu". Deixe-me explicar essas duas abordagens em mais detalhes. Comecemos com a perspectiva da identidade (amplitude).

Os Sete Níveis da Identidade Humana

Nosso senso de identidade é determinado pelas associações que temos em nossa mente que nos permitem que nos localizemos no tempo e no espaço. Sem um senso de nossa própria identidade, estaríamos perdidos. Nós não saberíamos onde é o nosso lugar.

Quando dizemos "eu sou isso" ou "eu sou aquilo", estamos indicando para nós mesmos e para os outros as afiliações ou associações que são importantes para nós em nossas vidas. Nós também estamos dizendo às pessoas com quem ou com o quê nos preocupamos. Isto, por sua vez, nos dá uma indicação de a partir de quais níveis de consciência estamos operando. É por isso que a pergunta "Quem sou eu?" é tão importante. Ela nos ajuda a focalizar as associações que são significativas para nós em nossas vidas.

A partir da perspectiva de "identidade", uma pessoa que parece estar operando para o bem comum é simplesmente alguém que está operando com um senso ampliado de interesse próprio. Isto é o mesmo que dizer que ela está operando a partir de um nível superior de consciência, porque o "eu" que tem o interesse próprio assumiu um sentido mais abrangente de identidade.

À medida que você evolui em termos de consciência de amplitude, você deixa de tomar decisões com base naquilo que é bom para você somente, e passa a considerar o que é bom para você e para aqueles com quem escolhe se unir e se associar, e embora essas decisões estejam mescladas com os seus próprios interesses, elas dão a aparência de estar sendo impulsionadas pelo bem comum.

O que estou dizendo é que, nos níveis mais elevados de consciência, as suas necessidades pessoais ainda são importantes, mas você quer satisfazê-las por meio do foco em suas necessidades coletivas ou subordina algum aspecto de suas necessidades pessoais ao benefício de uma outra necessidade que você considera ser mais importante. Em outras palavras, a estes níveis mais elevados de consciência, você reconhece que seu bem-estar é mais bem servido quando contribui para o bem-estar do todo.

> Uma pessoa que supostamente está operando para o bem comum é simplesmente alguém que está operando com um senso ampliado de interesse próprio.

Por exemplo, uma equipe forte é aquela em que todos trabalham para o bem comum, e nossa necessidade para o sucesso pessoal é satisfeita com o sucesso da equipe. Assim, você não busca a glória para você mesmo, você busca a glória para a equipe, e nessa glória você encontra o seu próprio senso de autoestima. Esta é a essência da mudança do "eu" para "nós" – trabalhar para satisfazer as necessidades daqueles com quem você forma um "nós", para que você e todo mundo que faz parte do "nós" possam satisfazer suas necessidades.

Isso também acaba por ser uma das características distintivas dos líderes que Jim Collins menciona em "Good to Great". Ele afirma que este tipo de líder "canaliza as necessidades do seu ego para longe de si mesmo e em direção ao objetivo maior de construir uma grande empresa. Não é que eles não tenham ego ou interesse próprio. Na verdade, eles são incrivelmente ambiciosos, mas sua ambição é antes de tudo para a instituição, e não para eles mesmos".

Quando examinamos a mudança do "eu" para "nós" de uma perspectiva da "amplitude", podemos identificar dois principais fatores que diferenciam os níveis da consciência humana. Estes são:

- O nível de abrangência e conexão que você tem para com os outros e seu ambiente físico.
- O grau ao qual os seus medos conscientes e subconscientes o separam dos outros ou prejudicam o seu senso de conexão com os outros e com seu ambiente físico.

O medo nos impede de evoluir, pois promove o interesse próprio e a separação. Ele restringe o seu sentido de identidade e bloqueia o seu progresso do "eu" para "nós". Os principais fatores inibidores a este respeito são um forte senso de etnia racial e/ou filiação religiosa. Estas questões surgem dos medos que temos no segundo nível da consciência humana – temores associados à segurança e ao pertencimento.

Conexão e amor, por outro lado, promovem a evolução porque expandem o seu senso de identidade, e promovem o seu progresso do "eu" para um sentido cada vez maior de "nós". Quando operamos a partir do quarto nível de identidade, somos capazes de aceitar e celebrar a diversidade e a liberdade religiosa.

Assim, quanto mais abrangente for o seu senso de identidade e quanto menos influenciado você for pelos seus medos conscientes e inconscientes, maior será o *locus* do centro de gravidade da consciência a partir da qual você operar. Os sete níveis de identidade estão descritos na Tabela 3.1, e são explicados com mais detalhes no texto a seguir.

Tabela 3.1 Os sete níveis da identidade humana

Níveis de Consciência		Identidade
7	Serviço	Eu como membro da raça humana, vivendo na Terra e abraçando a sustentabilidade de espectro total.
6	Fazer a diferença	Eu como membro de uma comunidade e/ou uma afiliação de grupos com valores compartilhados, missões alinhadas e uma visão comum.
5	Coesão interna	Eu como membro de um grupo que compartilha os mesmos valores e uma missão que se alinha com o seu próprio senso de propósito e direção.
4	Transformação	Eu como membro de um grupo que compartilha os mesmos objetivos e valores, e celebra e incentiva suas habilidades e talentos.
3	Autoestima	Eu como membro ou apoiador de um grupo que se alinha com a sua fé religiosa, interesses e/ou opiniões.
2	Relacionamentos	Eu como membro de uma família ou clã com um patrimônio comum, ou etnia.
1	Sobrevivência	Eu como um indivíduo em busca de um corpo físico para atender às minhas necessidades fisiológicas.

Nível 1: Identidade de Sobrevivência

No primeiro nível de identidade você está preocupado com as necessidades fisiológicas do seu corpo (alimento, calor, abrigo e conforto), satisfazendo as suas necessidades de segurança e seu prazer/necessidades de entretenimento. Você se preocupa apenas com você mesmo e sua capacidade de sobreviver, sentir prazer e prosperar.

Nível 2: Identidade de Relacionamento

No segundo nível de identidade, você está preocupado com você mesmo e com aqueles com quem você tem uma relação estreita – o seu parceiro de vida, sua família, seus parentes, sua tribo ou seus colegas de trabalho. Estas são geralmente pessoas que se parecem com você, se vestem como você, e falam a sua língua ou, em outras palavras, as pessoas de sua identidade étnica. Você está preocupado com o seu próprio conforto, prazer e segurança, e o daqueles com os quais você interage diariamente, com quem você compartilha uma herança comum (etnia) ou laço emocional de lealdade.

Nível 3: Identidade de Autoestima

No terceiro nível da identidade, você está preocupado com você mesmo e com aqueles com quem você compartilha uma fé comum, interesse ou opinião. Estes grupos podem ser múltiplos, e podem variar ao longo do tempo – sua antiga escola, sua organização, sua igreja, ou a sua comunidade. Outros grupos de interesse com os quais você pode se identificar podem incluir um partido político ou uma equipe esportiva. Estes são os grupos com os quais você pode ou não compartilhar uma identidade étnica comum. Você está preocupado com a realização, com a vitória, com a salvação pessoal, ou com a promoção do seu ponto de vista na sua comunidade, nação ou no mundo.

Nível 4: Identidade de Transformação

No quarto nível da identidade, você está preocupado com você mesmo e com as pessoas com quem você tem um conjunto compartilhado de valores, e com quem você interage para atingir um conjunto compartilhado de metas, uma equipe com um objetivo específico. Este é um grupo que incentiva e celebra suas habilidades e talentos singulares. O grupo (ou equipe) poderá ser composto de pessoas de diferentes etnias, todos compartilhando os mesmos valores e perseguindo os mesmos objetivos e metas. Você está preocupado com a sua autoexpressão, e com a sua capacidade de construir e administrar o futuro que deseja para você mesmo.

Nível 5: Identidade de Coesão Interna

No quinto nível da identidade, você está preocupado com você mesmo e com as pessoas com quem compartilha um conjunto comum de valores, um sentimento compartilhado de missão (propósito), e um sentimento comum de futuro que desejam criar juntos (visão). Você reconhece, neste nível de identidade, que o seu sucesso futuro está ligado ao sucesso do grupo ou grupos aos quais você escolheu se filiar. Você está preocupado com o nível de confiança e compromisso do grupo, porque sabe que isso impacta a capacidade do grupo para definir uma forte intenção e uma ação concentrada. Você está preocupado com a sua capacidade de trabalho naquilo que acredita ser importante.

Nível 6: Identidade de Fazer a Diferença

No sexto nível de identidade, você está preocupado com você mesmo, e com o seu grupo, sua comunidade, bem como com aqueles grupos que são externos ao seu grupo, que possuem valores semelhantes, missões alinhadas e/ou uma visão partilhada do futuro. Você reconhece a importância da formação de alianças estratégicas ou parcerias com outras pessoas ou grupos com visão semelhante para conquistar vantagens em promover o seu propósito ou visão coletiva. Você está preocupado com a construção da capacidade interna de seu grupo através da orientação ou coaching daqueles com quem trabalha, e você também está preocupado com a construção de uma cultura de colaboração com seus parceiros e com os grupos que fazem parte de sua aliança estratégica. Você está preocupado com a sua capacidade de alavancar o seu impacto no mundo.

Nível 7: Identidade de Serviço

No sétimo nível de identidade, você está preocupado com você mesmo, com seu grupo, os grupos com os quais o seu grupo estabelece parcerias, e com todos os outros no conjunto do planeta – o todo da humanidade – todas as raças, religiões e credos. Neste nível, a sua identidade também se expande para incluir a Terra e todas as formas de vida que a habitam, porque você reconhece que seu bem-estar e o de todos no planeta dependem de um ecossistema global saudável. A experiência que você ganhou em sua jornada até este nível superior de consciência lhe concede a sabedoria para se tornar um ancião em sua comunidade ou um conselheiro na arena na qual você opera. Você quer alcançar um sentimento de alegria em sua vida, cumprindo o seu propósito.

Depois de descrever os sete níveis da consciência humana a partir da perspectiva da identidade ou da amplitude, vamos agora explorar os sete níveis de consciência humana a partir da perspectiva da profundidade ou da motivação.

A Psicologia Transpessoal

Embora a palavra "psicologia" signifique literalmente "estudo da alma", a maioria das abordagens ocidentais da psicologia tendem a ignorar a dimensão da alma em nossa personalidade: elas se concentram quase que exclusivamente sobre a dimensão do ego.

Há muitas razões para isso, e uma que não é menos importante é que o aspecto da alma da nossa personalidade é menos acessível: é mais profundamente enraizado em nossa consciência do que o ego. Você tem que cavar fundo para encontrar a alma: você tem de dominar e transcender as necessidades do ego antes que possa descobrir e explorar as necessidades da alma.

Outra razão pela qual os psicólogos se centram no ego é simplesmente porque a maioria das pessoas no planeta está vivendo no nível de existência do ego, incluindo-se aí muitos psicólogos. Essas pessoas têm dificuldade em lidar com a alma, porque ela está além de sua experiência. O conhecimento de algo e a experiência de algo são coisas completamente diferentes. Na minha opinião, você não pode guiar as pessoas em uma viagem para um lugar sobre o qual você apenas leu, e onde nunca esteve pessoalmente.

A Psicologia Transpessoal[39] leva em conta tanto o ego quanto a alma. É a mais integradora de todas as psicologias. Entre os pensadores-chave que prepararam o terreno para o movimento da psicologia transpessoal estão William James, Carl Jung, Abraham Maslow e Roberto Assagioli, que fundou o movimento da psicossíntese – uma abordagem holística para a integração do ego e da alma. Antes de prosseguir, vamos tentar definir o que queremos dizer com o ego e a alma.

O Ego

O ego é o aspecto da nossa personalidade associado ao corpo físico humano. Ele acredita que vive em um mundo físico, e tem uma quantidade limitada de tempo e recursos para conseguir o que quer. Ele acredita em escassez e considera que a vida é um jogo de soma zero. É impulsionado pela necessidade de sobrevivência. O ego está envolvido na experiência física do dia a dia, e está totalmente concentrado em atender às suas necessidades de sobrevivência, relacionamento e autoestima.

A Alma

A alma é o aspecto da nossa personalidade associado ao corpo energético humano. A alma crê em abundância e suficiência. Sente-se à vontade com a incerteza e prospera na mudança. Ela vive em um mundo energético e pelo fato de ser composta das "energias" fundamentais da existência, não pode ser criada ou destruída, mas simplesmente muda sua expressão de uma forma para outra. A alma habita uma realidade quântica governada por probabilidades. Para a alma, tudo e qualquer coisa são possíveis. A alma está em busca de significado, quer fazer a diferença, e estar a serviço do mundo.

Assim, existem dois "eus" dentro de nós, tentando ter as suas necessidades satisfeitas: o ego e a própria alma.

Quando o centro de gravidade da nossa consciência se encontra na arena do ego, nós nos concentramos em atender às necessidades do nosso ego. Existem três tipos de necessidades que estão no cerne da motivação do ego:

- A necessidade de segurança física e segurança – sobrevivência.
- A necessidade de amor e pertencimento – relacionamentos.
- A necessidade de respeito e de reconhecimento – autoestima.

Não sentimos qualquer sentimento de satisfação duradoura se estas necessidades são satisfeitas, mas sentimos uma sensação de ansiedade (estresse causado pelo medo de baixo nível) se não forem atendidas. Abraham Maslow chamou-as de "necessidades ou deficiências" básicas: elas são essenciais para manter a estabilidade interna do ego.

Quando o centro de gravidade da nossa consciência se encontra na arena da alma, nós nos concentramos em atender às necessidades de nossa alma. Existem três tipos de necessidades que estão no cerne da motivação da alma.[40]

- A necessidade de encontrar um sentido ou propósito na nossa existência – coesão interna.
- A necessidade de realizar esse significado ou propósito – fazer a diferença.
- A necessidade de atender plenamente o seu propósito – serviço.

Quando essas necessidades são satisfeitas elas não vão embora; elas geram níveis cada vez mais profundos de motivação e comprometimento. Abraham Maslow chamou-as de necessidades de "crescimento": elas são essenciais para manter a estabilidade interna da alma. Estas são as necessidades que perseguimos durante o processo de autorrealização.[41]

O processo pelo qual mudamos o centro de gravidade da nossa consciência da satisfação das necessidades do ego para as necessidades da alma é chamado de transformação.

Transformação

A transformação ocorre quando aprendemos a dominar as necessidades de nosso ego e começamos a abraçar as necessidades de nossa alma. Os principais fatores que impedem a transformação são os medos do ego.

Existem três tipos de medos:

- Medos baseados na crença de que não temos dinheiro/proteção/segurança o suficiente para satisfazer nossa necessidade física de sobrevivência.
- Medos baseados na crença de que não temos amor/amizades/relacionamentos o suficiente para satisfazer nossa necessidade de pertencimento.
- Medos baseados na crença de que não somos bons/dignos/perfeitos o suficiente para satisfazer nossa necessidade de autoestima.

Nós aprendemos estas crenças[42] durante a infância, quando nossas mentes são como esponjas. Entre 2 e 7 anos de idade, temos imaginação e sentimentos fortemente desenvolvidos, mas ainda não desenvolvemos nossa capacidade cognitiva para o raciocínio. Sem a cognição para nos ajudar, formulamos nossas crenças pessoais a partir de nossas experiências emocionais, e adotamos as crenças culturais de nossos pais sem questioná-las. No momento em que alcançamos a nossa adolescência, nossas mentes já foram completamente condicionadas pelas nossas experiências, nossos pais, e pela cultura na qual crescemos.

Nossos medos podem ser conscientes ou inconscientes[43]. Um medo consciente é um medo sobre o qual temos consciência. Um medo subconsciente é um medo do qual não estamos cientes, mas que pode ser trazido à consciência e examinado, uma vez que tenhamos descoberto a sua existência.

Quando o medo subconsciente move nossas motivações, reagimos emocionalmente às situações, ao invés de dar uma resposta ponderada. A reação vem antes do pensamento, e é geralmente acompanhada por um sentimento de impaciência, irritação ou raiva. Se você já foi perturbado por alguém ou alguma situação, ou já recebeu uma carta ou e-mail que lhe aborreceu e respondeu com raiva, então você reagiu a partir de uma crença baseada no medo subconsciente.

A maestria pessoal é o processo pelo qual nós trazemos nossos medos subconscientes à nossa consciência, e, assim, aprendemos a gerenciá-los, e às emoções associados a eles.

A primeira etapa da transformação envolve a aprendizagem de como gerenciar, dominar ou liberar nossos medos conscientes e subconscientes para que possamos começar a mudar o centro de gravidade da nossa consciência do ego para a alma. Isso é chamado de maestria pessoal.

> Quando as crenças subconscientes movem nossas motivações, reagimos emocionalmente às situações ao invés de dar uma resposta ponderada.

A segunda etapa da transformação envolve descobrir o seu verdadeiro eu autêntico. Este é o eu que está além de seu condicionamento parental e cultural. Diz respeito à aprendizagem de quem você realmente é, do que tem significado para você, do que o motiva, e a adotar os valores da sua própria fé. Isso é chamado de "individuação"[44]. O termo "individuação" foi usado pelo psicoterapeuta Carl Jung como uma forma de explicar como podemos integrar o inconsciente com o consciente com o propósito de autorrealização.

A terceira etapa da transformação envolve a descoberta do propósito da sua alma – aquilo pelo que você é apaixonado, o que deseja fazer no mundo que traz um senso de significado para sua vida e aumenta o potencial de realização pessoal. Este é o início da autorrealização. Veja a Figura 3.1.

Cada mente humana, portanto, possui dois mestres – o ego, que está tentando satisfazer suas necessidades físicas e emocionais, e a alma, que está tentando satisfazer sua necessidade de realização – de expressar o seu propósito de ser e estar no mundo.

Pelo fato de que somos almas habitando corpos humanos, não só temos que ser capazes de satisfazer o nosso ego e as necessidades da alma, mas também temos de ser capazes de satisfazer as necessidades de nosso corpo. Mais adiante, vamos entrar em mais detalhes sobre como satisfazer as neces-

Estágio 1: Maestria Pessoal
Administrar, dominar ou liberar seus medos conscientes e subconscientes.

➡

Estágio 2: Individuação
Descobrir seu eu verdadeiramente autêntico, abandonando seus condicionamentos parentais ou culturais.

➡

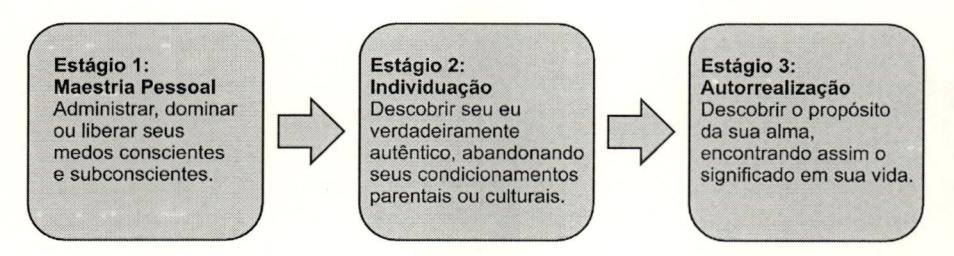

Estágio 3: Autorrealização
Descobrir o propósito da sua alma, encontrando assim o significado em sua vida.

Figura 3.1 Os três estágios da transformação.

sidades do corpo. Por enquanto, vamos simplesmente reconhecer que se não formos capazes de satisfazer as necessidades do nosso corpo, não teremos um veículo para a alma.

Nós alcançamos a consciência de espectro total quando aprendemos a dominar as necessidades do ego e as necessidades da alma. Alguém que demonstra essa habilidade é chamado de um indivíduo autorrealizado.

Nos sete níveis de motivação humana, a autorrealização começa no nível de transformação, o quarto nível de motivação humana – a satisfação de nossas necessidades mentais.

É somente quando voltamos nossas mentes para abordar questões como "Quem sou eu?", "Por que estou aqui?" e "Qual é o meu propósito?" que criamos uma abertura para que a alma influencie nossas vidas. Normalmente, nós só questionamos quem somos e nosso propósito na vida quando chegamos a um ponto em nossas vidas onde temos tudo o que precisamos em termos de bens materiais e relacionamentos, e ainda assim, lá no fundo, não nos sentimos realizados, ou se experimentamos um evento que muda nossas vidas, ou ficamos cara a cara com a morte, o que nos faz reavaliarmos nossas vidas.

Há também aqueles, uma minoria na minha opinião, que se deslocam facilmente para essa busca de significado. Eles nascem com uma predisposição natural para a compreensão do significado de suas vidas. Para o resto de nós leva uma vida para se mudar um evento.

Uma pessoa que levou esta busca a um nível profundo foi Victor Frankl, um judeu que passou grande parte da Segunda Guerra Mundial em um campo de concentração nazista. Durante seu tempo no campo, ele concentrou sua mente em sua busca pessoal por sentido. Aqui está uma citação relevante de seu livro "A Busca do Homem por Sentido":

A busca do homem por sentido é a principal motivação em sua vida e não uma "racionalização secundária" de impulsos institucionais. Este sentido é único e específico em razão de que deve e pode ser cumprido por ele sozinho: só depois é que ele alcança um significado que vai satisfazer sua própria vontade de sentido.[45]

O que Frankl aponta é a necessidade fundamental para os seres humanos de encontrar um modelo de sua existência que vá além da satisfação das suas necessidades físicas, emocionais e mentais. Estamos à procura de uma filosofia abrangente para entender e explicar nossas experiências – um modelo que é essencialmente espiritual. Encontrar este modelo não só traz sentido à vida do homem ou da mulher, mas também fornece um caminho para o crescimento – um caminho que nos mostra uma maneira de nos tornarmos tudo aquilo que podemos nos tornar através da expressão das motivações da nossa alma.

Com este entendimento sobre as necessidades do ego e as necessidades da alma, vamos agora explorar os sete níveis de motivação humana.

Os Sete Níveis de Motivação Humana

Os sete níveis de motivação humana são descritos na Tabela 3.2, e explicados com mais detalhes no texto a seguir.

Nível 1: Motivação de Sobrevivência

O primeiro nível da motivação humana está preocupado com a sobrevivência fisiológica. Precisamos de ar puro, alimentos e água para mantermos nosso corpo vivo e saudável. Nós também precisamos nos manter a salvo de danos e ferimentos. A motivação ou o nosso ego, neste nível de consciência, é a autopreservação. Sempre que nos sentimos ameaçados ou inseguros, seja física ou economicamente, nós nos deslocamos para a consciência de sobrevivência.

Nível 2: Motivação de Relacionamentos

O segundo nível da motivação humana está preocupado com as relações que engendram um sentimento de pertencimento emocional. Aprendemos muito rapidamente, quando ainda somos crianças, que, se não pertencemos, não podemos sobreviver. Aprendemos também que, para pertencer,

Tabela 3.2 Os sete níveis de motivação humana

Níveis de Consciência		Motivação
7	Serviço	Dedicar sua vida ao serviço altruísta em busca do seu propósito e da sua visão.
6	Fazer a diferença	Realizar o seu senso de propósito, colaborando com os outros para fazer a diferença no mundo.
5	Coesão interna	Encontrar sentido para sua vida, descobrindo o seu propósito e criando uma visão para o futuro que você deseja criar.
4	Transformação	Abraçar a sua individualidade de modo que você possa se tornar um indivíduo totalmente autorrealizado, autêntico.
3	Autoestima	Satisfazer sua necessidade de se sentir bem com você mesmo, sua capacidade de gerir sua vida, e de ter orgulho do seu desempenho.
2	Relacionamentos	Satisfazer sua necessidade de pertencimento e de se sentir amado e aceito por aqueles com quem você interage no dia a dia.
1	Sobrevivência	Satisfazer as suas necessidades fisiológicas e criar um ambiente seguro para você mesmo.

precisamos ser amados. Quando somos amados incondicionalmente, desenvolvemos um senso saudável de consciência de relacionamentos. Nós gostamos de nós mesmos porque crescemos nos sentindo amados por quem somos.

Nível 3: Motivação de Autoestima

O terceiro nível da motivação humana está preocupado com a autoestima e o valor próprio. Precisamos nos sentir bem sobre nós mesmos e respeitados pelos outros, não apenas por nossa família imediata, mas também por nossos pares. Nós construímos um senso de autoestima saudável quando somos jovens passando horas felizes com nossos pais, e recebendo elogios e reconhecimento da parte deles – elogios por tentar, e não apenas quando vencemos. Pessoas com um senso saudável de autoestima orgulham-se de si mesmas e do seu desempenho.

Nível 4: Motivação de Transformação

O quarto nível da motivação humana está preocupado em administrar, dominar ou liberar os medos subconscientes que mantêm você concentrado nos três primeiros níveis de consciência, e com a busca pelo seu verdadeiro eu autêntico. Ele diz respeito à compreensão de quem você é como um indivíduo, único e singular, sem o seu condicionamento parental e cultural. É um tempo para se expressar sem medo, e é um tempo para iniciar o processo de descoberta da sua alma.

Nível 5: Motivação de Coesão Interna

O quinto nível da motivação humana está preocupado em encontrar o seu sentido de existência, descobrindo o propósito da sua alma. O que focalizamos neste nível de consciência é encontrar uma resposta para a pergunta: "Por que estou aqui, nesta vida, neste corpo e nesta situação?" Para alguns, isso pode parecer um questionamento assustador. Para outros, aqueles que foram dotados de um talento particular, pode ser algo óbvio. Se você não tem certeza ou não conhece o propósito da sua alma, concentre-se simplesmente no que você gosta de fazer, siga sua alegria, desenvolva seus talentos e persiga a sua paixão. Isto acabará por levá-lo para onde você precisa estar para cumprir seu destino.

Nível 6: Motivação de Fazer a Diferença

O sexto nível da motivação humana é fazer a diferença no mundo que o rodeia. É inútil ter um propósito que dá significado à sua vida se você não faz nada a respeito. Você aprende rapidamente que a diferença que você pode fazer é muito maior se você colabora com outras pessoas que compartilham um propósito similar ou que estão alinhadas com a sua causa. Este é o lugar onde todo aquele trabalho que você fez para aprender a administrar, dominar ou liberar as emoções associadas com suas crenças subconscientes baseadas no medo compensa. Quanto mais facilmente você é capaz de se conectar e criar empatia com os outros, mais fácil será para colaborar.

Nível 7: Motivação de Serviço

O sétimo nível da motivação humana é o serviço desinteressado à causa que é o objeto do propósito da sua alma. Isto ocorre quando fazer a diferença se torna um modo de vida. Você está agora totalmente imbuído do propósito da sua alma e está vivendo como uma personalidade plena de alma. Está à vontade com a incerteza. Você vai precisar de um tempo para a paz e a reflexão. Você abraça a humildade e a compaixão, vive e respira o seu objetivo a cada momento do dia. Você sabe que não há mais nada a fazer com sua vida. O seu ego e a sua alma estão completamente fundidos.

A Personalidade de Alma Plena

Um indivíduo de espectro total é alguém que aprendeu a equilibrar as necessidades do ego com as necessidades da alma. Pessoas que seguem a paixão da sua alma mas não se prendem ao ego são ineficazes no mundo. São incapazes de criar as condições físicas necessárias para apoiá-las no cumprimento do propósito de sua alma.

É importante reconhecer que a alma só faz a sua presença ser sentida em nossas vidas se formos capazes de dominar nossos medos conscientes e inconscientes, e abraçar a verdadeira natureza de quem somos. A alma é uma semente. Ela contém a essência de quem você é, e de quem você pode se tornar. Ela está presente em nossas vidas desde o início, mas, como a semente de uma flor ou de uma árvore, ela só vai crescer, se desenvolver e florescer se for regada e nutrida.

A viagem da consciência do ego até a consciência da alma nos leva da dependência para a independência e até a interdependência. Seguindo o seu interesse próprio, você aprenderá a unir o seu ego com a sua alma, e a cooperar com outras almas para o apoio mútuo em oferecer suas dádivas e se tornar plenamente quem você é. Esta é uma viagem na qual todos estamos envolvidos, saibamos disso ou não. É o caminho para a evolução, individual e coletiva. Quão longe você progride nesta jornada depende de você.

Combinando a Motivação com a Identidade

Na Tabela 3.3, eu combinei e resumi os sete níveis de motivação humana e os sete níveis de identidade, para demonstrar como eles coincidem e se sobrepõem. Na última coluna, eu também indiquei as principais estratégias de permissão necessárias para operar em cada nível de consciência.

Estratégias de Capacitação

Sobrevivência, conformidade e diferenciação são todas fases do desenvolvimento do ego, pelas quais passamos naturalmente desde o momento em que nascemos até o fim de nossa adolescência.

Tabela 3.3 Combinando motivação e identidade

Níveis de Consciência	Motivação	Identidade	Estratégia de Permissão[46]
7 Serviço	Dedicar sua vida ao serviço altruísta em busca do seu propósito e da sua visão.	Eu como membro da raça humana, vivendo na Terra e abraçando a sustentabilidade de espectro total.	**Servir** Realizar seu destino retribuindo ao mundo.
6 Fazer a diferença	Realizar o seu senso de propósito, colaborando com os outros para fazer a diferença no mundo.	Eu como membro de uma comunidade e/ou uma afiliação de grupos com valores compartilhados, missões alinhadas e uma visão comum.	**Integrar** Alinhar-se com outros que partilham do mesmo propósito.
5 Coesão interna	Encontrar sentido para sua vida, descobrindo o seu propósito e criando uma visão para o futuro que você deseja criar.	Eu como membro de um grupo que compartilha os mesmos valores e uma missão que se alinha com o seu próprio senso de propósito e direção.	**Autorrealização** Alinhar-se completamente com quem você é.
4 Transformação	Abraçar a sua individualidade de modo que você possa se tornar um indivíduo totalmente autorrealizado, autêntico.	Eu como membro de um grupo que compartilha os mesmos objetivos e valores, e celebra e incentiva suas habilidades e talentos.	**Individuação** Explorar quem você é e quais são seus talentos.
3 Autoestima	Satisfazer sua necessidade de se sentir bem com você mesmo, sua capacidade de gerir sua vida, e de ter orgulho do seu desempenho.	Eu como membro ou apoiador de um grupo que se alinha com a sua fé religiosa, interesses e/ou opiniões.	**Diferenciação** Começar a separar-se dos outros.
2 Relacionamentos	Satisfazer sua necessidade de pertencimento e de se sentir amado e aceito por aqueles com quem você interage no dia a dia.	Eu como membro de uma família ou clã com um patrimônio comum, ou etnia.	**Conformidade** Permanecer seguro e leal ao seu grupo.
1 Sobrevivência	Satisfazer as suas necessidades fisiológicas e criar um ambiente seguro para você mesmo.	Eu como um indivíduo em busca de um corpo físico para atender às minhas necessidades fisiológicas.	**Sobreviver** Permanecer vivo.

Uma vez que nos tornamos viáveis, mas ainda não independentes, nos movemos para a fase de individuação. Depois que aprendemos a nos tornarmos psicologicamente independentes, podemos então nos autoatualizar, integrar e servir.

Sobreviver

O ego começa a se desenvolver logo que um bebê humano nasce. Ele começa por aprender a se diferenciar de seus arredores, e a afirmar a sua identidade. Aprender a falar desempenha um papel importante neste processo. A necessidade da criança por outras pessoas é exigente e dependente. Mais para o final desta fase, a criança começa a expressar suas emoções. A tarefa neste momento é dupla: estabelecer um senso separado do "eu" e, ao mesmo tempo, aprender a exercer controle sobre um mundo externo do qual se é totalmente dependente para que suas necessidades de sobrevivência sejam satisfeitas. Pessoas que estão em conformidade são classificadas como boas. Pessoas que não estão são classificadas como desagradáveis. Você teme por sua sobrevivência se não está no controle.

Conformidade

Durante o estágio de conformidade ou de autoproteção, a criança aprende a proteger o seu sentido de identidade singular culpando os outros pelas ações que tomou que provocaram a desaprovação daqueles de quem a criança é dependente para sua sobrevivência. A criança começa a entender o conceito de regras e o papel da punição caso opte pela não conformidade. Isso se torna uma influência moderadora sobre a impulsividade da etapa anterior.

No estágio de conformidade, a criança também começa a reconhecer que o seu próprio bem-estar está intimamente ligado ao bem-estar do grupo – da família, para a criança pequena, e do grupo de pares, para a criança mais velha. A adesão a regras e rituais torna-se importante porque consolida o sentimento de pertencimento ao grupo, e aumenta a sensação de segurança. Há um sentimento de culpa se a criança quebra as regras. Você teme por sua segurança se sente que não pertence.

Diferenciação

Durante o estágio de diferenciação no desenvolvimento do ego, o indivíduo começa a entender que ele ou ela tem pontos fortes específicos ou habilidades únicas que os diferenciam dos outros. Eles aprendem que vivem em um mundo onde as recompensas e o reconhecimento são dados àqueles que se destacam e vencem.

O ego gradualmente estabelece um nível crescente de independência do grupo do qual ele é dependente para a sua sobrevivência e proteção. Ele começa a reconhecer que pode se tornar o autor de seu próprio destino. O ego começa a escolher suas próprias regras: aquelas que fazem sentido para ele ou ela, de modo que possa mais plenamente se diferenciar do grupo. Mesmo que o indivíduo possa viver separadamente do seu grupo familiar, ainda há uma forte dependência emocional com relação ao grupo e à cultura na qual o indivíduo foi criado.

Individuação

Durante a individuação, o indivíduo começa a transcender sua dependência emocional da família ou grupo cultural no qual ele ou ela foi criado. Isto envolve lidar com os conflitos internos de separar-se dos grupos dos quais foram anteriormente dependentes. Agora, eles começam a pensar em ter suas próprias famílias e tornar-se administradores e protetores de seus próprios filhos. Isso reforça ainda mais a sua individuação. Nesta fase, o indivíduo começa a completar sua jornada para se tornar um ser humano independente e viável. Ele aprendeu como satisfazer as suas necessidades de deficiência e atender às necessidades de sua própria família. Esta etapa é um precursor necessário para a autorrealização.

Muitas pessoas nunca passam da fase da individuação. Elas vivem em condições que não lhes permitem gerir com êxito as suas necessidades de deficiência. Ou estão constantemente lutando para satisfazer as suas necessidades de sobrevivência física, ou estão constantemente encarando e lidando com seus demônios (suas crenças subconscientes baseadas no medo). Elas estão presas em níveis mais baixos de consciência pelo seu ambiente ou por seu passado não resolvido. Para elas, a vida é uma luta constante para alcançar a estabilidade interna ou o equilíbrio externo.

É somente quando você aprendeu como se tornar viável e independente como indivíduo e/ou provedor para sua própria família que você começa a sentir a atração em direção à autorrealização.

Essa atração começa geralmente a se fazer sentir entre as idades de 40 e 50. Ela pode ocorrer mais cedo e pode vir muito mais tarde: nenhum indivíduo é exatamente igual ao outro. A atração será ignorada ou suprimida por aqueles que por qualquer motivo estão presos, operando nos níveis mais baixos de consciência.

Autorrealização

A autorrealização começa geralmente com uma sensação de desconforto, insatisfação, ou uma sensação de tédio com o trabalho do qual você depende para o seu sustento. De alguma forma, o trabalho não é mais desafiador. Não há mais paixão. Não há senso de criatividade. Ele já não incentiva você a crescer e se desenvolver. Você sente uma atração em direção a alguma outra coisa: algo mais significativo para você pessoalmente. Um interesse que você teve por toda a sua vida pode gradualmente, ou mesmo de repente, cativar a sua atenção. Você sente uma atração por buscar uma realização pessoal que seu trabalho não lhe oferece. Descobrir o sentido de propósito que traz paixão para sua vida e traz um sentido profundo de significado: é exatamente isto o que chamamos de autorrealização.

Integração

A integração começa quando a jornada no caminho da autorrealização chega a um ponto no qual você reconhece que pode atingir um nível muito maior de realização e sucesso por meio do trabalho com os outros em vez de trabalhar por conta própria. Você procura pessoas que compartilham do mesmo senso de missão ou visão, ou inspira pessoas à sua volta, em seu local de trabalho, para que o acompanhem na busca por sua causa. Você também começa a reconhecer que a sua realização depende do sucesso coletivo do grupo reunido ao seu redor, e o sucesso do grupo depende do sentimento de satisfação dos seus membros. Apoiar os membros do grupo em sua jornada pessoal para a realização torna-se uma parte significativa de sua estratégia para alcançar o seu próprio senso de propósito e, assim, a sua própria realização. Você se torna o servo daqueles a quem lidera.

Servir

A realização que você conquista servindo aos outros na busca de seu propósito pessoal torna-se gradualmente o foco central de sua vida. Neste estágio, você pode achar que o seu emprego e o lugar onde trabalha ficaram pequenos demais para que você possa cumprir seu propósito. Quando você alcança este nível de consciência, você deseja apenas seguir em frente. Talvez precise encontrar um papel para você mesmo na sociedade. Você pode se tornar um conselheiro na sua comunidade ou na área profissional na qual você se destacou. As pessoas desejarão se ligar a você, porque você demonstra sabedoria baseada na experiência e uma visão baseada na intuição. Você será convidado a fazer discursos e começará a reconhecer que seu papel agora é orientar e apoiar os outros na construção de um futuro sustentável para a humanidade. No fundo, você vai entender que todos estamos conectados energeticamente e que, servindo aos outros, você está servindo a você mesmo.

Combinando Consciência com a Evolução

Depois de explorar a jornada do "eu" para o "nós" de uma perspectiva da profundidade e da amplitude, e de ter observado como essas duas perspectivas se relacionam com as fases de nossas vidas, vamos agora examinar como a compreensão que alcançamos se relaciona com os três estágios universais da evolução, discutidos no Capítulo 2 (ver Tabela 3.4).

Os Três Estágios da Evolução Humana

O primeiro estágio de evolução corresponde ao domínio dos três primeiros níveis de consciência pessoal – aprender como se tornar viável e independente em sua estrutura de existência. O segundo estágio da evolução corresponde ao domínio dos quarto e quinto níveis de consciência pessoal – aprender como unir o seu ego com a sua alma. O terceiro estágio da evolução corresponde aos sexto e sétimo níveis de consciência pessoal – aprender como aprofundar a sua conexão com sua alma e como cooperar com outras almas.

Maestria Pessoal

Eu chamei o primeiro estágio da evolução humana de "maestria pessoal", porque esta fase da evolução diz respeito a como se tornar viável e independente em sua estrutura de existência. Ela corresponde aos três primeiros níveis de motivação humana. É o processo que permite a mudança da dependência para a independência.

Você alcança essa mudança em termos de consciência quando é capaz de gerenciar, dominar ou liberar os medos subconscientes que prendem você às

Tabela 3.4 Os três estágios universais da evolução e os sete níveis de motivação humana

Estágios da Evolução	Níveis de Consciência		Motivação	Estratégia de Permissão
Coesão Externa (alma-alma) Cooperar com outros indivíduos para criar uma entidade de ordem mais elevada	7	Serviço	Dedicar sua vida ao serviço altruísta em busca do seu propósito e da sua visão.	**Servir** Realizar seu destino retribuindo ao mundo.
	6	Fazer a diferença	Realizar o seu senso de propósito, colaborando com os outros para fazer a diferença no mundo.	**Integrar** Alinhar-se com outros que partilham do mesmo propósito.
Coesão Interna (ego-alma) Unir-se aos dois aspectos de você mesmo para criar um eu autêntico	5	Coesão interna	Encontrar sentido para sua vida, descobrindo o seu propósito e criando uma visão para o futuro que você deseja criar.	**Autorrealização** Alinhar-se completamente com quem você é.
	4	Transformação	Abraçar a sua individualidade de modo que você possa se tornar um indivíduo totalmente autorrealizado, autêntico.	**Individuação** Explorar quem você é e quais são seus talentos.
Maestria Pessoal (ego) Tornar-se viável e independente em sua estrutura de existência	3	Autoestima	Satisfazer sua necessidade de se sentir bem com você mesmo, sua capacidade de gerir sua vida, e de ter orgulho do seu desempenho.	**Diferenciação** Começar a separar-se dos outros.
	2	Relacionamentos	Satisfazer sua necessidade de pertencimento e de se sentir amado e aceito por aqueles com quem você interage no dia a dia.	**Conformidade** Permanecer seguro e leal ao seu grupo.
	1	Sobrevivência	Satisfazer as suas necessidades fisiológicas e criar um ambiente seguro para você mesmo.	**Sobreviver** Permanecer vivo.

necessidades dos três primeiros níveis de consciência. Esta é a primeira etapa da viagem até a autenticidade.

Coesão Interna

Eu chamei o segundo estágio da evolução humana de "coesão interna" porque esta fase da evolução diz respeito a aprender a unir o seu ego com sua alma. Ela corresponde aos quarto e quinto níveis de motivação humana. Você alcança essa mudança em termos de consciência quando aprende a abraçar o seu eu autêntico, separando-se dos aspectos do seu condicionamento parental e cultural que não se alinham com quem você é. Você se torna responsável e responsabilizado por você mesmo. Você aprende como alinhar as crenças do ego com os valores da alma; e isso permite que você alcance a coesão interna. Encontrar um propósito animador em sua vida e com o qual você pode se comprometer totalmente. Este é o segundo estágio na viagem até a autenticidade. Depois de ter encontrado a autenticidade, você começa a ansiar pela realização.

Coesão Externa

Eu chamei a terceira fase da evolução humana de "coesão externa" porque esta fase da evolução diz respeito a como aprender a cooperar com outras almas de modo que você possa fazer uma grande diferença no mundo e, assim, satisfazer a sua própria realização pessoal. É o processo que permite a mudança da independência para a interdependência. Você alcança essa mudança em termos de consciência quando aprende a aprofundar a conexão com sua própria alma, e a unir-se com outras almas que compartilham de um propósito semelhante para fazer uma diferença maior no mundo do que conseguiria agindo por conta própria. Você aprende como usar sua intuição e também aprende que servir às necessidades daqueles que estão apoiando você é o impulsionador para a nossa visão, e a estratégia mais bem-sucedida que se pode adotar para alcançar sua própria realização.

Gostaria agora de discutir as implicações do que nós aprendemos sobre a evolução da consciência pessoal para o desenvolvimento de um novo paradigma de liderança no desenvolvimento e gestão de talentos.

Antes de concluir este capítulo sobre a evolução da consciência humana, vamos fazer mais uma ligação importante: a relação entre motivação e felicidade.

Felicidade

Em última análise, o que você faz em sua vida diária está fazendo para satisfazer uma necessidade, e o propósito de satisfazer essa necessidade é fazer você feliz, ou fazer você se sentir bem.

Felicidade e contentamento são os sentimentos que você experimenta quando alcança a estabilidade de equilíbrio interno e externo no nível de existência do ego. Alegria e êxtase são os sentimentos que você experimenta quando alcança a estabilidade de equilíbrio interno e externo no nível de existência da alma.

Em "A Arte da Felicidade: Um Manual para a Vida",[47], o Dalai Lama faz a seguinte afirmação:

> *Identificar o estado mental de alguém como o fator primordial para se alcançar a felicidade obviamente não nega que as nossas necessidades físicas básicas por alimentos, roupas e abrigo devem ser atendidas. Mas uma vez atendidas essas necessidades básicas, a mensagem é clara: não precisamos de mais dinheiro, não precisamos de mais sucesso ou fama, não precisamos de um corpo perfeito ou do perfeito companheiro – agora, neste exato momento, nós temos uma mente, e isso é todo o equipamento básico que precisamos para alcançar a felicidade completa.*[48]

Quando lhe pediram para definir as características de uma pessoa psicologicamente saudável ou bem ajustada ele deu a seguinte resposta:

> *Bem, eu diria que uma pessoa compassiva, de bom coração, é saudável. Se você mantém um sentimento de compaixão, bondade amorosa, então algo automaticamente abre sua porta interna. Através dela (dessa porta) você pode se comunicar mais facilmente com as outras pessoas. E essa sensação de calor cria uma espécie de abertura. Você descobre que todos os seres humanos são exatamente como você, e assim será capaz de se relacionar com eles mais facilmente.*[49]

Quer falemos de felicidade ou de alegria, esses são sempre sentimentos internos. No entanto, há uma diferença importante: a felicidade do ego é geralmente oriunda do mundo físico externo, de se conseguir o que pensamos precisar para aliviar as ansiedades que possamos ter no atendimento de nossas necessidades e deficiências.

A alegria da alma se origina a partir do mundo mental interno – ela surge de dentro, e por isso pode ser cultivada por nossas atitudes, filosofias, princípios e por nossa maneira de ser e estar no mundo. Felicidade e alegria são escolhas, e estão sob o seu controle. As fontes de felicidade e alegria em cada nível de consciência são descritas em detalhes a seguir.

Sete Níveis da Felicidade

Podemos resumir os Sete Níveis da Felicidade da seguinte forma:

Nível 1: Sobrevivência

Se você estiver operando no nível de consciência de sobrevivência, o que o faz feliz é satisfazer as necessidades e os desejos do corpo por meio da experiência da comida, bebida, sexo e ausência de dor. Podemos também incluir neste nível ter dinheiro e segurança suficientes para se sentir seguro e confortável no mundo.

Nível 2: Relacionamentos

Se você estiver operando no nível de consciência dos relacionamentos, o que o faz feliz é satisfazer suas necessidades e seus desejos por amor e pertencimento experimentados por meio de aceitação, respeito, conexão, camaradagem e comunicação aberta.

Nível 3: Autoestima

Se você estiver operando no nível de consciência da autoestima, o que o faz feliz é satisfazer seus desejos e necessidades de autoestima por meio da vivência dos atos e atividades que provocam elogios, apreciação, reconhecimento e recompensas.

Nível 4: Transformação

Se você estiver operando no nível de consciência da transformação, o que o faz feliz é satisfazer sua necessidade de autonomia e liberdade, e situações de trabalho/vida, experiências que continuamente desafiam sua mente a crescer e aprender.

Nível 5: Coesão Interna

Se você estiver operando no nível de consciência da coesão interna, o que o faz feliz é satisfazer sua necessidade por encontrar significado e propósito em sua vida além da satisfação de suas necessidades básicas, para que você tenha uma avenida aberta para expressar sua paixão e a dádiva original que você sente ser capaz de dar ao mundo.

Nível 6: Fazer a Diferença

Se você estiver operando no nível de consciência de fazer a diferença, o que o deixa feliz e alegre é satisfazer sua necessidade de realizar o seu senso de propósito, trazendo uma contribuição positiva para o mundo ao seu redor, e se engajando em ligações de empatia com os outros.

Nível 7: Servir

Se você estiver operando no nível de consciência de serviço, o que o deixa feliz e alegre é satisfazer sua necessidade de estar a serviço dos outros, ajudando a satisfazer suas necessidades ou apoiando-os na busca por suas necessidades de crescimento.

Isso significa que o nível de felicidade ou satisfação pessoal que você pode experimentar em um momento específico da sua vida depende do estado de evolução de sua consciência pessoal. Quanto mais você crescer e evoluir em sua consciência, maior será o seu potencial para experimentar a realização.

Quando você está operando a partir do nível de consciência do ego, você se concentra em atender as suas necessidades de níveis 1, 2 e 3 – suas deficiências – e você terá uma sensação fugaz de felicidade quando for capaz de atender a essas necessidades.

Se você estiver operando a partir do nível de consciência da alma, você se concentra em satisfazer as suas necessidades de níveis 5, 6 e 7 – suas necessidades de crescimento – e você terá um sentimento de alegria quando for capaz de atender a essas necessidades.

À medida que você muda dos três primeiros níveis de consciência para os três níveis superiores de consciência, a ansiedade subjacente que você sente para atender às suas necessidades do ego será substituída pela sensação subjacente de contentamento (alinhamento) que surge do atendimento às necessidades da sua alma.

Os níveis mais profundos de alegria, realização e felicidade ocorrem quando você é capaz de satisfazer todas as suas necessidades.

NOTAS

39 Lajoie e Shapiro revisaram quarenta definições de psicologia transpessoal que apareceram na literatura ao longo do período 1969-1991. Eles descobriram que cinco temas-chave apareciam especificamente com destaque nestas definições: estados de consciência, maior ou potencial final, além do ego ou eu pessoal, transcendência, e o espiritual. D. H. Lajoie, e S. I. Shapiro. *Definitions of transpersonal psychology: The first twenty-three years*. Journal of Transpersonal Psychology, vol. 24, de 1992.
40 Os três níveis de necessidades da alma são baseados em minha própria pesquisa especialmente na área de Ciência Védica. Estas necessidades correspondem às qualidades que Abraham Maslow descobriu estarem presentes nos seres humanos altamente evoluídos e autorrealizados.
41 O termo "autorrealização" foi primeiramente usado por Kurt Goldstein para descrever a força motriz em organismos que atualizam o máximo possível as suas capacidades individuais. O termo foi mais tarde usado por Abraham Maslow, não como uma força motriz, mas como o desejo em seres humanos para se tornar mais e mais do que se é, e tornar-se tudo aquilo que se é capaz de tornar-se, alcançando a plena realização do seu potencial. É motivado pelo crescimento, ao invés da deficiência.
42 Crenças são premissas que consideramos verdadeiras. Elas podem ou não ser reais.
43 Subconsciente: Conteúdo da mente, acessível mas do qual não estamos normalmente cientes. Estou usando os termos "subconsciente" e "inconsciente" como sinônimos.
44 Individuação: O processo pelo qual nos tornamos mestres de nosso próprio destino, abandonando os condicionamentos pessoais e culturais que nos impedem de realizar nosso verdadeiro eu e todo o nosso potencial.
45 Victor E. Frankl. *A Busca do Homem por Sentido*. Viena, 1946.
46 Esta coluna é apresentada em uma sequência temporal que se refere aos estágios de nossas vidas: a partir do nascimento na parte inferior e seguindo para cima até a velhice. As outras colunas representam níveis de consciência que são de natureza holística. Eles podem ser lidos como se fossem sequenciados no tempo ou podem ser lidos como os níveis de consciência a partir dos quais operamos em nossa vida adulta.
47 Dalai Lama. *A Arte da Felicidade: Um Manual para a Vida*. Martins Fontes, 2001.
48 Ibid. P. 25.
49 Ibid. P. 27.

4

Implicações para o Desenvolvimento da Liderança

Antes de começarmos esta exploração das implicações da evolução da consciência humana no desenvolvimento de um paradigma de uma nova liderança, eu gostaria de ser claro sobre a terminologia que será utilizada.

Estou usando a expressão "desenvolvimento de liderança" para descrever um processo de apoio às pessoas em seu crescimento pessoal e profissional, para que elas possam realizar o seu potencial, tornando-se tudo o que podem se tornar, e, assim, encontrar a realização pessoal. O foco do desenvolvimento de liderança deve ser sempre em ajudar as pessoas a se tornarem totalmente autorrealizadas, e desta forma apoiarem a evolução da consciência da humanidade, ao mesmo tempo em que apoiam a evolução das organizações em que trabalham.

Usarei a expressão "gestão de talentos" para descrever um processo para identificar indivíduos que são mais facilmente capazes de evoluir na consciência. Estas são as pessoas que a organização gostaria de alçar rapidamente a posições de influência em sua hierarquia, promovendo-as por meio de um programa acelerado de desenvolvimento de liderança.

As questões críticas que quero abordar agora são:

- Quais são as características que uma organização deve procurar ao selecionar pessoas para um programa de gestão de talentos?
- Que forma de desenvolvimento de liderança, e que tipo de supervisores e gerentes seriam mais adequados para essas pessoas?

As respostas a estas duas perguntas são encontradas na compreensão que temos desenvolvido sobre os estágios de evolução universal.

Estou propondo que as características que devem ser procuradas na seleção de indivíduos para um programa de gestão de talentos, e que devem ser enfatizadas nos programas de desenvolvimento de liderança são as mesmas características que foram responsáveis por 14 bilhões de anos de evolução – adaptabilidade, aprendizagem contínua, capacidade de se relacionar, capacidade de cooperar e capacidade de lidar com a complexidade (ver Figura 4.1).

Adaptabilidade	Aprendizagem contínua	Capacidade de ligação	Capacidade de cooperar	Capacidade de lidar com a complexidade
Velocidade Resiliência	Memória Lógica	Compatibilidade Confiança	Alinhamento Empatia	Interna Externa

Figura 4.1 Cinco características evolutivas.

Adaptabilidade

Primeiro, e acima de tudo, é a qualidade de "adaptabilidade". Adaptabilidade é a capacidade de uma entidade manter a estabilidade interna e o equilíbrio externo quando ocorrem mudanças no seu ambiente externo. Há dois componentes para a adaptabilidade – velocidade e resiliência. A velocidade ou a agilidade com que uma entidade é capaz de se adaptar é importante na melhoria das suas chances de sobrevivência. A resiliência de uma entidade é uma medida do alcance ou amplitude de mudanças ou choques que uma entidade pode suportar com sucesso e, rapidamente, recuperar a estabilidade interna e o equilíbrio externo. Quanto mais resiliência uma entidade possuir, maior será sua capacidade de sobreviver.

Aprendizagem Contínua

A segunda qualidade mais importante é a "aprendizagem contínua". Há dois componentes importantes para que o aprendizado contínuo seja bem-sucedido. Primeiro, é a capacidade que uma entidade possui de institucionalizar (armazenar na memória) o seu aprendizado sobre manter ou aumentar a estabilidade interna e o equilíbrio externo para que possa: a) repetir respostas eficazes diante das mudanças em seu ambiente, e b) evitar respostas que não melhoram a estabilidade interna e o equilíbrio externo – a capacidade de aprender com os erros.

PARTE 1: OS FUNDAMENTOS **67**

Segundo, é a capacidade que uma entidade possui de utilizar tudo o que aprendeu no passado como plataforma para o aprendizado futuro, por meio do uso da lógica indireta. Isso significa ser capaz de usar a aprendizagem do passado para ajudar a determinar uma resposta a uma situação nova que nunca foi encontrada antes. Esta qualidade está no centro da inovação, que é a maneira principal pela qual se manifesta a adaptabilidade.

Você vai se lembrar de que, no Capítulo 1 deste livro, usei uma citação de "Strategy at the Edge of Chaos"[50], na qual Beinhocker descreve as qualidades essenciais de uma cultura resiliente:

> *... Culturas fortes são valiosas somente se exibem qualidades de adaptação e aprendizagem. Caso contrário, tornam-se um passivo durante os períodos de mudança acelerada.*

Essas duas qualidades — adaptabilidade e aprendizagem — são as qualidades que estão no cerne da evolução.

Capacidade de Ligação

A ligação é uma estratégia de adaptação importante na evolução porque constrói resiliência. Sempre que as condições estruturais que uma entidade encontra forem mais complexas do que as que costuma enfrentar, e ameaçarem a sua estabilidade interna e o seu equilíbrio externo, então a capacidade de ligação com outras entidades compatíveis com a finalidade de sobrevivência mútua em uma estrutura de grupo com uma "identidade" compartilhada torna-se muito importante. A ligação bem-sucedida maximiza a quantidade de energia disponível para que as entidades ligadas respondam aos desafios externos, e, ao mesmo tempo, minimiza a quantidade de energia necessária para manter a estabilidade interna. A ligação pode ser uma estratégia tanto para manter (Sobreviver), quanto aprimorar (Prosperar) a estabilidade interna e o equilíbrio externo. Para os seres humanos, laços fortes exigem um alto grau de confiança.

Capacidade de Cooperar

A cooperação também é uma estratégia de adaptação importante na evolução. Sempre que as condições estruturais que um grupo ou estrutura encontra são mais complexas do que costumam enfrentar, e ameaçam a sua estabilidade interna e o seu equilíbrio externo, então a capacidade de cooperar com outras estruturas de grupo com "identidades" diferentes com o propósito de sobrevivência mútua é muito importante. A cooperação bem-sucedida requer um alinhamento de propósitos. A cooperação não só permite a sobrevivência, mas também permite prosperar. Quando as condições estruturais são favoráveis, e as estruturas de grupo estão alinhadas, então a cooperação pode levar à criação de uma entidade de ordem superior. Para os seres humanos, a cooperação exige um alto grau de empatia.

Capacidade de Lidar com a Complexidade

A capacidade de sobreviver e prosperar em condições estruturais cada vez mais complexas está no cerne da evolução. Isso significa ser capaz de lidar com a complexidade interna de uma estrutura de grupo, bem como com a complexidade externa das condições estruturais. Ao contrário das outras quatro qualidades, quando se trata dos seres humanos, de certa forma a capacidade de lidar com a complexidade depende da idade. Nós podemos desenvolver nossa capacidade de adaptação, aprendizagem contínua, ligação e cooperação em qualquer idade; a nossa capacidade de lidar com a complexidade, no entanto, desenvolve-se gradualmente (e naturalmente), à medida que envelhecemos, desde que mantenhamos nossas vidas focadas na autorrealização. Esta dependência da idade tem repercussões importantes no desenvolvimento da liderança. Discutirei este tema com muito mais detalhes no capítulo seguinte.

Para mim, o que é notável sobre essas características é que elas se alinham totalmente com o modelo dos sete níveis de consciência. Se assumirmos que os três primeiros níveis de consciência – sobrevivência, relacionamentos e autoestima – são as condições que devem ser cumpridas para o estabelecimento da existência humana (aquilo que Maslow chamou de "necessidades básicas"), então as cinco características evolutivas que se seguem são como os seres humanos aprenderam a gerenciar as adversidades.

No quarto nível de consciência – transformação, eles aprendem a se tornar adaptáveis e a melhorar suas chances de sobrevivência por meio da aprendizagem contínua. No quinto nível de cons-

> O critério mais importante para a seleção de talentos é a capacidade de um indivíduo em demonstrar as cinco características evolutivas.

ciência – a coesão interna, aprendem como se ligar com outros para formar estruturas de grupo com base em valores compartilhados. No sexto nível de consciência – fazer a diferença, aprendem a cooperar com os outros, e no nível sete de consciência – servir, aprendem a lidar com a complexidade.

Critérios para Seleção de Talentos

Com base na análise feita anteriormente, proponho que o critério mais importante para a seleção de talentos é a capacidade de um indivíduo em demonstrar as cinco características evolutivas. Isto é verdade para todos os indivíduos que trabalham em todos os tipos de organização ou que estão envolvidos em todos os tipos de empreendimento social. Estas características evolutivas – que têm sido bem-sucedidas por 14 bilhões de anos de evolução – são a chave para a evolução futura da sociedade humana.

Muito embora seja importante que todos no mundo aprendam e desenvolvam estas competências, a fim de melhorar a qualidade de suas vidas, as pessoas que exibem naturalmente essas características estão mais preparadas para se desenvolverem rapidamente, tornando-se líderes do novo paradigma, do que aquelas que não o fazem.

O que também proponho é que há uma ordem de prioridade no aprendizado da aplicação dessas competências, que é essencial para o desenvolvimento dos líderes do futuro.

É claro para mim que alguém que não domina estas cinco competências em sua vida pessoal não terá sucesso como líder de equipe, e alguém que não domina essas competências como líder de equipe não terá sucesso como líder em uma organização ou na sociedade. Dependendo do seu papel na sociedade, também pode ser importante dominar essas competências no contexto de uma organização, especialmente se o seu papel na sociedade se der em nível governamental.

Assim, podemos identificar uma abordagem hierárquica para o desenvolvimento da liderança:

- Liderar a nós mesmos nos obriga a dominar as cinco características evolutivas envolvidas na liderança de si mesmo, assim como aprender a operar com um baixo nível de entropia pessoal.[51]
- Liderar os outros (em uma equipe ou um projeto) nos obriga a dominar as cinco características evolutivas envolvidas na liderança de si mesmo, e na liderança de equipes, assim como a aprender a incorporar o

valor da confiança, e a criar um ambiente de equipe que opera com um baixo nível de entropia cultural[52]. A confiança é a característica humana que permite que a ligação da equipe aconteça. Sem confiança, não haverá união.

- Liderar uma organização nos obriga a dominar as cinco características evolutivas envolvidas na liderança de si mesmo, na liderança de uma equipe, e na liderança de uma organização, assim como a aprender a encarnar os valores de confiança e empatia, e a criar uma organização que opera com um baixo nível de entropia cultural. Empatia e confiança são as características humanas necessárias para que a cooperação aconteça. Sem empatia e confiança, a cooperação humana é impossível.

- Liderar na sociedade nos obriga a dominar as cinco características evolutivas envolvidas na liderança de si mesmo, na liderança dos outros, na liderança de uma organização, e na liderança na sociedade, assim como a aprender a encarnar os valores de confiança, empatia e compaixão, e a criar um comunidade ou nação que opera com um baixo nível de entropia cultural. Sem empatia, compaixão e confiança, é impossível criar uma sociedade que funcione bem.

Com base nesses requisitos, vamos examinar agora os critérios de seleção que se aplicariam a cada nível desta hierarquia de liderança.

Liderar a Nós Mesmos

O primeiro critério para a seleção em um programa de gestão de talentos deve ser uma forte capacidade de autoliderança. Isso exige o domínio das cinco competências evolutivas que permitem que um indivíduo desenvolva um forte senso de alinhamento interno e um profundo senso de sua própria autenticidade. Veja a Tabela 4.1.

A autenticidade implica uma forma de ser e estar no mundo em que você permanece fiel ao espírito de quem você é no nível da alma. A primeira parte da nossa vida é orientada pelas necessidades do ego. Então, se as condições forem adequadas, a alma assume o comando e impulsiona a segunda parte de nossas vidas.

O ego é como a casca de uma noz, e a alma é como o seu núcleo. Somente quando as condições forem adequadas, a casca se rompe de modo que o núcleo possa germinar para se tornar uma nogueira. Somente quando expressamos nossa própria fé é que podemos nos tornar tudo o que podemos ser. Aprender a conduzir o seu ser é o processo pelo qual você descobre e expressa a sua própria autenticidade.

Tabela 4.1 Competências evolutivas aplicadas a liderar a nós mesmos.

Competência Evolutiva	Descrição
Adaptabilidade	A capacidade de manter a sua estabilidade interna e externa e o seu equilíbrio quando as mudanças são impostas a partir do ambiente externo. Isso implica controlar suas emoções (maestria pessoal), cuidando e alimentando seu corpo, e conduzindo as coisas no seu ritmo.
Aprendizagem contínua	A capacidade de aprender rapidamente, por tentativa e erro, como se ajustar às mudanças no seu ambiente externo, de modo que possa ser capaz de manter ou melhorar a sua estabilidade interna e o seu equilíbrio externo, e a capacidade de construir a partir da aprendizagem, de modo que possa lidar facilmente com situações novas e mais complexas. Isto implica um foco constante na aprendizagem com o objetivo de crescimento pessoal e profissional, e a capacidade de aprender com seus erros.
Capacidade de ligação	A capacidade de ligação envolve aumentar a sua estabilidade interna, alinhando as necessidades do seu ego com as necessidades de sua alma. Isto implica ser muito claro sobre onde sua paixão se encontra, e seguir esse caminho, apesar dos medos e desafios que surgem. Implica também autoconfiança, na vontade de assumir a responsabilidade, e na fusão de seu ego e de sua alma para que eles pensem e ajam como um, em uma celebração de sua autenticidade.
Capacidade de cooperar	A capacidade de cooperar envolve aumentar o seu equilíbrio externo por meio da cooperação empática com outras almas que compartilham um propósito semelhante, para expandir o seu impacto no mundo e realizar o seu potencial.
Gestão da complexidade	A capacidade de lidar com a complexidade envolve a manutenção da estabilidade interna e do equilíbrio externo, quando você é confrontado com a ambiguidade, a incerteza, e com circunstâncias em rápida mutação. Isso implica manter a calma, em permanecer comprometido e focado em meio à adversidade, mesmo quando você não sabe o que fazer.

Liderar os Outros

O segundo critério para a seleção em um programa de gestão de talentos deve ser uma forte capacidade de liderar os outros. Ser capaz de liderar a si mesmo é uma qualidade necessária, mas não suficiente, para liderar os outros. Liderar os outros requer um nível diferente de aplicação das cinco competências evolutivas, e, da mesma forma, exige a capacidade de gerar confiança. A confiança é um valor final. Isto significa que existem múltiplas outras competências que devem ser dominadas para que a confiança esteja presente. Explorarei as competências envolvidas na confiança depois de termos discutido a aplicação das sete competências evolutivas envolvidas em liderar os outros. Veja a Tabela 4.2.

Tabela 4.2 Competências evolutivas aplicadas a liderar os outros

Competência Evolutiva	Descrição
Adaptabilidade	A capacidade de manter a estabilidade interna e o equilíbrio externo de si mesmo e do seu grupo quando as mudanças são impostas pelo seu ambiente externo. Isso implica gerenciar suas emoções (inteligência emocional) e as emoções dos membros do grupo (inteligência social), e levar as coisas no seu ritmo, permitindo ao grupo fazer o mesmo.
Aprendizagem contínua	A capacidade de aprender, por tentativa e erro, como se ajustar às mudanças em seu ambiente interno e no ambiente externo do grupo de modo que você e seu grupo sejam capazes de manter ou aprimorar sua estabilidade interna e seu equilíbrio externo. Isso implica um foco constante na aprendizagem com o objetivo do crescimento pessoal e profissional para você e para os membros do seu grupo, e a capacidade de todo o grupo de aprender a partir dos erros uns dos outros.
Capacidade de ligação	A capacidade de ligação envolve aumentar sua estabilidade interna, e a estabilidade interna do seu grupo, alinhando-se em torno de um conjunto partilhado de valores e um senso compartilhado de missão que inspira a todos os membros do grupo. Isso implica desenvolver a capacidade de confiar e agir coletivamente – a capacidade do seu grupo pensar e agir como um só.
Capacidade de cooperar	A capacidade de cooperar envolve aumentar seu equilíbrio externo e o equilíbrio externo do seu grupo cooperando empaticamente com outros grupos que estejam alinhados com a mesma visão/missão inspiradora para aumentar seu impacto no mundo ao seu redor e, com isso, oferecer a realização para todos.
Gerenciar a complexidade	A capacidade de gerenciar a complexidade envolve aumentar sua capacidade, e a capacidade do seu grupo, de manter a estabilidade interna e o equilíbrio externo quando enfrentarem a ambiguidade, a incerteza e circunstâncias que mudam rapidamente. Isso implica manter a si mesmo e ao seu grupo calmos, comprometidos e concentrados em meio à adversidade, mesmo quando vocês não souberem o que fazer.

O Fator Confiança

Para que se obtenha sucesso em liderar os outros, é preciso existir um alto nível de confiança no grupo. A confiança é a liga que mantém as pessoas juntas, e é o lubrificante que permite que a energia flua.[53] A confiança constrói a coesão interna.

A capacidade de exibir e gerar confiança corresponde ao quinto nível de consciência pessoal. Ela requer que você desenvolva um nível profundo de autenticidade, de tal forma que as necessidades de seu ego estejam em alinhamento com as necessidades de sua alma. A confiança aumenta a velocidade na qual o grupo é capaz de realizar tarefas, e elimina a burocracia na comunicação.

Os principais componentes de confiança são "caráter" e "competência" (ver Figura 4.2: A Matriz da Confiança).[54]

O *caráter* é um reflexo de como você é internamente – a sua "intenção", e do nível de "integridade" que você exibe em seu relacionamento com os outros. Isso depende principalmente do nível de desenvolvimento de sua inteligência emocional[55] e de sua inteligência social[56].

A intenção é demonstrada por cuidado, transparência e abertura, e a integridade é demonstrada por honestidade, justiça e autenticidade.

A *competência* é um reflexo de como você é externamente – a sua "capacidade" e os "resultados" que você atinge em seu papel. Isso depende principalmente do nível de desenvolvimento de sua inteligência mental, de sua educação, e do que você aprendeu durante a sua carreira profissional. A capacidade é demonstrada por habilidades, conhecimentos e experiência. Os resultados são demonstrados por credibilidade, reputação e performance.

Ainda que o foco nas competências – capacidade e resultados – seja importante, essas são habilidades que podem ser aprendidas, e que se acumulam ao longo do tempo. Acredito que o foco no caráter – intenção e integridade – seja mais importante, porque estas são as qualidades necessárias para a ligação, e são muito mais difíceis de se desenvolver. A seleção de candidatos com essas qualidades deve ser uma prioridade. A competência se refere à obtenção de resultados; o caráter se refere a como você os alcança.

Em seu livro *O Poder da Confiança*, Stephen Covey afirma que confiança significa acreditar, e o oposto de confiança – desconfiança – significa suspeitar. Em outras palavras, a confiança gera a conexão. Quando nós confiamos em alguém, sabemos que vão ter nossos interesses em seu coração. Suspei-

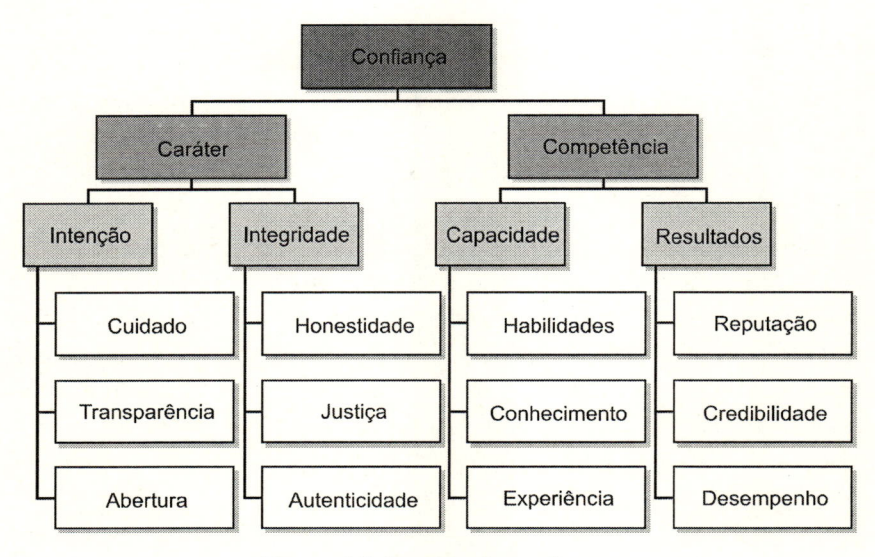

Figura 4.2 A matriz da confiança.

tar, por outro lado, produz a separação. Quando estamos desconfiados de alguém, não revelamos nossos pensamentos mais íntimos. Mantemos distância. Evitamos a ligação com alguém em quem não confiamos.

A confiança reduz a entropia cultural, e falta de confiança aumenta a entropia cultural. Covey coloca desta forma: "A confiança sempre afeta os resultados – velocidade e custo. Quando a confiança aumenta, a velocidade também, e os custos diminuem. Quando a confiança diminui, a velocidade também, e os custos aumentam".[57] Um estudo de 2002 realizado por Watson Wyatt mostra que o retorno total aos acionistas em organizações com altos níveis de confiança é quase três vezes maior do que o retorno em organizações de confiança baixa.[58]

O famoso autor Francis Fukuyama diz que "a desconfiança generalizada em uma sociedade... impõe uma espécie de imposto sobre todas as formas de atividade econômica, um imposto que a sociedade de confiança alta não tem que pagar."[59] Este "imposto" é um reflexo da entropia cultural.

Liderar uma Organização

Ser capaz de liderar a si mesmo e aos outros são qualidades necessárias, mas não suficientes, para liderar uma organização. Liderar uma organização

PARTE 1: OS FUNDAMENTOS **75**

requer um nível diferente de aplicação das cinco competências evolutivas, e, do mesmo modo, não apenas requer a capacidade de gerar confiança, mas também a capacidade de demonstrar empatia. Explorarei as competências envolvidas na empatia depois de termos discutido a aplicação das sete competências evolutivas para liderar uma organização. Veja a Tabela 4.3.

Tabela 4.3 Competências evolutivas aplicadas à liderança de uma organização

Competência Evolutiva	Descrição
Adaptabilidade	A capacidade de manter sua própria estabilidade interna e equilíbrio externo, a estabilidade interna e o equilíbrio externo de sua equipe de liderança, e a estabilidade interna e o equilíbrio externo de sua organização como um todo quando as mudanças são impostas a partir do seu ambiente externo. Isso implica controlar suas emoções (inteligência emocional), as emoções da equipe de liderança, e as emoções coletivas de toda a organização (inteligência social), e servir de modelo, conduzindo as coisas no seu ritmo e permitindo que sua equipe de liderança e que todos em sua organização possam fazer o mesmo.
Aprendizagem contínua	A capacidade de aprender, por tentativa e erro, a como se ajustar a mudanças em seu ambiente externo e no ambiente externo da organização, para que você, sua equipe de liderança e a organização como um todo sejam capazes de manter ou melhorar a estabilidade interna e o equilíbrio externo. Isto implica um constante foco na aprendizagem, com o objetivo de crescimento pessoal e profissional para si, para os membros de sua equipe de liderança e para todos os membros de sua organização, além da capacidade da organização inteira aprender com os erros de todos.
Capacidade de ligação	A capacidade de ligação envolve aumentar a sua estabilidade interna, a estabilidade interna de sua equipe de liderança, e de sua organização, alinhando-se em torno de um senso compartilhado de missão/visão e de um conjunto de valores compartilhados que inspiram você, sua equipe de liderança e todos na organização. Isso implica o desenvolvimento de uma capacidade de confiança e de ação coletiva, a capacidade de sua equipe de liderança e da organização para agir e pensar como um só.
Capacidade de cooperar	A capacidade de cooperar envolve aumentar a sua capacidade, e a capacidade de sua equipe de liderança para gerenciar o equilíbrio externo da sua organização cooperando empaticamente com outras organizações que estão alinhadas a uma missão/visão similar. Isto implica trabalhar com outras organizações para melhorar o seu impacto no mundo e, assim, proporcionar satisfação para todos.

(continua)

Tabela 4.3 Competências evolutivas aplicadas à liderança de uma organização (*continuação*)

Competência Evolutiva	Descrição
Gerenciar a complexidade	A capacidade de lidar com a complexidade envolve aumentar a sua capacidade, a capacidade de sua equipe de liderança e a capacidade de sua organização como um todo de manter a estabilidade interna e o equilíbrio externo quando confrontado com a ambiguidade, incerteza e as circunstâncias em rápida mutação. Isso implica manter a si mesmo, a sua equipe de liderança, e os membros de sua organização calmos, comprometidos e focados em meio à adversidade, mesmo quando vocês não sabem o que fazer.

O Fator Empatia

Empatia é o fator-chave na construção da coesão externa, porque a empatia é importante para a cooperação. Não estou dizendo que a empatia não desempenha um papel importante na coesão interna. Estou simplesmente dizendo que ela desempenha um papel mais dominante na construção da coesão externa.

A empatia é a capacidade de se imaginar no lugar do outro, experimentando e compreendendo seus sentimentos e desejos, e ainda ser capaz de comunicar esta experiência e compreensão para o outro.

A capacidade de exibir níveis profundos de empatia corresponde ao sexto nível de consciência pessoal. Ela requer que você estabeleça uma conexão "alma a alma" com a outra pessoa. Quando isso ocorre, há um forte nível de afinidade e uma profunda ressonância energética entre duas pessoas em um momento específico no tempo. É possível, portanto, demonstrar empatia com qualquer outra pessoa, não importa quais sejam os níveis de consciência em que ambas estão operando. O nível de ressonância aumenta significativamente quando as duas pessoas operam a partir de níveis semelhantes de consciência.

Quando pessoas no mesmo nível de consciência possuem ressonância (empatia) umas com as outras, são capazes de terminar a frase da outra e sabem o que ela está pensando. Há uma fusão energética no nível da alma e vocês estão literalmente na mesma sintonia. A conexão da empatia surge de sua habilidade de se conectar com outra pessoa por meio da sua intuição. É a intuição que permite que você compreenda e sinta o que a outra pessoa está passando.

A intuição é a capacidade de adquirir conhecimento sem inferência ou o uso da razão. A intuição é uma qualidade da alma que surge do seu senso de conexão com a outra pessoa ou com o mundo em geral. Isso ocorre porque você está operando a partir de um nível elevado de consciência.

Sabemos que alguém possui empatia quando é altamente intuitivo e inspira um nível profundo de respeito pessoal diante de outros seres humanos. O nível profundo de respeito pessoal é uma manifestação da qualidade da conexão alma a alma.

Assim, a partir da perspectiva de identificar líderes em potencial, a empatia é uma competência importante. Ela pode ser identificada pela presença de duas características – uma intuição forte e a capacidade de engendrar o profundo respeito pessoal dos outros.

Liderar na Sociedade

A sociedade é uma entidade de ordem superior e mais complexa do que uma organização e, portanto, não surpreendentemente, as competências exigidas de um líder social vão além daquelas para se liderar a si mesmo, liderar os outros e liderar uma organização. Você precisa ser capaz de fazer tudo isso e também de liderar sua comunidade ou nação.

Liderar na sociedade exige um nível diferente de aplicação das cinco competências evolutivas, e, do mesmo modo, não apenas requer a capacidade de gerar confiança e empatia, mas também a capacidade de demonstrar compaixão. Vou explorar as competências envolvidas na compaixão, depois de termos discutido a aplicação das sete competências evolutivas para se liderar uma organização. Veja a Tabela 4.4.

O Fator Compaixão

A compaixão é uma forma mais vigorosa de empatia, que dá origem a um desejo ativo para aliviar o sofrimento do outro. Uma pessoa compassiva sente a dor do outro e deseja aliviar essa dor como se fosse sua própria. Esta é a característica pessoal ou qualidade da alma mais importante que um líder comunitário ou social precisa incorporar.

A capacidade de demonstrar níveis profundos de compaixão corresponde ao sétimo nível de consciência pessoal. Ela exige um nível ainda maior de fusão energética no nível da alma do que aquele necessário para a empatia:

Tabela 4.4 Competências evolutivas aplicadas à liderança de uma comunidade ou nação

Competência Evolutiva	Descrição
Adaptabilidade	A capacidade de manter a sua estabilidade interna e o equilíbrio externo, a estabilidade interna e o equilíbrio externo de sua equipe de liderança, e a estabilidade interna e o equilíbrio externo da sua comunidade ou nação quando as mudanças são impostas a partir do seu ambiente externo. Isto significa controlar suas emoções (inteligência emocional), as emoções de sua equipe de liderança e as emoções coletivas da comunidade ou nação (inteligência social), e também envolve ser um modelo, conduzindo as coisas no seu ritmo e permitindo que sua equipe de liderança e todos em sua comunidade ou nação possam fazer o mesmo.
Aprendizagem contínua	A capacidade de aprender, por tentativa e erro, como se ajustar a mudanças em seu ambiente externo e no ambiente externo da comunidade ou nação, de modo que você, sua equipe de liderança e sua comunidade ou nação sejam capazes de manter ou melhorar a estabilidade interna e o equilíbrio externo. Isto implica um constante foco na aprendizagem, com o objetivo de crescimento pessoal e profissional para si, para os membros de sua equipe de liderança, e para todos os membros da população de sua comunidade ou nação, como também a habilidade para que toda a comunidade ou nação aprendam com seus erros.
Capacidade de ligação	A capacidade de ligação envolve aumentar a sua estabilidade interna, a estabilidade interna de sua equipe de liderança e a estabilidade interna de sua comunidade ou nação, alinhando-se em torno de um senso compartilhado de valores e de uma missão/visão de futuro que inspira sua equipe de liderança e a todos na comunidade ou nação. Isso implica o desenvolvimento de uma capacidade de confiança e de ação coletiva – a capacidade de sua equipe de liderança e da comunidade ou nação de pensar e agir como um só.
Capacidade de cooperar	A capacidade de cooperar envolve aumentar a sua capacidade e a de sua equipe de liderança em gerenciar o equilíbrio externo da sua comunidade ou nação, cooperando empaticamente com outras comunidades ou nações alinhadas a uma missão/visão similar. Isto implica trabalhar com outras comunidades ou nações para o benefício mútuo de todos os cidadãos.
Gerenciar a complexidade	A capacidade de lidar com a complexidade envolve aumentar a sua capacidade e a de sua equipe de liderança, de sua comunidade ou nação em manter a estabilidade interna e o equilíbrio externo, quando confrontados com a ambiguidade, incerteza, e circunstâncias em rápida mutação. Isso implica manter a si mesmo, sua equipe de liderança e sua comunidade ou nação calmos, comprometidos e focados em meio à adversidade, mesmo quando vocês não sabem o que fazer.

com a compaixão, você sente visceralmente o sofrimento do outro. Você está instantaneamente conectado a todos com quem você tem uma interação.

A compaixão é sempre acompanhada pelas qualidades da humildade e da sabedoria. A humildade é uma qualidade de unidade que aparece quando o ego se tornou completamente alinhado com a alma. Não há senso de ego em tais pessoas.

A sabedoria é a qualidade de saber que vai além da intuição. A sabedoria nos dá uma profunda compreensão das pessoas, coisas, eventos ou situações, capacitando-nos a escolher uma resposta que consistentemente produz ótimos resultados com um mínimo de tempo e energia. Isso nos dá uma compreensão do que é verdadeiro ou correto (ético) e nos permite ver aquilo que deseja emergir em uma situação.

Esta tríade de valores — compaixão, humildade e sabedoria — representa as qualidades de uma alma que está profundamente ligada e alinhada com outras almas. Pessoas que estão neste nível de consciência pessoal vivem uma vida de serviço abnegado que as satisfaz, trazendo um profundo sentimento de alegria.

Programa de Gestão de Talentos

O projeto de um programa de gestão de talentos deve incluir um componente profissional (educação) e um componente pessoal (caráter). O componente profissional deve focar as habilidades necessárias para o crescimento e o avanço profissional. Deve se concentrar em *educar* as pessoas a respeito das habilidades concretas do seu negócio ou profissão.

O componente de caráter deve se concentrar em liderar a si mesmo, liderar os outros, liderar uma organização e liderar na sociedade. Deve ajudar as pessoas a crescer e a se desenvolver para que possam se tornar tudo o que podem vir a ser, promovendo a sua autorrealização e evolução para os níveis superiores da consciência.

Dos quatro componentes, liderar a si mesmo, liderar os outros, liderar uma organização e liderar na sociedade, os dois primeiros devem formar parte de um programa de desenvolvimento de liderança disponível para todos na organização a partir dos vinte e cinco anos de idade que quiserem investir em sua evolução pessoal e profissional. Os dois últimos devem ser reservados para aqueles que forem selecionados para o programa de gestão de talentos da organização.

Incluí o módulo de "liderar na sociedade" porque, no futuro, e particularmente nas grandes organizações multinacionais, será de vital importância que os líderes integrem as suas organizações na sociedade, sintonizando-se com as necessidades da sociedade. A referência que fiz a Tex Gunning, da Unilever, e a citação de Rosabeth Moss Kanter, no Capítulo 1 deste livro, demonstram claramente esse ponto.

Critérios de Seleção para um Programa de Gestão de Talentos

Com base no exposto anteriormente, acredito que os critérios de seleção para um programa de gestão de talentos deve incluir a demonstração das competências evolutivas aplicadas a liderar a si mesmo e aos outros, bem como as competências necessárias para a construção da confiança. Se estas condições forem atendidas, você terá identificado os melhores candidatos para a formação e para futuras posições de liderança. Estes critérios são apresentados na Tabela 4.5.

Tabela 4.5 Competências essenciais para a seleção para um programa de gestão de talentos

Competências Evolutivas		Competências de Confiança	
Liderar a si mesmo[1]	Liderar aos outros[2]	Caráter	Competência
Adaptabilidade		Cuidado	Habilidades
Aprendizagem contínua		Transparência	Conhecimento
Capacidade de ligação		Abertura	Experiência
Capacidade de cooperar		Honestidade	Reputação
Capacidade de lidar com a complexidade		Justiça	Credibilidade
		Autenticidade	Desempenho

[1]Veja Tabela 4.1 para mais detalhes.
[2]Veja Tabela 4.2 para mais detalhes.

As principais características de cada um dos quatro programas de liderança – liderar a si mesmo, liderar os outros, liderar uma organização e liderar na sociedade – são descritas a seguir.

Liderar a Si Mesmo

Aprender a liderar a si mesmo é uma jornada de uma vida inteira. Não se trata de um treinamento único do qual você pode participar, nem é um evento isolado. É mais do que isso. É um processo contínuo que requer o seu compromisso contínuo. Existem camadas e camadas de medos subconscientes que têm de ser gerenciados, dominados ou liberados para você se tornar uma pessoa autêntica; há sempre compreensões mais profundas a serem descobertas a respeito de seu propósito na vida, e há muito o que aprender sobre como obter o efeito de fruição para se alcançar a realização pessoal que você está buscando.

Portanto, é de importância vital que o componente de liderar a si mesmo deve:

a) fornecer um quadro global para a compreensão de sua jornada de evolução pessoal – um mapa do território;
b) ensinar-lhe as habilidades e capacidades necessárias para gerenciar cada etapa da viagem – uma forma de navegar através do território;
c) permitir que você saiba quando, como e de quem pode obter feedback para que você possa melhorar seu desempenho e aprenda a superar os obstáculos e desafios que encontrar ao longo do caminho – um sistema de apoio de orientação ou treinamento.

Acredito que todos na organização acima dos 25 anos de idade devem ter a oportunidade de se inscrever em um programa que os ensine como liderar a si mesmos.

O programa de autoliderança deve permitir que eles conquistem o domínio pessoal, ajudando-os a identificar e esclarecer quais são suas paixões e oferecendo o apoio que eles necessitam para gerenciar sua evolução futura.

Na minha opinião, ajudar as pessoas a trabalhar seu domínio pessoal e a descobrir suas paixões é justificativa suficiente para que participem de um programa desse tipo em qualquer idade.

Deve ser lembrado que a maioria das pessoas escolhem suas carreiras concentrando-se em descobrir que profissão lhes permite satisfazer de forma mais plena as necessidades de seu ego. Isso é normal, porque no final da adolescência e até os vinte e poucos anos, a nossa consciência é dominada pelo ego.

É só depois de um período de anos que você começa a perceber que talvez a profissão ou linha de trabalho que você escolheu na sua juventude não se alinha com a sua paixão. Pode levar de 10 a 20 anos até que esta realização ocorra, e outros cinco a dez anos até que você seja capaz de fazer algo a respeito. A esta altura, você já estará na faixa etária de 35 a 50 anos.

Tabela 4.6 Estágios da aprendizagem de liderar a si mesmo

Estágios de Evolução	Níveis de Consciência		Descrição
Estágio 3: Coesão externa	7	Servir	Dedicar sua vida ao serviço altruísta em busca de sua paixão ou propósito, e de sua visão.
	6	Fazer a diferença	Realizar o seu senso de propósito, cooperando com os outros para benefício e realização mútuas.
Estágio 2: Coesão interna	5	Coesão interna	Encontrar significado em sua vida, alinhando-se com a sua paixão ou propósito, e criando uma visão para o seu futuro.
	4	Transformação	Tornar-se mais próximo de quem você é realmente, descobrindo sua própria fé e alinhando o seu ego com a sua alma.
Estágio 1: Domínio Pessoal	3	Autoestima	Satisfazer sua necessidade de se sentir bem consigo mesmo, gerenciando a sua vida, e tendo orgulho do seu desempenho.
	2	Relações	Satisfazer sua necessidade de pertencimento e de ser amado e aceito por aqueles com quem você interage diariamente.
	1	Sobrevivência	Satisfazer suas necessidades fisiológicas e criar um ambiente protegido e seguro para o seu próprio crescimento.

Participar de um programa de autoliderança entre as idades de 25 e 35 anos dá aos jovens um empurrão inicial em suas vidas, ajudando-os a acelerarem seus processos de individuação e autorrealização, equipando-os para a sua jornada até a realização pessoal. Os três estágios do módulo de liderar a si mesmo são descritos na Tabela 4.6.

Liderar os Outros

O módulo de liderar os outros no programa de desenvolvimento de liderança deve estar disponível para todos acima dos 30 anos, que tiverem concluído o programa de liderar a si mesmo, e que sejam responsáveis por uma equipe de 5 pessoas ou mais. Estes são os gerentes e supervisores da organização. A principal diferença entre os módulos de liderar a si mesmo e de liderar os outros é o foco e atenção dados à escolha dos membros da equipe, à definição de expectativas, e a como motivá-los e desenvolvê-los – construindo uma equipe de alto desempenho.

O foco no componente liderança de equipes está em aprender a cuidar do seu pessoal, apoiando-os no domínio das suas necessidades e deficiências. O foco do componente de coesão interna está em aprender a construir a confiança, criando uma missão inspiradora e gerenciando os valores da equipe. O foco do componente da coesão externa está em aprender a construir a cooperação para além das fronteiras internas, desenvolvendo um quadro ético para orientar o pessoal em suas operações no dia a dia.

Em última análise, o papel de gerente ou supervisor é garantir que o trabalho da organização seja feito, assegurando padrões elevados de qualidade e excelência, e melhorando continuamente os produtos e serviços e os sistemas e processos envolvidos na produção e entrega. Os três estágios do módulo de liderar os outros são apresentados na Tabela 4.7.

Tabela 4.7 Estágios da aprendizagem de como liderar os outros

Estágios Evolutivos	Níveis de Consciência		Descrição
Estágio 3: Coesão externa	7	Servir	Construir um quadro ético de normas para orientar a equipe em suas operações do dia a dia.
	6	Fazer a diferença	Cooperar com outras equipes para além das fronteiras institucionais para o benefício geral da organização.
Estágio 2: Coesão interna	5	Coesão interna	Criar uma cultura de equipe coesa com base em uma missão/propósito compartilhados e de um conjunto de valores comuns.
	4	Transformação	Capacitar funcionários para crescer e se desenvolver pessoal e profissionalmente, dando-lhes liberdade responsável.

(continua)

Tabela 4.7 Estágios da aprendizagem de como liderar os outros (*continuação*)

Estágios evolutivos	Níveis de Consciência		Descrição
Estágio 1: Domínio de equipe	3	Autoestima	Construir o orgulho dos funcionários através de melhores práticas e sistemas e processos eficientes.
	2	Relacionamentos	Construir a fidelização de empregados e clientes através da comunicação aberta, direta e atenta.
	1	Sobrevivência	Enfocar a saúde, segurança e bem-estar de funcionários e a estabilidade financeira da organização.

Liderar uma Organização

O módulo de liderar uma organização do programa de desenvolvimento de liderança deve estar disponível para todos aqueles que fazem parte do programa de gestão de talentos, com mais de 35 anos, que tiverem concluído com êxito os módulos anteriores de desenvolvimento de liderança (liderar a si mesmo e liderar os outros), e que forem responsáveis por uma equipe de 30 a 50 pessoas, ou mais. Estes são os executivos da organização que são potenciais candidatos a encabeçarem uma divisão, departamento ou unidade de negócios, e que eventualmente podem se tornar diretores, vice-presidentes ou CEOs.

A principal diferença entre o módulo de liderar uma organização e os outros é o foco e a atenção dada à gestão dos valores e da cultura da organização (foco na experiência do funcionário da organização), à construção de uma visão inspiradora (fixação da orientação para a organização), ao desenvolvimento de uma estratégia vencedora, à seleção e gestão da marca, ao início e ao gerenciamento da mudança, e à orientação e treinamento de subordinados diretos, além da gestão das relações com os stakeholders externos – clientes, investidores, parceiros e sociedade. Em última análise, o papel do líder é ser um modelo inspirador para todos os stakeholders. Os três estágios do módulo de liderar uma organização são apresentados na Tabela 4.8.

PARTE 1: OS FUNDAMENTOS **85**

Tabela 4.8 Estágios da aprendizagem de como liderar uma organização

Estágios Evolutivos	Níveis de Consciência		Descrição
Estágio 3: Coesão Externa	7	Servir	Foco em Responsabilidade Social, sustentabilidade e ética, perspectiva de longo prazo, direitos humanos, justiça social, compaixão, humildade e perdão.
	6	Fazer a diferença	Cooperar com parceiros internos e externos em alianças estratégicas com foco na satisfação dos empregados, em coaching e orientação, e em tornar-se um líder servidor.
Estágio 2: Coesão interna	5	Coesão interna	Desenvolver uma visão e valores compartilhados, concentrar-se na confiança, integridade, honestidade, lealdade, abertura e transparência, criatividade, entusiasmo e compromisso.
	4	Transformação	Foco na adaptabilidade, responsabilidade, responsabilização, autonomia, aprendizagem contínua, crescimento, desenvolvimento pessoal e diversidade.
Estágio 1: Maestria nos negócios	3	Autoestima	Concentrar-se em sistemas, processos, qualidade, produtividade, branding, e crescimento profissional. Reduzir a burocracia, hierarquia, elitismo, mentalidade isolacionista, busca de poder e status e confusão.
	2	Relacionamento	Foco na lealdade de funcionários e clientes, reconhecimento dos funcionários e comunicação aberta. Reduzir a manipulação, as acusações, a concorrência e a política interna e a discriminação de gênero ou de qualquer forma.
	1	Sobrevivência	Foco na estabilidade financeira, no valor para o acionista e na saúde e segurança dos empregados. Reduzir o controle, cuidado, microgestão, corrupção, ganância e exploração.

Liderar na Sociedade

O módulo de liderar na sociedade do programa de desenvolvimento de liderança deve ser reservado para a liderança sênior – o grupo mais alto de 50 a 100 líderes de uma organização ou aqueles que se reportem diretamente à equipe de liderança. A diferença principal entre o módulo de liderança na sociedade e o módulo de liderança organizacional é o foco e a atenção dados à forma como a organização se integra com, e atende às necessidades da sociedade. Os três estágios do módulo de liderança na sociedade são apresentados na Tabela 4.9.

Tabela 4.9 Estágios da aprendizagem de liderança na sociedade

Estágios Evolutivos	Níveis de Consciência		Descrição
Estágio 3: Coesão externa	7	Servir	Foco na responsabilidade social, sustentabilidade, ética, perspectiva de longo prazo, direitos humanos e das futuras gerações.
	6	Fazer a diferença	Construção de alianças estratégicas para resultados mutuamente benéficos, e foco em meio ambiente e qualidade de vida.
Estágio 2: Coesão interna	5	Coesão interna	Desenvolvimento da visão e valores comuns compartilhados, e foco na confiança, integridade, justiça, abertura e transparência.
	4	Transformação	Foco em democracia, responsabilização, responsabilidade, igualdade, liberdade de expressão, educação e inovação.
Estágio 1: Maestria social	3	Autoestima	Foco no Estado de Direito, na aplicação da lei, na eficiência, produtividade, infraestrutura e prestação de serviços sociais. Redução da burocracia, hierarquia, elitismo, busca do poder.
	2	Relacionamentos	Foco em tradições, rituais, resolução de conflitos, harmonia inter-racial, reconciliação e comunicação aberta. Redução de discriminação de gênero, étnica e religiosa.
	1	Sobrevivência	Foco no desenvolvimento econômico, na criação de emprego, e na saúde, na segurança e no bem-estar dos cidadãos. Redução da corrupção, do crime, da violência, exploração, doenças e poluição ambiental.

Conclusão

Tendo respondido às duas perguntas que fiz no início deste capítulo, a saber:

- Quais são as características que uma organização deve procurar ao selecionar pessoas para um programa de gestão de talentos? e,
- Que tipo de desenvolvimento de liderança é mais adequado para essas pessoas e para os supervisores e gerentes em geral?

Proponho agora que exploremos com mais detalhes o tema do gerenciamento da complexidade para demonstrar como essa habilidade é impactada pelas fases ou "estações" de nossas vidas.

NOTAS

50 Beinhocker, E. *Strategy at the Edge of Chaos*. McKinsey Quarterly, 1997, Vol. 1, pp 25-39.
51 Entropia Pessoal: O grau de disfunção ou desordem em sua vida que é causada pela presença de crenças baseadas no medo consciente ou subconsciente.
52 Entropia Cultural: O grau de disfunção em um sistema humano, como uma organização ou nação causada por comportamentos que estão enraizados no autointeresse. Entropia Cultural é resultado da manifestação de entropia pessoal.
53 Steven M. R. Covey. *A Velocidade da Confiança*. Editora Campus, 2009.
54 A Matriz da Confiança foi desenvolvida por Richard Barrett e inspirada pelo trabalho de Steven M.R. Covey.
55 Inteligência emocional: a capacidade de compreender, gerir e usar suas emoções para guiá-lo na tomada de decisões sábias.
56 Inteligência Social: a capacidade de compreender e utilizar as emoções de outras pessoas para orientá-lo na tomada de decisões sábias.
57 Steven M. R. Covey. *Speed of Trust: The One Thing That Changes Everything*, New York: Free Press, 2006, p. 13.
58 Steven M. R. Covey. *Speed of Trust: The One Thing That Changes Everything*, New York: Free Press, 2006, p. 21.
59 Francis Fukuyama. *Trust: The Social Virtues and the Creation of Prosperity*, New York: Free Press, 2005.

5

O Fator Idade/Complexidade

A capacidade de lidar com níveis crescentes de complexidade é, como já afirmei, a característica evolutiva mais dependente das fases de nossas vidas. O que quero dizer com esta afirmação é que, embora adaptação, aprendizagem, união e cooperação sejam todas competências evolutivas que dependem de nossa maturidade psicológica, elas são menos influenciadas pela idade do que a nossa capacidade de lidar com a complexidade. A maturidade psicológica depende, principalmente, da nossa capacidade de individuação e autorrealização, enquanto o gerenciamento da complexidade depende do nosso nível de exposição a experiências.

Por causa do aumento da segurança, prosperidade e educação que tem ocorrido no mundo ocidental, e em algumas das economias de renda média de mais rápido desenvolvimento nos últimos 50 anos, mais e mais crianças cresceram com pais autorrealizados. Tendo esse tipo de modelo, e não tendo tido que enfrentar as adversidades, estas crianças contam com uma vantagem no seu próprio processo de amadurecimento. Consequentemente, estamos vendo mais e mais jovens adultos e pessoas de meia-idade que estão bem avançados no domínio das quatro primeiras competências evolutivas.

Evidências baseadas no senso comum sugerem que a idade média das equipes de liderança em organizações com fins lucrativos caiu em pelo menos 10 anos nas últimas duas décadas. Isto se deve a dois fatores. Primeiro, à aposentadoria da geração de pessoas que nasceram no período de 1945 a 1955, e, em segundo lugar, aos níveis de maior maturidade dos seus filhos.

A capacidade de lidar com a complexidade, por outro lado, é mais dependente da experiência pessoal do que da exposição a modelos de maturidade psicológica. Ser capaz de lidar com a complexidade depende da maturidade psicológica, *e* da exposição a experiências de vida variadas. Há três fatores que determinam a nossa capacidade de lidar com a complexidade – experiência, tipo de mente e o desenvolvimento de complexidade cognitiva.

Experiência

A capacidade de lidar com a complexidade depende, em grande medida, da profundidade e do alcance de nossas experiências de vida. Nossas experiências de vida constroem nossos bancos de memória e, assim, fornecem mais informações para que a sua lógica opere quando somos confrontados com situações novas. Isto representa uma vantagem significativa para se lidar com a complexidade, mas isso não pode ser apressado. O que isto significa para a gestão de talentos é a necessidade de se assegurar que aqueles que estão sendo treinados rapidamente para assumirem uma posição futura de influência recebam várias oportunidades para passar por experiências diversas.

Tipos de Mente

A capacidade de lidar com a complexidade depende também da nossa capacidade de desenvolver uma mente autotransformadora. Essa capacidade depende do seu nível de maturidade psicológica. Deixe-me explicar.

À medida que cresce e se desenvolve, o nosso cérebro/mente muda a maneira em que opera. Graças à neuroplasticidade do cérebro[60], temos a capacidade de nos adaptarmos à nossa forma de ver o mundo, em qualquer momento ao longo de nossas vidas. Em seu livro "Imunidade à Mudança"[61], Robert Kegan aponta duas conclusões fundamentais sobre como lidar com a complexidade da investigação nesta área.

Primeiro, a capacidade dos adultos para lidarem com a complexidade geralmente aumenta com a idade, e, segundo, há três platôs de desenvolvimento de complexidade mental. Estes platôs são chamados de mente socializada, mente autorrealizada e mente autotransformadora.

A *mente socializada* é uma mente dependente. A forma como uma mente socializada responde a uma situação ou pedido é fortemente influenciada por aquilo que ela acredita que os outros estão esperando, e por como ele pode garantir suas necessidades de sobrevivência, relacionamento e sua autoestima. Ela opera a partir dos três níveis inferiores da consciência pessoal. A mente socializada prefere receber instruções e comandos sobre o que fazer. Desta forma, ela é capaz de superar a sua ansiedade de ser julgada e de ser capaz de atender às suas deficiências e necessidades.

A *mente autorrealizada* é uma mente independente. A forma como uma mente autorrealizada responde a uma situação ou pedido é relatando aos outros o que ela precisa para avançar em seus objetivos. Ela está tentando aprofundar a sua liberdade e independência. A mente autorrealizada percebe o mundo através dos filtros de sua crença. Ela ouve e vê o que quer ouvir ou ver. O que passa através dos filtros é a informação que ela está procurando para apoiar o seu plano. Ela corresponde aos níveis de consciência de transformação e de coesão interna. A mente autorrealizada quer ser responsável e assumir iniciativas. Ela aceita prontamente os desafios. É o tipo de mente que é necessária para posições gerenciais ou de supervisão.

A *mente autotransformadora* é uma mente interdependente. A forma como uma mente autotransformadora responde a uma situação ou pedido é buscando mais informações para responder à sua necessidade de encontrar um significado, de fazer a diferença, e de servir. Ela corresponde aos três níveis superiores da consciência pessoal. A mente autotransformadora não é prisioneira de suas crenças, objetivos, ou posição. É capaz de se defender. É capaz de olhar para suas próprias crenças e ideias objetivamente, compará-las com as dos outros e integrar o melhor daquilo que vê em uma visão de mundo mais inclusiva.

A mudança de um tipo de mente para o seguinte não é algo que pode ser facilmente ensinado. É algo que evolui na medida em que você é capaz de minimizar seus medos e expandir a sua consciência.

Evoluímos de uma mente socializada para uma mente autorrealizada na medida em que somos capazes de superar nossas ansiedades e medos, e de nos sentirmos confiantes sobre as nossas próprias capacidades de sobreviver e prosperar.

Evoluímos de uma mente autorrealizada para uma mente autotransformadora na medida em que podemos nos desapegar dos resultados que pensamos que precisamos, e viver na expectativa de que vamos obter exatamente o que precisamos para chegar ao melhor resultado.

Este modo de ser se alinha com uma abordagem espiritual para a vida: a capacidade de confiar em um universo benevolente; a capacidade de dissolver o seu apego a um resultado específico; e a capacidade de permanecer à vontade com a incerteza. A Figura 5.1 mostra a relação aproximada entre os três tipos de mente, os três estágios evolutivos e os sete níveis de consciência.

Há quarenta ou cinquenta anos, os líderes da indústria e dos negócios buscavam funcionários com mentes socializadas. Eles queriam pessoas que fossem bons membros de equipes, que fizessem a sua parte, que fossem leais à empresa, e que fossem confiáveis para seguirem conscientemente as ordens ou instruções dadas a eles por seus patrões.

Hoje, as organizações desejam empregados com altos níveis de conhecimento – pessoas capazes de agir com responsabilidade, tomar iniciativas e trabalhar de forma independente. O comércio e a indústria precisam de gente com iniciativa e confiança – pessoas que pensem por si próprias. Mas, quem vai liderar essas pessoas?

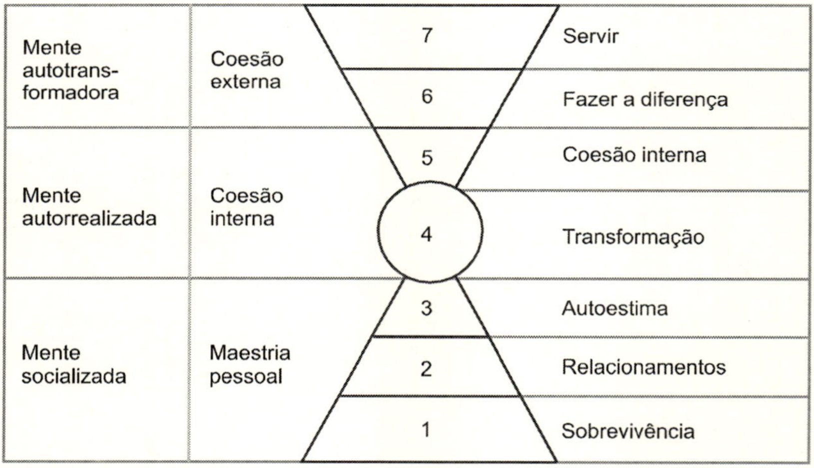

Mente autotrans-formadora	Coesão externa	7	Servir
		6	Fazer a diferença
Mente autorrealizada	Coesão interna	5	Coesão interna
		4	Transformação
Mente socializada	Maestria pessoal	3	Autoestima
		2	Relacionamentos
		1	Sobrevivência

Figura 5.1 Etapas da evolução, os níveis de tipos de consciência da mente.

Para essa tarefa, vamos precisar de líderes com mentes autotransformadoras – líderes capazes de sair de sua própria ideologia ou estrutura, ver suas limitações e integrar os aspectos de outras ideologias ou estruturas em sua própria visão de mundo. O problema é que este tipo de líder ainda é artigo raro.

Dois grandes estudos[62,63] com profissionais com nível superior, membros da classe média nos EUA, mostram que 58% deles ainda não haviam atingido o nível da mente autorrealizada, e apenas cerca de 6% tinham ido além da mente autorrealizada para desenvolver uma mente autotransformadora.[64]

Estas pesquisas levaram Robert Kegan a chegar à seguinte conclusão:

> *A complexidade tem realmente a ver com a relação entre as demandas complexas e os arranjos do mundo e a nossa própria complexidade mental. Quando olhamos para esta relação, descobrimos uma lacuna: a nossa própria complexidade mental está aquém da complexidade das demandas do mundo.*[65]

Na minha opinião, Kegan aborda um ponto importante. Para atender às necessidades de liderança do mundo complexo em que vivemos hoje, precisamos:

a) encontrar formas de acelerar a capacidade humana para lidar com a complexidade, acelerando a evolução da consciência humana;
b) fornecer mentores/anciãos para os nossos jovens líderes, para que eles possam acessar a sabedoria daqueles que são mais hábeis em lidar com a complexidade;
c) desenvolver nossa capacidade de união e cooperação a nível global, para que possamos acessar a inteligência coletiva da nossa sociedade global através da Internet e das redes sociais e de negócios.

Complexidade Cognitiva

Em "Executive Leadership: A Practical Guide to Managing Complexity"[66] Elliott Jacques, um psicólogo organizacional canadense, sugere que a capacidade de gerenciar a complexidade é a competência mais importante que um líder deveria possuir. A mensagem principal de Jacques é que devemos adequar o nível de complexidade cognitiva de um líder ao nível de complexidade da tarefa que ele ou ela tem de realizar.

Quarenta anos de investigação levaram Jacques e seus colegas a definirem sete níveis de complexidade de papéis que se relacionam com o que ele chama de "Intervalo Temporal de Discernimento". Este é o horizonte de tempo para as decisões mais importantes que precisam ser tomadas para uma determinada tarefa ou em um papel em particular. Os sete intervalos de tempo são: 3 meses, 1 ano, 2 anos, 5 anos, 10 anos, 20 anos e 50 anos. Os sete níveis de complexidade organizacional de Jacques são apresentados na Tabela 5.1.

Tabela 5.1 Complexidade cognitiva e intervalo temporal de diversos papéis

Complexidade Cognitiva	Intervalo Temporal	Papel do Setor Privado	Papel do Setor Público
	50 anos		
VII		Presidente/CEO	Presidente/Primeiro-ministro
	20 anos		
VI		Vice-Presidente Executivo	Ministro
	10 anos		
V		Vice-Presidente	Diretor-Geral
	5 anos		
IV		Gerente de Departamento	Diretor-chefe
	2 anos		
III		Gerente de Unidade	Diretor
	1 ano		
II		Gerente de Seção	Diretor-Assistente
	3 meses		
I		Operador	Administrador
	1 dia		

Jacques acredita que a arte de facilitar o desenvolvimento da liderança envolve a percepção da taxa de crescimento da capacidade de um indivíduo para lidar com a complexidade, oferecendo oportunidades de trabalho que sejam consistentes com essa capacidade.

A abordagem de Jacques é cognitivamente hierárquica. Ele dá pouco crédito para o papel das emoções, e dá pouca atenção para a motivação humana, quer seja de uma perspectiva do ego ou da alma. Para Jacques, os incentivos são simples. Tudo o que os gestores precisam fazer é reconhecer um bom trabalho, incentivá-lo, pagar adequadamente por ele, e proporcionar oportunidades para que todos possam prosseguir com o trabalho que beneficia o seu potencial: nem uma palavra sobre a paixão.

Acredito que Jacques trouxe uma contribuição inestimável para a compreensão dos fundamentos básicos da teoria e prática organizacional. Sua abordagem foi, no entanto, o que acredito ser a abordagem de seu tempo. Jaques morreu em 2003, com 86 anos. Suas contribuições significativas vieram nas décadas de 50, 60, 70 e 80, antes da importância da inteligência emocional ter sido plenamente reconhecida, e muito antes do papel da motivação na teoria organizacional ter sido bem compreendido.

Acredito que Jacques está certo em denunciar *"o déficit da grande liderança"* como tendo a ver com estruturas hierárquicas e regimentais que possuem *"um impacto deletério sobre a criatividade humana, inovação, coesão, união, satisfação e moral"*. O que ele propõe no lugar disso é uma hierarquia de gestão e liderança com base na maturidade da complexidade cognitiva – adequando a complexidade cognitiva dos indivíduos à complexidade do papel.

Também penso que ele está correto em sua afirmação de que *"a fixação generalizada sobre a vida e as práticas dos grandes líderes e em lecionar sobre eles, como uma forma de melhorar as 'habilidades' de liderança, é incorretamente apoiada na noção de que a liderança eficaz exige certos traços de personalidade e qualidades pessoais especializados"*. Esta abordagem, segundo ele *"levou ao uso generalizado de treinamentos de liderança espúrios por meio de uma psicoterapia de massas bastarda administrada a todos os gestores"*.

Da minha perspectiva, as teorias e os trabalhos de Jacques identificam corretamente uma das cinco características evolutivas – a capacidade de lidar com a complexidade. O que Jacques não conseguiu fazer foi dar igual reconhecimento para a importância da adaptabilidade, aprendizagem contínua, ligação e cooperação.

Outra abordagem teórica para tratar da complexidade e da resposta à mudança, apoiada por evidências e pesquisas significativas, pode ser encontrada no livro de Bill Joiner e Stephen Josephs "Agilidade na Liderança: Cinco Níveis de Mestria para Antecipar e Iniciar Mudanças".[67]

Estágios de Agilidade na Liderança

Joiner e Josephs desenvolveram um modelo de cinco estágios de agilidade na liderança com base em uma síntese da obra de William R. Torbert, Robert Kegan, Don Beck e Chris Cowan e Ken Wilber, e em suas próprias pesquisas. Os cinco níveis de agilidade na liderança são os seguintes:

O nível *Especialista:* São pessoas que estão motivadas a desenvolver sua perícia em um assunto específico. Eles consideram que o poder legítimo de um líder vem da experiência e da autoridade posicional. Joiner e Josephs estimam que cerca de 45% de todos os gerentes operam neste nível. Este tipo de pessoa corresponde ao nível 3 do modelo dos sete níveis de consciência.

O *Realizador:* São pessoas motivadas para alcançar os resultados valorizados pelas instituições a que pertencem. Elas percebem que o poder de um líder não vem só da competência e da autoridade, mas também de motivar os outros, tornando desafiador e gratificante contribuir para resultados importantes. Eles estimam que cerca de 35% de todos os gerentes operam neste nível. Este tipo de pessoa corresponde ao nível 4 no modelo dos sete níveis de consciência.

O *Catalisador:* São pessoas que estão motivadas para criar uma cultura participativa com base em uma visão que inspira as pessoas na instituição. Elas são abertas à mudança, dispostas a repensar os pressupostos básicos, e a ter uma orientação visionária. Este tipo de pessoa corresponde ao nível 5 no modelo dos sete níveis de consciência.

O *Cocriador:* Estas são as pessoas que entendem que tudo no mundo dos negócios e no resto da vida é interdependente e estão comprometidas com o bem comum. Elas têm resistência emocional, uma inclinação natural para o diálogo, e para criar situações de ganha-ganha. Este tipo de pessoa corresponde ao nível 6 no modelo dos sete níveis de consciência.

O *Sinergista:* Estas são as pessoas que entram totalmente no fluxo momento-a-momento de sua experiência presente. Elas têm uma consciência centrada no presente que lhes permite manter a calma em meio a situações contenciosas e caóticas. Esta capacidade habilita internamente a habilidade de produzir "intuições sinérgicas" que transformam os conflitos aparentemente insolúveis em soluções que sejam benéficas para todos. Este tipo de pessoa corresponde ao nível 7 no modelo dos sete níveis de consciência.

Joiner e Josephs declaram:

> *Cada um destes níveis de liderança se correlaciona com um estágio de desenvolvimento pessoal. Décadas de pesquisa confirmaram que os seres humanos se movem através destes estágios em uma sequência específica.... líderes não pulam do nível de Especialista para o nível de Cocriador. Para operar de forma confiável ao nível de Cocriador em agilidade na liderança, primeiro você precisa dominar os níveis de Realizador e Catalisador. Até agora, não encontramos nenhuma exceção a este padrão.*[68]

E prosseguem:

> *Para desenvolver organizações que são eficazes na antecipação e na resposta à mudança e à complexidade, precisamos de líderes ágeis – não apenas no topo, mas em todos os níveis organizacionais. No entanto, estamos diante de uma lacuna significativa de liderança: Cerca de 10% dos gerentes de hoje ainda operam em níveis Pré-Especialista, 45% são Especialistas, e 35% são Realizadores. Apenas 10% operam nos níveis de Catalisador e Sinergista.*[69]

As Implicações para o Desenvolvimento da Liderança

A capacidade de lidar com a mudança e a complexidade talvez seja a necessidade mais importante e de mais rápido crescimento para a liderança no Século XXI. Todos os aspectos do mundo em que vivemos estão passando por uma mudança sem precedentes. Todos os aspectos da vida humana vêm nos obrigando a nos adaptarmos a níveis crescentes de complexidade, nos quais somos confrontados cada vez mais com escolhas. À medida que os problemas da existência se tornarem ainda mais globais, a demanda por líderes capazes de lidar com a mudança e a complexidade atingirá níveis sem precedentes.

Isso me leva a três conclusões importantes.

Primeiro, um paradigma de desenvolvimento de liderança que se baseia em três estágios evolutivos universais e nos sete níveis de motivação humana nunca foi tão importante para o nosso futuro coletivo neste momento. A menos que encontremos uma forma de acelerar o número de líderes capazes de demonstrar as cinco competências evolutivas, nossa sobrevivência coletiva e nossa qualidade de vida podem ser significativamente comprometidas.

Segundo, precisamos encontrar uma maneira de acelerar significativamente o desenvolvimento de liderança (a evolução da consciência humana), e fazer disso não apenas um imperativo dos negócios, mas também um imperativo da sociedade. No momento, o desenvolvimento da liderança é visto como uma ferramenta para manter e aprimorar o conjunto de indivíduos talentosos que uma organização pode aproveitar para o seu sucesso futuro. Isso não é visto como um meio de evolução da consciência humana, e a sua potencial contribuição para a continuidade de 14 bilhões de anos de evolução não é compreendida.

> A menos que encontremos uma forma de acelerar o número de líderes capazes de demonstrar as cinco competências evolutivas, nossa sobrevivência coletiva e nossa qualidade de vida podem ser significativamente comprometidas.

Terceiro, o papel de mentores acostumados a lidar com a complexidade vai ganhar importância crescente à medida que a demografia da população se alterar e líderes mais jovens tomarem as rédeas do poder.

O caminho a seguir não é fácil.

Primeiro, temos de mudar a forma como as pessoas enxergam o desenvolvimento de liderança. O conceito de autoliderança traz uma contribuição significativa a esse respeito porque constrói uma ponte entre o crescimento pessoal e o desenvolvimento da liderança. Para mim, o crescimento pessoal deve centrar-se na parte do desenvolvimento da liderança que diz respeito ao "caráter". Muito frequentemente, ouvimos falar de políticos e líderes empresariais que caem em desgraça porque não possuíam as qualidades humanas essenciais de honestidade e integridade. Ou, colocando de forma simples e sem rodeios, que não tinham desenvolvido as habilidades e capacidades necessárias para liderar a si mesmos. Depois que se aprende a liderar a si mesmo, então torna-se possível fazer um trabalho muito melhor ao liderar os outros.

Em segundo lugar, temos que encontrar uma maneira de "democratizar" o desenvolvimento de liderança evolutiva, tornando-o acessível (a um preço justo) e "acessável" (via web) para todos no mundo que tenham acesso à Internet e que desejem melhorar a si mesmos e às oportunidades de terem sucesso na vida. O desenvolvimento de liderança, pelo menos no aspecto de autoliderança, não deve ser uma "recompensa", oferecida aos profissionais mais destacados de uma organização. Deve estar disponível a todos que quiserem, por um preço que eles sejam capazes de pagar pessoalmente, para que, se não lhes for oferecido pela sua organização, eles possam fazê-lo por conta própria.

Atualmente, os programas de desenvolvimento de liderança oferecidos por universidades não são evolutivos e não são acessíveis para as massas – estão disponíveis apenas para as elites. Eles dão pouca atenção à autoliderança, e seu conteúdo é baseado em velhos paradigmas de liderança que, infelizmente, não têm dado conta do recado.

A situação é ainda pior nos países em desenvolvimento. Os problemas que enfrentam são mais agudos, e o número e a qualidade de programas de desenvolvimento de liderança são significativamente limitados: a maioria dos programas de desenvolvimento de liderança nos países em desenvolvimento é construída em torno de conceitos do velho paradigma.

"Houston, Temos um Problema"

Esta paráfrase da mensagem do astronauta da Apolo 13, Jack Swigert, à sede da NASA, a respeito de uma avaria técnica grave no módulo de serviço lunar, em minha opinião resume habilmente a situação global atual em relação ao desenvolvimento de liderança.

Mesmo que tivéssemos à nossa disposição todos os programas formais de treinamento evolutivo que quiséssemos, os líderes que estamos produzindo seriam jovens demais para terem desenvolvido o nível de complexidade cognitiva (maturidade de vida) para lidar com as questões globais que estamos enfrentando. Não estamos falando de um intervalo de vinte ou cinquenta anos: as questões que estamos enfrentando atualmente podem afetar a humanidade e o planeta nos séculos vindouros.

Portanto, a pergunta que precisamos urgentemente responder é como podemos desenvolver um quadro global de centenas de milhares de líderes de quarenta a cinquenta anos, com a complexidade cognitiva de anciãos experientes de sessenta ou setenta anos de idade? É claro que não podemos. No entanto, podemos fazer duas coisas.

Podemos acelerar o ritmo da autorrealização (autoliderança), através de um programa mundial de desenvolvimento evolutivo de liderança com foco em liderar a si mesmo, liderar os outros, liderar uma organização e liderar na sociedade, e podemos oferecer coaching e orientação para apoiar estes líderes jovens na tomada de decisões que ultrapassem os limites de sua complexidade cognitiva.

Para este fim, eu preparei um website do "novo paradigma de liderança"[70] que oferece materiais disponíveis para todos no planeta por meio de download. Estes materiais são baseados neste livro e incluem livros autoexplicativos sobre como liderar a si mesmo, liderar os outros, liderar uma organização e liderar na sociedade. Para mais informações sobre este site, consulte o Anexo 2.

NOTAS

60 Neuroplasticidade: A capacidade natural do cérebro para formar novas conexões, a fim de compensar uma lesão ou mudanças em um ambiente.
61 Robert Kegan e Lisa Laskow Lahey. *Imunidade à Mudança*. Editora Campus, 2010.
62 R. Kegan. *In Over Our Heads*. Cambridge: Harvard University Press, 1994.
63 W. Torbert. *Managing the Corporate Dream*. Homewood, IL: Dow-Jones, 1987.
64 R. Kegan. *In Over Our Heads*. Cambridge, MA: Harvard University Press, 1994, pp. 27-28.
65 Ibid., p. 30.
66 Elliott Jacques e Stephen D. Clement. *Executive Leadership: A Practical Guide to Managing Complexity*. Malden, MA: Blackwell Business, 1991.
67 Bill Joiner e Stephen Josephs: *Agilidade na Liderança: Cinco Níveis de Mestria para Antecipar e Iniciar Mudanças*. Rocco, 2009.
68 Ibid. p. 12.
69 Ibid. p. 225.
70 www.newleadershipparadigm.com

6

Compreendo a Tomada de Decisão

Antes de explorar em detalhes os quatro componentes de um programa de desenvolvimento de liderança evolutiva para liderar a si mesmo, liderar os outros, liderar uma organização e liderar na sociedade, quero discutir o tema crítico da tomada de decisão.

Em última análise, a nossa capacidade individual e coletiva para ter sucesso depende de decisões que nos apoiem em nossa busca por manter e melhorar a nossa estabilidade pessoal interna e nosso equilíbrio externo, e a estabilidade interna e o equilíbrio externo das estruturas de grupo às quais nos afiliamos – organização, comunidade e nação. Em nível pessoal, isto significa ter de tomar decisões que satisfaçam as necessidades do ego e as necessidades da alma.

É por isso que a compreensão do processo de como tomamos decisões é tão vitalmente importante. O seu crescimento evolutivo pessoal depende disso; o crescimento de sua equipe depende disso; o crescimento de sua organização depende disso, e o crescimento da sua comunidade ou nação depende disso.

As Três Mentes

Todos nós tomamos centenas de decisões conscientes a cada dia. Nós também tomamos centenas de decisões subconscientes. Além disso, o nosso corpo (células e órgãos) está constantemente tomando decisões quando regula a nossa respiração, os batimentos cardíacos, a digestão e a temperatura corporal, para que possamos permanecer em um estado de homeostase durante todo o dia. Quando você examina o seu dia desta forma, percebe que existem três forças em jogo na sua tomada de decisão: a sua mente-ego, sua mente-alma, e sua mente-corpo, e todas elas podem ter necessidades diferentes. Às vezes, as necessidades dessas três mentes irão competir. Como equilibrar sua vida, de modo que todas essas entidades possam ter suas necessidades satisfeitas, tem a ver com a definição de prioridades e a tomada de decisões.

De uma perspectiva evolutiva, a mente-corpo foi a primeira a se desenvolver. Todas as criaturas e animais têm uma mente-corpo que regula o seu funcionamento interno e reage/responde a mudanças em seu ambiente externo. Em seguida, desenvolveu-se a mente-ego, que começou a aparecer com os hominídeos e atingiu o seu auge no *Homo sapiens,* há cerca de dois mil anos. Gradualmente, ao longo dos últimos dois milênios, estamos começando a testemunhar o crescimento e o desenvolvimento da mente-alma, à medida que o *Homo sapiens* evolui para a manifestação do conceito de humanidade.

Mente-corpo

A mente-corpo humana é o sistema de resposta natural do corpo para manter a homeostase (estabilidade interna), e se proteger de ameaças externas (equilíbrio externo), satisfazendo assim suas necessidades fisiológicas. Ela também vem em nosso auxílio para gerenciar funções corporais e lidar com situações de risco de vida. Ela regula o funcionamento do nosso corpo, e nos levará a agir com urgência quando a sobrevivência do nosso corpo é comprometida.

Quando a mente-corpo toma uma decisão, esta normalmente tem precedência sobre a satisfação das necessidades do ego e da alma. Você não pode resistir a satisfazer a necessidade do corpo por alimentos líquidos, defecar, urinar e respirar durante longos períodos de tempo, não importa o que esteja acontecendo em sua vida. Se fizer isso, você vai sentir muito desconforto e, eventualmente, isso irá comprometer a capacidade do seu corpo de sustentar a vida. A mente-corpo é treinada para proteger a sua vida. Quando as ameaças surgem, seu corpo vai imediatamente se preparar para uma resposta de luta ou fuga, colocando você em um estado de estresse.

Mente-ego

A mente-ego humana é o sistema de resposta natural da personalidade para proteger a sua imagem de si mesmo (estabilidade interna), e o corpo físico (veículo do ego) de ameaças externas (equilíbrio externo). Ao contrário da mente-corpo, que se concentra em luta ou fuga, a mente-ego encontrou uma forma alternativa de responder, conhecida como Síndrome Geral de Adaptação. Esta forma de responder pode deixá-lo em um estado permanente de ansiedade que provoca estresse (veja o Capítulo 9).

A mente-ego vem em sua ajuda para lidar com questões que dizem respeito às nossas deficiências e necessidades: suas necessidades de sobrevivência física, suas necessidades de segurança emocional e suas necessidades emocionais de autoestima. Não obtemos qualquer senso de satisfação duradoura, satisfazendo as nossas deficiência e necessidades, mas sentimos uma sensação de ansiedade, impulsionada por temores do ego, quando *acreditamos* que essas necessidades não estão sendo atendidas. Ficamos felizes quando atendemos às necessidades do nosso ego, mas a felicidade é muitas vezes transitória. Quando a mente-ego toma uma decisão, geralmente ela tem precedência sobre a alma.

Mente-alma

A mente-alma humana representa a verdadeira essência de quem você é, e de quem você poderia ser se seguisse a sua paixão e eliminasse os medos do ego de sua vida. A alma vem em seu socorro para lidar com questões que dizem respeito às suas necessidades de crescimento: viver autenticamente, usar seus talentos e dons para fazer a diferença e estar a serviço do mundo. Quando as necessidades de crescimento de sua alma são atendidas, elas não desaparecem; elas geram níveis cada vez mais profundos de motivação e comprometimento com o propósito da alma. Sentimos uma sensação de alegria quando somos capazes de atender às necessidades de nossa alma. Quando a exaltação de alegria se dissipa, ficamos com uma sensação de bem-estar. É este sentimento de alegria e bem-estar que nos motiva a querer mais.

O Processo de Tomada de Decisão

Existem quatro etapas envolvidas na tomada de decisões – coleta de dados, processamento de informações, construção de significado e de tomada de decisão, e três resultados possíveis – uma reação, uma resposta ou uma orientação que nos leva a um processo de reflexão. As quatro etapas e as três respostas são mostradas esquematicamente na Figura 6.1, juntamente com os seis modos de tomada de decisão.

104 O NOVO PARADIGMA DA LIDERANÇA

```
[Estágio 1:        [Estágio 2:         [Estágio 3:          [Estágio 4:
 Coleta de    →    Processa-      →    Construção de   →    Tomada de
 dados]            mento de            significado]         decisão]
                   informação]                                  ↓
```

```
[Reação:                    [Resposta:              [Reflexão:
 • Instinto                  • Crenças               • Intuição
 • Crenças                     conscientes           • Inspiração]
   subconscientes]           • Valores]
```

Figura 6.1 Os quatro estágios da tomada de decisão, as três respostas e os seis modos de tomada de decisão.

Estágio 1: Coleta de Dados

Nós coletamos dados de nosso ambiente externo através de nossos sentidos; nossos olhos, ouvidos, nariz, boca e pele (visão, audição, olfato, paladar e tato). As informações que recebemos vêm de nosso ambiente físico e chegam aos órgãos dos sentidos do nosso corpo físico como ondas eletromagnéticas de informação. Nossos olhos não enxergam as cores; sentem diferentes frequências de vibração de luz. Nossos ouvidos não ouvem sons; sentem diferentes frequências de vibração do som, etc. Estes múltiplos fluxos de dados sob a forma de *quanta* (plural de *quantum*, N.T.) de energia são enviados ao cérebro para processamento.

Estágio 2: Processamento de Informação

O cérebro reúne e sintetiza os dados dos cinco sentidos em padrões de informação que possam ser reconhecidos pela mente. O que vemos, ouvimos, cheiramos, saboreamos, ou tocamos não são os dados que vertem através dos nossos sentidos, nem os padrões de informação produzidos pelo cérebro, mas abstrações da mente a partir dessas informações. A mente dá forma aos padrões de informação.

Estágio 3: Construção de Significado

O padrão de informação produzido pelo cérebro é usado pela mente-corpo, pela mente-ego e pela mente-alma, para procurar uma memória (memória do ego, do corpo, ou da alma) que contenha um padrão similar. Quando um padrão semelhante é encontrado, um significado é atribuído à situação, e uma reação, resposta ou orientação que leva à reflexão é iniciada.

Se não houver memórias correspondentes, então a mente realiza uma busca "indireta" na mente do ego para encontrar um padrão que tenha características semelhantes ao que está ocorrendo no momento. Quando um padrão for encontrado, usamos a lógica (ligações com outros padrões que temos em nossa mente) para atribuir um significado à situação.

Uma vez que os órgãos dos sentidos estão diretamente ligados ao cérebro, que, em si, é parte do corpo, os pacotes de informação são primeiramente respondidos pela mente-corpo – a ação precede o pensamento; em seguida, pela mente-ego – a ação precede ou segue o pensamento; e então, em seguida, pela mente-alma – a ação segue o pensamento, como mostrado na Figura 6.2.

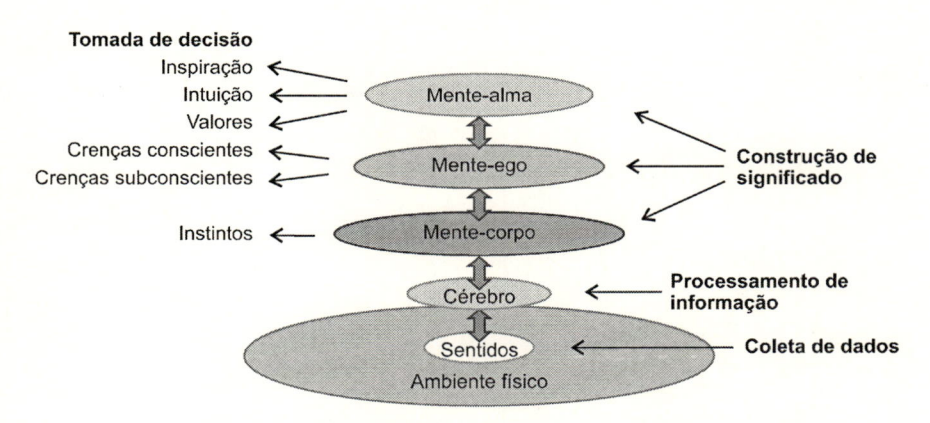

Figura 6.2 Progressão na construção de significado.

Estágio 4: Tomada de Decisão

Depois que a construção de significado tiver se realizado, a mente-corpo reagirá a uma situação com base nos instintos; a mente-ego reagirá ou responderá a uma situação com base em crenças subconscientes ou crenças conscientes, e a mente-alma refletirá sobre a orientação intuitiva ou inspiradora que está recebendo para, em seguida, afirmar ou reorientar a sua posição.

Assim, como seres humanos, temos três mentes tomando decisões sobre a satisfação de nossas necessidades; temos dois conjuntos de necessidades corporais (estabilidade interna e equilíbrio externo), sete níveis de necessidades do ego/alma (estabilidade interna das mentes do ego e da alma) e seis maneiras pelas quais tomamos decisões. Veja a Tabela 6.1.

Tabela 6.1. Modos de tomada de decisão e níveis de consciência

Níveis de Consciência		Mente-ego	Mente-alma
7	Serviço		Inspiração
6	Fazer a diferença		Intuição
5	Coesão interna		Valores
4	Transformação	Crenças conscientes	
3	Autoestima	Crenças subconscientes	
2	Relacionamentos		
1	Sobrevivência		
Mente-corpo[71]		Instintos	

Seis Modos de Tomada de Decisão

Os seis modos de tomada de decisão são descritos em detalhes nos parágrafos seguintes.

Tomada de Decisões Baseada em Instintos

A tomada de decisões baseada em instintos ocorre em nível atômico/celular, porque as ações que surgem são baseadas em respostas aprendidas pelo DNA, principalmente associadas a questões de sobrevivência. Por exemplo, os bebês sabem instintivamente como mamar, como chorar quando suas necessidades não estão sendo atendidas e como sorrir, para que possam obter a atenção que necessitam. Ninguém lhes ensinou como fazer isso. Isso está codificado em seu DNA.

Na vida adulta, a tomada de decisões baseada em instintos entra em ação para nos ajudar a sobreviver e evitar situações perigosas. Está também na raiz da resposta de luta ou fuga comum a todos os animais. Em certas situações, nossos instintos podem fazer com que coloquemos nossa vida em risco, a fim de salvar a vida de outrem. Os instintos são o principal modo de tomada de decisão encontrado em todas as criaturas.

As principais características da tomada de decisões baseada em instintos são:

- Ações sempre precedem o pensamento – não há pausa para reflexão entre a construção de significado de uma situação e a tomada de decisão.
- As decisões que são tomadas são sempre baseadas em experiências passadas – aquilo que a *história da nossa espécie* nos ensinou sobre como sobreviver e manter a segurança. Estas instruções estão codificadas na memória celular de nosso DNA.
- Nós não estamos conscientemente no controle de nossas palavras, ações e comportamentos. Eles é que estão no controle.

A tomada de decisões baseada em instintos é uma faculdade da mente-corpo. A mente-corpo é onde nós mantemos as memórias "institucionalizadas" de DNA que mantêm o nosso corpo físico sadio e seguro.

Tomada de Decisão Baseada em Crenças Subconscientes

Na *tomada de decisão baseada em crenças subconscientes* também reagimos ao que está acontecendo em nosso mundo sem reflexão, mas com base em lembranças pessoais, em vez das memórias institucionalizadas do nosso DNA celular. Neste modo de tomada de decisão a ação também precede o pensamento. A ação é muitas vezes acompanhada pela liberação de uma descarga emocional.

Você sabe que as crenças subconscientes baseadas no medo estão dominando a sua tomada de decisões se você se sente impaciente, frustrado, chateado ou com raiva. Sempre que você experimentar tais sentimentos, você está lidando com algumas necessidades não satisfeitas do ego que nunca foram resolvidas. Suas reações e emoções estão sendo desencadeadas por uma situação de momento presente que está fazendo você se lembrar de uma memória sobre uma situação não resolvida do passado, na qual você não conseguiu ter suas necessidades atendidas.

Quando você experimenta emoções com carga positiva, como alegria e felicidade, você está se lembrando de momentos do seu passado que o apoiaram no atendimento das suas necessidades. Por exemplo, uma imagem de alguém que você não vê há muito tempo, ou o som de sua voz, pode desencadear lágrimas de alegria e felicidade. Suas reações e emoções estão sendo desencadeadas por uma situação de momento presente que está fazendo você lembrar de uma memória positiva do passado.

As principais características da tomada de decisão baseada em crenças subconscientes são:

- Ações sempre precedem o pensamento – não existe intervalo para a reflexão entre a construção do significado a partir da situação e a tomada de decisões que precipita uma ação.
- As decisões que são tomadas são sempre baseadas em experiências passadas – naquilo que sua história pessoal lhe ensinou sobre a manutenção da estabilidade interna e do equilíbrio externo no âmbito da existência de sua infância. Estas histórias são armazenadas na nossa memória pessoal.
- Não estamos no controle de nossas ações e comportamentos. Neste modo de tomada de decisão, a única maneira de voltarmos a ter o controle consciente de nossas ações é liberar ou reprimir nossas emoções. Liberá-las nos ajuda a voltar para a racionalidade. Reprimi-las acumula pressão.
- É muito pessoal. Ninguém é consultado para nos ajudar a aprimorar a construção de significado ou para dar apoio em nossa tomada de decisão.

A tomada de decisão baseada em crenças subconscientes ocorre nos três primeiros níveis de consciência pessoal e sempre diz respeito à tentativa de atender às necessidades percebidas do nosso ego.

Tomada de Decisão Baseada em Crenças Conscientes

Se quisermos tomar decisões racionais, temos de deixar para trás a tomada de decisão baseada em crenças subconscientes e mudar para a tomada de decisão baseada em crenças conscientes. Temos que fazer uma pausa entre o evento e a nossa resposta a ele. Esta pausa nos dá tempo para a reflexão, para que possamos usar a lógica para entender o que está acontecendo, fazendo uma escolha sobre como iremos responder. Ao fazer uma pausa, nós também temos tempo para discutir a situação com os outros e obter aconselhamento sobre a melhor maneira de satisfazer as nossas necessidades.

As principais características da tomada de decisão baseada em crenças conscientes são:

- O pensamento precede a ação – fazemos uma pausa entre um evento e nossa resposta a ele para que possamos usar a lógica e obter conselhos, a fim de determinar a melhor maneira de satisfazer as nossas necessidades.
- As decisões tomadas são baseadas em experiências passadas e no que a sua história pessoal lhe ensinou sobre a manutenção da estabilidade interna e do equilíbrio externo em sua infância e idade adulta. Tomamos decisões com base naquilo que acreditamos conhecer.
- Nós estamos no controle de nossas ações e comportamentos.
- Nós podemos consultar outras pessoas para apoiar e aprimorar nossa tomada de decisão.

A tomada de decisão baseada em crenças conscientes tem uma coisa em comum com a tomada de decisão baseada em crenças subconscientes: ela usa as informações do passado (crenças sobre o que pensamos que sabemos) para tomar decisões sobre o futuro. Devido a isso, o futuro que criamos é normalmente apenas uma melhoria incremental do passado.

Tomada de Decisão Baseada em Valores

A mudança da tomada de decisão baseada em crenças conscientes para a tomada de decisão baseada em valores não é fácil. Precisamos nos individualizar (estabelecermo-nos no nível de consciência da transformação), e desenvolver uma mente autorrealizada, antes de podermos dar esse salto: precisamos nos tornar viáveis e independentes em nossa estrutura de existência, antes que a tomada de decisão baseada em valores esteja total e naturalmente disponível para nós.

A razão pela qual a mudança da tomada de decisão baseada em crenças para a tomada de decisões baseada em valores exige individuação é porque antes da individuação nós construímos significado em nosso mundo por meio de nossas crenças – e a maioria dessas crenças tem a ver com a nossa formação pessoal e cultural. O processo de individuação envolve a análise destas crenças e o abandono daquelas que não nos servem. Quando abandonamos essas crenças, desenvolvemos um novo sistema de orientação, baseado em nossos valores profundamente arraigados. Os valores são o sistema de orientação universal da alma. Quando você muda para a tomada de decisão baseada em valores, você pode efetivamente jogar fora seus livros de regra. Toda decisão que você faz passa a ser originada por aquilo que é profundamente significativo para você.

A tomada de decisão baseada em valores nos permite criar um futuro que ressoa profundamente com quem realmente somos. Ela cria as condições que permitem que a autenticidade e a integridade floresçam. Isso não quer dizer que não há lugar para a tomada de decisões baseada em crenças apoiada na lógica ou no pensamento racional. Existe. Porém, todas as decisões críticas que precisamos tomar devem passar no teste dos valores.

As principais características da tomada de decisão baseada em valores são:

- O pensamento precede a ação – nós refletimos sobre os valores que acreditamos que nos permitirão atender as nossas necessidades e tomar decisões de forma adequada.
- As decisões que são tomadas não são baseadas em experiências passadas. Elas são baseadas no futuro que queremos criar.
- Nós estamos no controle de nossas ações e comportamentos.
- Nós podemos consultar outras pessoas para apoiar e aprimorar a nossa tomada de decisão.

Tomamos decisões baseadas em valores para que possamos conscientemente criar o futuro que queremos experimentar. Por exemplo, se valorizamos a confiança, então devemos tomar decisões que nos permitam demonstrar confiança. Se valorizamos a responsabilização, tomamos decisões que nos permitem prestar conta dos nossos atos.

Tomada de Decisão Baseada na Intuição

A mudança da tomada de decisão baseada em valores para a tomada de decisão baseada na intuição se desenvolve ao longo do tempo, uma vez que o centro de gravidade da sua consciência muda do seu ego para a sua alma. A intuição surge a partir do aprofundamento de sua conexão com a sua alma. Este é um dos atributos de uma mente autotransformadora. Chegamos a este nível de consciência depois de ter conquistado a coesão interna, e depois de nos tornarmos indivíduos autorrealizados. A intuição nos permite acessar a nossa própria inteligência mais profunda, e a inteligência coletiva de um grupo mais amplo.

As principais características da tomada de decisão baseada na intuição são as seguintes:

- A consciência é expandida por meio de uma mudança em nosso sentido de identidade/consciência.
- O julgamento é suspenso: não há construção de significado, seja consciente ou inconscientemente.
- A mente está vazia: pensamentos, crenças e objetivos são suspensos.
- A mente fica livre para fazer um mergulho profundo no espaço mental do inconsciente coletivo, e emerge com um sentido profundo de saber.
- Os pensamentos que surgem refletem a sabedoria e estão em alinhamento com seus valores mais arraigados.

Na tomada de decisão baseada na intuição não há qualquer tentativa consciente ou inconsciente de construção de significado e não há foco no passado ou no futuro. Você aceita *o que é*, sem julgamento. A decisão intuitiva surge de sua presença no momento atual. As crenças levam a decisões baseadas em experiências passadas. Os valores nos levam a decisões com base nos sentimentos positivos que queremos experimentar agora e no futuro. Quando estamos totalmente presentes em uma situação, sem julgamento, criamos as condições que permitem que nossas mentes explorem o espaço mental coletivo, e nossa intuição nos informa do que quer ou precisa emergir. Esta é a base da Teoria-U usada para a tomada coletiva de decisão, descrita por Senge, Scharmer, Jaworski e Flowers em "Presença – Propósito Humano e o Campo do Futuro".[72]

Tomada de Decisão Baseada na Inspiração

A inspiração é a nossa forma de receber dicas em nossa mente a partir de nossa alma. A inspiração é sempre muito pessoal e direcionada. Ela diz respeito ao que você precisa fazer. É um pensamento persistente que não vai embora ou é o próximo passo que você tem que dar em uma atividade centrada na alma. Ela vai continuar dando dicas de ação até que você resolva agir. A finalidade da inspiração é apoiar você no cumprimento de seu propósito de alma.

Inspiração é diferente de intuição. A intuição é não-diretiva. A intuição é uma ideia ou uma visão que aparentemente surge do nada, em qualquer momento específico, que fornece uma solução para um problema. A intuição pode ser mais bem descrita como um momento "eureca", enquanto que a inspiração é mais bem descrita como a orientação para permanecer em um estado de "fluidez".

Quando você continua a receber um pensamento persistente vindo da alma a respeito de uma ação ou direção que você precisa tomar, e você não segue esta orientação, haverá, eventualmente, consequências emocionais, geralmente sob a forma de melancolia ou depressão.

A depressão surge de uma falta de alinhamento entre as motivações do seu ego e as motivações de sua alma. Quando as necessidades do ego têm precedência sobre as necessidades da alma por um longo período de tempo, você começa a sentir os sintomas da melancolia e, em seguida, da depressão.

As principais características da tomada de decisões baseada na inspiração são as seguintes:

- O pensamento surge do nada.
- O pensamento é persistente.
- O pensamento está ligado a ações que você precisa realizar.
- Há consequências por não seguir a sua inspiração.

Você deve se lembrar de que no prefácio deste livro falei sobre o meu "chamamento" para escrever uma obra sobre liderança. Isso foi a inspiração em ação. Quando comecei a escrever o livro, muitas vezes me encontrei em estado de fluidez. Ideias e *insights* inundavam minha mente. Sempre que eu ficava travado na escrita, eu pedia à minha alma uma orientação. Eu dizia para ela: "Preciso de ajuda". Se eu me sentia realmente travado, eu dizia em uma voz interior de exigência: "Ei, alma, levanta daí e venha me ajudar". Todas as vezes, num espaço de 24 horas, outro *insight* perfeito estalava em minha mente e eu voltava à fluidez. Eu sinto que este livro praticamente se escreveu sozinho. Eu apenas permiti que minha vida se misturasse com o meu trabalho e permaneci sempre aberto para a inspiração. Lembro-me de períodos de tempo em que eu não conseguia parar o fluxo. Palavras continuavam chegando, sem pensamento ou necessidade de edição.

Conclusões

Esses seis modos de tomada de decisão humana ou, mais precisamente, maneiras de construir significado e de chegar a uma decisão, são todos sistemas evolutivos de apoio que evoluíram para proteger a integridade do corpo, do ego e da alma. Cada modo de tomada de decisão é naturalmente adaptado para permitir que lidemos com níveis crescentes de complexidade do mundo que nos rodeia e melhoremos nossa capacidade de responder. À medida que nos movemos através destas seis fases de tomada de decisão e desses sete níveis de consciência, nosso modo de operação muda de uma mente socializada (criança para adulto), para uma mente autorrealizada (adulto para adulto), até uma mente autotransformadora (adulto inspirado pela alma para ancião).

Quando somos *bebês*, contamos com os instintos de nossa mente-corpo para nos ajudar a sobreviver – uma vida simples com os pais (Nível 1 de consciência).

Quando somos *crianças*, contamos com as crenças subconscientes de nossa mente socializada para nos ajudar a permanecer seguros, aprendendo a nos *adequarmos* – uma vida relativamente simples, com pais, irmãos e parentes (Nível 2 de consciência).

Quando somos *crianças mais velhas*, contamos com as crenças subconscientes e conscientes da nossa mente socializada para navegar no mundo em que vivemos, e nos diferenciarmos dos outros – uma vida mais complexa, com pais, irmãos, parentes e colegas não-familiares (Nível 3 de consciência).

Quando somos *adultos*, contamos com as crenças e valores conscientes de nossa mente autorrealizada para nos *individualizarmos,* e começamos a atuar como nosso eu autêntico – uma vida significativamente mais complexa, com membros da família, colegas não-familiares e chefes (Nível 4 de consciência).

Quando somos *adultos maduros,* contamos com os valores e crenças de nossa mente consciente autorrealizada para se autorrealizar e tornar-se completamente quem realmente somos – uma vida muito complexa, com nossa própria família, pais, irmãos, parentes, colegas não-familiares, chefes e subordinados (Nível 5 de consciência).

Quando somos *adultos inspirados pela alma,* contamos com os valores e a intuição de nossa mente autotransformadora para se *integrar* com outros que compartilham os mesmos valores e uma visão comum – uma vida ainda mais complexa com a nossa própria família, pais, irmãos e parentes, colegas não-familiares, chefes, subordinados e grupos parceiros (Nível 6 de consciência).

Finalmente, quando somos *anciões,* contamos com a intuição e a inspiração de nossa mente autotransformadora para servir à humanidade – esta é a vida mais complexa possível, com a nossa própria família, pais, irmãos, parentes, colegas não-familiares, chefes, subordinados, grupos parceiros, a humanidade e o planeta, bem como as futuras gerações (Nível 7 de consciência).

Os instintos nos apoiam desde o momento em que nascemos. Contamos com eles para navegar dos dois primeiros anos de vida até que aprendemos a falar.

As crenças subconscientes nos ajudam a permanecer seguros e a sobreviver durante a infância, depois que desenvolvemos a habilidade de falar e até desenvolvermos as habilidades cognitivas completas de nossas mentes. A seguir, as crenças conscientes tomam posse como nosso principal modo de tomada de decisão.

Quando começamos a nos individualizar, precisamos de um novo sistema de orientação para a tomada de decisões que não se baseie em crenças condicionadas pelos pais e pela cultura, que aprendemos durante nossos anos de formação. É aí que os valores da alma entram em jogo. Os valores são o sistema de sobrevivência da alma. A alma usa valores para proteger sua integridade.

> A inspiração é o modo de tomada de decisão que nos capacita a cumprir o nosso destino.

À medida que crescemos e nos desenvolvemos em termos de consciência da alma, primeiro aprendemos a usar os valores para apoiar a nossa tomada de decisão, depois aprendemos a apelar para nossa intuição, e, finalmente, aprendemos a seguir a nossa inspiração. A inspiração é o modo de tomada de decisão que nos capacita a cumprir o nosso destino. A personalidade inspirada pela alma opera a partir de valores, utiliza a intuição, e é guiada pela inspiração.

Há momentos em que recebemos mensagens de nossas almas, mesmo que não tenhamos avançado muito em nossa individuação. Estas mensagens são chamamentos ou ideias que se relacionam com o nosso futuro. Nós podemos ignorá-los, por nossa própria conta e risco. Uma personalidade que não ouve os chamamentos de sua alma não vai levar uma vida satisfatória. Uma personalidade que ouvir de verdade os chamamentos da sua alma e os põe em prática encontra satisfação além de qualquer medida.

NOTAS

71 Nesta tabela separei especificamente as necessidades fisiológicas do corpo do modelo dos sete níveis de consciência. Na derivação original do modelo, incluí essas necessidades no nível de consciência da sobrevivência (ver Anexo 1).

72 Peter Senge; C. Otto Scharmer; Joseph Jaworski e Betty Sue Flowers. *Presença: Propósito Humano e o Campo do Futuro*. Cultrix, 2007.

7

Consciência de Liderança

Com base na análise anterior, proponho um modelo genérico de liderança baseado no modelo dos sete níveis de consciência.

Nos meus livros anteriores, o modelo de liderança que apresentei era especificamente focado em liderança organizacional em um ambiente corporativo. Neste capítulo, vou descrever as características positivas de comportamento que os líderes demonstram em cada um dos sete níveis de consciência, independente do contexto de liderança. Assim, o modelo será aplicável para aqueles que desempenham um papel de liderança no setor privado, no setor público e na sociedade civil.

O modelo de liderança que estou propondo é de natureza desenvolvimentista. Há uma progressão natural entre os estágios que ocorre por uma mudança para um sentido cada vez mais inclusivo de identidade acompanhado por uma crescente capacidade para lidar com a complexidade.

A maioria das teorias do desenvolvimento humano é dividida em três etapas. A partir da perspectiva individual, essas etapas podem ser descritas como dependência, independência e interdependência e, de uma perspectiva cultural, podem ser descritas como tradicionais, modernas e pós-modernas. Temos também a perspectiva de desenvolvimento, discutida no Capítulo 5, caracterizada pela mente socializada, autorrealizada e autotransformadora. Todas essas categorizações são simplesmente diferentes pontos de vista do mesmo fenômeno – o desenvolvimento da consciência humana. Do ponto de vista puramente evolutivo, poderíamos descrever os três estágios de desenvolvimento como: tornar-se viável e independente, ligar-se para formar estruturas de grupo, e cooperar para formar uma entidade de ordem superior.

De uma perspectiva de desenvolvimento de liderança, as três fases correspondem aproximadamente à maestria pessoal, à coesão interna e à coesão externa. A Tabela 7.1 mostra como estas diferentes perspectivas se relacionam entre si e com o modelo dos sete níveis de consciência.

Tabela 7.1 Relação de diferentes perspectivas com o modelo dos sete níveis de consciência.

Interdependência	Pós-moderna	Mente Autotransformadora	Coesão Externa	7	Serviço
				6	Fazer a Diferença
Independência	Moderna	Mente Autorrealizada	Coesão Interna	5	Coesão Interna
				4	Transformação
Dependência	Tradicional	Mente Socializada	Maestria Pessoal	3	Autoestima
				2	Relacionamentos
				1	Sobrevivência

Em um nível mais granular, há também uma correlação estreita entre as várias teorias de desenvolvimento e o modelo dos sete níveis de consciência. Por exemplo, os estágios de desenvolvimento moral de Kohlberg e os estágios do desenvolvimento do ego de Loevinger podem ser claramente reconhecidos na estrutura do modelo dos sete níveis de consciência, assim como o modelo da Espiral Dinâmica, que discuti em detalhes em meu último livro "Criando uma Organização Dirigida por Valores".[73]

A perspectiva desenvolvimentista que expus neste livro é única, na medida em que coloca o desenvolvimento humano e a liderança numa perspectiva motivacional e transpessoal, definida por sete estratégias evolutivas para satisfazer às necessidades do nosso ego, corpo e alma – sobrevivência, conformidade, diferenciação, individuação, autorrealização, integração e serviço.

Como demonstrei no capítulo anterior, estas estratégias que se alinham com o modelo dos sete níveis de consciência são acompanhadas por diferentes modalidades evolutivas para a tomada de decisão – instintos, crenças subconscientes, crenças conscientes, valores, intuição e inspiração.

Deixe-me ser claro. Não estou sugerindo uma correspondência exata de um para um entre as diferentes perspectivas dos três estágios do desenvolvimento humano, nem estou sugerindo o mesmo para os modelos mais granulares de desenvolvimento. O que estou sugerindo é que existe correspondência suficiente entre as diferentes perspectivas dos três estágios do desenvolvimento humano e os modelos mais granulares de desenvolvimento, para que reconheçamos que todos eles são simplesmente maneiras diferentes de ver o mesmo fenômeno – o desenvolvimento da consciência humana ao longo de uma vida e a evolução da consciência humana ao longo de múltiplas gerações.

Além disso, não estou sugerindo que o modelo dos sete níveis de consciência é superior ou melhor do que outros modelos: ele simplesmente tem uma perspectiva diferente – motivacional de um lado, e transpessoal de outro.

O que é diferente e útil sobre o modelo dos sete níveis de consciência é que ele pode ser usado como um instrumento de medição para o mapeamento individual e coletivo dos valores humanos (motivações).

Exemplos do uso do modelo para o mapeamento de valores de liderança, de valores pessoais, de valores de equipe, de valores organizacionais, da comunidade e dos valores nacionais podem ser encontrados nas seções seguintes deste livro. Os instrumentos de medição para cada uma dessas aplicações são conhecidos coletivamente como Ferramentas de Transformação Cultural.

Sete Estágios da Liderança

Os sete estágios da liderança, vistos de uma perspectiva comportamental genérica, são descritos nos parágrafos seguintes. Cada estágio é uma maneira de ser que corresponde a um nível diferente de consciência. O modo de ser em cada estágio é generalizado em tudo o que o líder faz.

A mudança de um estágio de liderança para o próximo segue as motivações que, por serem endêmicas para as fases de nossas vidas, podem levar uma vida inteira para se completar. Menos de dez por cento dos líderes progridem além do Estágio 4, e dez por cento nunca passaram do Estágio 2. Cerca de 45% funcionam como Gerentes Especialistas, e 35% como Realizadores dirigidos aos resultados. Menos de um por cento atinge o nível de Visionários Holísticos.[74]

Estágio 1: O Sobrevivente

O sobrevivente não é um líder na verdadeira acepção da palavra, porque, em última análise, o sobrevivente é motivado pelo puro interesse próprio.

O sobrevivente acha difícil confiar nas outras pessoas, por isso ele ou ela irão controlar e verificar tudo. Consequentemente, os sobreviventes preferem trabalhar por conta própria ou em grupos muito pequenos, com pessoas que eles podem manipular ou dar ordens Eles costumam gerenciar as pessoas que se reportam a eles através do medo. Eles exigem lealdade e podem se vingar de quem tentar traí-los. Eles não estão nem um pouco interessados em feedback.

Estágio 2: O Paternalista

O paternalista também não é um verdadeiro líder, porque ele acha difícil confiar nas pessoas que não são parentes de sangue. O paternalista espera lealdade e também espera que as pessoas aceitem e adotem passivamente as suas ideias. Ele não quer que as pessoas tomem iniciativas sem a sua aprovação. Geralmente inclui os fundadores ou líderes de primeira geração de empresas de gestão familiar. Os paternalistas não estão tão focados em seus próprios interesses quanto no interesse da família como um todo. A menos que seja oferecido discretamente, eles relutam em receber feedback, porque veem isso como um desafio à sua autoridade.

Estágio 3: O Gerente Especialista

Este gerente/especialista impõe respeito através de seus conhecimentos e experiência. Normalmente foram alçados a uma posição gerencial por causa do seu alto nível de especialização ou experiência. Eles preferem trabalhar com pessoas que seguem instruções sem questionar muito. São movidos pela lógica; prosperam por meio das métricas e da resolução de problemas e se orgulham de aprimorar a eficiência, produtividade, qualidade e excelência. Eles consideram importante que o seu pessoal se concentre no seu crescimento profissional. Geralmente, eles não têm habilidades de comunicação interpessoal bem desenvolvidas e, portanto, preferem evitar dar ou receber feedback. Eles preferem ser supervisores a ser gerentes.

Estágio 4: O Realizador Orientado para os Resultados

Os realizadores orientados para os resultados possuem uma orientação estratégica e são focados em obter resultados. Eles entendem que, para alcançar seus objetivos, precisam ser capazes de capacitar e motivar os membros da equipe, dando-lhes desafios que os ajudem a crescer e desenvolver suas habilidades. Eles querem ser responsáveis e responsabilizados por suas iniciativas, e defenderão energicamente os seus pontos de vista. Eles orquestram reuniões para levar as pessoas a comprarem suas ideias. Entendem a importância das competências interpessoais e, portanto, estão dispostos a apoiar e treinar sua equipe em seu crescimento pessoal. Eles estão mais abertos a dar e receber feedback do que os estágios anteriores de liderança, pois sabem que isso irá ajudá-los a alcançar os objetivos desejados.

Estágio 5: Autorrealizador Orientado pelo Propósito

Os autorrealizadores orientados pelo propósito são impulsionados por uma causa ou uma visão que difundem com paixão, ganhando assim seguidores que de bom grado se tornam adeptos da causa. Eles estão dispostos a questionar suas suposições subjacentes, buscam ativamente e incluem diversos pontos de vista. Não têm medo de enfrentar as questões difíceis, e praticam uma comunicação aberta e direta que nutre a transparência e aumenta a confiança. São mais hábeis em exercer a sua inteligência emocional do que os estágios anteriores e podem facilmente alternar entre as atitudes assertiva ou complacente. Reconhecem o importante papel que a cultura desempenha para ajudá-los a atingir seus objetivos. Eles são proativos na busca e aplicação de feedback, e acreditam que é importante que os outros membros de sua equipe façam o mesmo.

Estágio 6: O Líder Servidor Cocriativo

O líder servidor cocriativo colabora com os outros para desenvolver resultados sinérgicos mutuamente benéficos que são mais significativos do que aqueles que ele poderia ter conseguido por conta própria. Eles reconhecem que a sua capacidade de realização é uma função da qualidade e motivação da sua equipe. Consequentemente, tornam-se servidores de quem os serve, oferecendo coaching e orientação para permitir que outros encontrem satisfação e tornem-se tudo o que podem vir a ser. Eles desenvolvem relações de empatia com outros líderes e stakeholders para promover o que é melhor para o bem comum. Eles reconhecem que as organizações ou instituições que lideram são parte integrante da sociedade e, portanto, consideram o impacto das decisões que tomam sobre as comunidades locais onde atuam e sobre o ambiente ao seu redor.

Estágio 7: O Visionário Holístico

O visionário holístico vê o mundo como uma teia de inter-relações cheia de potencialidades para manifestar a visão que representa o seu propósito de vida. Eles vivem em um estado de consciência centrada no presente, que lhes permite manter a calma em meio à incerteza. Consideram o cenário global – todo o sistema – e todas as consequências a longo prazo de tudo o que fazem. Eles dão igual consideração a todos os stakeholders, adotando os mais altos padrões éticos e práticas socialmente responsáveis que apoiem a evolução sustentável da humanidade. Eles são procurados por sua sabedoria e compaixão e trazem um senso de humildade a tudo o que fazem. Possuem a capacidade de sentir as energias subjacentes em uma situação, alinhar-se com elas, e se movem com o fluxo. Não são egoístas: eles preferem ficar em segundo plano e apoiar e promover os outros no trabalho que realizam.

Nestes poucos parágrafos, tentei pintar um quadro de comportamento dos diferentes estágios que os líderes atravessam à medida que evoluem e crescem em consciência. No capítulo seguinte, vamos explorar em detalhes as motivações internas que fazem com que se comportem dessa maneira.

NOTAS

73 Richard Barrett. *Criando uma Organização Dirigida por Valores: Uma Abordagem Sistêmica para a Transformação Cultural*. AntaKarana e Prolibera, 2010.

74 Bill Joiner e Stephen Josephs. *Agilidade na Liderança: Cinco Níveis de Mestria para Antecipar e Iniciar Mudanças*. Rocco, 2009.

PARTE 2

Liderando a Si Mesmo

Capítulo 8	Consciência Pessoal
Capítulo 9	Maestria Pessoal
Capítulo 10	Coesão Interna
Capítulo 11	Coesão Externa
Capítulo 12	Práticas Gerais

8

Consciência Pessoal

O propósito da autoliderança no programa evolutivo de desenvolvimento do líder é ajudar você a encontrar a realização pessoal, descobrindo e explorando o seu eu autêntico, cumprindo assim o seu potencial e tornando-se tudo que você pode vir a ser.

Isso requer que você compreenda bem quem você é, como você opera, o que é importante para você, e o mais importante: o que você precisa fazer para encontrar satisfação em sua vida. O programa de autoliderança também desenvolve sua capacidade de gerir a sua estabilidade interna e o seu equilíbrio externo, a tomada de decisões e as escolhas que irão ajudá-lo a satisfazer as suas necessidades, as necessidades do seu ego (deficiências), as necessidades de sua alma (necessidades de crescimento) e as necessidades do seu corpo (necessidades fisiológicas). Encontramos a realização pessoal quando somos capazes de atender a todas essas necessidades.

O iceberg fornece uma metáfora útil para a compreensão de como você opera no mundo. A parte do iceberg que está acima da superfície da água é o que é visível para o mundo – o que você fala e o que você faz. Estes são os seus planos, objetivos, metas, estratégias, missão, visão e comportamentos – as manifestações exteriores de sua vida interior. Abaixo da superfície da água está o que não é visível para o mundo – o que você sente e pensa, e tudo o que motiva os seus planos, objetivos, metas, estratégias, missão, visão e comportamentos. Há cinco camadas abaixo da linha d'água: a camada superior representa seus pensamentos, sentimentos e emoções – tudo o que atua como impulsionador imediato de seu comportamento, palavras e ações. No próximo nível, estão os seus valores, crenças e motivações – tudo o que impulsiona seus pensamentos, sentimentos e emoções. Abaixo desse nível, encontram-se as necessidades do seu ego, e, abaixo delas, encontram-se as necessidades de sua alma. Aquém das necessidades da sua alma estão as necessidades básicas do seu corpo, tudo o que você precisa para sustentar sua existência física (ver Figura 8.1).

Eu coloquei as necessidades do corpo na base do iceberg porque se essas necessidades não forem satisfeitas, você não será capaz de permanecer vivo por muito tempo. Eu coloquei as necessidades da alma um pouco acima das do corpo porque se essas necessidades não forem satisfeitas, você não será capaz de encontrar satisfação em sua vida.

A camada do ego é colocada acima das camadas do corpo e da alma, pois tem prioridade na obtenção de atendimento às suas necessidades. O ego interpreta o que está acontecendo no mundo por meio do filtro de suas crenças, e reage ou responde de acordo com a tentativa de atender às suas necessidades. O ego pode se sobrepor a quase todas as necessidades de sua alma, e a uma grande parte das necessidades de seu corpo, se as necessidades do ego não estiverem em alinhamento com as necessidades da alma e do corpo. A falta de alinhamento do ego com a alma e o corpo é a raiz de todos

Figura 8.1 O iceberg.

os seus sofrimentos físicos e mentais. É por isso que a maestria pessoal é tão importante para a sua saúde física, emocional, mental e espiritual.

Só quando os filtros das crenças baseadas no medo são eliminados do ego – quando as motivações do ego estão em alinhamento com as motivações da alma – é que a alma se liberta para interagir livremente com o mundo. E somente quando as motivações da alma estiverem em alinhamento com as motivações do corpo, é que o corpo pode se tornar um veículo saudável de longa duração para a alma.

Estabilidade Interna

Você tem estabilidade interna no nível ego quando é capaz de gerir as situações que ocorrem em sua vida com desconforto energético (emocional) *mínimo,* isto é, sem ansiedade, impaciência, raiva, frustração ou depressão. A ênfase aqui deve ser dada ao termo "mínimo".

Todos, incluindo os sábios mais evoluídos, experimentam contrariedades de tempos em tempos. São a natureza e a frequência destes distúrbios, e como você lida com eles, que determinam o seu nível de estabilidade interna. Se você é internamente estável, é capaz de entender por que está chateado, e sabe o que precisa fazer para retornar a um estado de equanimidade em um curto período de tempo. Isto é o que quero dizer com desconforto energético "mínimo". A capacidade de lidar com situações potencialmente perturbadoras em seu próprio ritmo, de modo a causarem o mínimo de interrupção para si mesmo e para os outros, é uma medida de sua capacidade de adaptação pessoal.

Você experimenta as contrariedades (sob a forma de impaciência e frustração) quando não pode obter o que deseja, na hora que deseja. Você sente raiva quando tais situações persistem ou quando uma experiência atual o lembra de uma experiência do passado, geralmente de sua infância, quando você não foi capaz de obter a satisfação de suas deficiências ou necessidades – uma experiência em que você se sentiu vulnerável e com medo de expressar suas emoções. As emoções que você reprimiu, e a dor que você sentiu ao não ter suas necessidades atendidas ficaram guardadas na memória subconsciente de sua mente-ego. Sempre que você experimenta uma situação no presente que lembra uma situação parecida do passado, suas emoções são disparadas, e velhas feridas são abertas mais uma vez. Sua reação é uma indicação da falta de alinhamento entre o seu ego e a sua alma, devido à presença de medos conscientes ou subconscientes.

O que é importante que você entenda é que, a menos que aprenda a expressar suas necessidades, sem medo, numa forma que evite o confronto – não como exigências, e sem serem acompanhadas por explosões emocionais vocais ou escritas, jamais será capaz de alcançar a maestria pessoal, e jamais será capaz de filtrar esses "demônios" baseados no medo de seu passado.

Se você tem confiança em sua capacidade de satisfazer as necessidades do seu ego (deficiências) ou se você considera que não tem necessidades (as necessidades que você tem são de alguma forma satisfeitas antes mesmo de você saber que as tem) ou se você está sempre grato pelo que tem e possui uma visão otimista sobre o futuro, você sentirá um poderoso senso de estabilidade interna. Esta é a marca de um indivíduo autorrealizado. Este estado de considerar que não tem necessidades é uma fase avançada na evolução da consciência pessoal, que geralmente surge quando você leva uma existência inspirada pela alma.

Alinhamento Ego-alma

Quando as necessidades de seu ego estiverem em alinhamento com as necessidades de sua alma, você terá estabilidade interna e, quando as necessidades do corpo estiverem em alinhamento com o seu ambiente físico, você terá equilíbrio externo. Quando atingir este nível de alinhamento, você estará em "fluxo", operando em seu máximo desempenho.

Sempre que você fica chateado, sabe imediatamente que as crenças de seu ego estão desalinhadas com os valores de sua alma. Quando o seu ego e a sua alma estiverem desalinhados você sentirá ansiedade, frustração, raiva ou depressão, e quando seu corpo e seu ambiente físico não estiverem em equilíbrio, você sentirá desconforto físico, doença ou dor.

> Sempre que você fica chateado, sabe imediatamente que as crenças de seu ego estão desalinhadas com os valores de sua alma.

Seus transtornos emocionais e seus desconfortos físicos são seus sistemas de feedback pessoal que indicam quando você está fora de alinhamento ou não está operando em todo o seu potencial. Eles são os sintomas de seu mal evolutivo. Eles estão dizendo que você tem problemas a resolver que estão impedindo você de atingir seu máximo desempenho. O componente de autoliderança do programa de desenvolvimento de liderança evolutiva ensina como reconhecer, compreender e lidar com estas questões.

A maioria das experiências de melancolia ou depressão é causada por problemas de alinhamento. Sempre que você entrar em um estado de melancolia ou depressão, é porque os medos associados a não ser capaz de satisfazer as necessidades de seu ego (deficiências) estão no caminho de suas necessidades de alma (as necessidades de crescimento).

Há duas maneiras pelas quais a melancolia ou a depressões são normalmente causadas. Primeiro, e mais frequentemente, quando você está vivendo fora da integridade com os valores profundamente arraigados de sua alma – valores como honestidade, transparência, confiança em si mesmo e nos outros, respeito por si mesmo e pelos outros, e compromisso com o propósito de sua alma.

A segunda maneira pela qual a melancolia e as depressões surgem é porque sua vida está tomando uma direção que é contrária à direção que a sua alma quer que ela siga. A necessidade da alma é expressar plenamente o seu propósito para que você se torne tudo o que você pode vir a ser. Quando essa necessidade é continuamente frustrada pelos medos do ego, você vai se ver entrando em depressão.

Quando você experimenta melancolia ou depressão, nem sempre é imediatamente óbvio saber o que a alma quer que você faça, e quais necessidades (medos) do ego estão no caminho. Se você seguir sua intuição e ouvir a sua inspiração, você vai entender o que tem que fazer. No fundo, todos nós sabemos sempre o que precisamos fazer, estamos apenas com medo de dizer e fazer o que é necessário. Em situações como essa, vale a pena ter alguém para quem você pode ligar em busca de apoio, que esteja preparado para fazer as perguntas difíceis que você está relutando em fazer a si mesmo.

Em momentos como estes, o que você precisa priorizar é aquilo que deseja emergir em sua vida (aquilo para o qual você tem energia), e abandonar o que está bloqueando a sua vida (aquilo para o qual você já não tem mais energia). Quando você se concentrar e dedicar tempo às energias que você está sentindo, você terá uma compreensão mais clara da direção que precisa seguir.

Equilíbrio Externo

O equilíbrio externo se refere à sua habilidade e à capacidade do seu corpo para sobreviver e prosperar em seu ambiente físico. Você experimenta uma falta de equilíbrio externo, quando:

- Não é capaz de atender às suas necessidades de sobrevivência fisiológica – água limpa, comida, calor, abrigo, segurança etc.
- O seu corpo não é capaz de lidar com os desafios das mudanças do seu ambiente externo – muito quente, muito frio, muito úmido, muito seco etc.

Você sabe que está deixando de atender às suas necessidades de sobrevivência quando sente que sua vida se tornou uma luta, você se sente estressado, fica ansioso com suas finanças, com sua saúde ou segurança, e parece estar constantemente focado em encontrar maneiras de fazer face às despesas e ganhar mais dinheiro.

Você sabe que seu corpo não está respondendo aos desafios do seu ambiente externo quando sente desconforto físico, falta de energia, doença, dor, ou faz visitas frequentes ao consultório do seu médico.

A Jornada de Evolução Pessoal

Aprender a liderar a si mesmo é uma viagem, uma jornada na evolução de sua consciência pessoal. A rota que será tomada é representada pelos sete níveis de consciência pessoal, e os postos de controle principal ao longo da rota são representados pelos três estágios da evolução universal.

Toda vez que passar para um novo nível de consciência, você mudará a forma como lida com as questões. Por exemplo, a maneira como você lida com problemas de relacionamento, quando está operando desde os níveis de consciência do ego, e o jeito de lidar com essas questões quando está operando a partir dos níveis de consciência da alma são completamente diferentes, pois os valores que orientam a sua tomada de decisão no nível da alma são diferentes das crenças que orientam a sua tomada de decisão no nível do ego. As necessidades do ego são diferentes das necessidades da alma.

O verdadeiro teste do quanto você progrediu em sua jornada – o quão bem você domina a sua evolução pessoal – é a forma como você lida com a adversidade. Quando a adversidade o atinge, você sucumbe diante do medo e reage ou responde com comportamentos baseados no "eu" ou você para, considera o cenário mais amplo, lida com as coisas no seu ritmo e responde com compreensão, compaixão e amor?

Cada vez que você muda o seu ponto de vista para um nível superior de consciência você verá sua vida de forma diferente. Você não só expande o seu sentido de identidade, como também enxerga as mudanças sutis que ocorrem naquilo que você valoriza e no que acredita. O objetivo do programa de autoliderança é guiá-lo através das diferentes etapas do seu crescimento, de modo que você possa levar uma vida satisfatória. Isto não só é bom para você, é bom para sua família, seus amigos, seus colegas, e para a humanidade.

Neste ponto, quero voltar a uma declaração que fiz anteriormente no Capítulo 2. Podemos examinar o conteúdo de nossa própria consciência, medir onde estamos em nossa jornada evolutiva pessoal e monitorar o nosso progresso e, assim, fazer a evolução da nossa consciência pessoal de forma consciente. Isto significa que se um número suficiente de pessoas optar por investir em sua própria evolução pessoal, temos a possibilidade de acelerar a evolução da consciência da humanidade.

> O verdadeiro teste do quanto você progrediu em sua jornada de evolução pessoal é a forma como você lida com a adversidade.

A verdadeira escolha que temos é entre a "evolução consciente" e a "evolução inconsciente". A evolução inconsciente é a opção-padrão. Ela vai acontecer se nós investirmos em nossa evolução pessoal ou não: esse é o caminho natural no qual a vida se desenrola. Investir na evolução pessoal consciente torna o processo muito mais fácil e bem-sucedido, porque você sabe para onde está indo, sabe o que esperar, e se decidir investir em um programa de autoliderança terá a orientação que precisa para acelerar o seu crescimento.

Caso você invista na evolução consciente ou siga a posição-padrão da evolução inconsciente, a sua jornada será significativamente influenciada pelas estações naturais de sua vida.

Durante seus 20 e 30 anos, você será absorvido com a satisfação das necessidades do seu ego. Você estará tentando se tornar uma pessoa independente, concentrando-se na satisfação das suas necessidades e deficiências. Se tudo correr bem, quando chegar aos 40 você estará mudando o foco para satisfazer as necessidades de sua alma. Isso não acontecerá se você ainda estiver apegado a medos subconscientes sobre a satisfação de suas necessidades e deficiências. Se você não for capaz de reconhecer ao que se apega e fazer algo a respeito (o propósito da maestria pessoal), então você não será capaz de avançar para a segunda fase de desenvolvimento evolutivo – a coesão interna.

Se você for capaz de dominar os seus medos subconscientes, de abandonar o seu condicionamento parental e cultural, e de enxergar um significado maior para sua vida, será capaz de prosseguir com a sua jornada evolutiva. Você vai começar a dar expressão ao seu propósito de alma e também encontrará mais paixão e alegria em sua vida. Novamente, se tudo correr bem, no momento em que alcançar os seus 50 anos, ou no início dos 60, você estará totalmente identificado com a sua alma, e estará pronto para iniciar a terceira fase do seu desenvolvimento evolutivo – a coesão externa.

Se você escolher a evolução consciente, será capaz de acelerar a sua jornada evolutiva, porque vai ter um mapa do território e as ferramentas para guiá-lo em seu caminho. Você precisará abandonar todas as ideias que tiver sobre o estabelecimento de prazos para a sua viagem. Tudo o que você precisa trazer é um desejo ardente e sincero para se tornar um com a sua alma.

Antes de explorarmos os três estágios de sua jornada pessoal evolutiva e nos familiarizarmos com as ferramentas que podem apoiá-lo, vamos explorar o território por onde viajaremos para termos uma compreensão mais profunda dos sete níveis de consciência pessoal. Eles são apresentados na Tabela 8.1 e explicados em detalhes nos parágrafos seguintes.

Os Sete Níveis de Consciência Pessoal

Os sete níveis de consciência pessoal são as representações motivacionais das necessidades do ego e da alma. Eles são as principais forças motivadoras em todos os assuntos humanos. Os indivíduos crescem em consciência quando aprendem a dominar a satisfação de seu ego e as necessidades da alma.

Os indivíduos que aprendem a dominar todas as sete necessidades, sem prejudicar ou magoar os outros ou impactar desfavoravelmente o seu ambiente, operam a partir da consciência de espectro total. Eles são indivíduos autorrealizados com a capacidade de responder adequadamente a todos os desafios da vida. As sete necessidades/motivações que constituem os sete níveis de consciência pessoal são apresentadas na Tabela 8.1.

Tabela 8.1 A evolução da consciência pessoal

Estágios de Evolução	Níveis de Consciência		Motivação/ Necessidades	Estratégia
Estágio 3: Coesão externa	7	Serviço	Dedicar sua vida ao serviço altruísta em busca de sua paixão ou destino e de sua visão.	**Servir** Cumprir o seu destino, retribuindo ao mundo.
	6	Fazer a diferença	Realizar o seu senso de propósito, cooperando com os outros para benefício e realização mútuos.	**Integrar** Alinhar-se com outros que compartilham do mesmo propósito.
Estágio 2: Coesão interna	5	Coesão interna	Encontrar significado em sua vida, alinhando-se com a sua paixão ou destino, e criando uma visão para seu futuro.	**Autorrealização** Alinhar-se completamente com quem você é.
	4	Transformação	Tornar-se mais quem você realmente é, descobrindo sua própria fé e alinhando o seu ego com sua alma.	**Individuação** Explorar quem você é e os seus talentos.
Estágio 1: Maestria pessoal	3	Autoestima	Satisfazer sua necessidade de se sentir bem sobre si mesmo, gerenciando sua vida, e tendo orgulho do seu desempenho.	**Diferenciação** Começar a se separar dos outros.
	2	Relacionamentos	Satisfazer sua necessidade de pertencimento e de ser amado e aceito por aqueles com quem você interage diariamente.	**Conformidade** Permanecer seguro e leal ao seu grupo.
	1	Sobrevivência	Satisfazer as suas necessidades fisiológicas e criar um ambiente saudável e seguro para si mesmo, para que você possa crescer.	**Sobreviver** Permanecer vivo. Encontrar conforto.

As necessidades "mais baixas" – Níveis 1 ao 3 – refletem as necessidades do ego: as nossas necessidades fisiológicas de sobrevivência, e as nossas necessidades emocionais de pertencimento e de autoestima.

O foco do quarto nível é a transformação pessoal. Aqui é onde aplicamos nosso intelecto para o nosso desenvolvimento pessoal, aprendendo a gerenciar, dominar ou liberar nossos medos subconscientes; abandonamos nosso condicionamento pessoal e cultural e começamos a descobrir o propósito subjacente de nossas vidas.

As necessidades "mais altas" – Níveis 5 ao 7 – refletem as necessidades da alma: a necessidade de encontrar sentido na vida, a necessidade de fazer a diferença no mundo e a necessidade de servir.

Indivíduos que se concentram *exclusivamente* na satisfação das suas necessidades de deficiência são autocentrados demais para serem gestores ou líderes. Eles buscam sua felicidade no mundo externo por meio de coisas que podem ver, cheirar e tocar: coisas que podem possuir. Suas crenças baseadas no medo subconsciente os mantêm concentrados nos níveis mais baixos de consciência. Eles operam com mentes socializadas.

Indivíduos que se concentram *exclusivamente* na satisfação das suas necessidades mais elevadas geralmente não possuem as competências básicas para serem eficazes no mundo. Muitas vezes, são pouco práticos quando se trata de questões financeiras, e geralmente não são tão aptos emocional e socialmente quanto poderiam. Eles têm dificuldade para integrar sua jornada espiritual aos aspectos práticos da sua vida.

Os indivíduos mais bem-sucedidos são indivíduos autorrealizados, que dominaram tanto as suas necessidades de "deficiência" quanto as suas necessidades de "crescimento". Eles operam a partir da consciência de espectro total. São indivíduos autênticos, que sabem como lidar com as vicissitudes da vida, e gerenciar os aspectos práticos cotidianos de sua existência.

Os sete níveis de consciência pessoal são descritos em mais detalhes a seguir.

Nível 1: Consciência de Sobrevivência

O primeiro nível de consciência pessoal está preocupado com a sobrevivência fisiológica. Precisamos de ar puro, alimentos e água para manter nosso corpo vivo e saudável. Precisamos também mantermo-nos a salvo de danos e ferimentos. A motivação ou o seu ego, neste nível de consciência, é a autopreservação.

Sempre que você se sentir ameaçado ou inseguro, seja física ou economicamente, você muda para a consciência de sobrevivência. Como você lida com as situações de sobrevivência como adulto depende de seu condicionamento quando criança. Se seus pais não demonstravam estresse ou ansiedade sobre questões de sobrevivência, então há grandes chances de que o seu ego tenha desenvolvido um relacionamento saudável com a consciência de sobrevivência. Neste caso, você abordaria as situações de sobrevivência a partir de uma perspectiva racional, em vez de uma perspectiva emocional. Você simplesmente continua fazendo o que é necessário para sobreviver sem criar um holocausto emocional.

Por outro lado, se os seus pais estavam sempre estressados ou ansiosos a respeito da sobrevivência durante sua infância, e se você foi influenciado por essas emoções, então sempre que se deparar com uma situação de sobrevivência, seus medos reprimidos serão disparados levando você a reagir emocionalmente à situação, em vez de responder racionalmente, mantendo a calma.

Quando você guarda inseguranças profundas sobre a sobrevivência, a ansiedade torna-se generalizada em sua vida. Você fica facilmente chateado ou com raiva. Sempre que algo dá errado você vê isso como uma ameaça pessoal. Você acredita que vivemos em um mundo hostil e talvez até mesmo brutal. Você está sempre em guarda, e sente que se não tomar conta de si mesmo, ninguém mais vai fazê-lo. Consequentemente, para se sentir seguro, você deve controlar tudo ao seu redor. Você microgerencia a sua vida e tem grande dificuldade de confiar em alguém.

Como você se sente pressionado, o tempo é essencial. Você precisa ser supereficiente. Por isso, se achar que tem a resposta para um problema, você simplesmente para de ouvir. Quando opera desta forma, você não consegue dar às outras pessoas o tempo necessário para processar a situação. Você está muito focado em suas próprias necessidades e tem dificuldade de se colocar no lugar dos outros. As ansiedades que você carrega o mantêm concentrado na consciência de sobrevivência.

Se você demonstra qualquer destes traços, então terá de descobrir e trabalhar com seus medos baseados na sobrevivência.

Se você carrega uma crença, baseada no medo, de que não está seguro ou a salvo, de que as pessoas não são confiáveis, ou de que você não tem controle ou tempo suficiente, sua consciência vai ficar focada no nível de sobrevivência.

Nível 2: A Consciência de Relacionamentos

O segundo nível de consciência pessoal está preocupado com as relações que engendram um sentimento de pertencimento emocional. Aprendemos muito rapidamente, em nossa primeira infância, que se não pertencermos, não podemos sobreviver. Aprendemos, também, que para pertencer precisamos ser amados. Quando você é amado incondicionalmente, desenvolve um senso saudável de consciência de relacionamento. Você gosta de si mesmo, porque cresceu sentindo-se amado por ser quem você é.

Quando o amor que você recebe de seus pais depende do seu comportamento, você aprende que o amor é condicional e tem de ser conquistado. Este condicionamento fica impregnado em sua mente como uma crença sobre como se adequar, como conseguir amor, e como ser aceito. Quando isso acontece, você cresce com a crença subconsciente de que não é apreciado ou digno de amor, ou que não pertence, e você aprende que, se quiser evitar a punição e receber o amor que deseja, precisa estar de acordo com as vontades e desejos de seus pais (as figuras de autoridade) e da cultura na qual foi criado. Consequentemente, sua consciência está constantemente focada em buscar sinais de aceitação, afeto ou inclusão, porque inconscientemente você quer ser amado e se adequar.

As pessoas que sofrem desta forma evitam dizer a verdade, se acharem que isso vai impedi-las de obter o amor ou a aceitação que desejam. Elas podem até mesmo aturar o abuso verbal ou físico, desde que sintam que têm um lugar no mundo ao qual pertencem.

A manifestação mais frequente de problemas de relacionamento baseados no medo aparecem na necessidade de evitar conflitos e na busca pela harmonia excessiva. É difícil lidar com os conflitos quando se acredita que até mesmo falar pode fazer a outra pessoa ficar com raiva e renegar o seu amor. Então, você aprende a evitar os conflitos ou a desviar-se de situações potencialmente perturbadoras mudando de assunto, sendo engraçado ou se comportando como se estivesse pisando em ovos. A última coisa que você deseja fazer é desagradar alguém. Às vezes, usamos o humor como uma forma de obter a atenção que desejamos.

A questão subjacente a todas essas situações é que você nunca aprendeu a lidar com suas emoções e com as emoções dos outros. Consequentemente, você tentará evitar situações nas quais as emoções estejam envolvidas.

Se você apresentar qualquer destes traços, então terá de descobrir e trabalhar com os seus medos baseados nos relacionamentos.

Se você se apega a uma crença baseada no medo de não ser amado ou digno de amor, de não pertencer ou não ser aceito, sua consciência vai ficar focada no nível de relacionamento.

Nível 3: A Consciência de Autoestima

O terceiro nível de consciência pessoal está preocupado com a autoestima e o amor próprio. Precisamos nos sentir bem sobre nós mesmos e respeitados pelos outros, não apenas por nossa família imediata, mas também por nossos pares. Quando jovem, você constrói um senso saudável de autoestima, tendo boas experiências com seus pais e recebendo elogios e reconhecimento deles – elogios só por tentar, e não apenas pelas vitórias. Pessoas com um senso saudável de autoestima, orgulho de si mesmas e do seu desempenho, destacam-se no que fazem. Elas são confiáveis e responsáveis. Como não precisam se destacar da multidão, trabalham bem em equipe. Elas não precisam provar nada para si mesmas nem para ninguém. Elas simplesmente se sentem bem como são.

Quando você não recebe elogios o suficiente, é ignorado por seus pais, ou o reconhecimento está condicionado a vitórias, cresce acreditando que precisa provar aos outros que é digno de seu amor ou atenção. Esses indivíduos buscam o respeito de que necessitam através de riqueza, status, poder ou autoridade. Eles podem ser altamente competitivos e extremamente focados em vencer. Sua autoestima é construída em torno de quem são no mundo e de suas realizações. Eles precisam ter boa aparência e projetar uma imagem positiva. Querem se destacar da multidão e desejam ser notados. Querem ser os melhores, para que possam receber o respeito ou o reconhecimento que lhes foi negado quando jovens. Levado ao extremo, querem fama e glória. Querem aproveitar a adulação das multidões.

Pessoas com um baixo senso de autoestima muitas vezes mascaram seus sentimentos de inferioridade, impondo-se com arrogância. O propósito destes comportamentos é fazer com que você ache que elas são bem relacionadas ou para que possam se sentir bem sobre si mesmas, aparecendo como superiores.

Se você apresenta qualquer destes traços, então terá de descobrir e trabalhar com seus medos relacionados à autoestima.

Se você está se apegando a uma crença baseada no medo sobre seu valor próprio, sua consciência vai ficar concentrada no nível de autoestima. Você vai estar continuamente em busca de oportunidades para obter a atenção que deseja.

Domine suas Necessidades de Deficiência

O que nos mantém presos aos três primeiros níveis de consciência pessoal são os medos subconscientes de não termos garantidos os nossos direitos humanos básicos (necessidades de deficiência). Acreditamos que somos vítimas das nossas circunstâncias. A única maneira de sair desta situação é nos tornando responsáveis e responsabilizados para cada aspecto de nossas vidas, incluindo nossas emoções. Você deve aprender a gerenciar, dominar ou liberar os seus medos relacionados com a sobrevivência, relacionamentos e autoestima, se quiser realizar o seu potencial e tornar-se tudo aquilo que pode vir a ser.

Ao embarcar em sua jornada de evolução pessoal, você vai precisar de feedback sobre como está se saindo. Descubra o que as pessoas consideram ser os seus pontos fortes. Pergunte aos seus amigos e colegas como você pode melhorar. Descubra que situações acionam os seus medos subconscientes. Compreenda a origem desses medos e trabalhe para gerenciá-los, dominá-los ou liberá-los. Se necessário, encontre um *coach* que possa apoiá-lo neste processo. Aprenda a responder ao invés de reagir quando seus medos são acionados. Isso tudo requer coragem, autoexame e uma disposição para lidar com as emoções desagradáveis. A menos que você entenda, e queira gerenciar ou liberar as dores emocionais do passado, isso vai mantê-lo ancorado nos três primeiros níveis de consciência. Acessos regulares de frustração, impaciência, raiva e fúria são sinais claros de que o ego está fora de alinhamento com a alma. Também esteja atento aos sinais de que você está sendo agressivo para com os outros, por escrito ou verbalmente.

Nível 4: Consciência de Transformação

O quarto nível da consciência humana está preocupado com a busca de seu verdadeiro eu autêntico. Para encontrar o seu eu autêntico, você deve:

a) Aprender a gerenciar, dominar ou liberar os medos subconscientes que o mantêm concentrado nos três primeiros níveis de consciência;
b) Entender quem você é como indivíduo único, sem o condicionamento dos seus pais e da sua cultura; e
c) Descobrir o sentido profundo de significado em sua vida.

A tarefa mais importante neste nível de consciência é fazer a si mesmo estas perguntas: "Quem sou eu?" "Quem é o 'eu' que jaz além dos condicionamentos dos meu pais e da minha cultura?" e "O que esse 'eu' está esperando para sair pelo mundo?". Você começa a descobrir sua própria fé e sua razão de ser no mundo. À medida que você progride com esta investigação, verá pouco a pouco as crenças de seu ego se alinhando com os valores de sua alma. Quando se liberta dos seus medos, você se torna uma personalidade inspirada pela alma e um indivíduo verdadeiramente autêntico.

É a hora de se expressar sem medo. Aqueles que cresceram em ambientes seguros, amorosos e respeitosos já têm uma vantagem. Para outros, é preciso coragem. Na realidade, eles simplesmente mantêm um relacionamento saudável com medo.

Expressar completamente quem você é, sem medo do que os outros pensam, especialmente os seus pais e pares, dá a você a oportunidade de fazer escolhas que são mais autênticas e afirmar quem você é, escolhas que permitem que você expresse o seu verdadeiro eu. O trabalho de transformação nunca termina. É um processo de uma vida inteira de trabalho pessoal, autodescoberta e sintonia fina entre valores e crenças.

Nível 5: A Consciência de Coesão Interna

O quinto nível da consciência humana está preocupado em encontrar o seu sentido de existência, descobrindo o seu propósito de alma. O foco deste nível de consciência é encontrar uma resposta para a pergunta: "Por que estou aqui, nesta vida, neste corpo e nesta situação?". Para alguns, isso pode parecer uma investigação difícil. Para outros, aqueles que foram dotados de um talento particular, isso pode ser óbvio. Se você não tem certeza ou não conhece o seu propósito de alma, simplesmente se concentre no que você gosta de fazer, siga sua alegria, desenvolva seus talentos e siga a sua paixão. Isto acabará por levá-lo para onde você precisa chegar para cumprir seu destino.

O caminho até o seu destino pode ter muitas reviravoltas. Você precisa reconhecer que é uma viagem. Muitas pessoas não descobrem a sua missão até ser tarde demais na vida. Quando olham para trás, percebem que todas as voltas e reviravoltas tinham um propósito – prepará-las, através de suas experiências, para que fossem plenamente capazes de dar a sua contribuição. O importante é prestar atenção ao que está imediatamente à sua frente. Não julgá-lo. Dar-lhe toda a sua atenção e energia e criar uma visão do resultado que você deseja alcançar.

Seu propósito pode parecer algo pequeno ou pode ser grandioso. Seja o que for, é preciso reconhecer que é isto que você veio fazer no mundo, e que você precisa seguir a sua inspiração. Uma vez que você embarque nesta viagem, vai gradualmente aprendendo a separar os pensamentos gerados pelo ego da inspiração da alma.

Quando você se mantém aberto à inspiração da sua alma, em vez da influência do ego, você vai achar que está sendo guiado ao longo do caminho que precisa seguir. Quando você se encontra plenamente em seu fluxo você vai ver suas necessidades sendo atendidas, mesmo antes de saber que você as tem. A vida se torna uma jornada de sincronicidade. Ela simplesmente se desenrola diante dos seus olhos. Esteja certo disso: quando você dedica a sua energia para o seu propósito de alma, todo tipo de evento acontecerá na sua frente, para apoiá-lo nessa jornada.

Quando as necessidades da alma são ignoradas durante longos períodos de tempo, isso resulta em depressão e doença física. Você começa a se sentir desconfortável com sua vida. Você se sente perdido. Você pode até se sentir entediado. Você não consegue explicar o que exatamente há de errado. Você só sabe que não está realizando o seu potencial.

Nível 6: Consciência de Fazer a Diferença

O sexto nível da consciência humana é fazer a diferença no mundo que o rodeia. É inútil ter um propósito que dá significado à sua vida se você não fizer nada a respeito. Você aprende rapidamente que a diferença que pode fazer é muito maior se colaborar com outras pessoas que compartilham um propósito similar ou que estão alinhadas com a sua causa. Este é o lugar onde todo o trabalho que você realizou para aprender a gerenciar, dominar ou liberar as emoções associadas com seus medos subconscientes compensa. Quanto mais facilmente você é capaz de se conectar e criar empatia com os outros, mais fácil será colaborar.

Neste nível de consciência, você percebe que a sua capacidade de realizar o seu propósito de alma está condicionada pela sua capacidade de facilitar o trabalho daqueles que estão apoiando você em seu objetivo ou causa. É através dos outros que você alavanca o seu impacto no mundo.

Se você fica ancorado no controle, culpa ou em um sentimento exagerado de sua própria importância, as pessoas não serão atraídas para você. Elas irão manter a distância e você perderá a oportunidade de concretizar o seu potencial de alma. É por isso que a transformação é tão importante. À medida que você acessar níveis mais profundos de suas próprias inseguranças, você terá que voltar a este nível de consciência para gerenciar, dominar ou liberar seus medos conscientes e subconscientes.

O foco neste nível é na ação. Encontrar a forma mais direta para expressar o seu propósito pode não ser simples. Isso pode significar abrir mão de um modo de vida que lhe traga conforto, estabilidade e certeza. Isso pode significar mudar de residência, abandonando amigos e perder a estabilidade financeira. Isso pode ser assustador? Sim. É algo que se pode evitar? Não. Você nunca vai estar à vontade consigo mesmo se não seguir a sua paixão. Não há alternativa real. Você quer seguir o seu propósito de alma ou prefere passar o resto de sua vida na catedral do arrependimento?

Nível 7: Consciência de Serviço

O sétimo nível da consciência humana é o serviço desinteressado à causa que é o objeto de seu propósito de alma. Isto ocorre quando fazer a diferença se torna um modo de vida. Você está agora totalmente imbuído do seu propósito de alma e está vivendo como uma personalidade inspirada pela alma. Sente-se à vontade com a incerteza. Você precisa de tempo para exercitar a calma e a reflexão. Precisa abraçar a humildade e a compaixão, e deseja viver e respirar o seu objetivo a cada momento do seu dia. Você sabe, quando não há mais nada a fazer com sua vida, que o seu ego e a sua alma se fundiram completamente.

O único perigo que você enfrenta agora é ser dominado completamente pelo êxtase do fluxo em sua vida, e acabar se preocupando demais com sua missão. Você nunca deve esquecer que tem necessidades físicas, emocionais, mentais e espirituais, e todas elas precisam ser atendidas. Cuidar de si mesmo é tão importante quanto cuidar dos outros, porque se você não faz exercícios, não se alimenta saudável e regularmente, não mantém amizades profundas, não se sente bem consigo mesmo, e não mantém a disciplina que sustenta a sua vida espiritual, então não será capaz de seguir trabalhando em seu propósito de alma por muito tempo. Tudo diz respeito a manter um senso de equilíbrio. Você vai descobrir que quando se alinha com o seu propósito de alma, a divisão entre sua vida e seu trabalho desaparece, porque o seu trabalho se torna um prazer.

Quando se está operando nesse nível de consciência, é importante manter o foco em sua missão e visão essencial. É muito fácil se exaurir ao se envolver em muitos projetos ou em muitos detalhes. Você deve resistir a essas tentações, se quiser ser eficaz e cumprir o seu destino.

Por último, você deve aprender a se desapegar dos resultados. Ao estabelecer metas e intenções, você pode estar limitando o que pode realizar no mundo. Seu trabalho é se entregar à sua alma. É assim que você irá cumprir o seu destino e alcançar o máximo impacto no mundo.

Consciência de Espectro Total

Indivíduos de espectro total exibem todos os atributos positivos dos sete níveis de consciência pessoal.

- Eles dominam a consciência de sobrevivência mantendo-se saudáveis, assegurando a sua sobrevivência fisiológica, sua segurança financeira, e mantendo-se a salvo de danos e ferimentos.
- Eles dominam a consciência de relacionamentos construindo amizades e laços familiares que criam um sentimento de pertencimento emocional baseado no amor incondicional.
- Eles dominam a consciência de autoestima através da construção de um sentimento de orgulho de si mesmos e de seu desempenho e agindo de forma responsável e confiável em tudo o que fazem.
- Eles dominam a consciência de transformação tendo a coragem de abraçar o seu eu verdadeiro e autêntico e abandonando os medos que os mantêm focados em suas necessidades de deficiência.
- Eles dominam a consciência de coesão interna descobrindo o propósito de sua alma e alinhando as crenças de seus egos com os valores de suas almas.
- Eles dominam a consciência de fazer a diferença realizando seu senso de propósito e alavancando suas ações através da colaboração com outros que compartilham um propósito semelhante.
- Eles dominam a consciência de serviço quando vivenciar o propósito de sua alma torna-se o seu modo de vida.

9

Maestria Pessoal

Estou usando a expressão "maestria pessoal" para descrever a capacidade de uma pessoa de manter a sua estabilidade interna no nível de existência do ego. Alguém que tenha alcançado a maestria pessoal é capaz de gerenciar com êxito as suas necessidades de deficiência e portanto aprendeu a se tornar viável e independente, no sentido de ser autossuficiente e não precisar ou depender dos outros para suas necessidades de sobrevivência, relacionamento e autoestima.

Aprender a desenvolver suas habilidades e capacidades de maestria pessoal é basicamente um processo cognitivo que requer um compromisso com o crescimento pessoal. As habilidades e capacidades envolvidas são simples e de fácil compreensão, desde que você se lembre de que quaisquer emoções que está experimentando são as que você criou através de suas crenças.

É Sempre Sobre Você

Para se tornar proficiente em maestria pessoal, você precisa perceber que ninguém ou nenhuma situação pode incomodá-lo. É sempre você que chateia a si mesmo. Cada ataque de frustração, impaciência ou raiva é sempre autogerado. A situação, ações ou palavras da outra pessoa são simplesmente os gatilhos que disparam os medos conscientes ou subconscientes de seu ego, e fazem com que você queira jorrar o veneno de suas cicatrizes emocionais não resolvidas sobre o mundo, ou ficar alimentando a sua irritação até se tornar cada vez mais irritado e desconectado. Se você deseja parar de se comportar desta forma, precisa ser dono das suas reações e tornar-se responsável por todas as emoções, sentimentos e pensamentos que experimenta. Por favor, entenda o seguinte: ninguém nunca o chateia: você é que sempre chateia a si mesmo.

> Ninguém ou nenhuma situação pode incomodá-lo. É sempre você que chateia a si mesmo.

As emoções são a fonte energética de todos os seus sentimentos e dos pensamentos e ações que resultam delas. As emoções surgem a partir do campo de energia onde a mente-corpo, a mente-ego e a mente-alma se encontram. Este é o campo onde as necessidades do corpo, as necessidades do ego e as necessidades da alma interagem umas com as outras. Apenas quando as necessidades do corpo, as necessidades do ego e as necessidades da alma são todas atendidas é que temos uma sensação de alinhamento, conforto, satisfação e paz.

Precisamos cuidar de todos os três conjuntos de necessidades, ao mesmo tempo, porque eles estão energeticamente ligados. Seu humor é afetado pela qualidade do seu alinhamento ego-alma, e pelo estado de seu corpo físico. O que você come e a sua forma física afetam o equilíbrio químico do seu corpo, afetando como você se sente e o seu humor. Se quiser experimentar uma empolgação natural, alinhe o seu corpo, ego e alma.

As lições mais importantes a se aprender com o descrito anteriormente são as seguintes:

1) Seja qual for a sua resposta ou reação a uma situação, ela está sempre ligada de alguma forma à satisfação das suas necessidades. Mesmo quando parece que você está fazendo algo para alguém, você ainda está tentando satisfazer uma das necessidades do seu ego ou da sua alma.

2) Para ser bem-sucedido na maestria pessoal, você tem que assumir a responsabilidade por cada emoção, sentimento e pensamento que tiver. É sempre sobre você. Nossas percepções (o significado que damos a uma situação) criam a nossa realidade e a nossa realidade é um produto de nossas crenças, especialmente das nossas crenças subconscientes baseadas no medo. Uma crença é apenas uma suposição que tomamos por verdade. Pode não ser verdadeira, mas é o que acreditamos ser verdade, no momento em que criamos nossa realidade. Assim, o significado que você dá a uma situação é controlado por suas crenças, e suas crenças são os filtros que você criou com base nas suas interpretações anteriores das suas experiências. Se você possui um aparelho de ar-condicionado, e não troca ou limpa os filtros, você

sempre estará respirando o ar que está condicionado pela sujeira e pela poeira acumuladas do passado.
3) O que você acredita estar acontecendo pode não ser o que está realmente acontecendo. É o significado que a sua mente deu para a situação com base em suas crenças subconscientes ou conscientes. Nós nunca ficamos chateados pelas razões que pensamos. O que nos perturba é o que está acontecendo dentro de nossa cabeça.
4) Mesmo que você sinta vontade de reagir, a melhor maneira de satisfazer as suas necessidades é não reagir, mas sim encontrar uma maneira de responder.

Isso nos deixa duas questões importantes que precisamos explorar:

Como você administra suas reações emocionais para que possa responder em vez de reagir? Em outras palavras, como você faz uma pausa entre um evento e a sua reação a ele?[75] A resposta a esta pergunta exige que você aprenda a se tornar um observador ou uma testemunha das suas reações, e a ser seu próprio coach.

Depois de ter feito uma pausa, como você responde de uma forma que aumente a possibilidade de ter suas necessidades atendidas de modo a não se arrepender mais tarde? Em outras palavras, como você cria uma qualidade de conexão que apoie as necessidades de todos? A resposta a esta pergunta exige que você aprenda a comunicar honestamente suas reais necessidades em todas as situações. Esta capacidade é fundamental para se aprender a ligação e a cooperação com os outros.

Controlando suas Emoções

O segredo para a gerenciar e, eventualmente, dominar as emoções que surgem das crenças baseadas no medo do seu ego está em aprender a como se tornar sua própria testemunha, e seu próprio coach.

Antes de explicar como fazer isso, devemos primeiro compreender a importância da perspectiva, e a sua ligação com a identidade. Suas visões de mundo são condicionadas por sua perspectiva, sua perspectiva é condicionada por suas crenças, e suas crenças são condicionadas por sua identidade "assumida" e por suas experiências.

Perspectiva

Se eu lhe pedisse para apontar para baixo, e depois para cima, você saberia exatamente em que direções apontar. Isto é verdade, não importa onde você esteja no planeta.

O problema seria se você estivesse vendo duas pessoas através de um telescópio a partir de um satélite, e um deles estivesse no Polo Norte e o outro no Polo Sul. Quando seguissem as instruções, eles apontariam em direções opostas, porque estariam operando a partir de pontos de referência diferentes.

Ambos consideram que a Terra está embaixo. Vamos agora supor que estamos flutuando no espaço, longe da Terra. Quando eu lhe pedisse para apontar para cima ou para baixo, você não teria ideia de para onde apontar. Por quê? Você não seria capaz de atender o pedido porque teria perdido o ponto de referência que lhe permitiria distinguir entre "para cima" e "para baixo".

Cada visão de mundo ou percepção que temos é condicionada pela perspectiva do nosso ponto de referência. Assim, se sou cristão, minha visão do mundo será diferente da que teria se fosse muçulmano. Se cresci na Inglaterra, minha visão do mundo vai ser diferente da que teria se eu tivesse crescido no Japão. Se eu tivesse sido criado por um casal de pais no país A, e pudesse de algum modo comparar a visão de mundo que eu desenvolvi com meus pais no país B, ela seria bem diferente. Mesmo se os pais imaginários estivessem no mesmo país, meus pontos de vista sobre o mundo ainda seriam diferentes. Sua nacionalidade, sua etnia, sua religião, e as condições que cercam a sua educação familiar são todas instrumentais na determinação de seus pontos de vista sobre o mundo. Nós somos produto de nosso ambiente e da identidade que assumimos.

O mesmo é verdade para o ego e a alma. Eles são pontos de referência diferentes e, portanto, a visão do mundo a partir da perspectiva do ego é muito diferente da visão do mundo a partir da perspectiva da alma. A perspectiva do seu ego é condicionada por sua história pessoal. A perspectiva da sua alma é condicionada pelo seu propósito de alma. Então, a sua identidade tem um impacto significativo sobre a sua visão do mundo e sobre as suas crenças sobre ele. As crenças coletivas do ego são o ponto de referência que permite a você distinguir o "bom" e o "mau", e os valores coletivos da alma são o ponto de referência que permite a você distinguir o "certo" e o "errado".

Bom e mau são julgamentos que fazemos quando operamos a partir da consciência do ego, enquanto que certo e errado são julgamentos que fazemos quando operamos a partir da consciência da alma. As crenças que temos sobre bom e mau, certo e errado, são julgamentos que fazemos sobre os comportamentos que consideramos aceitáveis ou não.

Sentimo-nos culpados por nossas ações quando nos comportamos de uma forma que é boa para o ego (satisfaz as necessidades do ego), mas errada para a alma. Aqueles que nunca se sentem culpados ou não se arrependem de seus erros são pessoas que ainda não descobriram a perspectiva da alma.

Algumas pessoas se sentem culpadas quando se colocam em primeiro lugar. Elas são geralmente pessoas altamente dependentes dos outros para ter suas necessidades atendidas. Elas ainda não são individualizadas e não possuem um sentido de identidade único. Colocar primeiro a *sua* máscara de oxigênio em um avião é essencial para que você possa ajudar os outros. Isso é puro bom-senso.

Ciúme, culpa e ódio são valores limitantes[76]. Eles são vistos como valiosos porque apoiam o ego na satisfação das suas necessidades – evitando a humilhação, atacando um rival, ou disassociando-se de alguém ou de algo que você não aprecia. Eles não são valores abraçados pela alma, porque, a partir da perspectiva da alma, eles estão errados. Eles são bons para o ego porque protegem sua integridade, e errados para a alma, porque criam a separação. Esta é uma das principais fontes de tensão entre o ego e a alma: o ego não está preocupado com o que é certo e errado, preocupa-se simplesmente em ter as suas necessidades atendidas.

Os valores abraçados pela alma são chamados virtudes – modos de ser que são universalmente considerados como moralmente justos. A maestria pessoal envolve abandonar os valores limitantes do ego impulsionados por suas crenças baseadas no medo, e substituí-los com os valores (virtudes) da alma. Para abrir mão de seus valores limitantes, o ego tem de gerenciar, dominar ou liberar seu medo baseado em crenças.

Meu colega Phil Clothier, CEO do Centro de Valores Barrett, contou-me a seguinte história, que ilustra a flexibilidade da mente em relação a assumir diferentes perspectivas.

Ele estava trabalhando com um grupo grande de crianças, e quis demonstrar que eles sempre têm escolhas sobre como se sentem a respeito de uma determinada situação. Ele dividiu o grupo em dois e mostrou a todo o grupo um filme feito a partir de um assento em um carrinho de montanha-russa. Ele pediu que um grupo aproveitasse de verdade a emoção do passeio (divertindo-se), e pediu ao outro grupo que não apreciasse (sentindo-se enjoados e com medo).

Os sons e as ações feitas pelos dois grupos eram muito diferentes. Em seguida, ele exibiu o filme novamente, e pediu que os grupos mudassem as suas perspectivas. Ambos os grupos foram imediatamente capazes de mudar suas percepções. Os que tinham odiado, agora gostaram do passeio, e os que tinham gostado, agora odiavam. Phil também usou esta experiência para ensinar às crianças que o que pode parecer bom ou certo para você pode ser mau ou errado para outra pessoa. Portanto, é importante respeitar a percepção das outras pessoas. As diferenças são o que fazem todo mundo ser interessante e original.

Testemunho

A mente humana é suficientemente flexível para ser capaz de observar a si mesma. O que quero dizer com isto é que você pode observar os sentimentos que está experimentando e que são gerados pela mente-corpo, mente-ego e mente-alma quando suas necessidades estão sendo atendidas ou não, bem como quando estão desalinhadas.

Você pode observar tudo isso porque você não é nenhuma delas. Se você fosse realmente uma delas, então não seria capaz de observar os sentimentos que elas geram. Você não seria capaz de separar-se de suas emoções e sentimentos. Você *sentiria* os seus sentimentos, mas não seria capaz de *observar* seus sentimentos.

Esta é exatamente a experiência que temos quando estamos focados na consciência do ego. Nós ficamos chateados, mas não temos a perspectiva para examinar este desprazer. Nós apenas sabemos que estamos chateados. Somos como peixes na água. Os peixes não podem descrever a água porque não têm a experiência da "não-água." Só a experiência da "não-água" permitiria a um peixe descrever a água. Se não temos uma experiência de não-ego, então não temos perspectiva para testemunhar o que o ego está sentindo.

É assim que a maioria do mundo opera. A maioria das pessoas vê o mundo a partir da perspectiva de sua mente-ego. Um número muito menor vê o mundo a partir de sua mente-alma, e um número ainda menor a partir da mente composta onde a mente-corpo, a mente-ego e a mente-alma se encontram.

A maioria das pessoas experimenta as alegrias e tristezas do ego e da alma, mas não as questiona. Estas pessoas não questionam seus sentimentos, nem de onde eles vêm. São incapazes de ter uma perspectiva sobre eles. Estão tão presas à sua visão de mundo (do ego ou da alma), que são incapazes de ter uma visão diferente ou objetiva. Não têm qualquer ponto de referência além daquilo que pensam que são, a partir do qual possam se enxergar. É por isso que o ego usa o juízo de bom e mau para determinar o que vai servir às suas necessidades ou não, e a alma usa o certo e o errado. O ego não possui um sentido pessoal moral de certo e errado. E, portanto, não discrimina entre valores positivos e limitantes para ter suas necessidades atendidas. Aqui, refiro-me especialmente à forma do ego no nível de consciência da sobrevivência. Deixe-me explicar.

Lawrence Kohlberg, um psicólogo americano que morreu em 1987, identificou seis estágios de raciocínio moral (de desenvolvimento), agrupados em três níveis: pré-convencional, convencional e pós-convencional.

No estágio pré-convencional, as razões principais que regem nossas interações com os outros são:

a) Como posso evitar a punição?
b) E, o que ganho com isso?

Estes modos de ser levam o ego a usar estratégias de culpa, competição interna, busca de poder, etc. Nesta fase de desenvolvimento, o ego não se preocupa com o modo pelo qual tem suas necessidades atendidas, e não tem nenhum sentido real de culpa. A estratégia subjacente, no que concerne ao ego, é sobreviver e prosperar (consciência de sobrevivência) – conseguir o que quer.

Na fase convencional, as razões principais que regem nossas interações com os outros são:

a) Como posso me encaixar no papel (conformidade) que os outros esperam de mim?
b) E, como posso me encaixar na sociedade?

Nesta fase de desenvolvimento, primeiro desejamos ser aceitos por aqueles com quem nos relacionamos diariamente, por isso, aprendemos a estar de acordo com as necessidades dos outros (consciência de relacionamento), e depois queremos ser reconhecidos e aceitos pela sociedade, por isso aprendemos a obedecer as regras e leis que regem a forma como nossa sociedade funciona. Isto nos leva para o reino da justiça e da consciência de autoestima. Isso também nos permite iniciar o processo de diferenciação, sendo o melhor que pudermos ser, jogando pelas regras e ganhando.

Na fase pós-convencional, as razões principais que regem nossas interações com os outros são:

a) Como posso viver segundo os meus princípios (valores)?
b) E, como posso viver de acordo com os princípios universais que regem a justiça social?

Nesta fase de desenvolvimento, começamos a nos individualizar e autorrealizar (consciência de transformação e consciência de coesão interna). Então, aprendemos a integrar (consciência de fazer a diferença), e servir à humanidade ou o planeta (consciência de serviço).

Assim, podemos ver que a mudança para a consciência da alma ocorre na fase pós-convencional do raciocínio moral. O ego opera em estágios pré-convencionais e convencionais do raciocínio moral.

Quando você muda para a consciência da alma, adquire uma visão muito mais ampla do mundo. Você muda o seu ponto de referência. Agora, você é capaz de ver as ações do seu ego a partir da perspectiva da sua alma. Você pode usar os valores que são comuns à humanidade para discriminar entre o certo e o errado.

Isso nos leva à pergunta: "Qual é o lugar de onde você pode observar a sua alma?"

Este lugar é onde a mente-corpo, a mente-ego e a mente-alma se encontram: é o campo de energia de sua mente composta. Eu acredito que este é o lugar ao qual Rumi, o poeta e filósofo persa, estava se referindo quando escreveu:

Para além de todo certo e errado há um campo. Eu encontrarei você lá.

O que você observa a partir de sua mente composta é o movimento da energia/emoção (energia em movimento), que se manifesta em sua experiência física como sentimentos. Os sentimentos são a forma como você se relaciona com o mundo energético – o mundo da mente composta. Sentimentos são o barômetro da sua experiência de vida. Eles não são a sua experiência de vida: eles são a sua melhor régua para determinar se o seu corpo, ego e alma estão vivendo em estabilidade interna e equilíbrio externo – se as necessidades do seu corpo, ego e alma estão sendo atendidas ou não. Você tem emoções, mas não é as suas emoções. Você tem sentimentos, mas não é os seus sentimentos. Você tem pensamentos, mas não é os seus pensamentos. Você tem um corpo, mas não é o seu corpo. Você tem um ego, mas não é o seu ego. Você tem uma alma, mas não é a sua alma.

No nível quântico da existência, você é uma mente composta consciente. Você é um ser energético individualizado vivendo em um mundo quântico de energia, habitando um corpo que vive em um mundo físico.

Este é o nível de existência do seu "sexto sentido". O sexto sentido ou percepção extrassensorial (PES) envolve a recepção de informações que não foram captadas pelos sentidos físicos reconhecidos, mas sentidas com a mente. O sexto sentido é também chamado de instinto ou palpite. É no nível da mente composta que você é capaz de perceber outras energias e sentir-se alinhado ou não com elas.

Pelo fato de habitar um corpo físico, você tem consciência e propósito. O propósito da sua mente-corpo é manter ou aumentar a estabilidade interna e o equilíbrio externo do seu corpo (se você falhar neste propósito, não estará mais no mundo físico). A finalidade de sua mente-ego é ter as suas necessidades de deficiência atendidas. O propósito de sua mente-alma é atender as suas necessidades de crescimento.

Quando você aprende a se identificar com o que está além do ego, você começa a entender que tudo o que classificava anteriormente como um problema é, na verdade, uma oportunidade disfarçada. Quando o ego faz planos, deseja resultados específicos e pensa que sabe a resposta, ele está simplesmente tentando criar um mundo de certeza.

Não há certeza alguma na vida além da morte (e dos impostos). Todo o resto é parte do fluxo e refluxo de experiência sobre a qual você tem menos controle do que pensa. As tentativas do ego para criar segurança através do controle são tentativas fúteis de gerenciar os seus medos. É muito mais fácil e mais útil adaptar-se e, em seguida, alinhar-se com o fluxo e refluxo da vida do que lutar contra isso. Há um ditado bem conhecido que acredito ser muito verdadeiro.

Se quiser fazer rir a Deus, conte para ele/ela os seus planos.

Em outras palavras, permaneça adaptável. Você nunca sabe o que o aguarda na próxima esquina de sua vida, e você raramente sabe quando a próxima esquina se apresentará.

A lei da atração

Sempre atraímos para nossas vidas aquilo em que acreditamos. Tudo o que você está experimentando em sua vida emocional neste minuto é o que você criou com a intensidade energética de suas crenças. Se quiser mudar sua vida emocional, mude as crenças que estão dirigindo os seus pensamentos. Suas crenças são os filtros que condicionam a sua realidade. Quando você confia em um mundo benevolente, é otimista sobre o futuro, grato por aquilo que possui e não julga os outros ou a si mesmo, você atrai experiências "positivas".

> Aprenda a ver qualquer problema que você acha que tem como uma oportunidade disfarçada.

Eu coloquei "positivas" entre aspas porque as experiências que você quer atrair podem ser agradáveis ou podem desafiá-lo de alguma forma a tornar-se mais adaptável – para enfrentar os seus medos e, assim, crescer e evoluir.

Por isso, quando sou capaz de operar desta maneira, cada experiência que tenho é positiva. Porém, talvez seja preciso olhar para o passado para entender como isso pode ser positivo. Reflita por um momento sobre algo que aconteceu com você no passado e que, na época, parecia ser uma experiência "ruim", e tente ver os pontos positivos que surgiram a partir dessa experiência.

Aprenda a ver qualquer problema que você acha que tem como uma oportunidade disfarçada. Quando você achar que algo deu errado, pergunte a si mesmo: "Qual é a oportunidade que surgiu nessa situação?". Você vai se surpreender com o que surgirá diante dos seus olhos.

Acho que esta abordagem "positiva" sobre a vida muitas vezes é algo difícil para as pessoas engolirem. Muitas vezes me perguntam: "Qual é o lado positivo do câncer?" "O que há de positivo sobre a morte?" Minha resposta é: "Alguma vez você já conversou com um sobrevivente de câncer?". Muitas das pessoas que sobrevivem ao câncer acham que o processo pelo qual passaram foi extremamente gratificante. Isso as ajudou a desenvolver uma abordagem muito mais saudável sobre a vida e trouxe muita clareza sobre as suas prioridades. O mesmo é verdade para as pessoas que, por algum motivo, são gravemente mutiladas. Muitas delas encontram uma nova esperança e uma nova maneira de ser e estar no mundo à medida em que aprendem a superar seus desafios.

E quanto à morte? Bem, como tantas outras coisas, tudo depende da sua perspectiva. Do ponto de vista do ego, a morte é algo que deve ser evitado, pois, para além da morte, só existe o esquecimento. O ego vai fazer qualquer coisa que puder para evitar a morte.

A partir da perspectiva da alma, a morte não é nada demais. A morte é simplesmente a dissolução da sua associação com a matéria. Quando você vive sua vida a partir da perspectiva da alma, sabe que sua "vida" vai continuar em seu campo de energia.

A principal razão pela qual adotar uma abordagem positiva sobre a vida faz bem para você é que essa é a melhor estratégia de adaptação que existe.

Intenção

Você pode usar a lei da atração em seu benefício por meio do que é conhecido como o poder da intenção. Se acreditamos verdadeiramente em um universo benevolente, isso é o que vamos experimentar. Se temos uma crença consciente ou subconsciente de que não seremos capazes de ter uma necessidade específica atendida, então é isso que vamos experimentar. O conceito de intenção se alinha com uma das implicações principais da física quântica: a crença do observador influencia o resultado de um experimento.

Definir intenções positivas que não tenham por trás delas a energia de sua crença é apenas desejar. É a energia por trás da crença que sustenta a sua manifestação em nossas vidas. Você tem que acreditar que vai conseguir o seu intento, você tem que alimentar esta crença com energia todos os dias, e você precisa realizar ações que sustentem a manifestação de sua intenção. Sem a energia da ação, tudo não passa de esperança.

É por isso que nossos medos subconscientes possuem um domínio tão poderoso sobre as nossas experiências: eles são os filtros de crenças que utilizamos para avaliar o significado de nossas experiências. Eles são intenções autolimitantes. Eles atraem para nós aquilo que tememos, porque isso é o que criamos através de nossos filtros.

Se você pudesse adotar uma perspectiva diferente, e apenas por um momento considerasse que cada evento que ocorre em sua vida é neutro, você perceberia que é a interpretação que você coloca em um evento que faz com que ele seja bom ou mau, certo ou errado. E é essa avaliação que cria a sua emoção.

Abrace "o que é"

Isso nos leva a outra questão interessante. Se o ego julga o que é bom e mau, e a alma julga o que é certo e errado no que diz respeito à satisfação de suas necessidades, como é que a mente composta emite julgamentos? A resposta é que isso não acontece.

A partir deste nível de existência, que se situa para além dos sete níveis de consciência humana, e no mundo quântico de potencialidades, há simplesmente "o que é". Neste nível, há uma vasta onda de informações cheia de possibilidades. É a crença do observador que traz uma das possibilidades para a realidade física. Bom e mau são trazidos para a realidade pelo ego. Certo e errado são trazidos para a realidade pela alma. A mente composta não toma partido. Ela é o campo de energia a partir do qual tudo surge e, finalmente, desaparece. Neste nível de existência, há simplesmente "o que é". Não há necessidades neste nível de existência, porque tudo existe em todas as suas possibilidades. É somente quando nos identificamos com o mundo físico que passamos a acreditar que temos necessidades. Se você quiser vislumbrar o mundo sem necessidades, então você terá que aprender a meditar.

O que aprendi é que é relativamente fácil aprender a observar a si mesmo a partir deste campo quântico de energia onde mente-corpo/mente-ego/mente-alma se encontram, mas é difícil *viver a partir deste lugar*, porque o seu corpo humano está sempre fazendo exigências que você precisa atender (um lembrete de sua mortalidade), e se o seu ego não for domado, seus pensamentos vão hipnoticamente fazer você acreditar que possui necessidades.

Portanto, podemos resumir o exposto acima da seguinte forma:

Os campos de energia de corpo, ego e alma são onde você experimenta a vida energeticamente, e seus sentimentos lhe dizem quais energias você está experimentando. As energias que você sente se relacionam diretamente com suas crenças a respeito de que necessidades você tem e como elas estão sendo satisfeitas, a qualquer momento no tempo.

O quanto você é capaz de satisfazer as necessidades de seu corpo, ego e alma determina o seu nível de estabilidade interna e equilíbrio externo.

As necessidades do seu corpo são reais na medida em que exigem um equilíbrio químico específico para que você permaneça em um estado saudável de funcionamento (em um estado de equilíbrio interno e externo).

As necessidades do seu ego são reais em um sentido, e imaginárias em outro. Elas são reais no sentido de que todos nós possuímos três conjuntos de necessidades de deficiência que devem ser atendidos para manter o ego em um estado saudável de funcionamento quando estamos crescendo, desde a infância até a adolescência.

Elas são imaginárias, no sentido de que, uma vez que nos tornamos adultos, e somos capazes de mudar o *locus* da nossa consciência para a alma, percebemos que as crenças baseadas no medo subconsciente, que fazem com que fiquemos ancorados nos níveis mais baixos de consciência, não são reais. Elas são simplesmente suposições que tomamos por verdades. Reconhecemos que não temos de acreditar em nossos pensamentos.

As necessidades de sua alma também são reais em um sentido e imaginárias em outro. Elas são reais durante o processo de desdobramento da alma – da consciência de coesão interna para a de serviço, mas tornam-se imaginárias quando você muda para o nível da mente composta. Neste nível, você está vivendo sua vida através da inspiração. Seu corpo é um veículo para a manifestação do propósito de sua alma, e seu ego está em perfeito alinhamento com a sua alma. Você tem um sistema de orientação perfeito para encontrar satisfação, e já não sente necessidade alguma de nada.

O medo mantém você nos níveis mais baixos de consciência e o amor ou a qualidade de sua conexão com os outros o mantêm nos níveis mais elevados de consciência. Simplesmente sendo grato pelo que você tem, reconhecendo que você não tem necessidades e sendo otimista sobre o futuro, você é capaz atingir os mais altos níveis de consciência.

O Processo de Maestria Pessoal

A maestria pessoal diz respeito a aprender a gerenciar a mente-ego. Ser humano significa automaticamente que a maestria pessoal é uma busca de toda a vida. E ela fica mais fácil à medida que você a pratica: porém, sempre haverá momentos em que você se encontrará fora do alinhamento. Você vai sempre estar descobrindo medos que estão esperando para serem resolvidos. À medida que você progredir em sua maestria pessoal, eles diminuirão, e aparecerão em sua vida com menos frequência.

Existem sete passos para se aprender a gerenciar ou dominar os seus medos conscientes e subconscientes. Pode levar algum tempo para se aprender o processo e as técnicas, mas uma vez que você os dominar, terá a confiança e a paz de espírito que vêm de saber que você pode chegar a um resultado positivo, não importa que situação surja em sua vida.

O propósito da maestria pessoal é trazer você de volta a um estado de estabilidade interna sempre que você sentir algum tipo de estresse emocional.

Passos na maestria pessoal:

1. *Libere suas emoções:* faça uma pausa enquanto permite que a energia emocional e a dor reprimidas se dissipem.
2. *Seja testemunha de si mesmo:* suba até o mezanino, e observe o que está acontecendo com você na pista de dança da vida.
3. *Identifique os seus sentimentos:* nomeie seus sentimentos e descreva-os para si mesmo em detalhes.
4. *Identifique os seus medos:* descubra quais as suas necessidades de deficiência não estão sendo atendidas e nomeie o medo que está causando o seu desprazer.
5. *Identifique as suas crenças:* desenvolva uma declaração de crenças sobre o que você acha que lhe falta, e do que você precisa.
6. *Questione as suas crenças:* diferencie entre percepção e realidade, e remodele as suas crenças.
7. *Determine as suas reais necessidades:* concentre-se sobre o que você quer que aconteça para voltar a um estado de estabilidade interna ou equilíbrio externo.

Se outras pessoas estiverem envolvidas na situação, você vai precisar adicionar mais três passos:

8. *Informe-se sobre as necessidades da outra pessoa:* seja curioso sobre as necessidades da outra pessoa, a fim de entender o que a está motivando.
9. *Comunique as suas necessidades:* identifique o que você precisa e faça um pedido para que a outra pessoa veja se ela está disposta a apoiá-lo no atendimento das suas necessidades.

10. *Dialogue:* tirem um tempo para ouvir um ao outro e explorem diferentes estratégias para atender as necessidades de todos. Isso requer paciência. Vocês podem descobrir que não são capazes de satisfazer as necessidades um do outro.

Você deve iniciar este processo de sete ou dez passos assim que puder, após experimentar qualquer forma de desprazer.

Há muitos níveis diferentes de desprazer que você pode experimentar. Todos envolvem emoções: em todos os casos você está lidando com um desequilíbrio energético que compromete a sua estabilidade interna e, portanto, a sua capacidade de ser feliz. Os diferentes níveis de desprazer que você pode experimentar variam da "resistência" à "fúria". E incluem: resistência, ansiedade, impaciência, frustração, raiva e fúria.

Você sente *ansiedade* quando se apega a crenças baseadas no medo de não ser capaz de satisfazer as suas necessidades de deficiência. Pessoas com graves crenças subconscientes baseadas no medo vivem em um constante estado de ansiedade. A ansiedade é um estado de desprazer subjacente que continua até que você seja capaz de dominar os seus medos subconscientes. Todos os outros "desprazeres" são situacionais.

Você experimenta um sentimento de *resistência* quando alguém quer que você faça algo que você não quer fazer, ou tem uma ideia que o afeta de uma forma que não está alinhada com a sua ideia. Assim que experimenta a resistência, você se sente fora de alinhamento. O desafio que você enfrenta após a sensação de resistência é o de expressar suas necessidades sem sentir que está comprometendo o seu relacionamento. A verdade da questão é que você vai estar comprometendo seu relacionamento se não expressar suas necessidades.

Você sente *impaciência* quando não é capaz de obter o que quer, quando quer, e sua ansiedade sobre um resultado ou consequência o domina.

Você experimenta a *frustração* – uma intensa insatisfação – quando acha impossível ter suas necessidades atendidas. Seja qual for o caminho que segue, você se sente bloqueado.

Você experimenta a *raiva* quando tem um sentimento de injustiça ou falta de justiça na forma como está sendo tratado pelos outros ou em uma situação que o avilta de alguma forma. Quando a raiva é contínua, ela leva à beligerância.

A *fúria* é a raiva incontrolável que dominou sua mente e seu corpo. Quando está furioso, você está fora de controle. A raiva que você sente nunca diz respeito à situação ou ao evento que está ocorrendo: a situação ou evento é apenas o gatilho que libera a raiva não expressa, acumulada durante anos. Onde quer que você esteja no espectro do desprazer – da resistência à raiva – você deve seguir o processo de maestria pessoal.

Obviamente, a quantidade de tempo gasto em liberar a energia de resistência será muito menor do que a quantidade de tempo gasto em liberar a energia da *fúria*.

Passo 1: Libere as suas Emoções

No momento em que você reconhece que está chateado, diga e faça o mínimo possível. Este não é o momento para a ação. É o momento de parar, esperar e liberar a dor ou o sofrimento que está ocorrendo. E que tomou posse de você. Sua mente racional não está mais inteiramente no controle. Não há nenhuma maneira de você ter suas necessidades satisfeitas enquanto estiver neste estado.

Para seu próprio bem, minimize o dano que você pode causar não dizendo e não fazendo nada. Faça uma pausa e respire profundamente, peça desculpas e encontre uma maneira de liberar suas emoções. Dê uma longa caminhada. Faça exercícios. Converse com um amigo. Espanque uma almofada. Se você estiver dirigindo, encontre um lugar onde você possa parar e faça uma pausa. Repito: não faça nada enquanto estiver neste estado. Você pode se arrepender em algum momento no futuro.

Se estou emocionalmente perturbado, e quero voltar a um estado de calma, faço a mim mesmo as seguintes perguntas:

- Como posso trazer alívio a esta situação, neste exato momento?
- Que necessidade eu tenho e que não está sendo atendida?
- Como eu criei esse desprazer?
- Que medo subconsciente me fez reagir dessa maneira?

Eu recomendo que você crie o seu próprio conjunto de perguntas: perguntas que são significativas para você, e fazem você se deslocar da liberação emocional para a reflexão cognitiva. Você precisa colocar a sua mente racional de volta em ação.

Passo 2: Seja Testemunha de si Mesmo

Assim que você se acalmar um pouco, entre no espaço de autotestemunho, e lembre-se de que tudo aquilo que você sentiu, foi você mesmo quem criou, por meio de seus pensamentos e crenças – pensamentos e crenças acumulados ao longo da vida. A outra pessoa não criou os seus sentimentos. Você os criou. Ninguém tem esse tipo de poder. Os outros simplesmente disparam o seu desprazer ou resistência emocional: eles não os causam. É tudo sobre você.

Assim que puder, faça a si mesmo as seguintes perguntas:

- O que meu *corpo* está sentindo neste momento? Tenho sensações físicas, tais como um nó na garganta, um nó no estômago ou um agudo senso de alarme?
- O que meu *ego* está pensando/sentindo neste momento? Eu me sinto assustado, com medo, inadequado, ignorado, oprimido, desprezado, rejeitado ou abandonado?

Observe como a sua consciência muda à medida que você faz cada uma dessas perguntas. Faça uma pausa após cada pergunta para reconcentrar a sua atenção.

O melhor momento para desenvolver sua consciência de testemunha é quando sua vida está indo bem. Faça a si mesmo a seguinte pergunta agora:

O que está vivo dentro de mim hoje?

Observe o que aparece para você. Qual foi a primeira coisa que veio à sua mente? Foi algo que você torce para que aconteça em breve? Foi algo que tem sido preocupante para você por muitos dias? O que quer que tenha sido, é aí que a sua consciência está focada neste momento.

Eu também pratico este processo com meus amigos quando nos encontramos, ou com parceiros no início do dia de trabalho. Eu lhes pergunto: "O que está vivo dentro de você hoje?".

Quando você sabe o que está vivo dentro de alguém você obtém imediatamente um vislumbre do que está acontecendo com ele, e qual o seu estado de espírito. Isto permite que você gerencie a sua relação sob a forma de apoio e carinho. Você pode emendar esta pergunta com: "O que você está ansioso para fazer hoje?" ou "O que você *não* está ansioso para fazer hoje?". Depois de aprender a testemunhar seus pensamentos e sentimentos quando está tendo um bom dia, torna-se mais fácil fazer isso quando se está tendo um dia ruim.

Outra abordagem que você pode usar a qualquer momento para entrar em contato com seus pensamentos ou sentimentos é perguntar a si mesmo:

> *Quais são os meus sentimentos mais imediatos quando eu penso sobre [escolha uma situação, pessoa ou assunto]? Estou ansioso, resistente, impaciente, frustrado, irritado, ou estou feliz, alegre, ansioso, animado, entusiasmado, etc.? (nomeie os sentimentos).*

Se você pensa mais do que sente, mude as perguntas para:

> *Quais são os meus pensamentos imediatos quando penso sobre (escolha uma situação, pessoa ou assunto)? Eu acho que isso é bom, mau, certo, errado ou nem me importo?*

Deixe que seus pensamentos guiem você até seus sentimentos. Ou, simplesmente, fique com seus pensamentos e pergunte a si mesmo se eles são pensamentos positivos ou negativos.

Mesmo quando você entende o processo de maestria pessoal, e sabe como se alcançar o autotestemunho, pode ser que não haja nada a fazer para segurar as emoções e sentimentos que irrompem por seu corpo e sua mente.

Lembro-me de estar recentemente chateado por causa do e-mail de um colega que desencadeou uma crença limitante que eu nem sabia que tinha. Mesmo com todos os meus conhecimentos sobre maestria pessoal, e percebendo que tinha criado este desprazer com minhas crenças, eu literalmente me peguei respondendo com um e-mail irritado. Eu não fiz uma pausa entre o fato gerador e a minha resposta.

Enquanto escrevia minha resposta, eu sabia que, caso enviasse aquele e-mail, teria que pedir desculpas a essa pessoa em algum momento no futuro, mas minha raiva era tanta que eu não tive como evitar. Eu não pude me conter. Eu me desculpei, alguns dias depois. Queria não ter feito isso, mas fiz, e aprendi alguma coisa com o ocorrido.

A maioria das pessoas não percebe que podem observar seus próprios sentimentos. Elas ficam completamente hipnotizadas pelos pensamentos que circulam em suas mentes. Elas se julgam e julgam os outros. Se têm um conflito real ou imaginário com alguém, suas mentes constantemente ensaiam o que vão dizer a esta pessoa quando a encontrarem novamente.

Quando está operando desta forma, você se sente e se comporta como uma vítima de suas circunstâncias. Você usa palavras e frases que sugerem aos outros que você não é responsável pelos infortúnios em sua vida. Você provavelmente estará à procura de alguém ou de algo para culpar. Este é um sinal claro de que você não está tomando posse de seus pensamentos, sentimentos e emoções. Você não está sendo responsável pela realidade que está criando. Você provavelmente não está nem ao menos ciente de que criou o seu desprazer.

Passo 3: Identifique os seus Sentimentos

Para se tornar apto a usar o seu próprio testemunho, você deve aprender a se tornar consciente do fluxo e refluxo dos sentimentos sutis (ou nem tão sutis) que compõem as suas emoções e os pensamentos que vêm junto com eles. Para fazer isso, você precisa desenvolver seu vocabulário de sentimentos.

A Tabela 9.1 fornece um breve léxico dos sentimentos que o seu corpo, ego e alma experimentam. Os sentimentos que criam leveza são movidos pelo alinhamento (amor, conexão ou energia revigorante) e os sentimentos que criam peso são movidos pelo desalinhamento (separação, medo ou energia desgastante).

Alguns, mas não todos os sentimentos do corpo, são movidos pelo estado de sua mente-ego e mente-alma, e alguns são movidos pelas necessidades fisiológicas não satisfeitas da mente-corpo.

Uma lista mais abrangente de sentimentos que você pode usar quando começar a observar seus sentimentos pode ser encontrada (em inglês) no web site do Novo Paradigma da Liderança (www. ....). Esta lista pode ajudá-lo a detectar precisamente o que está acontecendo dentro de seu corpo, do seu ego e da sua alma.

Passo 4: Identifique os seus Medos

Para trabalhar com seus medos, você precisa identificá-los, nomeá-los: você tem que trazê-los da escuridão do seu subconsciente para a luz da sua

Tabela 9.1 Exemplos de sentimentos do ego, corpo e alma

	Sentimentos		
	Mente-corpo	**Mente-ego**	**Mente-alma**
Leveza e alinhamento	Energético*	Disposto	Êxtase
	Revigorado	Amigável	Centrado
	Rejuvenescido	Feliz	Compassivo
	Renovado	Orgulhoso	Realizado
	Repousado	Satisfeito	Alegre
	Revivido	Seguro	Confiante
Peso e desalinhamento	Exaurido	Temeroso	Desolado
	Letárgico	Ansioso	Deprimido
	Distraído	Incomodado	Desapegado
	Sonolento	Impaciente	Triste
	Cansado	Invejoso	Perturbado
	Esgotado	Estressado	Retraído

consciência. Somente quando estiverem sob a sua consciência atenta é que estarão maleáveis à razão e à lógica.

Se você acaba de experimentar um pensamento, sentimento ou emoção negativos, pergunte a si mesmo:

- (Insira o seu nome como se estivesse falando consigo mesmo), Eu estou percebendo que você está irritado/chateado/impaciente/frustrado/triste/com inveja/deprimido (Escolha um sentimento negativo do ego que descreve o que está acontecendo dentro de você)?
- (Insira o seu nome), Qual é o medo ao qual você está apegado que causou esse pensamento, sentimento ou emoção negativo?
- Que necessidade você tem e que não está sendo atendida?

Uma das coisas que você pode fazer para colaborar com este processo é a realização de um inventário dos seus medos. Faça a si mesmo as três perguntas seguintes sobre a sua vida doméstica e, em seguida, sobre a sua vida profissional:

- Que medos eu tenho em relação à minha necessidade de segurança/saúde/dinheiro/proteção/sobrevivência em casa/no trabalho?
- Que medos eu tenho em relação à minha necessidade de amizade/atenção/conexão/amor/pertencimento em casa/no trabalho?
- Que medos eu tenho em relação à minha necessidade de confirmação/reconhecimento/incentivo/autoridade/respeito/poder/status em casa/no trabalho?

Quando tiver terminado o seu inventário, faça uma lista de seus medos.

Passo 5: Identifique as suas Crenças

Todos os seus medos são baseados em suas crenças subconscientes ou conscientes sobre o atendimento de suas necessidades de deficiência. Existem três tipos de crenças baseadas no medo que correspondem às nossas necessidades de deficiência.

- Eu não tenho segurança/saúde/dinheiro/proteção suficientes para satisfazer minha necessidade de sobrevivência e segurança.
- Eu não tenho atenção/conexão/amizade/contato físico suficientes para satisfazer minha necessidade de amor e de pertencimento.
- Eu não tenho encorajamento/incentivo/atributos positivos/poder/autoridade/status suficientes para satisfazer minha necessidade de respeito e reconhecimento.

Se você experimentou a falta de *proteção* durante a sua infância e foi incapaz de resolver a situação, expressando suas necessidades, você terá guardado a ansiedade ou a emoção que sentiu naquele momento sobre se sentir vulnerável ou abandonado. Esta crença baseada no medo subconsciente se manifestará em sua vida adulta como uma falta de confiança em relação aos outros e, possivelmente, como uma predisposição a querer controlar o que está acontecendo ao seu redor ou talvez como um desejo de se esconder do mundo.

Se você experimentou a falta de *amor* em sua infância e não conseguiu resolver a situação, expressando suas necessidades, você terá guardado a ansiedade ou a emoção que sentiu naquele momento sobre não se sentir aceito. Essa crença baseada no medo subconsciente irá se manifestar em seus relacionamentos adultos, como carência de afeto ou a necessidade de ser amado.

Se você experimentou a falta de *atenção* em sua infância e não conseguiu resolver a situação, expressando suas necessidades, você terá guardado a ansiedade ou a emoção que sentiu naquele momento sobre o sentir-se indigno. Esta crença baseada no medo subconsciente vai se manifestar mais tarde na sua vida adulta como uma necessidade de reconhecimento ou de apreciação, e uma predisposição para a busca pelo status, ou pela superação das expectativas.

Pegue a lista de seus medos criada no Passo 4, e coloque palavras em torno deles para torná-los uma declaração de crença. Vamos usar os exemplos anteriormente dados.

- Não tenho controle o suficiente para satisfazer minha necessidade de segurança.
- Não recebo amor o suficiente para satisfazer minha necessidade de pertencimento.
- Não recebo reconhecimento o suficiente para satisfazer minha necessidade de autoestima.

A declaração de crença que você criará deve indicar:

a) O que você não está recebendo em quantidade suficiente.
b) Que necessidade você possui e que não está sendo atendida.

Se o seu pensamento baseado no medo é "Ninguém gosta de mim", transforme-o em uma declaração de crença, dizendo: "Eu não recebo atenção suficiente para satisfazer minha necessidade de aceitação".

A Tabela 9.2 fornece alguns exemplos típicos de pensamentos que se transformaram em declarações de crença.

Passo 6: Questione as suas Crenças

A melhor técnica para questionar a realidade de suas crenças que conheço é chamada de "O Trabalho".[77] Este é um processo de autoinvestigação inventado por Byron Katie Reid.[78]

Byron Katie, como é conhecida, descobriu, depois de muito sofrimento pessoal, que, quando acreditava em seus pensamentos, ela sofria, mas quan-

Tabela 9.2 Declarações de Crenças

Pensamento	Declaração de Crença
Ninguém me ama	Eu não tenho ligações próximas suficientes para satisfazer minha necessidade de amor.
Eu não sou apreciado	Eu não recebo atenção suficiente para satisfazer minha necessidade de pertencimento.
Eu não sou bom o suficiente	Eu não sou reconhecido por outros o suficiente para satisfazer minha necessidade de autoestima.
Eu sou ignorado	Eu não sou ouvido o suficiente para satisfazer minha necessidade de respeito.
Eu sou um fracasso	Eu não obtenho reconhecimento suficiente para satisfazer minha necessidade de autoestima.
Ninguém me escuta	Eu não recebo atenção o suficiente para satisfazer minha necessidade de reconhecimento.

do não acreditava neles, ela não sofria, e que isto é verdade para todo ser humano. Em outras palavras, o sofrimento é opcional, e mudando sua atitude em relação a suas crenças você pode encontrar a liberdade. Ela aprendeu a se separar de seus pensamentos e a se tornar uma testemunha de si mesma.

Poucos dias depois de escrever o parágrafo acima, eu participei de uma discussão via redes sociais que foi uma perfeita ilustração da ideia de que crer em seus pensamentos pode causar sofrimento.

Eis a discussão:

De John:

> Esta manhã, achei uma pergunta em um dos Grupos LinkedIn.
> "Como é que os grandes líderes lideram a si mesmos no aqui e agora?"
> Eis uma cópia da resposta que encontrei de John.
>
> *Quero compartilhar o que está acontecendo no meu aqui e agora. Mas primeiro preciso contar uma história curta.*
> *Quando estava aprendendo a esquiar nos Alpes franceses, o meu instrutor de esqui, um francês baixinho, louco e totalmente adorável cha-*

mado Frank disse: "A única maneira de aprender é cometer erros. Se você não está caindo, não está aprendendo. Conte quantos erros você cometeu hoje e tente dobrar esse número amanhã".

Eu vivi segundo essa orientação de Frank, mergulhei de cabeça (literalmente) nas aulas e mesmo com muitos hematomas e machucados em todo o meu corpo, aprendi a esquiar.

Atualmente, não me sinto tão bem com este método de aprendizagem. Tenho cometido erros constantemente no último ano, e estou chateado e constrangido de ter que admitir que errei de novo.

No fundo do meu coração, eu sei que o processo é exatamente esse. Passar por isso não é muito divertido. Esse é o meu aqui e agora. Não parece lá muito bom.

De Richard:

O que faz a gente se sentir mal com um "erro" é o julgamento do ego. Da perspectiva do ego, o "erro" significa fracasso. Então, se você estiver operando a partir do seu ego, um erro é uma coisa "ruim" e significa que você "falhou" de algum modo. O ego gosta de julgar as coisas e, principalmente, julgar você.

Visto de uma perspectiva mais elevada, um erro não é uma coisa "ruim". É simplesmente o que é. É um evento que aconteceu e teve um resultado. Não há julgamento ligado ao resultado.

Quando você ensina seus filhos a andarem de bicicleta e eles caem repetidamente, tenho certeza de que você nunca disse: "Isso foi ruim. Você cometeu o mesmo erro novamente. Você está falhando".

Tenho certeza de que você disse: "Às vezes, é difícil aprender a fazer algo que você nunca fez antes. A única maneira de ter sucesso é se levantar e tentar de novo". Neste momento, você é conscientemente incompetente. Muito em breve, quando praticar mais, você vai se tornar conscientemente competente. E, então, quando você dominar o controle da sua bicicleta, você vai ser inconscientemente competente. "Você será capaz de fazer isso sem pensar, mas vai ter que praticar antes de poder fazer direito".

Erros e falhas são o que acontece quando você acredita em seus pensamentos.

O método de autoinvestigação de Katie Byron é baseado em quatro perguntas e em um processo chamado de "reviravolta". Você começa pela identificação de um pensamento ou crença relacionada a um tema que provoca ansiedade ou infelicidade.

As quatro perguntas são:

- Este pensamento/crença é verdade?
- Você pode ter certeza absoluta de que este pensamento/crença é verdade?
- Como você reage, e o que acontece quando você acredita que este pensamento/crença é verdade?
- Quem você seria sem o pensamento/crença?

Você pode usar esse método em si mesmo ou com outra pessoa. Escreva suas respostas, ou fale em voz alta, se estiver usando-o com alguém.

A "reviravolta" envolve pegar um pensamento e revertê-lo. Por exemplo, se o seu pensamento foi "Meu chefe não gosta de mim", inverta-o para que se torne "Meu chefe gosta de mim" ou transforme-o em uma declaração sobre você, tal como: "Eu não gosto de mim mesmo" ou "Eu não gosto do meu chefe". A finalidade da reviravolta é ver se você também pode perceber se alguns desses novos pensamentos são verdadeiros. Se forem, então você obtém imediatamente uma perspectiva que você não tinha considerado anteriormente, e que torna o pensamento original menos crível.

Quando você explorar a frase "Meu chefe não gosta", pense em todos os momentos em que seu chefe se conectou com você ou lhe ajudou. Quando você explorar "Eu não gosto de mim mesmo", pense nas formas pelas quais você critica a si mesmo ou nas maneiras em que você nega a si mesmo. Veja se isso se relaciona de alguma forma com o pensamento que você está projetando sobre o seu chefe. Quando você explorar "Eu não gosto do meu chefe", examine o que você não gosta sobre ele. Veja se isso se relaciona de alguma forma com o que você acredita que seu chefe não gosta em você.

A reviravolta realmente ajuda você a identificar suas projeções – os julgamentos que o seu ego não está disposto a aceitar acerca de si mesmo, que são projetados sobre uma outra pessoa de modo que o ego possa se sentir bem. O que quer que perturbe você no mundo exterior está frequentemente relacionado de alguma forma ao que chateia você sobre si mesmo.

Estou sugerindo que você use este método porque ele funciona. É uma ferramenta de autocoaching excelente. Ele funciona porque você pode usá-lo para questionar seus pensamentos, suposições e crenças, e isso ajuda você a perceber que pode ter uma velha crença que não está mais servindo, e você pode descobrir que ela não é mais verdadeira.

Como sempre, o objetivo desta autoinvestigação é descobrir suas suposições para que elas possam ser examinadas à luz do dia. Suas crenças ou suposições limitantes só possuem energia se permanecerem nos recantos sombrios de sua mente. A exposição constante à luz do dia fará com que suas crenças ou suposições limitantes gradualmente desapareçam. O que é negativo não pode sobreviver à luz.

Em última instância, você deseja chegar ao desprendimento de seus julgamentos internos a respeito daquilo que você considera que está acontecendo, e a respeito das suas ideias fixas sobre como as coisas têm que ser. Chamo isso de os "deve" e "não deve" da vida. Quando você acredita em coisas que têm de ser de certa forma, você bloqueia a espontaneidade, o entusiasmo e a inovação. A maneira mais rápida de superar esta atitude destrutiva é abraçar "o que é" sem julgamento e sem medo.

Em vez de assumir que seu chefe não gosta de você quando ele não retorna suas ligações ao longo de alguns dias, apenas deixe qualquer pensamento sobre a situação passar, especialmente pensamentos do tipo "Ele devia me ligar", ou qualquer ansiedade sobre "Por que ele não me ligou?".

Ele não ligou durante alguns dias, tudo bem. DEIXE ISSO PARA LÁ. Qualquer coisa pode ter acontecido. Ele pode estar sobrecarregado. Pode ter decidido tirar uns dias de folga e esqueceu de avisar. Ele pode até mesmo estar preocupado com o fato de que o chefe *dele* não liga para ele faz alguns dias. Você não tem a menor ideia sobre o que está acontecendo. Portanto, não invente nada. Isso é o que é: siga em frente com a sua vida.

Esta é também a melhor maneira de lidar com a sua resistência a uma ideia ou a algo que alguém quer que você faça. Quando você está à vontade com o que é, em vez de ficar julgando, a sua mente pode explorar as oportunidades que a situação pode oferecer. Você pode decidir, no final das contas, que essa ideia não lhe interessa ou que fazer o que a outra pessoa quer que você faça não atende às suas necessidades. Isso é bom, mas estar aberto às possibilidades é sempre o melhor caminho a seguir.

Quando você consegue aceitar o que é, sem julgamento, você retira a ansiedade e a preocupação da sua vida, e aprende a estar à vontade com a incerteza. Esta é uma das qualidades mais importantes que você precisa para lidar com a complexidade e aumentar sua resiliência pessoal. E ela se encontra no centro do nosso mundo quântico energético.

O Princípio da Incerteza de Heisenberg afirma que certas propriedades físicas, como posição e *momentum*, não podem ser ambas conhecidas. Quanto mais precisamente uma propriedade é conhecida, menos preciso é nosso conhecimento sobre a outra. O que eu quero dizer com isso é que a incerteza faz parte dos fundamentos de nossa existência. ACOSTUME-SE COM ELA. Não se estresse com isso, porque não faz bem. É mais fácil falar do que fazer, você poderia dizer. Sim. É verdade. Mas você tem uma escolha. Você pode escolher se preocupar com as coisas ou não. É sua escolha. Você quer estar no controle de suas emoções, ou você quer que elas estejam no controle?

A complexidade, por sua própria natureza, contém muitas incógnitas. A complexidade torna difícil prever o que vai acontecer. Se você não sabe o que vai acontecer, leia as energias na situação, explore as ideias sobre o que você acha que quer emergir, e sobre o que você acha que quer desaparecer. Faça planos de contingência para lidar com os resultados mais prováveis, e ao mesmo tempo trabalhe para aumentar sua capacidade de resistência no caso de algo inesperado acontecer. Isso é o melhor que você pode fazer.

> Quando você consegue aceitar o que é, sem julgamento, você retira a ansiedade e a preocupação da sua vida, e aprende a estar à vontade com a incerteza.

Passo 7: Determine suas Reais Necessidades

O propósito de se dar ao trabalho de questionar as suas crenças é descobrir o seu papel na construção da realidade que você criou. Em última análise, toda realidade interna – pensamento, crença, valor, mentalidade, sentimento, emoção – é algo que você criou consciente ou inconscientemente.

Visto da perspectiva do testemunho quântico, não há nada acontecendo em sua mente que não seja proveniente de sua mente-corpo, mente-ego ou mente-alma. Todas as necessidades que você tem enquanto está no mundo físico estão relacionadas a manter ou aumentar a estabilidade interna e o equilíbrio externo dessas mentes. As necessidades do seu corpo, ego e alma são dadas a seguir em ordem de prioridade:

A mente-corpo tem suas necessidades de sobrevivência fisiológicas, necessárias para proteger a sua saúde:

- Oxigênio.
- Água.
- Comida.
- Calor.
- Abrigo.
- Conforto.

A mente-ego tem suas necessidades básicas/deficiência:

- Sobrevivência – segurança e certeza.
- Relacionamentos – amor e pertencimento.
- Autoestima – respeito e reconhecimento.

A mente-alma tem suas necessidades de crescimento:

- Transformação – tornar-se autêntica.
- Coesão interna – descobrir sua missão/propósito de alma.
- Fazer a diferença – realizar sua missão/propósito de alma.
- Serviço – vivenciar a sua missão/propósito de alma.

Todas as outras necessidades são um subconjunto dessas necessidades. À medida que você pensar sobre as suas reais necessidades em uma situação específica, poderá determinar em qual categoria elas se encaixam.

As crenças baseadas no medo que estão causando transtornos se encaixam sob as deficiências de necessidades do ego. Este é um indicativo de que há trabalho a ser feito em sua maestria pessoal.

As necessidades que têm a ver com significado e propósito se encaixam sob as necessidades de sua alma. Este é um indicativo de que há trabalho a ser feito em matéria de coesão interna ou externa. As necessidades que têm a ver com a manutenção e o aumento da sua existência física se encaixam sob as necessidades do seu corpo.

Se você está lidando com uma situação que envolve uma outra pessoa, então há três passos adicionais que você precisa seguir.

Passo 8: Informe-se sobre as Necessidades da Outra Pessoa

Lembre-se sempre de que somos seres interdependentes. Se alguém está envolvido na situação, e essa pessoa está chateada porque não está tendo suas necessidades atendidas, você precisa aplicar sua capacidade de empatia e compaixão para gerenciar a situação. Para fazer isso, você precisa superar o seu próprio desprazer da maneira descrita anteriormente e tentar explorar o que a outra pessoa está sentindo e necessitando. Mesmo que você acredite que a outra pessoa está sendo rude ou agressiva, sempre será útil se conectar em um nível mais profundo.

É importante lembrar que os comportamentos da outra pessoa estão sempre ligados às suas necessidades. Quando as pessoas estão com medo de que suas necessidades não serão satisfeitas, elas entram em um estado emocional que as impede de comunicar claramente aquilo de que precisam. Elas estão reagindo com base nas suas emoções, e as emoções são sempre menos do que racionais. Seu trabalho é usar a sua compaixão para superar essas emoções, para ajudá-las a ter mais clareza sobre aquilo que necessitam.

Passo 9: Comunique as suas Necessidades

Depois que você permitiu que suas emoções se dissipassem (liberando as energias reprimidas), instaurou o autotestemunho (seu eu quântico), identificou seus sentimentos (entendendo as energias que estão se manifestando dentro de você), nomeou seus medos (trazendo-os para a luz do dia), identificou suas crenças (aquilo que você acha que está faltando e necessitando), questionou a realidade dos seus pensamentos e crenças (superando seus pressupostos), e tentou entender as necessidades da outra pessoa, o próximo passo é comunicar as suas necessidades. A melhor maneira que encontrei para fazer isso envolve uma técnica chamada Comunicação Não-Violenta (CNV) ou, alternativamente, Comunicação Compassiva.

A CNV, como é popularmente conhecida, é um processo desenvolvido por Marshall Rosenberg[79] e outros. É uma maneira de se comunicar com compaixão e clareza. Apoia-se em duas coisas:

- *Autoexpressão honesta* – expor o que importa para alguém de uma forma que possibilite inspirar a compaixão nos outros.
- *Empatia* – ouvir com compaixão. Empatia, como você deve se lembrar, é uma das principais formas de construção da coesão externa.

Um dos princípios centrais da Comunicação Não-Violenta é que tudo o que um ser humano faz (seja benigno ou prejudicial) é uma tentativa de satisfazer as suas necessidades (corpo, ego, alma). A CNV afirma que as necessidades são motivações subjacentes universais. Todos, em todos os lugares, experimentam as mesmas necessidades (necessidades do corpo, necessidades do ego e necessidades da alma). A CNV é um processo que coloca você em contato com essas necessidades.[80]

A CNV postula que o conflito entre indivíduos ou grupos é o resultado da falta de comunicação sobre as necessidades, geralmente devido à linguagem coercitiva ou manipuladora (por exemplo, induzindo medo, culpa, vergonha, elogio, dever, obrigação, punição ou recompensa).

As necessidades que estamos tentando satisfazer geralmente se encontram por trás do que dizemos querer realmente. Muitas vezes, expressamos o nosso "querer" como demandas. Você precisa ir mais fundo para descobrir as reais necessidades: se não fizer isso, você não vai encontrar uma solução. É por isso que é importante seguir o processo descrito anteriormente, para determinar as suas necessidades reais e ajudar as outras pessoas a fazerem o mesmo.

Um dos principais objetivos da CNV é criar uma situação na qual as necessidades de todos sejam atendidas até o limite máximo possível.

Para alcançar o entendimento mútuo, a CNV propõe que você se expresse em termos objetivos e neutros – falando a partir do seu próprio autotestemunho sobre suas observações, sentimentos e necessidades, ao invés de julgar em termos de bom e mau (a perspectiva do ego), ou certo e errado (perspectiva da alma).

Sempre que você se encontrar em uma situação na qual as suas necessidades não estiverem sendo atendidas e você quiser expressar o que não está funcionando para você, use as quatro etapas da Comunicação Não-Violenta:

1. Faça uma observação neutra que seja diferente de uma interpretação ou avaliação.
2. Expresse seus sentimentos sem razões ou interpretação.
3. Expresse suas necessidades de forma muito clara e concisa.
4. Faça um pedido de forma clara e concreta, sem sugerir uma exigência.

Os benefícios desta forma de expressão são:

- Você cria uma conexão de alta qualidade consigo mesmo e com seus sentimentos e necessidades.
- Você cria uma conexão de alta qualidade com os outros e suas necessidades.

Quando algo lhe causa desprazer, você tenta fazer uma declaração que segue o padrão da CNV – observação, sentimentos, necessidades e solicitação. Eis um exemplo do que você pode dizer para alguém com quem compartilha o escritório e é um bagunceiro.

> *John, quando vejo os seus livros espalhados no chão e parcialmente sobre a minha mesa, eu me sinto irritado porque preciso de mais ordem no espaço onde passo grande parte do meu dia. Você se importaria em gastar alguns minutos para colocar os livros que estão no chão nas prateleiras, e para tirar os livros da minha mesa antes do final do dia?*

Em uma situação de conflito, os praticantes da CNV escutam com muito cuidado e paciência a outra pessoa, e, quando apropriado, eles ecoam de volta o que ouviram traduzido em uma declaração sobre o que percebem ser os sentimentos e necessidades da outra pessoa.

Como estudante de CNV você aprenderá a se expressar com honestidade, sem atacar ou estar ligado a um determinado resultado que não seja a satisfação das necessidades de todos. Isso ajuda a minimizar a probabilidade de desencadear reações defensivas nos outros. Essas habilidades também irão ajudá-lo a formular pedidos claros. Essas habilidades são úteis com a família, amigos, alunos, subordinados, supervisores, colegas de trabalho e clientes, assim como com seus próprios diálogos internos quando você estiver usando seu próprio autotestemunho para explorar as necessidades do seu ego ou da sua alma. Aqui está um exemplo típico de autodiálogo – uma conversa entre o seu próprio autotestemunho e a mente-ego, usando técnicas de CNV.

Auto-observação sobre sentimentos:

> *(Insira o seu nome), percebo que depois daquele telefonema de Joe você está se sentindo frustrado.*

Descubra suas necessidades:

(Insira o seu nome), que necessidade você tem nesse momento que não está sendo expressa?

Autopedido:

(Insira o seu nome), pare por um momento e reflita sobre o medo ao qual seu ego está apegado e que está causando as emoções que você está sentindo. A crença ligada a este medo é realmente verdadeira? Você pode dizer com absoluta certeza que isso é verdade? Como você reage, e o que acontece quando você acredita que este pensamento é verdadeiro? Quem você seria sem este pensamento?

O que eu fiz aqui nesta autoinvestigação foi anexar ao final de meu diálogo CNV comigo mesmo um pedido para fazer "o Trabalho" (descrito anteriormente no Passo 6).

A CNV oferece habilidades práticas e concretas para manifestar o doar e receber da compaixão a partir de uma posição de interdependência e mutualidade. Quando você aplica a si mesmo essas habilidades, elas apoiam a sua coesão interna. Quando você usa essas habilidades com os outros, elas apoiam a coesão externa. As quatro competências essenciais do modelo da CNV são:

- *Diferenciar a observação da avaliação:* ser capaz de observar cuidadosamente o que está acontecendo, independentemente da avaliação, e especificar com precisão os comportamentos e as condições que estão afetando você.
- *Diferenciar sentimento de pensamento:* ser capaz de identificar e expressar os estados sentimentais internos de uma forma que não implique julgamento, crítica ou culpa.
- *Conectar-se com as necessidades:* conectar-se com as necessidades/valores humanos universais que não estão sendo atendidos em relação ao que está acontecendo e a como você está se sentindo.
- *Solicitar o que você quer:* pedir o que você deseja de uma forma clara e detalhar especificamente o que você quer/deseja (e não o que não quer), de uma forma que seja verdadeiramente um pedido, não uma exigência.

Essas habilidades enfatizam a responsabilidade pessoal por seus sentimentos e comportamentos, assim como as escolhas que você faz. Com a CNV você aprende a ouvir suas próprias necessidades mais profundas e as dos outros, e a identificar e articular claramente o que é "vivo em você". Quando você se concentra em esclarecer o que está sendo observado, sentido, necessitado e desejado, em vez de diagnosticar, julgar e culpar, você descobre a profundidade de sua própria compaixão. Através da sua ênfase na escuta profunda – de nós mesmos e dos outros – a CNV promove atenção, respeito e empatia, e gera um desejo mútuo de dar com o coração. A fórmula é simples, mas poderosamente transformadora.

O que percebi por mim mesmo é que quando eu pratico a CNV, isso me permite entrar em contato com meu eu autêntico. Isso me permite assumir a responsabilidade por minhas emoções e sentimentos, e declarar o que estou sentindo, sem medo. Eu digo coisas como:

Percebo que estou sentindo alguma resistência à sua ideia e eu me pergunto por quê? Ou,

Estou observando a raiva borbulhando dentro de mim e estou questionando o que é isso?

Esta maneira de ser e estar consigo mesmo é muito libertadora, especialmente nas relações pessoais, porque nos convida a uma conversa.

Passo 10: Dialogue

O uso da CNV não exige que a pessoa com quem você está se comunicando seja alfabetizada na CNV, nem mesmo que esteja motivada a se relacionar com você de uma maneira compassiva. Se nos atemos aos princípios da CNV – com a única intenção de dar e receber compassivamente – e fazemos todo o possível para deixar a outra pessoa saber que este é o único motivo, ela se juntará a você no processo, e, eventualmente, vocês entrarão em um diálogo compassivo, que servirá de apoio mútuo. A compaixão inevitavelmente floresce quando nos mantemos fiéis aos princípios e processos da Comunicação Não-Violenta.[81]

Eis um exemplo de uma conversa com alguém que está chateado, e não conhece a CNV, com uma pessoa que é um praticante de CNV. Vamos voltar ao exemplo dos livros no escritório:

John: "Mark, quando vejo seus livros espalhados no chão e parcialmente sobre a minha mesa, sinto-me irritado porque preciso de ordem em meu espaço de trabalho. Você estaria disposto a manter nosso escritório mais arrumado?"

Mark: "Escuta, John, existem prioridades no dia. Temos de atender aos clientes e cumprir as metas. Estou muito ocupado. Talvez se você estivesse menos preocupado com alguns livros espalhados e mais concentrado em fechar o negócio no qual estamos trabalhando, isso não seria um problema."

John: "Você parece estar ansioso com relação ao negócio e precisa ter certeza de que ele vai ser fechado. É isso que está acontecendo com você?"

Mark: "É, faz semanas que você vem me dizendo que vai fechar o negócio, e enquanto isso fica aí mexendo no projeto do produto. Já está bom. É hora de mandá-lo para o mercado. Vamos começar a falar do que realmente importa – os negócios."

John: "Então, percebo que você quer ver algum progresso com os clientes. Você se importaria de ouvir meus planos sobre como vamos fechar o negócio?"

Mark: "Claro."

John: "O cliente retornou com algumas perguntas detalhadas sobre o projeto na semana passada. Eu percebi que precisávamos adaptar as especificações para deixar ele feliz. Estava preocupado que se mostrássemos o protótipo sem essas alterações ele não assinaria o contrato e o negócio todo desmoronaria. Eu tenho que terminar o protótipo atualizado até amanhã e tenho uma reunião com o cliente na sexta. Eu também quero assinar o contrato. Isso lhe dá a segurança que você precisa?"

Mark: "Claro. Só termine isso no prazo."

John: "Então, eu quero respeitar suas necessidades e espero que você respeite as minhas. Vamos ser claros – ambos estamos trabalhando pela mesma possibilidade de promoção. Já que estamos trabalhando com o mesmo cliente, temos de encontrar um modo de trabalhar colaborativamente. Se esse negócio der errado, nenhum de nós ganha a promoção. A gerência pode sempre contratar alguém de fora."

Mark: "Sim, ambos temos de estar no nosso melhor para que isso aconteça."

John: "Exatamente. Eu me sentiria mais motivado com um escritório arrumado. Sei que você não trabalha da mesma forma, mas as pessoas são diferentes, e têm necessidades diferentes. Se trouxermos outra estante para o escritório, você poderia organizar seu material?"

Mark: "Claro. O que for preciso. Vamos em frente."

O que demonstrei com esse diálogo é a dança entre a expressão honesta e a escuta empática, assim como o foco nas necessidades subjacentes que causam comportamentos específicos.

A CNV não é um processo linear. Também não é um meio de manipular os outros para conseguir que eles façam o que você quer que eles façam. É um processo para expressar o que está acontecendo dentro de você, para descobrir o que está acontecendo com a outra pessoa, e então determinar se ambos podem ter suas necessidades atendidas. O diálogo pode levar um tempo para se concluir, portanto não apresse as coisas.

Quando somos pacientes com o processo, as estratégias para se resolver um problema geralmente surgem com facilidade. É comum as pessoas serem resistentes às soluções, porque:

a) não expressaram completamente suas necessidades.
b) Não confiam no fato de que você compreende e valoriza as suas necessidades.

É por isso que é importante buscar a clareza e resumir sua compreensão do que você acha que elas precisam.

Quando exigimos à força uma ação por parte de alguém, essa pessoa pode sentir que precisa aceitar isso. Esta dinâmica geralmente acontece onde há um diferencial de poder entre duas pessoas (chefe/empregado, pai/filhos, cônjuge que trabalha/cônjuge que fica em casa). Quando uma pessoa aceita com um ressentimento subjacente, você pode ter certeza de que esses sentimentos vão ressurgir de outras formas; por exemplo, em comportamentos passivo-agressivos nos quais a pessoa evita ou atrasa o atendimento das suas necessidades por meio de não-cooperação subversiva.

A CNV nos fornece um processo dialógico para trabalharmos juntos para atingir potencialmente as necessidades de ambos.

Os Estágios da Maestria Pessoal

A chave para a maestria pessoal, como já disse, é a habilidade de identificar, compreender e nomear os seus medos subconscientes. A não ser que você traga esses medos para a consciência, não será capaz de dominá-los. Há quatro estágios envolvidos na maestria pessoal (Veja a Figura 9.1).

Antes de saber quais são os seus medos, você se encontra na zona de *incompetência inconsciente*. Você não sabe que não sabe. As habilidades de autocoaching que discuti anteriormente neste capítulo, e o feedback que identifica seus pontos cegos destinam-se a apoiá-lo na descoberta dos seus medos subconscientes, trazendo-os para sua consciência.

Depois de identificar, compreender e nomear os seus medos subconscientes, você alcança a zona de *incompetência consciente*. Agora você já sabe o que não sabia, mas não sabe o que fazer a respeito. Este é o momento em que você pode precisar da ajuda de um coach, alguém que pode apoiá-lo na mudança de suas crenças e comportamentos.

Durante o período em que você está aprendendo a mudar e adotar novos comportamentos, você permanece na zona de *competência consciente*. Você pratica a nova maneira de ser, mas ainda não domina as habilidades.

	Inconsciente	Consciente
	Feedback →	
Incompetente	Inconscientemente incompetente	Conscientemente incompetente
Competente	Inconscientemente competente	Conscientemente competente
	← Prática	Coaching ↓

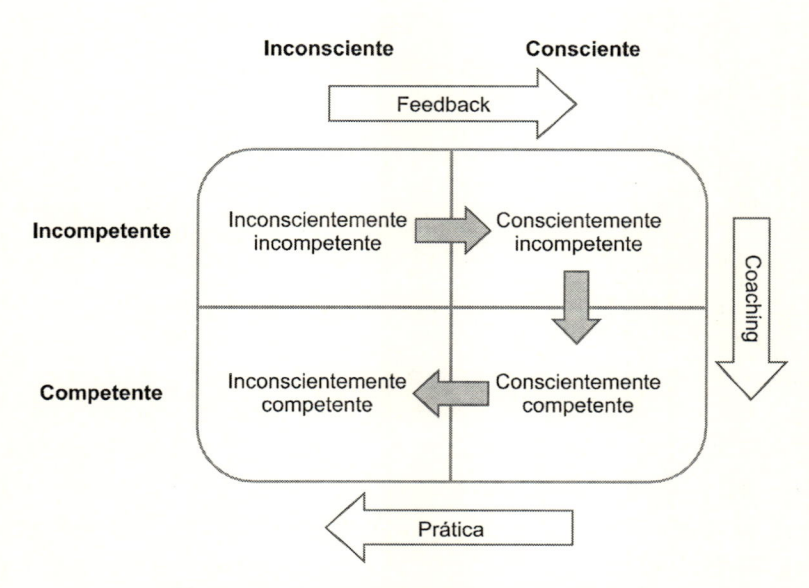

Figura 9.1 O processo da maestria pessoal.

Depois de dominar os novos comportamentos você avança para a zona de *competência inconsciente*. Os novos comportamentos se tornaram automáticos. Você ainda pode ser instigado por suas crenças baseadas nos medos subconscientes, mas agora você é capaz de fazer uma pausa entre o fato gerador e sua reação, de modo que possa responder à situação de uma forma afirmativa da vida.

Compreendendo o Estresse

O estresse está fortemente relacionado com a capacidade de maestria pessoal. Quanto menor a sua maestria, mais estresse você vai experimentar. O estresse pode ser uma bênção ou uma maldição.

O estresse é uma bênção quando cumpre a sua função normal de curta duração biológica de colocar o seu corpo em um estado químico de prontidão para "lutar ou fugir". Luta ou fuga é a reação instintiva da mente-corpo diante de um risco de vida ou de uma situação induzida pelo medo. Se eu acidentalmente pisar em uma cobra, meus instintos imediatamente preparam meu corpo para a ação. O medo que eu sinto pode ajudar a salvar minha vida.

O estresse é uma maldição quando se torna endêmico dentro do seu modo de vida. Sempre que a mente-ego acredita que é incapaz de responder adequadamente a uma situação ou ameaça, seja real ou imaginária (seja lutando ou fugindo), ela se adapta à situação internalizando o medo. Isto é conhecido como a Síndrome Geral de Adaptação (SGA).

A SGA é uma ameaça à sua saúde porque o medo que você internalizou o coloca em um estado de ansiedade e faz com que a mente-corpo produza as substâncias químicas necessárias para prepará-lo para lutar ou fugir. A produção constante destas substâncias químicas perturba o funcionamento normal do corpo. Como resultado, se a nossa ansiedade (medo internalizado) sobre uma situação persistir por um longo período de tempo, desenvolvemos condições como úlceras, diabetes e problemas do sistema digestivo e cardiovascular, além de doenças mentais. O funcionamento da glândula adrenal e o sistema imunológico também ficam comprometidos.

Os efeitos do estresse sobre o corpo são os seguintes:

- O sangue é desviado para o cérebro e os grandes grupos musculares, e para longe das extremidades, da pele e dos órgãos que não estão servindo ao corpo.

- Uma área próxima ao sistema cerebral, conhecida como o sistema de ativação reticular, entra em ação, causando um agudo estado de alerta, bem como aprimora a audição e a visão.
- Os compostos energéticos de glicose e ácidos graxos são liberados na corrente sanguínea.
- Os sistemas imunológico e digestivo são temporariamente fechados.

O estresse também pode levar à depressão. A depressão ocorre quando os medos do ego impedem você de atender às necessidades da alma.

Da resistência à impaciência; da frustração à raiva e da raiva para a fúria, o medo do ego de não ter suas necessidades atendidas é a origem do seu estresse. Quando o estresse persiste, ele se torna uma ameaça para sua vida. É por isso que a maestria pessoal e o aprendizado da mudança para um nível superior de consciência, tornando-se uma personalidade anímica, são tão importantes. Eles mantêm a sua boa saúde, ajudando você a gerenciar seus medos, e fornecem estratégias que permitem evitar ou minimizar o estresse.

> O medo do ego de não ter suas necessidades atendidas é a origem do seu estresse.

Fundamentalmente, o estresse é uma questão de adaptação. Ficamos estressados quando acreditamos que:

a) não seremos capazes de nos adaptarmos para atender às necessidades de uma situação;
b) não seremos capazes de atender a uma demanda colocada sobre nós por nós mesmos (o ego ou a alma); ou
c) seremos incapazes de atender a uma demanda colocada sobre nós por outra pessoa.

O estresse se torna mais agudo quando a outra pessoa representa uma figura de autoridade em nossa vida – nossos pais ou nosso chefe.

Nós agravamos o estresse com a raiva, quando sentimos que não podemos nos livrar dele. Em outras palavras, quando somos incapazes de adaptar nosso comportamento (enfrentar nossos medos) para renegociar uma demanda ou enfrentar uma ameaça, ficamos com raiva de nós mesmos. Quando não temos as habilidades de comunicação para lidar com uma situação, nada dizemos, internalizamos a raiva, e a projetamos para o mundo quando parecer seguro fazê-lo, geralmente diante de membros de nossa família, subordinados ou colegas de trabalho.

Quando a demanda com a qual nos sentimos incapazes de lidar é uma necessidade da alma, nós voltamos a raiva para dentro de nós mesmos, e desencadeamos a depressão.

O estresse, como qualquer outra reação interna, sempre diz respeito à sua habilidade para lidar com a adaptação. Nunca tem a ver com o que está acontecendo em seu mundo externo – diz respeito à sua *crença* na sua incapacidade de lidar com o que está acontecendo em seu mundo exterior. Eventos externos acionam nossas reações internas: as reações de sua mente-ego, e as reações de sua mente-corpo.

Você deve se lembrar do Capítulo 1, quando dissemos que os átomos mantêm a sua estabilidade interna, mantendo seus campos eletromagnéticos em equilíbrio; as células mantêm sua estabilidade interna, mantendo sua composição química em equilíbrio (homeostase) e os seres humanos mantêm a sua estabilidade interna, mantendo suas emoções em equilíbrio. Já que vivemos em um corpo humano, composto de átomos e moléculas sob a forma de células e órgãos, controlado por uma mente do ego e da alma, há sempre vários níveis de equilíbrio ocorrendo ao mesmo tempo.

A melhor maneira de ajudar o seu corpo (átomos, moléculas, células e órgãos) a manter a sua estabilidade interna é gerenciando as necessidades de seu ego e as necessidades de sua alma. Isso se torna mais fácil à medida que você muda da consciência do ego para a consciência da alma.

Você pode progredir ainda mais se aprender a mudar da mente do ego/alma para a mente composta, onde a mente-corpo, a mente-ego e a mente-alma se encontram. Esta é a arena da mente do quantum energético – lar da totalidade do ser. Podemos experimentar esse nível de consciência, que fica além do pensamento e da emoção, quando aprendermos a meditar.

Herbert Benson, professor de Medicina de Harvard, é uma autoridade reconhecida em medicina de corpo/mente. Benson é mais conhecido por seu trabalho pioneiro sobre as propriedades curativas da "resposta de relaxamento"[82] – a aplicação de técnicas de meditação para a cura e a redução dos efeitos nocivos do estresse.

A meditação é uma disciplina mental para se alcançar um profundo estado de relaxamento, no qual você pode experimentar a consciência sem conteúdo – sem pensamento, sem crença, e, portanto, sem qualquer objetivo pessoal pressionando a sua mente. Você pode parar de usar os filtros mentais para encontrar sentido no que está acontecendo. A meditação dá a sua mente um período de férias. Você vai descobrir que quanto mais férias meditativas você tirar, mais você vai desejar, e mais você irá apreciá-las.

Quando estamos acordados, estamos conscientes. Temos consciência *com* um propósito. Quando meditamos, temos a consciência *sem* um propósito. Os pensamentos podem vir, mas nós não atribuímos significado a eles. E como não lhes damos energia, eles desaparecem novamente.

Um dos benefícios mais importantes da meditação é que ela aumenta a sua capacidade intuitiva. Ela nos leva temporariamente para fora do reino das necessidades (consciência do ego e da alma), para o nível de existência quântico, onde não há medo, ansiedade ou raiva.

É importante lembrar que a ansiedade, o medo e a raiva são escolhas que são feitas em algum nível da sua mente. A meditação leva você a um campo de energia que está além dessas escolhas – até um lugar de ser no qual tudo existe em todas as suas possibilidades. A disciplina da meditação ensina que você pode ser responsável por suas escolhas; você pode demonstrar para si mesmo que pode experimentar uma realidade diferente, simplesmente optando por fazê-lo.

Reduzindo o Estresse

Mesmo que às vezes possa parecer o contrário, o estresse não é uma doença incurável. É algo que você pode reduzir e, eventualmente, eliminar. Mas, antes de eliminá-lo, provavelmente você vai ter que aprender a lidar com ele. À medida que você se torna mais hábil em administrá-lo, ele irá gradualmente se dissipar. Existem várias abordagens comerciais para reduzir o estresse:

a) através da meditação,[83] e
b) através do biofeedback.[84]

Uma das melhores maneiras de começar a reduzir o estresse é aplicar os passos 2 a 7 do programa de maestria pessoal descrito anteriormente neste capítulo. Comece examinando os sentimentos de fundo associados com as suas ansiedades. Este processo ajuda a identificar os seus medos e a questionar a sua validade. Este processo também permite que você identifique as suas necessidades.

Após ter feito este trabalho, você pode tomar as medidas necessárias para satisfazer as suas necessidades. Se você estiver em um ambiente de trabalho, algumas das coisas que você pode tentar para reduzir o estresse são:

- Assegurar-se de que o seu trabalho está de acordo com suas capacidades e recursos.
- Encontrar maneiras de mudar o que você faz para que elas forneçam significado, estímulo e oportunidades para que você use suas habilidades.
- Fazer com que o seu chefe defina claramente o seu papel e as suas responsabilidades.
- Falar com seu chefe sobre oportunidades de participar das decisões que afetam o seu trabalho.
- Melhorar a comunicação e reduzir a incerteza sobre o desenvolvimento de sua carreira.
- Buscar oportunidades de aumentar o seu nível de interação social com seus colegas de trabalho.
- Verificar se o seu horário de trabalho é compatível com as exigências e responsabilidades que você tem fora do seu trabalho.

NOTAS

75 Esta é a mudança da tomada de decisões baseadas em crenças subconscientes para a tomada de decisões baseadas em crenças conscientes.
76 Valores são "ideais pelos quais as pessoas possuem uma consideração afetiva – podem ser positivos ou negativos".
77 Byron Katie. *Loving What Is: Four Questions That Can Change Your Life*. New York: Three Rivers Press, 2002.
78 www.byronkatie.com.
79 Marshall Rosenberg. *Comunicação não Violenta*. Editora Ágora, 2006.
80 www.cnvc.org
81 Para mais informações sobre CNV, e para um programa de aprendizagem on-line, visite www.cnvc.org/en/online-learning/online-learning (em inglês).
82 Herbert Benson. *The Relaxation Response*. New York: HarperCollins, 1975.
83 http://www.centerpointe.com/
84 http://www.heartmathstore.com

10

Coesão Interna

A coesão interna envolve a aprendizagem de como alinhar as crenças do ego com os valores da alma, e de como alinhar as energias do seu ego com o propósito da sua alma. Trata-se da ligação desses dois aspectos de sua personalidade em um todo único e indiferenciado. Se você tiver alcançado algum grau de maestria pessoal, a coesão interna geralmente ocorre entre os 40 e 50 anos. A coesão interna pode ser acelerada por meio de práticas espirituais, como a meditação e a yoga. Ao contrário da coesão interna, a maestria pessoal é menos dependente da idade. Você pode começar a trabalhar em sua maestria pessoal tão logo reconheça que as emoções estão causando dor em sua vida.

Pré-condições

Há duas condições prévias para a coesão interna:

- Maestria pessoal.
- Individuação.

Maestria Pessoal

É impossível alcançar a coesão interna a menos que você tenha atingido um nível significativo de maestria pessoal. Você deve ser capaz de gerenciar, dominar ou liberar as crenças subconscientes baseadas no medo que influenciam a tomada de decisão consciente e subconsciente do ego antes de poder atingir um nível significativo de coesão interna. Gerenciar suas crenças subconscientes baseadas no medo significa ser capaz de retornar a um estado de calma dentro de 24 ou 48 horas depois de sentir resistência, impaciência, frustração ou raiva.

Individuação

Nossos pais, com todas as boas intenções, impuseram sobre nós as suas crenças, padrões e expectativas, ou a falta deles, estejam eles conscientes disso ou não. No momento em que atingimos a idade adulta, já fomos completamente condicionados por nosso ambiente familiar e pela cultura na qual fomos educados. Somos completamente inconscientes do condicionamento da mente e da lavagem cerebral que ocorreu durante a nossa infância e adolescência. Começamos nossa vida adulta com um conjunto de crenças e pressupostos que possuímos, mas que não são nossos.

Descobrir quem realmente somos, sem esse condicionamento, é chamado de individuação. É preciso coragem para se individualizar, especialmente se você é próximo de seus pais e irmãos, porque quando você desafia suas crenças e suposições, também os está desafiando. Manter-se de pé e expressar as *suas* necessidades (aquilo que *você* valoriza e acredita) não é fácil em tais circunstâncias. No entanto, é isso que é necessário se você estiver caminhando para a individuação.

A individuação é a maneira de se iniciar o processo de descoberta do seu verdadeiro eu. Você descobre o que está escondido em sua psique e a torna conhecida por si mesmo e pelos outros.

Estágios no Desenvolvimento da Coesão Interna

Existem seis estágios envolvidos no desenvolvimento da coesão interna:

- Mudar para a tomada de decisão baseada em valores.
- Compreender suas motivações.
- Compreender seu propósito.
- Descobrir sua missão.
- Criar uma visão.
- Alinhar-se com o seu trabalho.

Mudar para a Tomada de Decisão Baseada em Valores

Expliquei os princípios associados à tomada de decisão baseada em valores no Capítulo 6.

- O pensamento precede a ação – refletimos sobre os valores que acreditamos que vão nos permitir ter as nossas necessidades satisfeitas e tomar decisões de acordo com eles.
- As decisões tomadas não são baseadas em experiências passadas. Elas são baseadas no futuro que queremos construir.
- Nós estamos no controle de nossas ações e comportamentos.
- Nós podemos consultar outras pessoas para apoiar e melhorar a nossa tomada de decisão.

A tomada de decisão baseada em valores começa com a identificação dos valores que são mais importantes para você, com a compreensão das crenças que suportam esses valores, e com a identificação dos comportamentos que demonstram que você está vivenciando esses valores. Por exemplo, os três valores mais importantes da minha vida no momento são: criatividade, clareza e compaixão.

Eu criei a Tabela 10.1 para me ajudar a entender por que esses valores são importantes para mim e como eles se parecem quando estão em ação. Para ter clareza sobre seus próprios valores, consulte a lista de valores/necessidades[85] no web site do Novo Paradigma de Liderança e escolha três que são importantes para você em sua vida doméstica e três que são importantes para você em sua vida profissional. Sinta-se livre para usar qualquer outro valor/necessidade, se você não os encontrar na lista. Em seguida, crie uma tabela semelhante à Tabela 10.1 para a sua vida familiar e para sua vida profissional, escolha os seus valores; preencha suas crenças sobre seus valores, e, em seguida, preencha os comportamentos que irão apoiá-lo em vivenciar os seus valores.

Agora que você identificou os três valores mais importantes na sua vida familiar, e os três valores mais importantes na sua vida profissional, juntamente com as crenças e comportamentos relacionados, escreva-os em um pequeno cartão, plastifique-o, e mantenha o cartão onde você possa lê-lo todos os dias. Compartilhe seus valores com a família ou com seus colegas de trabalho. Peça a seus familiares e colegas para ajudá-lo a vivenciar seus valores sinalizando quando você estiver fora de alinhamento, e peça que eles sugiram como você pode melhorar.

O que você está tentando fazer é destacar os seus valores, dando a eles um papel mais importante na sua tomada de decisão. Efetivamente, quando

Tabela 10.1 Valores, crenças e comportamentos

Valores	Crenças	Comportamentos
Clareza	Clareza é importante para mim porque apoia a minha escrita e me permite tomar boas decisões.	Ler muito, explorar muitos pontos de vista, estar aberto ao feedback, sintetizar várias fontes de informação.
Criatividade	A criatividade é importante para mim porque faz com que eu me sinta vivo e me leva mais próximo da minha alma.	Parar de fazer tudo e criar tempo para reflexão, ouvir atentamente a minha intuição, manter minha mente aberta.
Compaixão	A compaixão é importante para mim porque me ajuda a me sentir conectado e apoiando os outros.	Ficar em silêncio, ouvir atentamente, compreender minhas necessidades e as dos outros, abraçar o perdão.

você usa os seus valores desta forma, eles se tornam suas necessidades e suas necessidades são a sua motivação. Você começa a viver sua vida por meio de seus valores e não de suas crenças. Quando você usa seus valores para a tomada de decisão isso lhe aproxima da sua alma e constrói a sua autenticidade.

Outra maneira de explorar os seus valores é realizar a Avaliação de Valores Pessoais, disponível no site do Novo Paradigma da Liderança. Essa avaliação necessita que você escolha os dez valores mais importantes em sua vida pessoal. O resultado da avaliação mostra os níveis de consciência nos quais você se concentra e explora em detalhes os diferentes tipos de valores que você escolheu.

> Valores são universais. Eles são conceitos humanos que transcendem os contextos.

Valores são universais. Eles são conceitos humanos que transcendem os contextos. Os comportamentos são sempre contextuais. Em outras palavras, pessoas em países diferentes podem ter os mesmos valores, mas os exibem de maneiras muito diferentes. O mesmo é verdadeiro nas organizações. Uma empresa pode funcionar com quatro ou cinco valores declarados, mas os comportamentos que apoiam os valores podem ser diferentes em diferentes departamentos – finanças, vendas, produção, pesquisa, etc.

Em última análise, o objetivo na construção da coesão interna é desenvolver seu eu autêntico – vivendo em alinhamento com os valores que o apoiam para que você se torne tudo o que você vier a ser. A tomada de decisão baseada em valores ajuda você a alcançar esse objetivo.

À medida que você abandona as crenças (pressupostos) que aprendeu em seus anos de formação, precisa substituí-las com um sistema de orientação próprio e único. Isso significa entender e focalizar os valores que são importantes para você – os valores de sua alma.

Compreender suas Motivações

O propósito de entender suas motivações é deixar bem claro por que você faz o que você faz. Por exemplo, por que você vai trabalhar todo dia?

Você vai trabalhar para ganhar dinheiro para sobreviver? Você vai trabalhar pela camaradagem? Você vai trabalhar por causa da sensação de autoridade, status ou poder que você recebe? Você vai trabalhar pelo desafio de aprender e fazer coisas novas? Você vai trabalhar para encontrar sentido em sua vida? Você vai trabalhar para fazer a diferença? Você vai trabalhar para servir à humanidade? Cada uma dessas motivações corresponde a um nível diferente de consciência, que é um reflexo das suas necessidades. Tudo o que fazemos a cada dia, e cada plano que fazemos é em busca de uma necessidade.

Pare por um instante e pergunte a si mesmo, neste momento no tempo, por que você vai trabalhar? No final, você pode decidir que vai trabalhar para se divertir e ter prazer. Não há respostas certas. Há apenas aquilo que o motiva. Qual é a sua principal motivação a respeito de seu trabalho?

Se você não trabalha, se você é um estudante, aposentado, ou simplesmente não precisa trabalhar, então faça a mesma lista de perguntas sobre por que você faz o que faz todo dia.

A razão de eu estar lhe fazendo estas perguntas é para que você possa ter uma compreensão clara de por que você faz o que faz e quais os níveis de consciência nos quais está operando. Você está focado em satisfazer as suas necessidades de deficiência ou as necessidades do seu crescimento? Ter mais clareza sobre quais são suas necessidades ajuda você na tomada de decisões.

Compreender o seu Propósito

A primeira vez que você experimenta o "propósito" em sua vida é quando você atinge um objetivo que o apoia no atendimento das suas necessidades de deficiência. É algo que você deseja ou dá valor: geralmente é uma necessidade que tem um resultado específico. Você sabe que tem um propósito quando sente uma sensação de urgência ou de compromisso em torno da necessidade que está tentando satisfazer, e sua realização lhe traz um sentimento de satisfação ou felicidade. Para os mais jovens, conseguir um emprego depois de se formar na escola ou na faculdade é um objetivo primordial. Se você tem uma meta do ego – um objetivo focado em satisfazer uma das suas necessidades de deficiência – e consegue satisfazê-la, você experimenta uma sensação de realização que normalmente será de curta duração. Você rapidamente avança para a sua próxima meta, e desenvolve um novo propósito.

Para muitas pessoas, a "família" é o propósito fundamental. Elas são dedicadas a seus companheiros e filhos. Atender às necessidades de sua família lhes traz grande alegria, porque é assim que elas fazem a diferença no mundo. O trabalho para essas pessoas pode ser um meio para se atingir um fim – obter uma boa renda para que possam atender às necessidades de sua família.

Às vezes, as pessoas fazem do "trabalho" (e não da família) o seu objetivo principal. Elas são mais dedicadas ao que fazem todos os dias fora de casa do que dentro dela. Isto pode levar a problemas de família, se você não mantiver o equilíbrio. Quando você faz do seu trabalho uma prioridade, e é incapaz de passar tempo de qualidade com o seu cônjuge ou com os seus filhos, seus relacionamentos começam a sofrer. Encontrar o equilíbrio certo entre a vida profissional e a vida familiar é extremamente importante se você quiser encontrar a alegria duradoura.

Pouco importa quais são os seus propósitos, o que importa é que você tenha clareza sobre onde estão concentradas as suas energias, e quais as prioridades que você tem em sua vida.

O propósito, no contexto que descrevi, muitas vezes está relacionado a elevar uma das necessidades e deficiências do seu ego para um novo nível – indo além de sobreviver e prosperar; construindo um poderoso e positivo relacionamento com as pessoas a quem ama, e tornando-se o melhor que puder em seu campo de trabalho.

Por exemplo, em meus vinte anos, eu estava focado em conseguir uma formação de primeira classe em engenharia civil. Depois disso, concentrei-me em me tornar um membro associado do Instituto de Engenheiros Civis. Estes foram os objetivos que estabeleci para mim mesmo e que promoveram minha carreira para que eu pudesse satisfazer minhas necessidades de deficiência.

Vinte anos depois, descobri um outro nível de propósito – o meu propósito de alma: minha missão na vida. Isso acabou sendo algo completamente diferente do objetivo que eu tinha perseguido para satisfazer minhas necessidades de deficiência. Descobri que eu tinha que abandonar minha carreira profissional, a fim de seguir o propósito da minha alma. Abandonar mais de vinte anos de crescimento na carreira não é fácil quando não se tem certeza de que sua alma está pedindo que você o faça. Se quiser descobrir qual é o seu propósito atual (do ego ou da alma), olhe para onde você está dedicando a maior parte de seu tempo e energias, e para os objetivos que você está tentando alcançar. Quando identificar claramente aquilo no que está trabalhando – o propósito por trás do que está fazendo – você saberá em que níveis de consciência está operando.

O alinhamento com as crenças de seu ego e com os valores da alma geralmente ocorre em período de tempo semelhante ao da emergência do propósito da sua alma (no que você está focado e pelo que está apaixonado e que vai além da satisfação das suas necessidades de deficiência).

Quando o propósito da sua alma está firmemente estabelecido e compreendido, ele se torna a sua missão de vida (o que sua alma quer fazer do mundo). Quando você obtém um sentido de missão, o próximo passo é desenvolver uma visão (aquilo que você deseja criar no mundo com o seu propósito de alma).

Quando chegar ao próximo estágio de sua evolução pessoal – a coesão externa – você vai aprender como ir além de sua visão e se estabelecer plenamente em sua inspiração. Vou explicar como isso acontece mais tarde. Por enquanto, vamos continuar a focar os cinco estágios da coesão interna.

Descubra a sua Missão

A diferença entre um propósito e uma missão é o nível de paixão e vigor que você dedica a esses esforços. Quando você está entusiasmado com alguma coisa, você tem um propósito. Quando você está apaixonado por alguma coisa, você tem uma missão. Este impulso extra de energia vem da sua alma. Você pode ter muitos propósitos ao longo de sua vida, mas geralmente você só terá uma missão.

A missão é maior do que um propósito e mais abrangente, pois inclui os outros – ela afeta as pessoas que talvez você não conheça pessoalmente, ou um aspecto do seu ambiente de vida que se encontra em necessidade.

A missão é para a vida toda. Não depende do tempo. Ela não depende do atingimento de uma meta ou objetivo.

A missão é muitas vezes chamada de propósito da alma ou finalidade da alma. É aquilo que você realiza com o objetivo de fazer a diferença no mundo. Você sabe que tem uma missão quando acredita que não há nada além dela para se fazer. Ela consome o seu tempo, você se energiza a partir dela; ela alimenta a sua alma. Essa é a sensação de ter uma missão. É isso que você veio ao mundo para fazer. É o que Maslow descreveu como uma necessidade de crescimento. É uma das características fundamentais de um indivíduo autorrealizado.

Crie uma Visão

A visão é uma imagem do futuro que você deseja criar e que é o resultado natural da sua missão, tendo toda a sua energia por trás dela. É como uma intenção no estilo "Harley Davidson" – algo com muita força e que mantém o seu foco e direção. A visão é mais do que uma orientação, é uma orientação com atitude.

Quando você adquire um senso de missão, é extremamente útil que se construa uma visão do futuro que você deseja criar. Isso ajuda a direcionar as suas energias. O processo a seguir foi projetado para ajudá-lo a identificar sua missão e sua visão. É o chamado processo de Quatro Porquês, e é mostrado na Tabela 10.2.[86]

Há duas dimensões neste exercício. Você precisará identificar não apenas suas missão e visão externas – as necessidades que você está tentando atender no mundo exterior, e o impacto que você deseja causar nele, mas também as suas missão e visão internas – as necessidades que você está tentando atender em seu mundo interior, e a realização que deseja alcançar.

- A *missão interna* é uma declaração sobre aquilo no qual você deseja se concentrar ou o aquilo que o motiva no seu trabalho.
- A *visão interna* é uma declaração sobre o que você quer alcançar, em última instância, para si mesmo.
- A *missão externa* é uma declaração sobre o que você quer realizar no mundo exterior para satisfazer a sua missão interna.
- A *visão externa* é uma declaração sobre o que você quer alcançar, em última instância, para o bem maior.

Você começa encontrando a sua motivação essencial. Qual é a coisa mais importante com a qual você pode contribuir para o mundo? O que apaixona você? Isso permite que você preencha o quadrante inferior esquerdo. Eu os preenchi com minhas próprias missão e visão. A minha motivação essencial é a transformação.

A razão de este processo ser chamado de "Quatro Porquês" é pela maneira como você preenche os quadrantes. Depois de preencher o Quadrante 1 (Missão Pessoal) você se pergunta por que deseja fazer o que escreveu neste quadrante. Você procura uma resposta que se alinhe com o que você quer realizar no mundo, e a escreve no Quadrante 2. Então, você se pergunta por que deseja fazer o que escreveu no Quadrante 2. Você procura uma resposta que descreva o que deseja alcançar para o bem maior e escreve isso no Quadrante 3. Então, você retorna ao Quadrante 1 e se pergunta por que novamente, mas desta vez você procura uma resposta que se alinhe com o que quer alcançar para si mesmo e escreve isso no Quadrante 4. Finalmente, você se pergunta por que deseja fazer o que escreveu no Quadrante 4, e verifica se o que você escreveu no Quadrante 3 fornece uma resposta adequada.

Tabela 10.2 Os quatro porquês

Quadrante 4. Visão Pessoal	Quadrante 3. Visão externa
Em última instância, o que é que você quer alcançar para si mesmo?	Em última instância, o que é que você deseja alcançar para o bem maior?
Ser um recurso global para a evolução da consciência humana.	**Construir uma sociedade voltada para os valores.**
Quadrante 1. Missão pessoal	Quadrante 2. Missão externa
No que você deseja se concentrar, e o que motiva você no seu trabalho?	O que você quer realizar no mundo?
Desenvolver modelos, ferramentas e técnicas para apoiar a transformação pessoal e cultural, e disponibilizá-los através de meus escritos e palestras.	**Apoiar os líderes na sua evolução pessoal e organizacional.**

Você pode verificar a integridade de sua missão e visão, perguntando "Como?". Comece no Quadrante 3 e pergunte a si mesmo como você vai realizar o que escreveu, e encontre a resposta no Quadrante 2. Então, você se pergunta como vai realizar o que escreveu no Quadrante 2, e encontra a resposta no Quadrante 1. Então, você vai para o Quadrante 4 e se pergunta como vai realizar o que escreveu ali, e você deve encontrar a resposta no Quadrante 1.

A mudança do propósito para a missão, para a visão, pode levar uma ou duas décadas para se realizar. Algumas pessoas se contentam em ficar com seu(s) propósito(s) durante toda a vida. Aqueles que jogam golfe geralmente nunca desistem de melhorar o seu jogo. Algumas mães nunca param de se concentrar nas necessidades dos seus filhos.

Algumas pessoas desenvolvem uma missão e uma visão para suas vidas quando ainda são muito jovens. Somos todos diferentes a este respeito. Até a idade de 45 anos eu estava concentrado em meu objetivo, ser o melhor que eu pudesse ser na minha profissão como engenheiro de transportes. Quando cheguei aos 45 anos, descobri que tinha conseguido tudo o que queria alcançar e comecei a me sentir seriamente entediado. Então, eu descobri que estava mais interessado na transformação do que nos transportes. Eu tinha gasto todo o meu tempo livre ao longo de décadas lendo livros sobre psicologia, Deus e a Física, espiritualidade, experiências religiosas e transformação. Eu percebi, quando tinha 45 anos, e já tinha atendido minhas necessidades de deficiência, que minha carreira não me trazia mais satisfação. A transformação era claramente o meu interesse essencial, e uma parte poderosa da minha motivação essencial.

Então, desenvolvi uma intenção que traduzi em uma afirmação, colocando-a no tempo presente. Eu dizia para as pessoas, quando me perguntavam o que eu fazia na vida: "Eu sou um palestrante internacionalmente reconhecido e autor de livros sobre transformação pessoal e organizacional". Esta era a minha aspiração, colocada sob a forma de uma afirmação.

Três anos depois, minha alma falou comigo de uma maneira muito direta. Eu estava realizando um workshop de fim de semana sobre a busca de sua missão na vida, com cerca de doze pessoas em Boulder, Colorado, nos EUA. Na última tarde, alguém no curso me perguntou qual era a minha missão. Eu estava prestes a dizer-lhes minha afirmação, mas não conseguiu encontrar as palavras. Eu me senti envergonhado de não conseguir lembrar de algo tão importante para mim. Fechei os olhos, concentrado, esperei alguns segundos, e da minha boca saltaram as seguintes palavras: "Eu sou um arquiteto de transformação global".

Eu jamais tinha usado essas palavras antes e nem mesmo tinha pensado nelas. Ficou claro para mim de imediato que era a minha alma falando comigo. Cerca de dois anos depois, após desenvolver o processo dos Quatro Porquês, eu criei a primeira versão das minhas missão e visão mostradas na Tabela 10.2.

Eu mantenho o meu propósito de alma perto do meu coração. Eu o abraço totalmente. Eu penso sobre ele com frequência. Eu falo às pessoas sobre as minhas missão e visão, mas não costumo falar sobre o meu propósito de alma. Ele é o diamante que brilha em minha alma.

Alinhando-se com o seu Trabalho

Neste momento, seria interessante verificar até que ponto você está alinhado com o seu ambiente de trabalho atual. Você é capaz de trazer seus valores pessoais para o trabalho (alinhamento de valores)? Você acha que sua organização está no caminho certo (alinhamento da missão)? O que precisa mudar para que você se sinta mais satisfeito em seu trabalho? Todas estas perguntas podem ser respondidas através da realização de uma Avaliação de Valores Individuais (AVI)[87] que compara seus valores pessoais, os valores que você experimenta em seu local de trabalho e os valores que você gostaria de experimentar em seu local de trabalho. As Figuras 10.1 e 10.2 mostram os resultados de uma aplicação da AVI. As três perguntas usadas na avaliação são:

- *Valores Pessoais:* Quais dos seguintes valores/comportamentos melhor representam quem você é, e não quem você deseja vir a ser? Escolha dez (a partir do Modelo Pessoal).
- *Valores Culturais Atuais:* Quais dos seguintes valores/comportamentos melhor representam a forma pela qual a organização opera atualmente? Escolha dez (a partir do Modelo Organizacional).
- *Valores Culturais Desejados:* Quais dos seguintes valores/comportamentos melhor representam a forma pela qual você gostaria que sua organização operasse? Escolha dez (a partir do Modelo Organizacional).

O Modelo Pessoal é uma lista de cerca de oitenta palavras ou frases. O Modelo Organizacional é uma lista de cerca de cem palavras ou frases.

A Figura 10.1 mostra os valores que você escolheu, respondendo às três perguntas. Cada um dos valores é representado por um dos pontos sobre

Avaliação de Valores Individuais (AVI)

Valores Pessoais

Valores

Equilíbrio (casa/trabalho)

Aprendizagem contínua
Coragem
Entusiasmo

Família
Honestidade

Humor/Diversão
Integridade

Perseverança

Bem-estar

Cultura Atual

Valores

Culpa (L)

Eficiência
Orientação a metas
Hierarquia (L)
Retenção de informações (L)

Inovação
Crescimento organizacional

Lucro

Alianças estratégicas
Responsabilidade

Cultura Desejada

Valores

Responsabilidade

Realização

Adaptabilidade
Equilíbrio (casa/trabalho)
Clareza
Eficiência

Empoderamento
Compartilhamento de informações
Desenvolvimento de liderança
Respeito

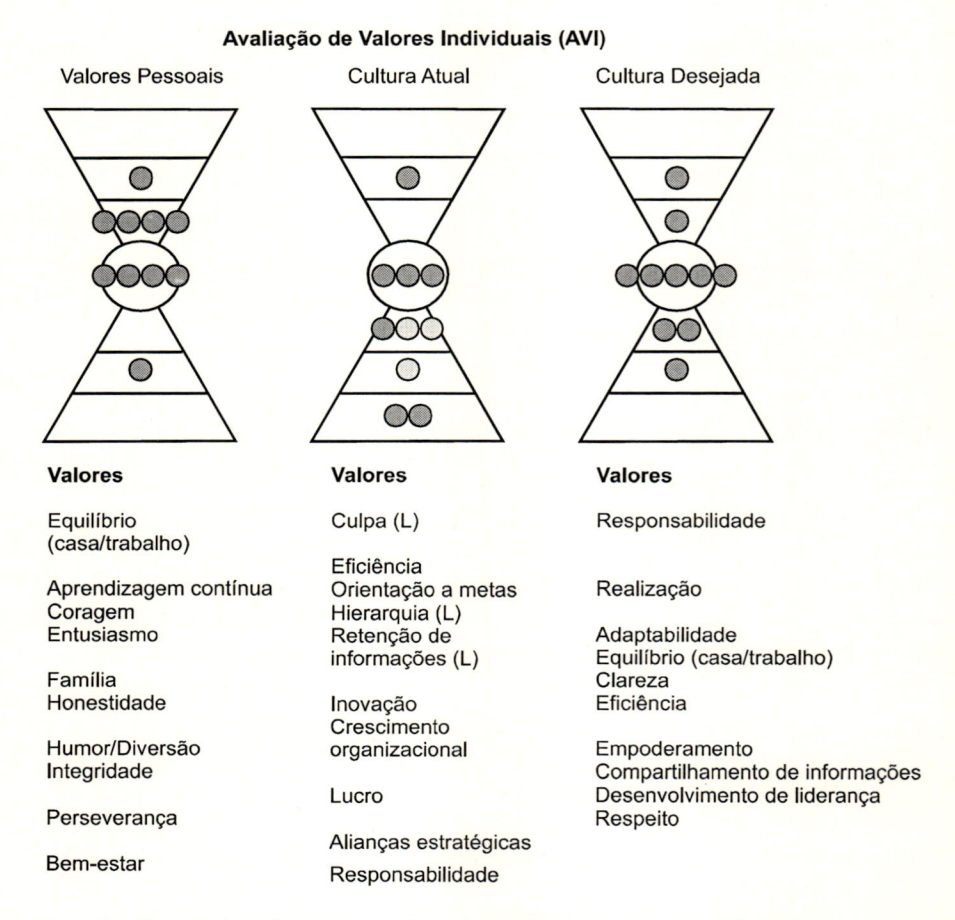

Figura 10.1 Pontos de valores – avaliação de valores individuais.

os três diagramas. Valores limitantes, como culpa, hierarquia e retenção de informações, são representados por pontos brancos.

Não há correspondência entre os valores pessoais e de cultura atual dessa pessoa, o que nos diz que esta pessoa não se sente em casa na organização.

Há dois valores correspondentes – Responsabilidade e Eficiência – entre os valores que vemos nas culturas atual e desejada. Isso nos diz que essa pessoa não acha que a organização está no caminho certo.

Imediatamente, portanto, sabemos que esta pessoa sente um baixo nível de alinhamento de valores e missão com sua organização.

O tema crítico nesta organização é a falta de habilidades de maestria pessoal entre seu grupo de liderança. Culpa, hierarquia e retenção de informações são todos sinais de que o grupo de liderança claramente está mais preocupado com a satisfação de seus egos (necessidades de deficiência) do que em trabalhar para o bem comum. Consequentemente, esta pessoa deseja mais foco no desenvolvimento de liderança. Outros sinais de liderança deficiente são evidentes por conta dos valores que essa pessoa escolheu para a cultura desejada. Ela quer ver mais adaptabilidade, empoderamento, clareza e respeito. Esses são sinais de rigidez, confusão e baixa inteligência emocional.

Uma necessidade importante para essa pessoa que não está sendo atendida é sua necessidade de mais equilíbrio entre o lar e o trabalho. A vida familiar é importante para ela. Esta é uma pessoa individualizada – possui uma forte consciência de nível 4 – que está adiantada em seu processo de autorrealização – possuindo uma forte consciência de nível 5. Não parece provável que uma pessoa com tais níveis de consciência permaneça nesta organização por muito mais tempo. Os níveis de consciência nos quais ela está operando e os níveis de consciência da organização estão significativamente desalinhados. O que funciona para ela nesta organização é o foco na responsabilidade e na eficiência. O que não funciona é a falta de habilidades de liderança, especialmente com respeito à maestria pessoal.

A organização é diretamente orientada para o desempenho, o que é demonstrado pelos valores de crescimento organizacional, lucro, metas, inovação, eficiência e alianças estratégicas. O que falta aqui é o foco nas pessoas.

Esta conclusão é confirmada pelos resultados do Scorecard de Necessidades de Negócio (SNN)[88] mostrado na Figura 10.2. Este diagrama mostra a distribuição dos valores culturais atuais e desejados em seis categorias de negócios. O que vemos é um salto significativo no número de valores no setor cultural da avaliação. As seis categorias são descritas em detalhes no Capítulo 15.

Há apenas oito valores mostrados na cultura atual e somente sete na cultura desejada porque alguns dos valores escolhidos eram tão gerais em sua natureza que não podiam ser alocados em uma categoria única.

A análise oferecida pela AVI permite que você compreenda o que é importante para você em sua vida (valores pessoais) e as mudanças que deseja ver em sua organização para encontrar a realização em seu ambiente de trabalho.

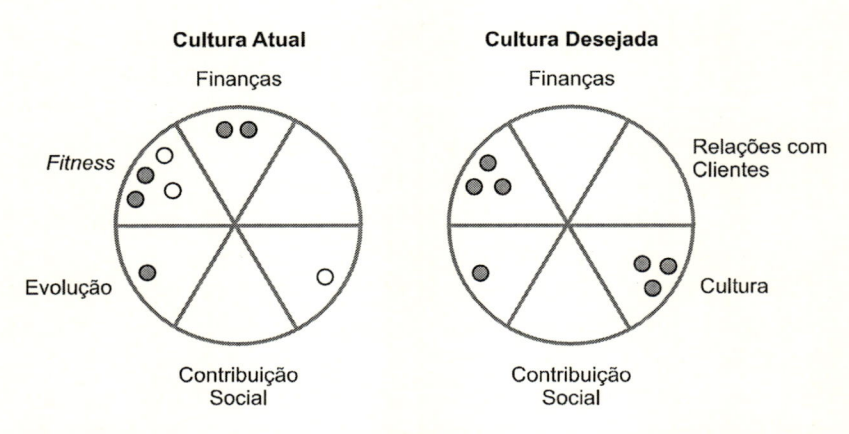

Figura 10.2 Scorecard de necessidades de negócio – avaliação de valores individuais.

NOTAS

85 Estou igualando necessidades com valores porque as necessidades que são mais importantes para nós são as que mais valorizamos.
86 Para mais informações consulte o Capítulo 6 do livro Liberando a Alma da Organização.
87 A AVI é uma autoavaliação via web que faz parte das Ferramentas de Transformação Cultural do Centro de Valores Barrett. Para mais informações, visite www.valuescentre.com (em inglês).
88 Para mais informações sobre o Scorecard de Necessidades de Negócio, visite www.valuescenter.com (em inglês).

11

Coesão Externa

A coesão externa é a terceira etapa do programa de evolução para a autoliderança. Há dois aspectos que dizem respeito à coesão externa:

- Aprender como cooperar mais plenamente com a sua alma e seu corpo.
- Aprender como cooperar com outras almas.

O foco de seu desenvolvimento durante esta fase é aprofundar o seu sentido de conexão com o seu eu composto (corpo/ego/alma), aprendendo a alinhar as necessidades de seu complexo ego/alma com as necessidades do seu corpo, e também aprendendo a maximizar o seu impacto no mundo (ganhando alavancagem), por meio do trabalho com outras almas que compartilham um sentimento semelhante de missão ou visão e que desejam fazer a diferença no mundo.

Aprofundando a sua Conexão com a Alma

Normalmente, a esta altura da vida (meados dos 50 a meados dos 60 anos) você começa a perceber que sua capacidade de continuar extraindo realização pessoal profunda das coisas é condicionada tanto por suas habilidades mentais e emocionais, quanto por suas capacidades físicas. Manter o corpo em forma e permanecer saudável tornam-se cada vez mais importantes.

Você começa a perceber que, se vai assumir o papel do ancião, e se pretende deixar um legado ou retribuir à sociedade, então é melhor se certificar de que vai ficar por aqui por um longo tempo. Durante este estágio de sua evolução, você começa a entender que o seu corpo é simplesmente um veículo para sua alma. Você precisa de um veículo de alto desempenho para apoiar a sua alma de alto desempenho. Yoga e meditação são disciplinas excelentes para se aprender nesta fase da vida ou em qualquer outra fase, porque elas ajudam a colocar as suas três mentes (corpo/ego/alma) em uníssono. A yoga fortalece e dá flexibilidade ao seu corpo e também é uma prática espiritual que melhora o funcionamento da mente.

Intuição

À medida que você dedicar tempo para a meditação e aprofundar sua conexão com sua alma, você vai perceber que a intuição cada vez mais guia a sua tomada de decisão. As condições a seguir são características da tomada de decisão intuitiva (ver Capítulo 6):

- A "consciência" é expandida através de uma mudança em nosso sentido de identidade/consciência.
- O "julgamento" é suspenso: nenhuma construção de significado acontece, seja inconscientemente ou conscientemente.
- A mente está vazia: pensamentos, crenças e planos são suspensos.
- A mente fica livre para fazer um mergulho profundo no espaço mental do inconsciente coletivo, e emerge com um sentido profundo de conhecimento.
- Os pensamentos que surgem refletem a sabedoria e estão em alinhamento com seus valores mais arraigados.

Sincronicidade

O advento da sincronicidade em sua vida está intimamente associado ao desenvolvimento da sua intuição. O psiquiatra suíço Carl Jung definiu a sincronicidade como "a coincidência no tempo de dois ou mais eventos causalmente relacionados, que têm o mesmo significado".[89] O conceito de sincronicidade surgiu da fusão da teoria quântica com a psicologia.

Jung e Wolfgang Pauli, um físico teórico austríaco, trabalharam juntos para mostrar como a sincronicidade tinha bases quânticas levando à experiência do significado. Quando você se abre para a ideia da sincronicidade, percebe que acontecimentos em sua vida, sobre os quais você não tem controle, são extremamente significativos. O que está mudando dentro de você se espelha em seu mundo externo.

À medida que você aprofunda o seu nível de identificação com sua alma, você se surpreende vivenciando mais eventos de sincronicidade. Depois de algum tempo, você começa a perceber que estes "eventos desconexos com um significado comum" estão ligados a uma outra dimensão da existência e representam os sussurros invisíveis da alma. Quando você está em um estado de fluxo (em alinhamento com sua alma), eventos de sincronicidade ocorrem com muita frequência. Tudo que você tem a fazer é prestar atenção e observá-los. Quando você presta atenção e aprende a interpretar essas manifestações, começa a perceber que o que está experimentando é a orientação da alma.

Eventos sincrônicos são pistas que nos levam até uma trilha que nos apoia na vivência do nosso propósito de alma ou nos ajudam a chegar mais perto de compreender as necessidades das nossas almas.

Aprendi que quando uma ideia, um livro, ou um nome surge no meu caminho duas vezes em um curto espaço de tempo, preciso prestar atenção. Quando isso acontece pela terceira vez, é melhor eu largar tudo e me concentrar naquilo. Também aprendi que quanto mais abraço a minha alma e seu propósito, mais fácil torna-se a vida. À medida que você se acomoda plenamente na consciência da alma, começa a experimentar alegria e inspiração.

Inspiração

A inspiração é pura orientação da alma. Você poderia chamá-la de sincronicidade revelada. É mais flagrante do que sugestiva. As condições a seguir são características da tomada de decisão baseada na inspiração (ver Capítulo 6):

- Pensamentos surgem do nada.
- O pensamento é persistente.
- O pensamento está ligado a ações que você precisa tomar.
- Há consequências quando você não segue a sua inspiração.

A principal consequência de se ignorar a inspiração por um longo período de tempo é melancolia ou depressão. A alma precisa do ego para embarcar em sua causa ou projeto. Normalmente, o que está segurando o ego para trás é o medo, e o medo está sempre relacionado com a satisfação de uma das necessidades de deficiência do ego.

> A principal consequência de se ignorar a inspiração por um longo período de tempo é melancolia ou depressão.

Deixe-me dar dois exemplos pessoais. Quando cheguei à fase da minha carreira onde me tornei entediado e percebi que o meu interesse estava na transformação, não nos transportes, fui confrontado com um dilema. Como poderia seguir o propósito de minha alma, que ainda não estava completamente definido, e ganhar uma renda comparável ao meu salário no Banco Mundial fazendo o que minha alma estava dizendo para eu fazer? Finalmente venci o medo e me acomodei plenamente no propósito de minha alma, e nunca me arrependi.

Escrever este livro também é um exemplo de como sigo minha inspiração. Minha primeira reação foi resistir, porque não achei que tinha algo a contribuir, mas minha alma sabia que aquilo não era verdade. Eventualmente, eu superei meus medos do ego e me dediquei ao trabalho. Depois que eu comecei, ele foi simplesmente se desenrolando na minha frente.

A intuição pode ser mais bem descrita como um momento criativo "eureka" – um avanço repentino na resolução de um problema. Por outro lado, a inspiração é mais como continuar recebendo uma orientação que nos mantém em um estado de "fluxo". Quando você está em "fluxo", as sincronicidades se tornam ocorrências diárias ou semanais.

O que parece estar acontecendo à medida que você progride com a sua evolução pessoal é um alinhamento e uma concentração cada vez maior de energias que o apoiam em seu propósito de alma.

Às vezes penso que sincronicidade e inspiração são dois elementos de uma conspiração de bastidores dirigida pela alma para que você se concentre em viver o propósito de sua alma. Eu poderia preencher páginas e mais páginas com descrições de eventos casuais que aconteceram comigo ao longo dos anos que eu não posso explicar logicamente. Seguir os sussurros de sua alma é como surfar uma onda. A energia sob seus pés lhe leva junto e você é simplesmente carregado.

Quando você chega ao estágio de inspiração, já pode abandonar a sua visão. Você está vivendo a vida de uma personalidade inspirada pela alma que atua no campo quântico de energia universal. Agora você está na crista da onda com sua prancha e a onda leva você para onde precisa ir. A última coisa que você deseja nesta fase é começar a fazer planos, porque você não está mais no controle de seu destino. É como se sua alma tivesse se apossado de sua mente, e estivesse conduzindo você em direção ao seu destino. Seguir o propósito de sua alma se torna o único objetivo. E é aí que mora o perigo.

Sua motivação desenfreada da alma para a realização pode ter o mesmo impacto sobre o resto de sua vida que a motivação desenfreada do ego. Em ambas as situações, você pode acabar gastando muitas horas fazendo o seu "trabalho" e ignorando sua saúde e sua família.

A principal diferença é que as necessidades do seu ego se fazem sentir quando você é jovem e está fisicamente em seu auge, ao passo que as necessidades da sua alma geralmente se fazem sentir quando você é mais velho. Equilíbrio e disciplina são necessários agora, mais do que nunca. Se você não se concentrar em desenvolver o equilíbrio, vai comprometer sua capacidade de cumprir o propósito de sua alma.

Veja, a seguir, algumas das características de uma personalidade autorrealizada, inspirada pela alma. Possui muita energia e resistência. Parece mais jovem que sua idade real. É divertida. É bem-humorada. Está sempre disposta a rir de si mesma, porque não se leva muito a sério. Possui uma mente autotransformadora. Sente-se à vontade com a incerteza. É flexível e adaptável. Está focada em sua missão. Aprende rápido e é muito intuitiva. Acima de tudo, leva uma vida equilibrada.

Manifestando os Resultados

Visão, intenção e inspiração são as três formas que nos apoiam na manifestação no mundo físico. Definir uma intenção, e colocar a energia de suas crenças para atingir o resultado que se deseja alcançar é como você se manifesta a partir do nível do ego.

Ter clareza sobre a sua missão e criar uma visão na qual você deposita a sua energia de ação é a forma como você se manifesta a partir do nível da alma. Desenvolver suas missão e visão é um processo cognitivo que encapsula as suas motivações mais profundas. Isso faz parte do processo de alinhamento de seu ego com sua alma. Você sabe que encontrou suas missão e visão quando as declarações que as encapsulam fazem você vibrar com a energia.

Quando você se torna uma personalidade inspirada pela alma – quando o ego está totalmente alinhado com a alma – você pode abandonar a sua intenção, suas missão e visão, e simplesmente viver sob a inspiração.

Quando você chega a este ponto, começa a entender que não tem necessidades, ou, mais precisamente, que quaisquer necessidades que você pode ter são automaticamente preenchidas antes que você sequer saiba que as tem. É aí que você entende que está em fluxo e experimenta os níveis mais profundos de significado e realização em sua vida.

Veja a seguir algumas das coisas que vai sentir quando estiver neste estado:

- Uma sensação profunda de significado.
- Um profundo sentimento de gratidão.
- Uma sensação de que as coisas acontecem com você, e através de você, ao invés de serem feitas por você.
- Um sentido impessoal da sua própria identidade que é ao mesmo tempo vasto e vazio.

Onze Estratégias para Permanecer em Estado de Fluxo

Como você chega e se mantém neste estado de fluxo? Eu só posso responder a essa pergunta por experiência pessoal e, por isso, minha resposta é extremamente subjetiva:

- *Torne-se incrivelmente adaptável:* deixe de lado qualquer ideia sobre como as coisas têm de ser. Elas são apenas as suas suposições. Aprenda a seguir com o fluxo: aquilo que deseja emergir, e que gera uma sensação energética positiva é a coisa certa a se fazer. Concentre-se naquilo para o que você tem energia, e deixe de lado qualquer coisa que não provoque faíscas dentro de você. Siga a sua inspiração. As pessoas e as empresas mais bem-sucedidas são incrivelmente adaptáveis. Elas não estão ligadas a suas ideias de como as coisas têm de ser. Essas pessoas e as pessoas que dirigem essas empresas têm mentes autotransformadoras. Elas estão constantemente reinterpretando a realidade.
- *Renda-se ao processo de seguir com o fluxo:* isso é difícil no início, especialmente quando significa abrir mão de coisas com as quais você se identifica. Eu precisei abandonar relacionamentos, a minha casa, e até mesmo a posição de CEO da minha própria empresa. Abandonar alguma coisa é algo difícil de se fazer. No entanto, é só com o desapego que você encontra a liberdade de fazer o que precisa fazer. Você tem que se tornar o servo de sua alma se quiser cumprir o seu destino e experimentar a realização. Render-se, nesta situação, não representa uma derrota. Representa a vitória da alma sobre os medos do ego. A

rendição é o seu caminho para se tornar uma subsidiária integral da sua alma.
- *Nunca se engane acreditando que tem a melhor resposta:* esqueça tudo o que você acha que sabe: isso só serve para bloquear sua intuição e inspiração. Isso impede o surgimento de novas ideias. O conhecimento é uma faca de dois gumes. Ele pode ser incrivelmente brilhante ajudando-o a resolver um problema, e pode ser incrivelmente obstrutivo para se atingir aquele estado onde somos capazes de pensar de modo não convencional. O que você acha que sabe é um filtro que você aplica à sua experiência. Sempre questione os seus pressupostos/crenças. Eu frequentemente me lembro, e até mesmo digo isso na frente dos outros, de que não sei de nada. Faço isso para que eu possa permanecer aberto. Sei que só quando um copo está vazio é que pode ser preenchido: apenas quando você se torna um vazio é que pode ser um canal para que as coisas fluam através de você.
- *Esteja à vontade com o que é:* você sempre dá a tudo o que acontece em sua vida todo o significado que isso tem para você. É difícil acreditar que tudo o que acontece é neutro. Pode parecer certo ou errado, bom ou ruim, mas do ponto de vista quântico – de um lugar sem julgamento, o que é, é. É nada mais do que um evento ou uma situação. Contanto que você saiba, e se lembre disso, você estará livre para examinar seus sentimentos e emoções a partir de um lugar de neutralidade, e, se for necessário, permitir que o significado que deseja dar ao evento possa emergir. Muitas vezes eu descobri que o que parecia ser algo ruim quando aconteceu, acabou sendo algo muito bom. Se você não conseguir suspender o seu julgamento, jamais será capaz de desenvolver uma mente autotransformadora.
- *Concentre-se no que está à sua frente:* não se distraia. Quando chegar a este estágio em sua evolução, você terá se tornado uma pessoa "poderosa", alguém que atrai a atenção e o interesse dos outros, alguém de quem as outras pessoas querem se aproximar ou por quem desejam ser notadas. Esta é uma potencial armadilha para o ego. Se você se permitir ficar encantado com essa atenção, vai acabar se desviando do seu caminho. Você deve manter suas energias concentradas no propósito de sua alma, e em sua próxima prioridade imediata, ao mesmo tempo que se permite um momento tranquilo de reflexão ou meditação, para que a inspiração possa fluir. Não busque os holofotes.

Escolha seus amigos com cuidado. Não deixe que eles escolham você. Cada vez mais, você vai saber o que fazer, seguindo a orientação de sua inspiração.

- *Fique à vontade com a incerteza:* às vezes, a melhor resposta a uma situação é não fazer nada. Apenas relaxe e deixe a situação se desdobrar com as energias que estão no comando: essa deve ser a coisa perfeita a se fazer. Deixar que as coisas se desfaçam pode ser uma estratégia positiva. Em outros momentos, intervir em uma situação pode ser a coisa mais certa a se fazer. Saber quando intervir ou não é uma valiosa habilidade, que depende de intuição e inspiração. Isto significa que haverá momentos em que você conscientemente decidirá viver com a incerteza. Ser capaz de estar em paz com a incerteza é algo impossível quando o seu ego se agarra aos medos. O desejo de controlar o que está acontecendo é a forma pela qual o ego cria segurança. Estar à vontade com a incerteza significa separar-se de sua necessidade de chegar a um resultado. É surpreendente para mim como os tais problemas insolúveis podem simplesmente desaparecer ao longo do tempo. Tudo está em um estado de fluxo e refluxo. Nada permanece fixo. A mudança é a essência da vida. Quando você sabe disso, e abraça essa consciência, torna-se capaz de escolher o momento exato para a sua intervenção, ou pode achar que não precisa fazer nada, pois o problema ou questão resolveu-se sozinho.

- *Mantenha-se inacreditavelmente curioso:* nunca pare de fazer perguntas. Existem padrões invisíveis por trás de tudo. Você não será capaz de percebê-los, a não ser que se engaje numa investigação constante. Você vai se maravilhar ao ver padrões surgindo de outros padrões, se continuar se questionando. Às vezes, o questionamento nunca é completo. Ele simplesmente vai ficando cada vez mais profundo e, ao mesmo tempo, mais simples. A simplicidade está intimamente ligada com a verdade.

- *Tente incluir tudo:* isto surge na sequência e auxilia a estratégia anterior. Sempre que você pensar em formas de resolver um problema ou situação, traga para a situação que tudo estiver, de alguma forma, relacionado com ela, mesmo que essa relação a princípio pareça tênue. É aí que surgem os padrões e as mudanças de paradigma. Quanto mais completa for a palheta do artista, mais vibrante será a pintura.

- *Considere o sistema como um todo:* nunca perca de vista o panorama mais abrangente. Diante de tudo o que está acontecendo, quaisquer que sejam as questões que se apresentem, sempre se pergunte qual é o panorama mais abrangente? Quais são as necessidades do sistema como um todo? É muito fácil ficar travado na tentativa de resolver uma situação quando essa situação que você está tentando resolver é apenas um sintoma de um problema maior. Há sempre um panorama mais abrangente. Todo este livro fala sobre ver o panorama mais abrangente em relação ao papel da liderança no Século XXI. Tudo existe dentro de um quadro. E todo quadro existe dentro de um outro quadro mais abrangente. Não há nada em nosso mundo físico que não exista no âmbito de quadros múltiplos. Em qual enquadramento você está operando? O quanto você é capaz de lidar com a complexidade?

- *Atenha-se aos seus valores:* a única maneira de manter a sua autenticidade é continuando a usar os seus valores na tomada de decisões. Deixe que seus valores orientem o seu processo decisório em tudo o que você faz. Todos os dias, quando você se deparar com uma escolha, pergunte a si mesmo quais são os valores que você deseja usar para orientá-lo nesta situação. Seus valores tornam-se as necessidades que você está tentando satisfazer e, portanto, tornam-se a sua motivação. Não é apenas assim que você mantém a sua autenticidade, como também é a forma pela qual você vive com integridade.
- *Siga sua paixão:* o que quer que apareça em sua vida como propósito da sua alma deve ser seguido até a morte. Esta é a sua passagem para a realização e o seu passaporte para a paixão. Você vai logo perceber que não há outra coisa a fazer.

Essas onze estratégias para permanecer no fluxo e levar uma vida de realização podem parecer avançadas, se você ainda está vivendo em um estado de ansiedade, com temores conscientes ou subconscientes não resolvidos. Mas, tudo bem!

Você deve se lembrar de que o processo de evolução pessoal é uma viagem através da consciência. Só porque essas estratégias parecem distantes agora, isso não significa que estão erradas. Significa apenas que elas ainda não fazem sentido para você. Tudo o que eu peço é que você suspenda seu julgamento, e faça o trabalho de maestria pessoal e coesão interna. Quando tiver feito isso, você vai ver a sua perspectiva mudar. Você começará a ver o mundo de forma diferente.

É importante perceber que seis destas onze estratégias dependem de sua capacidade de desenvolver uma atitude de desapego:

- Desapego da forma como você acha que as coisas devem ser.
- Desapego do *status quo*.
- Desapego do que você pensa que sabe.
- Desapego das suas crenças.
- Desapego do glamour (imagem).
- Desapego da certeza.

O que estou dizendo é: continue desapegado daquilo que está acontecendo em sua mente. Não estou dizendo para se desapegar das pessoas. Ao contrário, você vai descobrir que permanecer desapegado do que está acontecendo em sua mente vai lhe aproximar mais das pessoas. Você vai se tornar menos crítico e mais autêntico.

É importante lembrar também que, no nível quântico da existência, tudo existe em um estado energético de fluxo e refluxo, em alinhamento e desalinhamento. Quando você age, precisa fazer o que acha certo (o que traz o alinhamento), mesmo que suas ações não pareçam atender às suas necessidades (baseadas no medo). Estas são as etapas mais difíceis da viagem. Superar sua própria resistência é a coisa mais difícil de se fazer. Sua cabeça (mente-ego racional) lhe diz uma coisa e seu coração (mente-alma emocional) diz outra.

Uma das partes mais difíceis da minha jornada de vida foi desistir da segurança do meu trabalho como engenheiro de transportes do Banco Mundial que, dez anos mais tarde, teria me garantido uma pensão de seis dígitos. Mergulhar no mundo da transformação pessoal e cultural, sem qualquer nível significativo de estabilidade financeira, e um monte de conhecimento, mas sem qualificação, foi algo muito assustador para o meu ego, mas era o que minha alma estava me pedindo para fazer. Tive de me desapegar de muito mais coisas desde então. Toda vez que eu me desapeguei, encontrei um novo nível de liberdade para exercer a minha paixão, e encontrei um nível mais profundo de satisfação.

Trabalhar com Outras Pessoas

A segunda parte da coesão externa é aprender a cooperar com as outras pessoas. Isso requer empatia e um alinhamento mútuo de missão ou visão.

Você pode ter empatia com muitas pessoas diferentes em sua vida, mas só compartilha uma missão ou visão comum com poucas. Unir empatia e alinhamento é uma combinação poderosa que leva à conexão e à cooperação. Quando ambos estão alinhados, você é capaz de explorar toda a profundidade da reciprocidade com relação ao seu desejo coletivo de encontrar a realização pessoal no mundo. A empatia constrói conexão e o alinhamento constrói a ação. Quando você tem empatia e alinhamento com alguém, é capaz de alavancar mutuamente seus talentos e energias para aumentar o seu impacto coletivo sobre o mundo de uma forma que traz satisfação para ambas as partes.

A base da empatia é a conexão por meio da ressonância energética. Existem três grandes tipos de ressonância energética – empatia, amizade e compaixão. As qualidades destes três tipos de conexão são mostradas na Tabela 11.1.

O nível de vibração de seu campo energético é determinado pelo grau em que você está se prendendo à energia do medo (consciente ou inconsciente) e pelo grau em que está abraçando a energia do amor. O medo tem uma frequência de vibração muito menor do que o amor. Ele parece ser pesado e sério, enquanto o amor é leve e alegre.

Em sua juventude, seus amigos geralmente são pessoas que são como você – possuem uma origem semelhante em termos de raça, gênero e educação, ou são pessoas com quem você compartilha um interesse similar – colegas na escola, em um curso ou treinamento, as pessoas que frequentam o seu bar preferido ou torcedores de um mesmo time de futebol. Você se dá bem com essas pessoas porque vocês ressoam na mesma frequência energética. Seus amigos são como você. Vocês tendem a se vestir da mesma forma. Vocês dirigem o mesmo tipo de carro e frequentam o mesmo clube de golfe. Amigos tornam a vida agradável porque nos dão um sentimento de pertencimento ou um senso de conexão. Todo mundo se adequa aos costumes do grupo ao qual pertence, até mesmo membros de gangues de adolescentes e da máfia têm seus códigos informais de vestimenta e regras de participação, assim como valores, crenças e comportamentos semelhantes. Eles são como tribos. Dependem uns dos outros pela sua segurança e sobrevivência, e a reciprocidade é uma regra para a associação.

Amizades duradouras são raras porque estão baseadas na satisfação das necessidades mútuas de deficiência do ego – a necessidade de pertencimento e de conexão. Quando a amizade está baseada em um interesse mútuo,

Tabela 11.1 Qualidades de conexão em amizade, empatia e compaixão

Conexão	Amizade	Empatia	Compaixão
Definição	Ego/ego	Alma/alma	Alma/ego ou alma
	A capacidade de duas pessoas se conectarem mutuamente por meio de sentimentos e afeições e oferecerem umas às outras apoio mútuo durante momentos problemáticos ou difíceis.	A capacidade de se imaginar no lugar do outro, experimentando e compreendendo seus sentimentos e desejos, e comunicando este entendimento para a outra pessoa.	A capacidade de se imaginar no lugar do outro, experimentando e compreendendo seus sentimentos, tendo um desejo incontrolável de aliviar seu sofrimento.
Quem está envolvido	Entre pessoas que partilham de crenças comuns e/ou estão passando por ou experimentando situações e circunstâncias semelhantes.	Entre pessoas que partilham de valores e crenças ou pessoas que partilham valores e propósitos de alma comuns.	Entre uma alma e qualquer um que esteja sofrendo física, emocional, mental ou espiritualmente.
Características	Amigos vêm e vão em sua vida à medida que você evolui em consciência e se muda de residência. Se nenhum de vocês evoluir, podem permanecer amigos por toda a vida. As amizades tendem a ser tênues.	Uma vez que vocês possuem este elo, ele sempre estará lá, não importa onde ou quando se encontrem. Há um sentimento profundo de conexão por parte de ambos os lados. A empatia leva a conexões duradouras.	Um poderoso sentido de conexão que serve ao seu propósito no momento, oferecendo e recebendo energia positiva de apoio. A compaixão é uma reação espontânea da alma.
Conversas	Vocês falam sobre o nível superficial da vida; suas histórias, o que aconteceu com vocês, o que vai acontecer, e o que as outras pessoas estão fazendo. Quem fez o que a quem, e por que e quando; suas esperanças e seus medos e assuntos que se relacionam com seus interesses em comum.	Vocês conversam sobre todo e qualquer tema – seus pensamentos e sentimentos, filosofia, psicologia, espiritualidade, crescimento pessoal, sustentabilidade e coisas que trazem sentido para a vida, como mudar o mundo e como apoiar o bem comum.	Vocês conversam sobre o que quer que a pessoa em sofrimento deseje falar. Você escuta muito. Você não julga. Jamais se choca. Não diz aos outros o que fazer. Oferece apoio, dá esperança. Você está ali para atender quaisquer necessidades que elas possam ter.

seus amigos vão mudar quando mudarem os seus interesses. Quando os amigos se distanciam, ou é porque já não vivem na mesma vizinhança ou porque um lado ou outro evoluiu em termos de consciência.

Quando você se individualiza e supera suas crenças baseado no medo, e se torna capaz de acessar as energias da sua alma – quando conseguiu um alto grau de autenticidade – você pode aprender a criar empatia com quase todo mundo, porque é capaz de se conectar com as pessoas no nível de nossa humanidade compartilhada. Você deve se lembrar de que esta foi uma das qualidades da princesa Diana que encantava a todos que a conheciam. Ela era capaz de se conectar com as pessoas (empatia) em um nível muito pessoal. Sua posição na hierarquia da realeza britânica significava muito pouco para ela. Não era quem ela era. Esta nunca foi a sua identidade. Ela era uma pessoa muito tímida, que superou a timidez encontrando um nível de autenticidade que lhe permitia se conectar com o coração das pessoas.

Quando você desenvolve uma amizade baseada na empatia – conexão com a alma – o elo que você forma é autêntico. Vocês falam sobre coisas que têm profundo significado para vocês. Vocês compartilham suas vidas. Nenhum assunto vira tabu. Estas são relações duradouras que podem ser próximas ou distantes, mas o senso de conexão nunca se altera.

Quando você acessar essas frequências mais elevadas de vibração, verá que suas amizades se tornam mais profundas e menos numerosas. Seus amigos não necessariamente se parecem com você, se vestem como você ou têm origem semelhante. Eles serão pessoas que também acessam a energia de suas almas. Você vai notar que não está mais interessado em sair com conhecidos. Você estará em busca de conversas íntimas profundas com amigos que estimulam a sua alma. Você vai ver que não se conforma com menos. Você começa a evitar jantares que não envolvem pessoas que estejam dispostas a explorar seus sentimentos e abrir suas almas.

Quando você vive neste nível de consciência, com profunda autenticidade, você se torna um ímã para os outros. Eles vão querer estar em sua presença. Suas almas serão atraídas pela sua alma. Eles podem não saber que isso está acontecendo. Tudo o que sabem é que eles tiram algum senso de satisfação por estar perto de você. Isto será particularmente verdadeiro para aqueles que estão no nível da consciência de transformação. Eles serão atraídos pelos seus pensamentos e ideias. E vão querer aprender com você. Eles desejam explorar a sua própria autenticidade e ter acesso à sabedoria, assim como você. Indiretamente, por meio da sua presença, você está lhes dando esperança.

O Dalai Lama é uma pessoa que tem essas qualidades. Nelson Mandela também. Estas mesmas qualidades são o que atrai as pessoas para os gurus espirituais. O que você busca, no entanto, não está lá fora. O que eles têm, você pode ter, porque está dentro de você. Você não está buscando encontrar alguma coisa. Você está simplesmente tentando acessá-la. Você está procurando o acesso à sua própria maneira de ser autêntico.

A compaixão é uma forma especial de empatia que reservamos para aqueles com quem entramos em contato, que estão diante de tamanho sofrimento físico, emocional, mental ou espiritual que perderam a esperança. O seu papel nesta situação é conectar-se com eles no nível mais profundo de sua própria humanidade e simplesmente ouvir.

A esperança é o desejo de algo melhor ou, na sua falta, o desejo de saber que seu sofrimento não é em vão. Todo mundo busca um significado no seu sofrimento. Alguns veem nele a punição por seus pecados. Outros veem uma correção de rumo – um chamado que os coloca de volta nos trilhos. Outros veem o seu sofrimento como uma intervenção da alma para levá-los a efetuar mudanças em suas vidas, e outros ainda, sobretudo as celebridades, transformam o seu sofrimento em uma maneira de conseguir a atenção do público para uma causa específica. Não importa o significado que as pessoas atribuam a uma situação, a finalidade da sua compaixão é dar-lhes esperança. Se você pode aliviar o seu sofrimento, isso é um bônus que pode trazer alegria para ambos.

Qualquer um que possua uma conexão com sua própria alma é capaz de expressar compaixão. À medida que você cresce e evolui em termos de consciência, essa habilidade aumenta. Seu senso de identidade se expande para se tornar mais e mais inclusivo. Nos níveis mais elevados de consciência, você se identifica com a humanidade. Uma das dificuldades de se operar a partir deste nível de consciência é que se torna difícil se distanciar das dores no mundo. Assistir aos telejornais passa a ser algo não tão agradável. Ver crianças ou animais sofrendo é insuportável. Você começa a perceber que, pelo fato dessas coisas afetarem você, passa a ser de seu autointeresse combater as causas de tanto sofrimento no mundo.

NOTAS

89 C. G. Jung. *Sincronicidade – um Principio de Conexões*. Ed. Vozes

12

Práticas Gerais

Existem várias práticas gerais que apoiam o seu progresso e ajudam você a acelerar a sua jornada evolutiva pessoal. As mais importantes dentre elas, são:

a) feedback;
b) coaching;
c) equilíbrio;
d) fazer a diferença no seu mundo; e
e) desenvolver um diário de liderança – construir passo a passo o seu conhecimento, e aprender as lições sobre o que você precisa fazer para se tornar um líder de espectro total.

Feedback

O feedback é importante porque mesmo que você pense que conhece a si mesmo, você não sabe como é percebido pelos outros. O que pode parecer em sua mente como um de seus pontos fortes, visto da perspectiva dos outros pode ser uma de suas fraquezas. Pode haver coisas que você faz que outros acham irritantes. Estes são os seus pontos cegos, coisas que os outros sabem sobre você, mas que você não sabe sobre si mesmo. O feedback ajuda a reduzir seus pontos cegos. Modificar o modo como você opera para eliminar esses comportamentos faz parte da maestria pessoal, e vai apoiar você no reforço da sua capacidade de se relacionar e cooperar com os outros.

O que estou dizendo não é apenas que a autoliderança está intimamente ligada à plena expressão de quem você é – autenticidade – nem que se trata de uma viagem de toda uma vida, mas sim que a única maneira que você tem de entender quem você é, e onde se encontra em sua jornada pessoal evolutiva, é recebendo o feedback de outras pessoas, para que possa melhorar sua capacidade de satisfazer suas próprias necessidades.

Há cinco atitudes que você pode adotar em relação ao feedback. Elas são mostradas na Figura 12.1. Qual delas é a sua atitude? Se você não estiver usando feedback para entender e desenvolver, então não está avançando em sua jornada de autodescoberta.

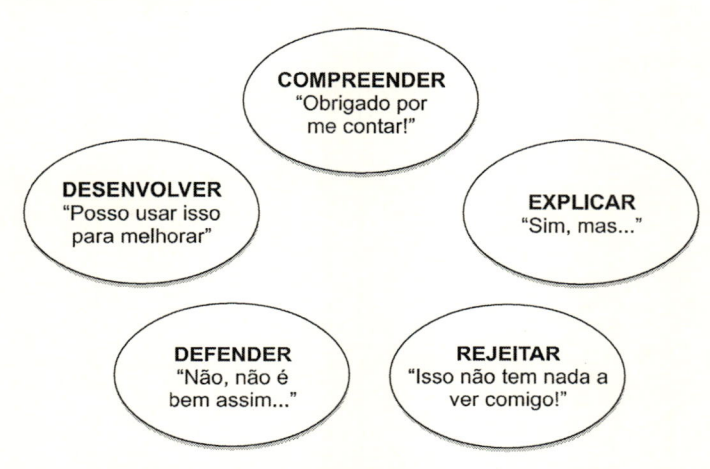

Figura 12.1 Cinco atitudes para receber feedback.

Vou demonstrar dois métodos para a busca de feedback. Nesta seção – liderar a si mesmo – vou me concentrar na Janela de Johari[90] e em uma nova versão desta ferramenta que desenvolvi e que chamei de Janela de Jobari. Na seção seguinte – liderar os outros – vou me concentrar em um instrumento mais sofisticado – a Avaliação dos Valores de Liderança – que faz parte das Ferramentas de Transformação Cultural do Centro Barrett de Valores.

Janela de Johari

Se você construir uma matriz sobre o que sabe de si mesmo, o que não sabe sobre si mesmo, o que os outros sabem sobre você, e o que os outros não sabem sobre você, terá criado uma matriz 2x2, com quatro quadrantes, conhecida como Janela de Johari (ver Figura 12.2). Esta é uma ferramenta para comparação de como você é percebido pelos outros, em relação a como você se percebe.

	O que sei sobre mim	O que não sei sobre mim
O que os outros sabem	Eu Aberto	Eu Cego
O que os outros não sabem	Eu Secreto	Eu Desconhecido

Figura 12.2 A Janela de Johari.

O instrumento é usado da seguinte maneira: como sujeito central deste exercício, você recebe uma lista de 55 adjetivos positivos a partir dos quais escolhe de cinco a dez que melhor descrevem quem você é.

Dez a quinze pessoas que são suas conhecidas – os avaliadores – recebem a mesma lista, e também escolhem de cinco a dez adjetivos que acreditam que melhor descrevem quem você é. Estes dois conjuntos de adjetivos são mapeados na matriz Johari e então comparados.[91]

As palavras que tanto você quanto seus avaliadores selecionaram são colocadas no quadrante "Eu Aberto". As palavras escolhidas pelos avaliadores e que não foram escolhidas por você são colocadas no quadrante "Eu Cego". As palavras escolhidas por você, mas não pelos avaliadores, são colocadas no quadrante "Eu Secreto". Em seguida, vocês conferem e examinam as palavras em cada quadrante. O objetivo do exercício é descobrir seus pontos cegos e descobrir o "Eu Secreto".

Janela de Jobari

Os adjetivos usados na Janela de Johari – traços positivos de personalidade, e na Janela de Nohari – traços de personalidade potencialmente limitantes, são de natureza geral: não são voltados especificamente para a liderança ou o ambiente organizacional. Eles não incluem, por exemplo, traços positivos como acessível, ambicioso, confiável, ou traços potencialmente limitantes tais como acusador, exigente, dominador.

Por isso, desenvolvi a Janela de Jobari, que inclui adjetivos positivos e potencialmente limitantes especificamente dirigidos para a liderança e o ambiente organizacional. A lista combinada de adjetivos positivos e potencialmente limitantes torna o instrumento mais adequado para melhorar as suas habilidades e capacidades de maestria pessoal, coesão interna e coesão externa. A lista de adjetivos (em inglês) usados no exercício Janela de Jobari pode ser encontrada no site do Novo Paradigma de Liderança.

Eu Aberto: Quanto mais palavras aparecerem neste quadrante, mais autoconhecimento você possui – você descreve a si mesmo da mesma forma que outros descrevem você. Você pode aumentar esse quadrante, melhorando sua maestria pessoal (reduzindo seu Eu Cego) e construindo a sua autenticidade (reduzindo seu Eu Secreto).

Eu Cego: As palavras que aparecem neste quadrante são aquilo que você não sabe sobre si mesmo. Você deve discutir esses itens com aqueles que participaram de sua avaliação para aprofundar sua compreensão sobre o que você está, inadvertidamente, projetando para o mundo, sejam características positivas ou negativas. O benefício de se conhecer seus pontos cegos é que você aumenta o seu potencial para a maestria pessoal, além de apoiar a melhoria de suas habilidades e capacidades de coesão interna e externa (ver Figura 12.3).

Eu Secreto: As palavras que aparecem neste quadrante são aquilo que, consciente ou inconscientemente, você vem mantendo escondido dos outros. Com base no que aparece neste quadrante, você pode decidir o quão importante pode ser revelar mais de si mesmo no futuro. Reduzir o seu Eu Secreto exige que você seja mais honesto e aberto com relação aos seus pensamentos e sentimentos. Isso gera confiança e empatia, permitindo assim a ligação e a cooperação. O benefício de revelar mais do seu eu é que você aumenta o seu potencial de autenticidade (ver Figura 12.4).

O foco duplo de reduzir seu Eu Cego, e remover seu Eu Secreto, expande a área "O que sei sobre mim" e "O que os outros sabem", aumentando assim o seu nível de abertura, autenticidade e transparência, e tornando-o mais confiável diante dos outros (ver Figura 12.5).

Coaching

O objetivo do coaching é a evolução pessoal para aumentar o seu autoconhecimento, autoconsciência, autorresponsabilidade e autogestão para

PARTE 2: LIDERANDO A SI MESMO

	O que sei sobre mim	O que não sei sobre mim
O que os outros sabem	Maestria Pessoal →	Eu Cego
O que os outros não sabem	Eu Secreto	Eu Desconhecido

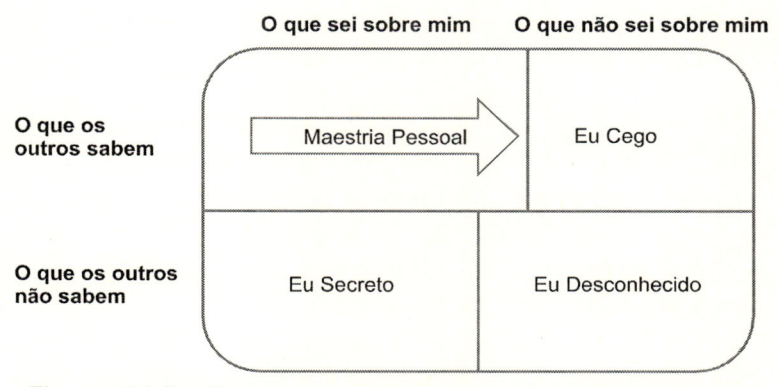

Figura 12.3 Feedback que ajuda a desenvolver a maestria pessoal.

	O que sei sobre mim	O que não sei sobre mim
O que os outros sabem	Autenticidade ↓	Eu Cego
O que os outros não sabem	Eu Secreto	Eu Desconhecido

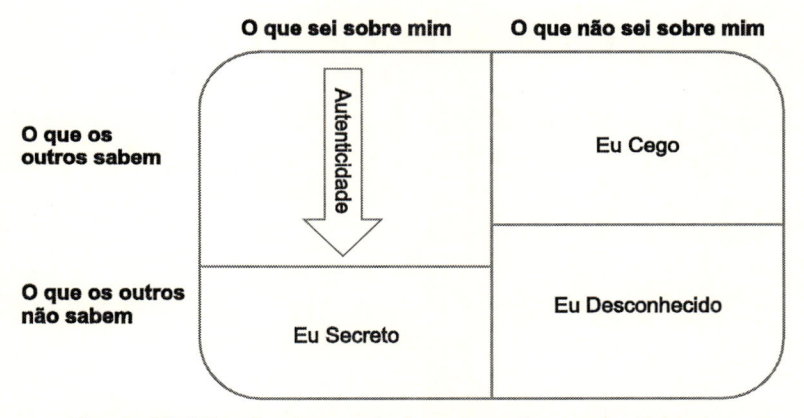

Figura 12.4 Feedback que ajuda a aumentar a autenticidade.

	O que sei sobre mim	O que não sei sobre mim
O que os outros sabem	Confiável ↘	Eu Cego
O que os outros não sabem	Eu Secreto	Eu Desconhecido

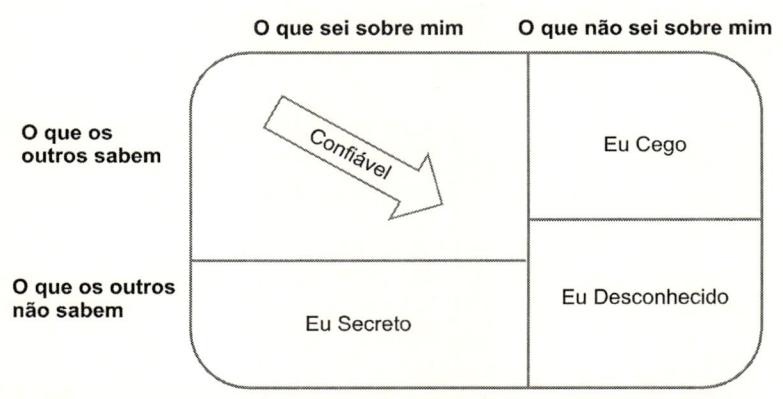

Figura 12.5 Trabalhando no feedback ajuda a construir a confiança.

que você possa explorar e alcançar seu pleno potencial. Estas quatro habilidades são as chaves para a evolução pessoal bem-sucedida:

- *Autoconhecimento:* A capacidade de *conhecer* e ler suas próprias emoções e motivações em qualquer situação.
- *Autoconsciência:* A capacidade de *ler* suas emoções e sentimentos, reconhecendo seu impacto sobre você e sobre os outros, e usando seus sentimentos para guiar suas decisões.
- *Autorresponsabilidade:* A habilidade de *ser dono* de suas emoções e sentimentos negativos, assim como dos positivos, reconhecendo que em algum nível do seu ser você os criou, entendendo que suas emoções negativas representam as necessidades de deficiências não satisfeitas, e formulando os pedidos de uma forma que permita a você satisfazer suas necessidades com mais frequência.
- *Autogestão:* A capacidade de *gerenciar* ou *dominar* suas emoções para que você possa se adaptar mais facilmente à evolução das circunstâncias, e atender às suas próprias necessidades.

Duas dessas habilidades e capacidades – autoconsciência e autogestão – são habilidades e capacidades que determinam o seu nível de inteligência emocional. Quando combinadas com o autoconhecimento e autorresponsabilidade, essas habilidades e capacidades permitem que você obtenha a maestria pessoal.

Mesmo sendo os instrumentos de feedback tão importantes para identificar seu Eu Cego e para tornar você consciente de seu Eu Secreto, isoladamente eles não são suficientes. Avançar da incompetência consciente para a competência consciente requer treinamento – seja autocoaching ou coaching profissional.

Na minha opinião, a melhor pessoa para apoiá-lo em sua jornada de evolução pessoal é você mesmo, e seu próprio autotestemunho. Acredito que no Novo Paradigma da Liderança será essencial que todos possam aprender as habilidades de autoliderança.

Para isso, proponho as quatro razões a seguir:

- Em primeiro lugar, você é a melhor pessoa para ser seu próprio coach, porque você é a pessoa que experimenta os seus sentimentos. Você sabe mais intimamente do que qualquer um quais são suas moti-

vações em qualquer situação e o que está acontecendo dentro da sua mente.
- Em segundo lugar, a evolução pessoal é uma viagem de toda uma vida, e, portanto, é importante aprender a gerenciar a si mesmo o mais cedo possível. Uma vez que as habilidades foram aprendidas, elas podem ser um recurso a ser usado toda vez que se sentir fora do alinhamento.
- Em terceiro lugar, depois de ter aprendido a ser o seu próprio coach, você terá as habilidades e capacidades que precisa para ser coach dos outros, orientando-os em sua evolução pessoal – uma habilidade essencial para um líder do novo paradigma.
- Em quarto lugar, a habilidade principal no autocoaching – aprender a ser a sua própria autotestemunha – é a chave para o desenvolvimento de sua mente autotransformadora. Sua evolução pessoal será acelerada na medida em que você puder ver suas ideias, opiniões e visões de mundo objetivamente, em vez de usá-las como filtros para julgar os outros.

Haverá momentos, especialmente quando você estiver aprendendo as habilidades de autoliderança, que você pode precisar de coaching adicional, e haverá momentos, mesmo quando você já tenha se tornado proficiente em liderar a si mesmo, que você pode precisar dos conselhos de especialistas. Estas são as vezes em que você pode querer recorrer às habilidades e capacidades de um coach profissional.

Existem três etapas envolvidas na aprendizagem do autocoaching que se alinham com os três estágios de evolução pessoal: autocoaching para a maestria pessoal; autocoaching para a coesão interna e autocoaching para a coesão externa. Os elementos-chave envolvidos no autocoaching em cada uma destas três etapas estão resumidos a seguir. Cada um destes elementos foi discutido em detalhes no início dos três capítulos anteriores.

Autocoaching para a Maestria Pessoal

- *Libere suas emoções:* Faça uma pausa enquanto permite que a energia emocional e a dor acumulada se dissipem.
- *Seja a sua própria testemunha:* Suba até o mezanino, e observe o que acontece na pista de dança da vida.

- *Identifique os seus sentimentos:* Nomeie seus sentimentos e explore-os em detalhes.
- *Identifique os seus medos:* Descubra quais necessidades de deficiência não estão sendo atendidas e nomeie seus medos.
- *Identifique suas crenças:* Desenvolva uma declaração de crenças sobre o que lhe falta e aquilo que você precisa.
- *Questione suas crenças:* Diferencie entre percepção e realidade e remodele suas crenças.
- *Determine suas reais necessidades:* Concentre-se no que você quer que aconteça para voltar a um estado de estabilidade ou equilíbrio.
- *Determine as necessidades da outra pessoa:* Entenda quais são as necessidades dos outros nesta situação em particular.
- *Peça aquilo que precisa:* Peça o que *você* precisa, embora reconhecendo as necessidades do outro.

Autocoaching para a Coesão Interna

- *Identifique os seus valores:* Conquiste a compreensão de quais valores conduzem o seu processo decisório e quais as crenças e comportamentos que lhes dão suporte.
- *Entenda suas motivações:* Seja claro e focado em por que você faz o que faz a cada dia, e em particular qual é a sua motivação para ir para o trabalho.
- *Compreenda o seu objetivo atual:* Seja claro quanto aos seus objetivos mais importantes e os resultados que deseja alcançar.
- *Encontre a sua missão:* Compreenda e tenha clareza sobre seu propósito de vida.
- *Crie uma visão:* Compreenda e tenha clareza sobre o resultado que você gostaria de criar, seguindo seu propósito de vida.

Autocoaching para a Coesão Externa

- *Aprofunde a sua conexão com a alma:* Desenvolva as suas intuição e inspiração através da meditação e da prática do desapego a uma identidade específica.
- *Manifeste os resultados:* Seja grato, generoso, otimista, e confie nas forças de inspiração para satisfazer suas necessidades.

- *Onze estratégias para permanecer no fluxo:* Desenvolva a sua capacidade de encontrar a realização de longo prazo, permanecendo em sua melhor forma.
- *Trabalhe com outras pessoas:* Desenvolva suas empatia, compaixão, humildade e sabedoria.

Equilíbrio

A evolução nunca teria acontecido se todas as entidades e estruturas de grupo que existem hoje não tivessem encontrado uma maneira simbiótica de viver umas com as outras, e com seu ambiente físico. Você não pode existir como uma entidade ou estrutura de grupo no mundo físico se não for capaz de manter tudo em equilíbrio.

Para o corpo humano, isto significa viver em uma relação simbiótica com seu ambiente físico natural. Para o ego humano, isso significa viver em uma relação simbiótica com seu corpo, e viver em uma relação simbiótica com a sua alma. Assim, há três relacionamentos nos quais você precisa se concentrar se quiser manter-se em equilíbrio (ver Figura 12.6).

1. Relação do corpo com o seu ambiente físico – viver em equilíbrio com a natureza externa.
2. Relação do ego com o corpo – viver em estabilidade interna por meio do equilíbrio químico.
3. Relação do ego com a alma – viver em estabilidade interna por meio do equilíbrio energético.

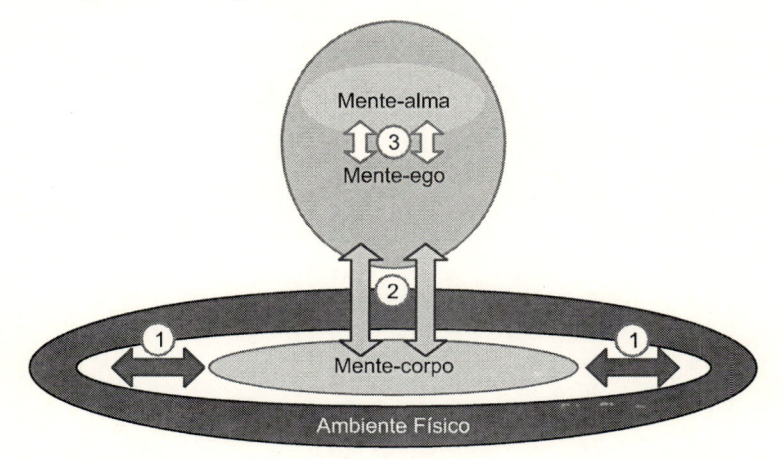

Figura 12.6 Mantendo a mente, o corpo e a alma em equilíbrio.

Quando estes três relacionamentos estão em ordem, somos capazes de encontrar satisfação, e de operar com altos níveis de desempenho, pois as necessidades do corpo, do ego e da alma estão todas sendo satisfeitas – todas as três instâncias de decisão estão em alinhamento, cada qual experimentando estabilidade interna e equilíbrio externo, e o ser humano completo está vivendo em harmonia com seu ambiente.

O autocoaching para a maestria pessoal ajuda você a manter a mente-ego em equilíbrio. O autocoaching para a coesão interna ajuda você a manter seu relacionamento ego-alma em equilíbrio. O autocoaching para a coesão externa ajuda você a manter sua alma em equilíbrio.

Quando esses três relacionamentos estão desequilibrados, o resultado é o estresse: o estresse sobre o corpo ou o ambiente, ou o estresse sobre o ego ou a alma.

Você reduz o estresse sobre o seu corpo criando um ambiente de vida saudável e mantendo-se fisicamente em forma. Você reduz o estresse sobre o seu ego por meio da construção de uma vida familiar forte e desenvolvendo atividades interessantes e desafiadoras. Você reduz o estresse sobre a sua alma encontrando um trabalho que se alinha com a sua paixão, e juntando-se a uma comunidade de almas semelhantes. Esses seis aspectos de sua vida, que você precisa para se manter em equilíbrio, são mostrados na Figura 12.7.

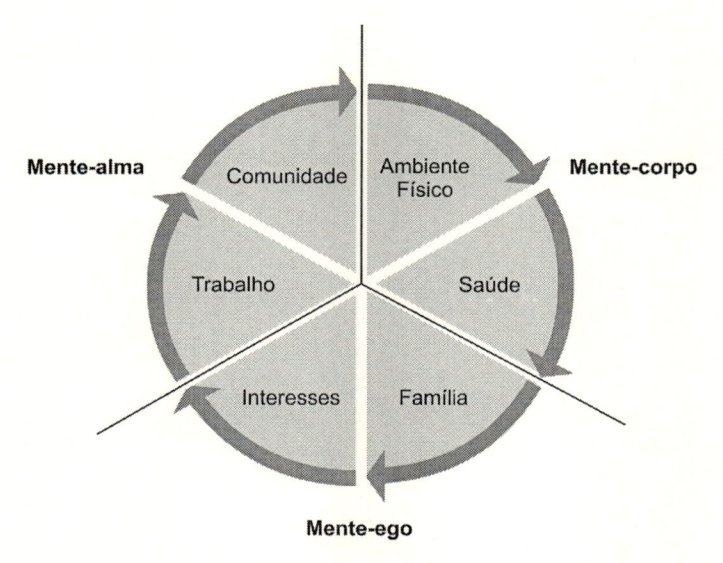

Figura 12.7 Mantendo as mentes em equilíbrio.

Quando você mantém todos os seis aspectos de sua vida em alinhamento, você sente que o seu ambiente físico apoia a sua saúde; sua saúde apoia a sua vida familiar, sua vida familiar apoia os seus interesses/atividades externas; seus interesses/atividades externas apoiam seu trabalho, seu trabalho apoia a sua comunidade e sua comunidade apoia o seu ambiente físico.

Esta é uma cadeia ininterrupta de causalidade. Onde quer que você quebre a corrente, quando não mantém sua vida em equilíbrio, você faz com que os aspectos seguintes da cadeia sejam afetados de forma adversa.

Há dois fatores que impactam as três mentes distintas. Cada um desses fatores depende de duas condições.

Mente-corpo: As considerações principais para manter sua mente-corpo em estabilidade interna e equilíbrio externo são:

- O ambiente – A sustentabilidade ambiental e o equilíbrio ecológico.
- Sua saúde – A forma física e a nutrição orgânica.

Mente-ego: As considerações principais para manter sua mente-ego em estabilidade interna e equilíbrio externo são:

- Sua vida familiar – Relações de amor e sentimento de pertencimento.
- Seus interesses – Desafios físicos ou mentais, e o desenvolvimento dos seus talentos.

Mente-alma: As considerações principais para manter sua mente-alma em estabilidade interna e equilíbrio externo são:

- Seu trabalho – Fonte de renda e veículo para a paixão.
- Sua comunidade – Suporte para a implementação do seu objetivo e cuidado com o seu ambiente.

Fazer a Diferença em seu Mundo

Em última instância, em um nível bastante prático, julgamos a capacidade de uma pessoa para a autoliderança da mesma forma que julgamos a liderança em geral – a capacidade de fazer as coisas acontecerem, gerenciar a mudança e alcançar resultados. Comprometer-se com sua evolução pessoal e aprender as habilidades envolvidas na maestria pessoal, na coesão interna e na coesão externa são meios para se atingir esse fim. Internamente, o resultado que queremos alcançar é uma sensação de paz interior e de realização pessoal. Externamente, o resultado que queremos alcançar é fazer uma diferença positiva no mundo e viver em harmonia com os outros e com o nosso meio ambiente.

Fazer a diferença em seu mundo interno, e no mundo ao seu redor, exige que você desafie suas crenças e suposições, conecte-se com, e alavanque seus pontos de poder, e colabore com outras pessoas que estão focadas no mesmo objetivo, missão ou visão.[92]

Desafiando seus Pressupostos

Seus pressupostos são crenças que você toma por verdades. Eles podem ou não ser verdadeiros, mas dão o tom da sua percepção da realidade. Crenças se manifestam como pensamentos. Quando você desafia seus pressupostos, precisa perguntar a si mesmo: "Os pensamentos que estou tendo são realmente verdadeiros?" Você deve se lembrar de que este é o Passo 6 no processo de maestria pessoal.

Se você quiser fazer a diferença no mundo, precisa fazer desta maneira de pensar o seu modo de vida, não apenas desafiando suas suposições, mas também as hipóteses dos outros. Você precisa se tornar alguém que busca a clareza.

Isso significa não ter medo de questionar a autoridade. Você não pode fazer isso se estiver preso a temores sobre a satisfação das suas necessidades de deficiência. É preciso clareza e coragem para desafiar a autoridade. É por isso que a individuação é tão importante. Você tem que se tornar seu próprio mestre se quiser maximizar seu impacto no mundo. Você precisa se tornar independente, e precisa desenvolver uma mente autorrealizada se quiser desafiar os pressupostos das outras pessoas. Se quiser colaborar com outras pessoas, você precisa ir mais longe: você precisa reconhecer a sua interdependência, e desenvolver uma mente autotransformadora.

O maior desafio que enfrentamos é a nossa própria autoconfiança, especialmente quando somos jovens. Nós assumimos que os outros com mais experiência sabem, melhor do que nós, o que precisa ser feito. Tendemos a seguir as instruções, porque estamos acostumados a operar a partir de nossa mente socializada. Você precisa superar esta restrição. Fale alto, fale para fora e esteja disposto a receber feedback, e lembre-se sempre de que não se trata de estar certo, mas sim de fazer as coisas direito. Portanto, não se identifique com a sua posição, que é o que tende a acontecer com uma mente autorrealizada. Vá além do seu apego a ter razão e busque aquilo que é verdadeiro.

As palavras a seguir, ditas por Nelson Mandela em sua posse como Presidente da África do Sul em 1994, abordam a questão da autoconfiança.

> *Nosso medo mais profundo não é o de sermos inadequados.*
> *Nosso medo mais profundo é o de sermos poderosos além da medida.*
> *É a nossa luz, não nossa escuridão, que mais nos apavora.*
> *Nós nos perguntamos: quem sou eu para ser brilhante, maravilhoso, talentoso e fabuloso?*
> *Na verdade, quem é você para não ser?*
> *Você é um filho de Deus.*
> *Fazer papel pequeno não serve ao mundo.*
> *Não há nada de iluminado em se encolher para que as outras pessoas não se sintam inseguras ao seu redor.*
> *Nascemos para manifestar a glória de Deus que está dentro de nós. Não apenas em alguns de nós. Ela está em todos nós.*
> *E conforme deixamos nossa própria luz brilhar, inconscientemente damos às outras pessoas permissão para que façam o mesmo.*
> *E conforme nos libertamos do nosso próprio medo, nossa presença automaticamente liberta os outros.*

Clareza, coragem e autoconfiança são os três valores mais importantes para se desafiar os pressupostos.

Conecte-se com o seu Poder

Todo mundo tem várias fontes de poder, até mesmo sua juventude, ingenuidade e falta de treinamento podem servir-lhe porque permitem que você faça perguntas que ninguém mais faz, e traga uma visão de mundo diferente sobre a situação. Você não estará fazendo uma pergunta estúpida, se a sua pergunta estiver a serviço da clareza – sua ou de qualquer outra pessoa.

As cinco fontes mais comuns de poder externo são: posição, conhecimento, tarefa, relacionamento e pessoal.

- *Posição* como o poder tem a ver com a sua autoridade – a posição que você ocupa em uma hierarquia de tomada de decisões. Este tipo de poder permite que você traga recursos – pessoas e finanças – para uma situação. Diz respeito a quem você é em uma hierarquia ou cadeia de comando.
- *Conhecimento* como poder tem a ver com sua experiência, seus conhecimentos ou suas habilidades especiais em um domínio em particular. Você usa sua credibilidade para trazer novos olhares para uma situação. Diz respeito àquilo que você sabe.
- O poder da *tarefa* tem a ver com sua capacidade de apoiar ou impedir o progresso em virtude do fato de que você está em uma posição de controle de quem e do que é visto ou não pelos tomadores de decisão. Diz respeito ao seu poder de bloquear ou promover pessoas ou ideias.
- Poder como *relacionamento* tem a ver com a conexão ou vínculo que você estabelece com pessoas que poderiam ter influência na tomada de decisão. Diz respeito a quem você conhece.
- Poder *pessoal* tem a ver com a sua força de caráter, paixão, inspiração e sabedoria, assim como com as suas habilidades e capacidades de inteligência emocional e social. Todos esses atributos e habilidades se juntam para que você possa inspirar e persuadir os outros. Diz respeito a quem você é por dentro.

Portanto, antes de se convencer de que não há nada que você possa fazer em uma situação, tire alguns momentos para analisar os seus pontos de poder, e então crie estratégias sobre como usá-los. Concentre-se no que você pode fazer e desafie seus pressupostos sobre o que você acha que não pode fazer.

Quando você abordar as pessoas para expressar suas ideias, diga a elas o que você necessita. "Eu preciso de 20 minutos do seu tempo para ouvir o seu ponto de vista sobre algo que é importante para mim. Podemos nos reunir hoje?"

Uma das lições mais importantes que você pode aprender na vida – e que é aplicável a todas as situações – é sempre pedir aquilo que você precisa. Pedir o que você precisa é a coisa mais poderosa que você pode fazer por si mesmo.

Colaborando com os Outros

Colaborar com os outros tem muitas vantagens, e uma das mais importantes é colocar mais ideias sobre a mesa. Por enquanto, o que precisamos saber é que a colaboração depende significativamente da sua habilidade de se relacionar e cooperar com os outros em um projeto ou programa específico. Sua capacidade de se conectar é determinada pela sua capacidade de confiar e ser confiável. Sua capacidade de cooperar é determinada pela sua capacidade de demonstrar empatia. Sua capacidade de confiar e demonstrar empatia é determinada por sua capacidade de permanecer em alinhamento com sua própria fé. Vou discutir estes tópicos com mais detalhes nos capítulos seguintes.

Meu Diário de Liderança – Liderar a si Mesmo

Em última instância, para alcançar os objetivos da maestria pessoal, da coesão interna e da coesão externa, você precisa ter um conhecimento íntimo de si mesmo, dos seus valores, das suas crenças e comportamentos, dos seus medos, dos seus pontos fortes, das suas fraquezas, dos seus talentos e das suas habilidades únicas, e você deve ser capaz de acessar essas informações e de compreender onde você se encontra em sua jornada evolutiva, a qualquer momento no tempo.

Para acompanhar isso tudo, você precisa criar um diário de vida que conte a sua história de liderança – um manual de referência pessoal que se torna uma enciclopédia viva da sua jornada de liderança. Para este fim, criamos o web site do Novo Paradigma da Liderança, com um diário de liderança e manual para download, para liderar a si mesmo, liderar os outros, liderar uma organização e liderar na sociedade. Mais detalhes sobre este sistema de aprendizagem do Novo Paradigma da Liderança podem ser encontrados no Anexo 2.

Aqui estão os principais tópicos da parte de Liderar a si Mesmo no diário de liderança para download.

Minha Jornada de Autoliderança

- Minha história pessoal.
- Minha história de liderança.

Meu Potencial

- Meus pontos fortes/habilidades únicas.
- Meus dias autênticos.
- Meus valores/crenças/comportamentos.
- Minha visão/missão/propósito.

Meus Desafios

- Minha entropia pessoal.
- Meus pontos de estresse.
- Meus dias não autênticos.
- Minhas metas e ações.

Minha Maestria Pessoal

- Minhas questões de mudança.
- Minhas habilidades e capacidades de autogestão.
- Minha roda do equilíbrio.

Meu Crescimento

- Minha evolução.
- Meu feedback/desempenho.
- Meus pontos de poder.
- Meus compromissos.

O manual e o diário de liderança para download, em conjunto com o web site do Novo Paradigma da Liderança e este livro, oferecem os materiais e recursos que você precisa para aprender a liderar a si mesmo.

Conclusões

Como expliquei na introdução desta parte do livro, o objetivo do módulo de autoliderança do programa evolutivo de desenvolvimento de liderança é apoiar os indivíduos na busca pela realização pessoal, para que se tornem tudo o que podem vir a ser – apoiando-os na realização do seu potencial como seres humanos. Esta viagem começa com a sua decisão consciente de evoluir e assumir a responsabilidade por todos os aspectos da sua vida.

Na próxima parte do livro vamos explorar o segundo módulo do programa de desenvolvimento de liderança em quatro partes – aprender a liderar os outros.

A compreensão que você obtém quando aprende a liderar a si mesmo, tornando-se seu próprio autocoach, será essencial para ajudar você a liderar os outros.

NOTAS

90 A Janela de Johari foi criada por Joseph Luft e Harry Ingham em 1955 nos EUA.
91 Um exercício semelhante pode ser realizado utilizando-se adjetivos negativos. Isso é conhecido como a Janela de Nohari. Para mais informações sobre a Janela de Nohari e sobre a Janela de Johari, consulte a Wikipedia.
92 Ken Blanchard. *Leading at a Higher Level*. Upper Saddle River, NJ: Pearson, Prentice-Hall, 2007.

PARTE 3

Liderando os Outros

CAPÍTULO 13   Consciência de Equipe
CAPÍTULO 14   Maestria de Equipe
CAPÍTULO 15   Coesão Interna em Equipes
CAPÍTULO 16   Coesão Externa em Equipes
CAPÍTULO 17   Práticas Gerais

13

Consciência de Equipe

Liderar os outros[93] ou qualquer grupo de pessoas com um objetivo ou propósito comum não é obviamente o mesmo que liderar a si mesmo. Isso exige muito mais habilidades e capacidades. Assim como você aprendeu a criar as condições para sua realização no módulo de autoliderança do programa de desenvolvimento de liderança, agora você terá de aprender a criar as condições para que um grupo de pessoas encontre a sua realização individual e coletiva.

Você Quer Liderar os Outros?

Isto pode soar como uma pergunta estúpida, mas é extremamente importante para que você saiba se liderar os outros é realmente o seu caminho para a realização. Pode ser que suas habilidades e talentos estejam em outro lugar. Assim, muitas pessoas acabam chegando a posições de gestão, não porque isso seja o que desejam fazer, mas porque isso é o que elas se sentem obrigadas a fazer a fim de progredir na carreira que escolheram. Ser honesto consigo mesmo sobre este assunto é vital se você pretende encontrar a satisfação na sua vida.

Se você é alguém cujo propósito de alma envolve "fazer", em vez de apoiar ou orientar outros em seu "fazer", então colocar na cabeça o objetivo de se tornar um líder *não* é o caminho certo para você. Em última análise, tudo se resume à compreensão de onde moram a sua paixão e criatividade – saber quais são as habilidades únicas que impulsionam a sua vida.

Pode ser que esta não seja uma pergunta que você consiga responder agora. Algumas pessoas descobrem o que desejam fazer com suas vidas enquanto ainda são bem jovens. Outras pensam que sabem, mas depois têm que fazer uma correção no meio do percurso: esse foi o meu caso. Algumas pessoas nunca conseguem descobrir realmente, seja porque seus dons e suas paixões são genéricos e diversificados, ou porque preferem levar uma vida de aventuras. Em termos mais simples, a aventura *é* a sua paixão.

No meu caso, sei que minha paixão e meus dons estão em escrever e falar sobre a transformação e a evolução da consciência pessoal, organizacional e global. Isto não é algo que eu decidi fazer. Era algo dentro de mim que queria sair. Sempre que estou fazendo esse trabalho, tanto escrevendo quanto falando, eu me sinto vital e vivo. Duas vezes em minha vida, fundei e construí pequenas organizações, apenas para perceber que minha paixão estava em fazer o trabalho e não em gerenciar outras pessoas que faziam o trabalho.

Este foi um dos aspectos mais agradáveis dos meus muitos anos no Banco Mundial – pude buscar meus objetivos sem ter que ser responsável pelos outros. E isso também é o que me agrada em minha vida atual. Depois de passar os últimos 12 anos construindo uma organização de sucesso, fui capaz de delegar as operações do dia a dia aos meus colegas para que eu pudesse perseguir o que eu amo fazer. Para mim, o que eu faço não é um trabalho: nem é o meu trabalho, é minha vida e minha satisfação. Isso também sustenta o crescimento e o desenvolvimento da minha organização.

Então, se apoiar e gerenciar os outros na realização do seu trabalho são a sua paixão ou sua posição inicial porque você não tem certeza do que mais poderia fazer, aprender a liderar os outros é provavelmente o melhor para você. Seja como for, as habilidades que você vai aprender sempre podem ser úteis em algum momento de sua vida.

O que você aprendeu no módulo de liderar a si mesmo será de grande importância para ajudar você a liderar os outros.

O trabalho que você realizou na maestria pessoal vai permitir que você crie um ambiente de trabalho com um baixo nível de entropia. A entropia pessoal tem repercussões negativas que são a principal fonte de entropia cultural. Ser capaz de gerenciar, dominar ou superar suas crenças baseadas no medo subconsciente, e aprender a identificar suas necessidades, e saber pedir, vai melhorar significativamente a qualidade de suas interações com os membros de sua equipe.

O que você aprendeu sobre como liderar a si mesmo vai permitir que você oriente os membros de sua equipe em sua evolução pessoal. É sempre útil lembrar que é impossível orientar alguém em uma viagem, se você nunca fez a mesma viagem sozinho. É a mesma coisa que contratar um guia para explorar a Amazônia, sendo que ele nunca esteve lá.

Por fim, para liderar efetivamente os outros você precisa estar operando com uma mente autotransformadora. Aprender como se tornar sua própria testemunha é uma habilidade fundamental que o ajudará muito nesse sentido. Deixe-me explicar.

Você é Capaz de Liderar os Outros?

A fim de construir uma equipe de alto desempenho, você terá que dar a todos os membros da equipe a oportunidade de expressar suas ideias e opiniões sobre o trabalho em questão. Isto significa que você precisa superar a ideia de que tem todas as respostas certas e que o seu trabalho como líder deste grupo é dizer às pessoas o que elas devem fazer. Esta é a estratégia de alguém que está operando com uma mente autorrealizada. Este modo de ser não vai satisfazer as necessidades de realização dos membros da equipe, a não ser que estejam operando com mentes socializadas.

Alguém com uma mente socializada provavelmente não deseja ser um líder ou tomar a iniciativa. Há ansiedade demais no que tange à prestação de contas. Uma mente socializada prefere receber instruções sobre o que deve fazer.

A mente autotransformadora, por outro lado, tem a capacidade de ver outras ideias e outras visões de mundo além de suas próprias (de um ponto de vista objetivo) – exatamente como você fez quando aprendeu a se tornar sua própria testemunha. Embora as mentes autotransformadoras possuam uma perspectiva sobre o mundo, elas não veem o mundo através dela. Ela está lá para orientá-los, mas elas estão dispostas a comparar a forma como ela se relaciona com outras visões de mundo, modificando-as se encontrar algo melhor. Esta é uma qualidade necessária e altamente valorizada em alguém que é colocado na posição de liderar os outros.

A maioria das pessoas são promovidas a cargos de supervisão ou de gestão devido à sua capacidade e experiência em fazer o seu trabalho: não por causa de sua capacidade de gerenciar e desenvolver pessoas. A maior parte dos gerentes e supervisores está profundamente enraizada em suas próprias histórias, e na verdade não sabe muito sobre como liderar os outros, principalmente porque nunca aprendeu como liderar a si mesma.

> Você só terá sucesso como líder de uma equipe, se for capaz de apoiar os membros de sua equipe na busca da realização.

Lembro muito bem de quando fui convidado a criar e gerenciar um escritório de engenharia na França, quando tinha 26 anos. Eu não tinha a menor ideia de como liderar a mim mesmo ou como liderar os outros. Eu me virei da melhor maneira que pude. O escritório foi bem-sucedido, mas depois de quatro anos minha saúde começou a sofrer por causa do estresse que criei para mim mesmo.

Você só terá sucesso como líder de uma equipe se for capaz de apoiar os membros de sua equipe na busca da realização. E você só será capaz de fazer isso se conhecer a si mesmo, e se entender o que seria a realização para você.

Estabilidade Interna

Uma equipe experimenta a estabilidade interna quando as necessidades dos membros da equipe estão sendo atendidas tanto pelos membros da equipe em si quanto por você, como seu líder. Isto significa que você, como líder da equipe, precisa ser capaz de apoiar os membros da equipe, para que assumam a responsabilidade e a gestão da sua própria estabilidade interna, e ainda gerenciar a estabilidade interna da equipe. Manter a estabilidade interna de uma equipe envolve:

- Gerenciar dificuldades individuais em sua equipe: Conduzir os membros da equipe no desenvolvimento de suas habilidades de maestria pessoal.
- Gerenciar os conflitos em sua equipe: Usar suas habilidades de comunicação e capacidade para flexibilizar e resolver posições opostas muito rígidas.

Equilíbrio Externo

A equipe experimenta o equilíbrio externo quando é capaz de satisfazer as necessidades específicas que a organização pediu que a equipe fornecesse, e a própria organização cuida das necessidades organizacionais básicas da equipe. A relação com a organização e com outras equipes ou, no caso de uma equipe de projeto, com a organização/cliente, é essencialmente da responsabilidade do líder da equipe. Manter o equilíbrio externo da equipe envolve:

- Fornecer os recursos financeiros e físicos que permitem que a equipe possa cumprir seus objetivos.
- Gerenciar as relações que a equipe mantém com outras partes da organização e/ou com seus parceiros externos.

A Jornada Evolutiva da Equipe

Aprender a liderar uma equipe vai colocar você diante de mais experiências para aprender a liderar a si mesmo. Se você ainda não absorveu completamente o componente autoliderança do programa evolutivo de liderança, provavelmente vai acabar numa luta para liderar os outros. A razão para esta luta é que você ainda não dominou os seus medos subconscientes, não revelou seu eu autêntico, ou não encontrou sua empatia essencial.

Mesmo que você já tenha alcançado um nível significativo de maestria em todas essas áreas, você ainda vai ser confrontado com situações que irão desafiá-lo: esse fato é absolutamente garantido. Isso é o que a vida faz quando você se abre para ela. Ela continua a apresentar oportunidades para que você avance para o próximo nível no seu crescimento. É por isso que é tão importante aprender as habilidades de autocoaching que descrevi nos capítulos anteriores. Quando você dominar essas habilidades, elas o ajudarão a avançar em sua jornada evolutiva com um desprazer interno mínimo: elas o ajudarão a se adaptar às vicissitudes da vida, para que possa ser feliz e se realizar.

À medida que você começa a jornada de aprendizagem para liderar os outros, você vai acabar voltando ao que aprendeu no componente de autoliderança e ao que escreveu no seu diário de liderança. É por isso que eu pedi que você criasse o diário, porque ele vai ser um recurso inestimável para o seu progresso contínuo.

Como líder da equipe, seu trabalho é administrar a estabilidade interna e o equilíbrio externo da sua equipe, tomando decisões e fazendo escolhas que não só apoiem a equipe na satisfação das suas necessidades, mas também apoiem cada membro da equipe na satisfação das suas necessidades individuais. Quando as necessidades dos membros da equipe estão em alinhamento com as necessidades da equipe, a equipe terá estabilidade interna, e quando as necessidades[94] físicas da equipe também estão em equilíbrio com o ambiente físico da equipe, você terá uma equipe de alto desempenho.

Dependendo do tipo de negócio no qual você atua, e do papel de sua equipe, você pode querer avaliar cuidadosamente o mix mais desejável de pessoas com mentes socializadas, autorrealizadas e autotransformadoras. Se o trabalho da sua unidade é repetitivo e pode ser codificado em etapas ou regras simples, então você pode satisfazer suas necessidades de forma mais plena com a contratação de pessoas com mentes socializadas. Geralmente, essas pessoas serão motivadas por suas necessidades básicas. Elas não estarão à procura de tomar a iniciativa ou de lidar com situações complexas. Você vai precisar de pessoas com mentes autorrealizadas para gerenciar as pessoas com mentes socializadas. Na medida do possível, essas pessoas também devem ter dominado suas habilidades de autoliderança.

Mas, por outro lado, se você é responsável por uma unidade que está constantemente enfrentando novos desafios, nos quais as pessoas precisam ser ágeis e tomar a iniciativa, você estará mais bem servido com a contratação de pessoas com mentes autorrealizadas. Essas pessoas serão motivadas pelo aprendizado contínuo, e vão querer ter voz ativa na tomada de decisões, especialmente em áreas que afetem o seu trabalho em particular.

O ideal é que você precise de pessoas com mentes autotransformadoras, para gerenciar as pessoas com mentes autorrealizadas. Seria interessante colocar estas pessoas em posições de autoridade que se alinhem com o trabalho que desencadeia sua paixão e criatividade. Também seria interessante que elas já tivessem dominado suas capacidades de liderar a si mesmas.

Antes de explorarmos os três estágios para se aprender a liderar os outros – maestria de equipe, coesão interna de equipe e coesão externa de equipe – vamos explorar o território através do qual você estará viajando, obtendo uma compreensão mais profunda dos sete níveis de consciência de equipe.

Os Sete Níveis de Consciência de Equipe

Equipes crescem e se desenvolvem dominando os sete níveis de consciência de equipe. Os sete grupos de necessidades/motivações associados com os sete níveis de consciência de equipe são apresentados na Tabela 13.1 e descritos nos parágrafos seguintes. Esta tabela deve ser lida de baixo para cima.

As necessidades "mais baixas" – níveis 1 a 3 – refletem as necessidades básicas do grupo: a sua necessidade de sobrevivência física e suas necessida-

Tabela 13.1 A evolução da consciência de equipe

Estágios de Evolução	Níveis de Consciência		Motivação/Necessidade
Estágio 3: Coesão Externa	7	Serviço	**Conduta ética, responsabilidade social e perspectiva de longo prazo:** assegurar-se de que o trabalho da equipe atende aos padrões éticos, apoia a visão de longo prazo da organização e atende aos objetivos de responsabilidade social da organização.
	6	Fazer a diferença	**Alianças e parcerias estratégicas:** cooperar com outras equipes em alianças mutuamente benéficas, enquanto aprofunda o nível de conexão interna da equipe investindo em coaching e orientação, e centrando-se na realização dos empregados.
Estágio 2: Coesão Interna	5	Coesão interna	**Cultura fortemente coesiva:** aumentar a capacidade da equipe para a ação coletiva, alinhando as motivações dos membros da equipe em torno de uma missão única e de um conjunto comum de valores que constrói o compromisso e desperta o entusiasmo, a criatividade e a paixão dos membros da equipe.
	4	Transformação	**Adaptabilidade e aprendizagem contínua:** dar voz aos membros da equipe na tomada de decisão, tornando-os responsáveis e responsabilizados por seu próprio futuro em um ambiente que apoia o crescimento pessoal.
Estágio 1: Maestria de Equipe	3	Autoestima	**Orgulho da equipe quanto ao desempenho:** aumentar as capacidades da equipe construindo sistemas, processos e estruturas que criam ordem, promovem a excelência e a qualidade e apoiam o crescimento profissional.
	2	Relacionamentos	**Relacionamentos de equipe amigáveis:** construir relacionamentos harmoniosos que criam um senso de pertencimento e lealdade entre os membros da equipe, e o cuidado com as necessidades de clientes internos e externos.
	1	Sobrevivência	**Criar um ambiente físico apropriado:** estabelecer condições de trabalho satisfatórias, disponibilidade de tecnologia e níveis apropriados de financiamento. Cuidado com a saúde, segurança e bem-estar dos empregados.

des emocionais de pertencimento e autoestima. O foco do quarto nível é a adaptabilidade, a aprendizagem contínua e dar voz aos membros da equipe.

As necessidades "mais altas" – níveis 5 a 7 – refletem as necessidades de crescimento do grupo: a necessidade de cada membro da equipe de encontrar um significado, a necessidade de fazer a diferença através do trabalho da equipe e a necessidade de estar a serviço de seus clientes internos ou externos e da organização como um todo.

As equipes que se concentram *exclusivamente* na satisfação de suas necessidades mais baixas encontram dificuldade em atingir e manter altos níveis de desempenho. Geralmente, elas são muito autocentradas ou rígidas e burocráticas demais para estar no auge do seu desempenho. Elas não são adaptáveis, e não capacitam os empregados. Consequentemente, há pouco entusiasmo e compromisso entre os membros da equipe. Trabalhar em uma equipe desse tipo pode ser altamente estressante, porque o foco principal da equipe recai sobre o desempenho e os resultados.

Equipes que se concentram *exclusivamente* na satisfação das suas necessidades de crescimento não possuem as competências básicas e as capacidades necessárias para operar de forma eficaz. Elas são ineficazes e pouco práticas. Elas não possuem os sistemas e processos necessários para o alto desempenho. Elas não se baseiam em aspectos práticos cotidianos da gestão de equipes e são geralmente ineficazes em matéria de inteligência emocional e social.

As equipes mais bem-sucedidas são aquelas que dominaram tanto as suas necessidades de "deficiência" quanto as suas necessidades de "crescimento". Elas operam a partir da consciência de espectro total. E criam um clima de confiança, com foco na excelência, sendo capazes de se adaptar rapidamente, respondendo diante de situações de mudança. Os sete níveis de consciência da equipe são descritos em mais detalhes a seguir.

Nível 1: A Consciência de Sobrevivência

A primeira necessidade para uma equipe é ter um nível seguro e adequado de financiamento. Sem financiamento, ela não terá o equipamento ou os recursos financeiros e humanos necessários para desempenhar suas funções. É tarefa do líder garantir que a equipe tenha tudo o que precisa para cumprir sua missão. Também é tarefa do líder administrar os recursos e gerenciar o orçamento. Quando as equipes não são devidamente financiadas, elas se tornam rapidamente ineficazes. A eficiência e a produtividade caem, e os membros da equipe ficam desanimados com a forma como a equipe está sendo tratada. A entropia aumenta e as pessoas na equipe começam a reclamar.

Nível 2: A Consciência de Relacionamento

A segunda necessidade de uma equipe é o relacionamento interpessoal harmonioso e a boa comunicação interna. Sem boas relações entre os membros da equipe, e entre os membros da equipe e seus clientes internos ou externos a equipe será ineficaz. A questão crítica nesse nível de consciência é criar uma sensação de pertencimento e camaradagem na equipe. As pré-condições para o pertencimento são a comunicação aberta e o respeito mútuo. As pré-condições para a camaradagem são a simpatia e o companheirismo. Quando estão presentes, a lealdade e a satisfação entre os membros da equipe e os clientes da equipe serão altas. A equipe deve dedicar um tempo para as celebrações e rituais que promovam a união de seus membros.

Nível 3: A Consciência de Autoestima

A terceira necessidade para uma equipe atingir altos níveis de desempenho e resultados é criar um sentimento de orgulho de equipe. Cada membro da equipe precisa se concentrar em qualidade, excelência e melhoria contínua, com sistemas e processos ajustados o suficiente para dar suporte à alta performance e evitar a lentidão da burocracia. A equipe deve estar continuamente pesquisando e adotando as melhores práticas para aumentar sua produtividade e abordagem profissional. Cada membro da equipe precisa ter metas claras, e a equipe como um todo deve ter uma estratégia bem compreendida para atingir suas metas específicas. O monitoramento frequente da estratégia, objetivos e metas será essencial para o sucesso da equipe.

Nível 4: A Consciência de Transformação

O foco do quarto nível de consciência da equipe é o de capacitar os membros da equipe para que estes contribuam com suas ideias para melhorar o desempenho a equipe – com vistas à inovação e à melhoria contínua. Cada membro da equipe precisa ser responsável por seu próprio desempenho e pelo desempenho do grupo. Ele precisa assumir a responsabilidade por seu próprio crescimento e desenvolvimento pessoal, apoiando uns aos outros no crescimento e no desenvolvimento da equipe como um todo. Para a equipe crescer e se desenvolver, ela precisa se concentrar na aprendizagem contínua e permanecer elegante e ágil, sendo capaz de se adaptar facilmente a novas situações e de explorar novas oportunidades.

Nível 5: A Consciência de Coesão Interna

No quinto nível de consciência, o foco recai sobre o desenvolvimento de um senso compartilhado de missão e um conjunto compartilhado de valores da equipe que se alinham com a visão e valores globais da organização e desencadeiam o compromisso e o entusiasmo dos membros da equipe. A missão compartilhada aprimora o foco das ações da equipe e os valores compartilhados fornecem orientações sobre a tomada de decisão. Os comportamentos associados com os valores da equipe devem se relacionar diretamente com o trabalho de equipe. Cada membro deve ter uma linha de visão clara ligando o trabalho que faz no dia a dia e a missão da equipe. Todo mundo precisa saber como faz a diferença por meio do seu trabalho, contribuindo para o sucesso da equipe.

Nível 6: A Consciência de Fazer a Diferença

Internamente, o foco no sexto nível de consciência da equipe está em ajudar os membros da equipe a encontrarem um sentido de realização pessoal em seu trabalho, oferecendo coaching e orientação como apoio para que se tornem tudo o que podem vir a ser. Externamente, o foco deve estar na construção de fortes parcerias de colaboração com outras equipes na organização, em busca de apoio mútuo. A equipe deve também procurar construir relações de colaboração com os clientes e a comunidade local. A questão decisiva nesse nível de consciência de equipe é garantir a integração plena e completa da equipe com a organização como um todo, e a integração com todos os stakeholders.

Nível 7: A Consciência de Serviço

No sétimo nível de consciência de equipe, o foco da equipe está em servir as necessidades da organização, adotando e integrando padrões éticos apropriados, ajudando a organização a satisfazer as suas responsabilidades sociais e apoiando a visão de longo prazo da organização. Internamente, a equipe se concentra em vivenciar seus mais altos ideais, por meio do exercício da compaixão e da humildade. Externamente, o foco será apoiar a organização na construção de um futuro sustentável para a sociedade na qual a organização opera.

Consciência de Espectro Total

Equipes de espectro total exibem todos os atributos positivos dos sete níveis de consciência de equipe.

- Elas dominam a consciência de sobrevivência, centrando-se sobre a estabilidade financeira e orçamentária da equipe, assim como sobre a saúde e a segurança dos empregados.
- Elas dominam a consciência de relacionamentos concentrando-se no relacionamento interpessoal harmonioso e na boa comunicação interna que engendram a lealdade da equipe dos clientes.
- Elas dominam a consciência de autoestima, concentrando-se em sistemas que melhoram o desempenho, os resultados, a qualidade, a excelência e em melhores práticas que geram orgulho de equipe.
- Elas dominam a consciência de transformação, capacitando seus membros para que contribuam com suas ideias, dando-lhes liberdade responsável de inovar em termos de organização e de aprendizagem.
- Elas dominam a consciência de coesão interna por meio do desenvolvimento de uma missão e de uma cultura de equipe baseadas em valores compartilhados que geram um clima de confiança.
- Elas dominam a consciência de fazer a diferença, conduzindo e orientando os membros da equipe para que possam encontrar satisfação, criando poderosas alianças e parcerias com clientes e com outros setores da organização.
- Elas dominam a consciência de serviço ao defender padrões organizacionais éticos, apoiando a organização na busca de sua visão, e concentrando-se na sustentabilidade a longo prazo da organização.

NOTAS

93 Estou usando a expressão "Liderar os Outros" no contexto de alguém que é responsável por um grupo de indivíduos – uma equipe de trabalho, um grupo de projeto, uma divisão ou unidade de negócios ou qualquer grupo de pessoas que possui um propósito ou meta em comum que se liga a uma organização maior. Estou usando "equipe" como um termo genérico que abarca grupos de qualquer tamanho.

94 As necessidades físicas da equipe incluem condições de trabalho satisfatórias, disponibilidade de tecnologia apropriada e um nível adequado de financiamento.

14

Maestria de Equipe

A maestria de equipe no contexto de liderar os outros diz respeito à construção de sistemas, processos, relacionamentos e infraestrutura que permitam que sua equipe alcance, tanto individual quanto coletivamente, altos níveis de desempenho sustentável. Não se trata apenas de assegurar que sua equipe atinja os seus objetivos e metas, mas também tem a ver com como extrair o melhor de cada membro de sua equipe, individual e coletivamente, apoiando o seu crescimento profissional e ajudando-os a desenvolver suas habilidades de maestria pessoal. Como líder de uma equipe, a sua missão é ser um modelo e um coach. Você não será confiável para fazer o último, se não for eficaz em fazer o primeiro.

Modelo

Sua capacidade de ser um modelo depende de quão bem-sucedido você tem sido no desenvolvimento de suas habilidades de autoliderança e também de até que ponto você é respeitado profissionalmente pelos membros de sua equipe. Não é uma questão de ser apreciado, apesar de que sempre faz bem manter relações de trabalho cordiais, tem a ver com ser respeitado como ser humano e como profissional. O respeito é um valor-fim que depende de diversos valores-meio. Conquistamos o respeito dos outros quando demonstramos as qualidades de competência e caráter mostradas na Tabela 14.1.

Ser um Coach para Outros

Como líder de um grupo de pessoas, você precisa estar familiarizado com três formas de coaching:

Tabela 14.1 Qualidades que o respeito engendra

Respeito	
Caráter	**Competência**
Autenticidade	Experiência
Cuidado	Conhecimento
Justiça	Resultados

- *Coaching evolutivo pessoal:* Ajudar os membros de sua equipe a lidar com questões que se relacionam com sua maestria pessoal.
- *Coaching evolutivo profissional:* Ajudar os membros de sua equipe a lidar com questões que se relacionam com o seu crescimento profissional.
- *Coaching de desempenho:* Ajudar os membros de sua equipe a lidar com questões relacionadas com a gestão de recursos para que possam alcançar seus resultados e metas de desempenho.

Sir John Whitmore, uma das maiores autoridades do mundo em coaching, vem defendendo, ao longo dos últimos 18 anos, a ideia de que cada gerente deve ser um coach. Em seu livro best-seller, *Coaching para Performance*, agora em sua quarta edição, John afirma:

> *O Coaching não é meramente uma técnica a ser desembrulhada e rigidamente aplicada em determinadas circunstâncias. É uma forma de gestão, uma maneira de tratar as pessoas, um jeito de pensar, um modo de ser. Há de chegar o dia em que a palavra coaching desaparecerá do nosso vocabulário completamente, e se tornará simplesmente a maneira como nos relacionamos uns com os outros no trabalho e em outros ambientes também.*
>
> *O coaching exige as mais altas qualidades de um gerente: empatia, integridade e desprendimento, assim como uma vontade de adotar uma abordagem fundamentalmente diferente para os recursos humanos.*[95]

Há dois conceitos-chave para o coaching: criar consciência, ajudando as pessoas a interpretar de forma mais significativa o que estão ouvindo, vendo ou sentindo, e ajudar as pessoas a assumir a responsabilidade por seu trabalho, suas ações e seus comportamentos, aumentando assim o seu sentido de orgulho de si mesmas, da equipe e do seu desempenho individual e coletivo.

O primeiro princípio do coaching é fazer muitas perguntas. Seu trabalho como líder de um grupo não é oferecer respostas. No novo paradigma de liderança, os gerentes ensinam seus comandados a pensar por si mesmos, aumentando a sua consciência e tornando-se mais responsáveis por suas ações. Um homem faminto estará sempre morrendo de fome se você simplesmente lhe der um peixe. Quando você pode ajudá-lo a descobrir todo o processo da pesca, para que ele possa fazê-lo sozinho, ele nunca passará fome novamente.

Além de fazer um monte de perguntas, um bom coach:

- ouve muito atentamente;
- dedica muito tempo para entender com clareza o que a pessoa que está recebendo o coaching está pensando;
- sintetiza frequentemente, oferecendo feedback com a sua compreensão sobre o que está sendo dito;
- guia a pessoa para que faça suas próprias escolhas;
- evita dizer às pessoas o que fazer.

Estas não são habilidades difíceis de se aprender, mas são essenciais para se liderar e gerenciar os outros no novo paradigma da liderança.

Ouvir Muito Atentamente

Não pode ser tão difícil assim ouvir, pode? Sim, pode, especialmente se você é um gerente ou líder treinando seus subordinados. Um coaching profissional é capaz de separar a si mesmo do conteúdo de uma sessão de coaching e concentrar-se unicamente no processo. Como gerente ou líder, isso é difícil de fazer porque provavelmente você vai achar que já sabe as respostas para os problemas ou dilemas de seus empregados. Você tem que ter o cuidado de não permitir que os desejos do ego (impaciência) para atingir um resultado não sejam uma tentação para que você diga aos membros da equipe exatamente o que eles ou elas devem fazer. Se você entrar em um modo direcionador você: a) para de ouvir, e b) falha em aumentar a consciência do seu funcionário para que ele assuma a responsabilidade pelo resultado.

Para ser um coach, você tem que ouvir de verdade, e para ouvir você precisa entrar em um espaço de não-apego – um lugar onde a mente-ego está tranquila e não em um modo de medo ou julgamento. Você precisa esquecer de si mesmo e de suas necessidades, e se conectar com as necessidades do membro da sua equipe. Você precisa mostrar sua empatia, suas habilidades e compaixão se quiser o melhor resultado para eles. O que você tem a fazer é guiá-los até a resposta de que necessitam.

Obter uma Compreensão Clara

Compreender a situação da outra pessoa e conduzi-la através de seus problemas é uma das coisas mais difíceis de se fazer, especialmente se você tiver uma mente autorrealizada. Você será tentado a ver a situação, os problemas e dilemas daquela pessoa através de sua própria visão de mundo. Você tem que desligar os filtros e suposições de suas próprias crenças se quiser realmente ajudá-la a chegar a uma resolução. Em última análise, trata-se de ajudá-la a atingir um lugar de consciência onde seja capaz de identificar suas necessidades e superar seus medos. Se você puder ajudá-la a ter clareza sobre suas necessidades, vai ajudá-la a compreender as suas motivações. Se você puder ajudá-la a ter clareza sobre seus medos, vai ajudá-la a ver onde está travada.

Resumir Frequentemente

Como é que você verifica se o seu coaching é eficaz? Como você se certifica de que não está filtrando a situação da pessoa que você está treinando através de suas próprias crenças? A resposta para essa pergunta passa por ter certeza de que se tem clareza. E, como fazemos isso? Resumindo o que se pensa que se ouviu: não apenas uma vez, mas quantas vezes forem necessárias. Dizendo coisas como: "Deixe-me ver se entendi corretamente". Ou, "O que é que você está realmente tentando dizer?" O que você procura na pessoa que está treinando é aquele gesto de aprovação que diz: "Sim, é exatamente isso o que eu sinto; é exatamente disso que eu preciso; é exatamente isso que eu quero; é exatamente isso que eu temo". Depois de ter clareza sobre seus sentimentos, necessidades, desejos e medos, você pode continuar a ajudá-la a identificar as escolhas que ela tem pela frente.

Orientar as Pessoas até as Escolhas

Sempre temos escolha: só ficamos travados porque não sabemos ou não acreditamos nisso. A razão pela qual temos problemas, questões e dilemas é porque nós não sabemos quais opções estão disponíveis para nós. Ajudar alguém a definir suas escolhas envolve enfrentar os medos, desafiar os pressupostos, explorar os seus pontos de poder e conectá-los com outras pessoas que podem fornecer as informações ou o apoio de que necessitam. É isso que você, como coach, tem que ajudar a outra pessoa a fazer. É sempre muito útil fazê-la observar sua situação atual a partir de uma perspectiva maior ou mais ampla. Eu sempre digo que o melhor lugar para se resolver os problemas é a 10 mil metros de altitude, não literalmente, mas metaforicamente. Você precisa encontrar maneiras de ajudar a pessoa que você está conduzindo para que ela veja e entenda o panorama mais geral; você precisa ajudá-la a ver o contexto mais amplo, e, acima de tudo, precisa dar-lhe esperança, ajudando-a a identificar suas escolhas. Quando acreditamos que não temos escolha, somos impotentes. Nós nos tornamos vítimas da nossa ignorância ou dos nossos medos.

Evitar Dizer às Pessoas o que Fazer

"Educação" vem da raiz latina "educare", que significa extrair. Isso é o que você tem que fazer. Seu trabalho como coach é ajudar a pessoa que você está treinando a encontrar sua sabedoria interior. A menos que você esteja lidando com uma questão técnica que exija um conhecimento ou experiência específica, no fundo a gente sempre sabe o que fazer. O que nos impede é a nossa falta de confiança em nós mesmos, ou um conflito de motivação ego-alma que ainda não foi resolvido. A alma sabe o que fazer e qual o resultado que se quer, mas o ego, por causa de seus medos, é incapaz de avançar. Seu trabalho é descobrir o que está no coração da outra pessoa; isolar e nomear os seus medos; perguntar-lhe "qual é a pior coisa que poderia acontecer?", e, em seguida, mostrar-lhe as escolhas sobre como se libertar.

Coaching Evolutivo Pessoal

O modelo dos sete níveis de motivação humana, também conhecidos como sete níveis de consciência, é um dos principais modelos para a evolução humana. Ele tem sido usado em todo o mundo e em muitos contextos diferentes com a finalidade de capacitar as comunidades aborígines da Austrália e ajudar os desempregados na Holanda a conseguir um emprego, a fornecer um modelo para a paternidade e a adoção: o modelo é onipresente em sua aplicação. Ele é onipresente, porque aborda as motivações que estão no cerne da experiência humana.

Sua primeira tarefa como coach é descobrir onde as pessoas estão situadas no modelo de consciência, e onde estão situadas no espectro da evolução mental – mente socializada, mente autorrealizada ou mente autotransformadora. Se você puder identificar onde elas se encontram no modelo de consciência, isso vai dar algumas ideias a respeito de em que ponto se encontram em sua evolução mental. Uma das melhores ferramentas para se usar a este respeito é uma avaliação de 360°, como a Avaliação dos Valores de Liderança do Centro de Valores Barrett. Ela fornece o feedback dos subordinados e pares sobre os valores operacionais da pessoa que você está treinando, e ajuda você e os outros a situá-la no modelo. Depois de saber onde uma pessoa se encontra no modelo, você vai saber no que deve se concentrar. Mais informações sobre o uso da Avaliação de Valores de Liderança podem ser encontradas no Capítulo 17.

Coaching Evolutivo Profissional

É importante que você entenda a diferença entre ensinar e treinar quando está realizando o coaching evolutivo profissional. Quando alguém possui o treinamento profissional necessário, e você está qualificado nesse domínio, o seu trabalho como coach é ajudá-los a recordar ou descobrir por si mesmos o que fazer, levando-os de volta aos princípios fundamentais. Se, no entanto, eles não tiverem a formação necessária, então pode ser que você precise mudar do modo de coaching para o modo de ensino. Esteja ciente de que é isto que você está fazendo. Não misture os dois papéis ou você vai acabar por desautorizar as pessoas, dizendo-lhes o que fazer.

Coaching para o Desempenho

A maioria dos treinadores de desempenho usa o modelo GROW para suas sessões de coaching. GROW significa:

- *Criando Gols (Metas):* Baseado no que o indivíduo deseja realizar, e nos resultados que deseja alcançar, determine as metas para a sessão.

- *Verificação da Realidade:* Determine o que o indivíduo acredita ser o seu atual nível de desempenho com relação ao tema a ser discutido.
- *Explore as Opções:* Explore e identifique opções para se mover da realidade atual até a meta ou o novo nível de desempenho que se está tentando alcançar.
- O quê (**W**hat) fazer: com base nas escolhas disponíveis, decida quais serão os próximos passos: o que fazer, quando, onde e com quem.

Antes de definir metas, eu também recomendo que você discuta com a pessoa:

- Que necessidade subjacente o indivíduo está tentando satisfazer no que diz respeito à questão a ser coberta.
- Que medos podem estar em seu caminho.
- Que necessidades as outras pessoas envolvidas podem ter, e que medos elas podem estar sentindo e por quê.

Essas questões são detalhadas no processo de maestria pessoal, discutido no Capítulo 9.

As metas devem seguir as siglas SMART, PURE, CLEAR, atender as necessidades e superar os medos do indivíduo e, se for o caso, atender as necessidades dos outros, e abordar os seus medos (ver Tabela 14.2).

Tabela 14.2 Características importantes das metas

SMART	PURE	CLEAR
e**S**pecífica	**P**ositivamente definida	**C**ompetitiva
Mensurável	**U**niversalmente entendida	**L**egal
Atingível	**R**elevante	**E**cologicamente saudável
Realista em **T**empo	**É**tica	**A**propriada
		Registrada

Coaching ou Sendo Direcionador

No velho paradigma de liderança, ser um coaching ou ser direcionador eram considerados dois estilos alternativos de liderança. No novo paradigma da liderança, ser direcionador não deve ser considerado como um estilo de liderança, mas sim como uma posição alternativa que deve ser usada moderadamente. A este respeito, há uma grande diferença entre o coaching evolutivo pessoal e os outros tipos de coaching. A diferença está no grau de direção que você se permite oferecer à pessoa que você está treinando. Para mim, as regras de ouro são as seguintes:

> *No coaching evolutivo pessoal, você nunca direciona – você sempre faz perguntas para construir consciência e responsabilidade mais profundas na pessoa de quem você é coach, para que ela possa fazer suas próprias escolhas.*
>
> *No coaching evolutivo profissional ou de desempenho, você nunca direciona a menos que a tarefa para a qual você está ajudando alguém tenha um prazo muito apertado ou seja particularmente complexa, e a pessoa que está realizando a tarefa claramente precise de ajuda. A orientação que você dá deve ajudá-la a explorar o contexto, identificar as opções, avaliar os pontos fortes e fracos dessas opções e, se necessário, orientá-la para aquela que você considera, a partir de sua experiência superior, como sendo a escolha certa.*

No fim das contas, você quer que a pessoa de quem você é coach se sinta confortável em dizer: "Eu fiz isso sozinho" e também, se eles se sentirem dessa forma, "Obrigado por sua ajuda".

Saber quando ser coach e quando ser direcionador, dando orientações é algo muito importante. Há três conjuntos de critérios que precisam ser levados em conta para ajudá-lo a decidir quando precisa direcionar alguém:

a) a competência do membro da equipe;
b) a exigência de tempo da situação; e
c) a complexidade da tarefa.

Competência do Membro da Equipe

Vamos considerar quatro tipos de membro de equipe:

- O *novato* – um novo membro da equipe que ainda não está familiarizado com o trabalho – alguém que é inconscientemente incompetente (não sabe que ainda não sabe, e ainda não aprendeu o trabalho).

- O *aluno cauteloso* – uma pessoa que está na equipe há algum tempo e já está razoavelmente familiarizada com o trabalho – alguém que é conscientemente incompetente (tem uma boa ideia dos limites do seu conhecimento, e ainda está aprendendo o trabalho).
- O *aluno competente* – uma pessoa que conhece o trabalho, mas ainda tem algumas áreas com as quais não está familiarizada – alguém que é conscientemente competente (tem um desempenho razoavelmente sólido, mas ainda tem algumas habilidades periféricas ou especializadas para aprender).
- O *confiante com iniciativa* – alguém que é inconscientemente competente (sabe exatamente o que fazer em quase todas as situações) – uma pessoa que é experiente, conhece o trabalho e tem um sólido desempenho.

Exigências da Situação

Vamos considerar três tipos de situação:

- Necessidade de resposta extremamente urgente.
- Necessidade de resposta em período de tempo normal.
- Mais do que o tempo suficiente para responder.

Complexidade da Tarefa

Vamos considerar três níveis de complexidade da tarefa:

- Altamente complexa.
- Moderadamente complexa.
- Não complexa.

A Tabela 14.3 indica como as tarefas devem ser alocadas com base no tipo de pessoa, na complexidade da tarefa, e na urgência da tarefa.

O coaching é a posição-padrão para todas as tarefas e membros da equipe. Ser direcionador só é apropriado para as tarefas de alta urgência e complexidade, e quando e onde houver uma clara necessidade de orientação.

Para minimizar a quantidade de tomada de decisão direcionada, e para se certificar de ter executado as tarefas no prazo, no orçamento e com aca-

Tabela 14.3 Matriz de alocação de tarefas

Tarefa	Baixa Urgência	Urgência Mediana	Alta Urgência
Baixa complexidade	Novato	Aluno cauteloso	Aluno competente
Complexidade mediana	Aluno competente	Aluno competente	Confiante com iniciativa
Alta complexidade	Aluno competente	Confiante com iniciativa	Confiante com iniciativa

bamento ou serviço de alta qualidade, é sempre melhor alocar tarefas de alta urgência e complexidade para o seu confiante com iniciativa.

Delegando

Como líder de outros, você estará necessariamente envolvido na delegação de trabalho para outras pessoas. A matriz de alocação de tarefas mostrada na Tabela 14.3 pode ser usada para ajudá-lo neste sentido.

A maioria dos líderes não é muito boa em delegar, pelas seguintes razões:

- Eles são impacientes para obter respostas e resultados.
- Eles não confiam que seus subordinados podem fazer um bom trabalho.
- Eles são perfeccionistas e acreditam que sempre podem produzir um trabalho de maior qualidade.
- O nível de urgência é tal que, no tempo que demoraria para explicar o trabalho para outra pessoa, eles acreditam que poderiam fazer por si mesmos.

É importante reconhecer que todos estes comportamentos são motivados pelo medo, e não favorecem o crescimento e o desenvolvimento dos membros de sua equipe. Todos eles são falhas de maestria pessoal. Você precisará aplicar as sete etapas do processo de maestria pessoal, se qualquer uma dessas crenças representa como você operar normalmente. Você jamais será um bom gerente ou líder se ainda se comporta de qualquer uma dessas maneiras. A melhor época para corrigir esses comportamentos é quando você ainda é jovem e gerencia uma equipe pequena.

Recebendo o Coaching que Você Precisa

Como líder, supervisor ou gerente da equipe, uma parte integral do seu trabalho será atuar como coach de sua equipe. No entanto, você mesmo pode precisar de coaching. Neste caso, você terá de decidir que tipo de coaching você precisa:

- *Coaching Evolutivo Pessoal*/capacitação para ajudá-lo a se tornar tudo o que você pode vir a ser, cumprindo o seu potencial.
- *Coaching Evolutivo Profissional*/capacitação para ajudá-lo a aprender as habilidades e capacidades necessárias para a sua profissão específica (direito, engenharia, marketing, publicidade etc.).
- *Coaching de Desempenho*/capacitação para ajudá-lo na aplicação dos seus recursos pessoais e externos para um projeto ou tarefa de modo a alcançar um objetivo ou resultado específico.

O coaching pode ser realizado on-the-job, on-demand, ou em sessões programadas. A capacitação é sempre programada.

- Coaching On-job significa receber a ajuda ou o apoio que você precisa *onde* você precisa – em seu ambiente de trabalho.
- Coaching On-demand significa receber a ajuda ou o apoio que você precisa *quando* você precisa – onde quer que esteja.
- Sessões programadas significam receber a ajuda ou o apoio que você precisa em horários específicos ou durante períodos de tempo específicos que são conhecidos com antecedência.

O coaching não deve ser confundido com a mentoria. Um coaching pode ser qualquer um que tenha a habilidade de despertar o melhor de uma pessoa, ajudando-a a pensar por si mesma – tornando-se mais consciente e mais responsável. Um mentor é alguém que já ocupou uma posição semelhante à da pessoa que está sendo orientada e é capaz de aconselhá-la sobre os desafios do dia a dia do seu papel específico e sobre como prosseguir em sua carreira – é centrado no papel e na carreira. Conforme você alcança o alto escalão da administração, você pode precisar de um mentor, ao invés de (e talvez além de) um coach evolutivo profissional. A Tabela 14.4 resume o propósito, foco, habilidades/capacidades, timing, localização e características dos três tipos de coaching e mentoria.

Tabela 14.4 Resumo das características e requisitos para o coaching e a mentoria

	Coaching Evolutivo Pessoal	Coaching de Desempenho	Coaching Evolutivo Profissional	Mentoria
Propósito	Ajudar o indivíduo a se tornar tudo o que pode vir a ser em todos os aspectos de sua vida	Ajudar o indivíduo a gerenciar os recursos de modo a atingir metas ou resultados específicos	Ajudar o indivíduo a construir sua carreira profissional, além de capacidades e habilidades técnicas	Ajudar o indivíduo a dominar as habilidades e capacidades exigidas no papel de liderança
Foco	Caráter	Tarefa	Competência	Papel/Competência
Apoio	Realização pessoal	Processos e entrega de produtos e serviços	Realização profissional	Realização de carreira
Habilidades e capacidades	Habilidades e capacidades de vida e trabalho	Alocação de recursos e habilidades e capacidades de gestão	Habilidades e capacidades profissionais	Habilidades e capacidades de liderança
Onde e quando	On-job e on-demand	On-job e on-demand	On-job, programada e on-demand	On-job e programada
Características	Abordagem genérica	Abordagem genérica	Específica para o contexto	Específica para o contexto
Autocoaching	Sim	Sim	Não	Não aplicável

A maioria dos coachings profissionais são realizados por meio de sessões individuais programadas em intervalos regulares. O coaching on-job e on-demand representam uma grande necessidade não atendida. O que mais se necessita na maioria dos locais de trabalho não é tanto da aprendizagem contínua e estruturada, que tem um papel importante, mas da aprendizagem *emergente* que pode ser fornecida no momento exato em que surge uma necessidade, e pode ser integrada em uma estrutura de aprendizagem autogerida. Isto é verdade para o coaching evolutivo pessoal, de desempenho e evolutivo profissional.

Acessar o conhecimento que você precisa, quando você precisa, não é apenas eficiente, mas também é a melhor maneira de se aprender. Com o advento da Web 2.0, a aprendizagem emergente autogerida não é mais um sonho, mas sim uma realidade da qual todos nós podemos nos valer.

Sistema de Aprendizagem Emergente, Autodirigida e Autogerida

De uma perspectiva evolutiva, toda a aprendizagem tem sido, e sempre será, emergente e autodirigida, com a finalidade de manter ou aumentar a estabilidade interna e o equilíbrio externo.

Pode-se dizer também que a aprendizagem evolutiva tem sido sempre "on-job", e "on-demand", quando as entidades avaliam a eficácia de suas respostas a eventos desafiadores em tempo real com base no que aconteceu com a sua estabilidade interna e com o seu equilíbrio externo no exato momento, ou nos dias ou semanas que se seguem a uma decisão.

Se o feedback foi positivo – a estabilidade interna e/ou o equilíbrio externo melhoraram – então as informações sobre a experiência ficam codificadas em bancos de memória celular de DNA como uma resposta a ser repetida no futuro, sempre que surgir uma situação semelhante. Isso deu origem ao conceito de regras.

O problema com as regras é que elas estão relacionadas com o contexto. Assim, se uma situação semelhante surge em um contexto diferente, as regras podem não mais se aplicar. Por exemplo, se eu fui criado e morei toda a minha vida na Grã-Bretanha, a regra que se aplica quando encontro alguém é sorrir e apertar a sua mão. Mas vamos dizer que, agora, eu tenho que ir para o Japão: vou descobrir rapidamente que esta regra não se aplica mais. Um contexto diferente exige uma abordagem diferente. Agora, eu tenho de aprender não só como me curvar, mas também tenho que aprender quando me curvar e quando não me curvar, e o quanto eu tenho que me curvar em diferentes situações e contextos.

Por estas razões, as regras não são a melhor maneira de aprender, a menos que aconteça de você ser um átomo para quem o contexto de operação é sempre o mesmo. O mundo atômico funciona segundo o princípio de regras, porque:

a) há somente um contexto – o contexto fundamental (energético) da existência; e
b) as energias de ligação são extremamente fortes e as energias cooperativas são fracas – daí a pouca flexibilidade na escolha de formas de lidar com eventos ou situações.

É por isso que temos "reações" químicas e não "respostas" químicas. Átomos reagem sempre da mesma maneira por causa de seus padrões estruturais de ligação fixos. É por isso que fomos capazes de estabelecer regras científicas (fórmulas) que explicam como os átomos se ligam e reagem entre si.

Assim que uma entidade habita um mundo onde as energias de ligação são fracas e as energias cooperativas são fortes, com múltiplos contextos em potencial, não podemos mais manter com sucesso a estabilidade interna e o equilíbrio externo por meio de regras. Precisamos de uma nova forma de gerir a estabilidade interna e o equilíbrio externo com base em princípios.

Assim, no contexto do *Homo sapiens*, para quem as energias de ligação estrutural são fracas e energias cooperativas são fortes, precisamos substituir todas as nossas regras (crenças) por princípios (valores) – algo que nossas religiões ainda não aprenderam a fazer. Os princípios nos dão a liberdade responsável e nos permitem operar em múltiplos contextos.

Os princípios nos apontam na direção da melhor resposta, mas deixam a nosso critério a tarefa de determinar a natureza exata da resposta. É por isso que, quando operamos com valores, temos de assumir a responsabilidade pelas nossas decisões, e temos de ser responsabilizados pelos resultados. É também por isso que a mente socializada prefere operar com regras, e a mente autorrealizada prefere operar com valores. A mente socializada prefere limitar o seu nível de responsabilidade e prestação de contas. A mente autorrealizada busca o máximo de responsabilidade e responsabilização que puder obter. Ela quer ter a liberdade de controlar seu próprio destino.

O que isso tem a ver com a aprendizagem, emergente autodirigida/autogerida e com o autocoaching?

- Em primeiro lugar, todo ser humano tem uma identidade única, uma personalidade única, e pontos fortes e talentos únicos, e vive em um mundo multicontextual. Portanto, qualquer forma de aprendizagem estruturada com base em regras não vai necessariamente satisfazer as nossas necessidades. Nós precisamos descobrir e trabalhar com os nossos valores.
- Em segundo lugar, todos nós aprendemos melhor no momento – quando temos de lidar com uma situação que não encontramos anteriormente. O ideal, portanto, é que qualquer apoio ou coaching que pudermos obter seja imediatamente acessível.
- Em terceiro lugar, precisamos ser capazes de acessar os princípios, processos e procedimentos como e quando quisermos, para que possamos formular nossas próprias respostas, com base em nossa identidade única, em contextos diversos e múltiplos.
- Em quarto lugar, precisamos ser capazes de estabelecer uma biblioteca "institucionalizada" e personalizada de respostas, com base em nossas experiências e aprendizagens anteriores únicas.
- Em quinto lugar, em uma situação ideal, precisamos ser capazes de receber aconselhamento sobre os princípios que precisamos aplicar a uma situação específica, vindo dos melhores especialistas em determinado domínio, e não de um único coach.
- E por último, novamente em uma situação ideal, precisamos ser capazes de acessar informações e conselhos de outras pessoas (nossos colegas) que lidaram com problemas semelhantes e identificaram as respostas que levaram a resultados bem-sucedidos.

O que estou defendendo aqui é que usemos o poder da tecnologia moderna para voltar às nossas origens evolucionárias, pois podemos cumprir cada uma dessas seis condições com os recursos da Web 2.0. Foi assim que o website do Novo Paradigma da Liderança foi concebido.

Ele fornece ao usuário um ambiente de autoaprendizagem e auto-coaching, com acesso à opinião de especialistas, e uma forma de crescer e aprender, criando seu próprio banco de memória personalizado. Imediatamente acessível a partir do seu computador por meio da Internet, o site do novo paradigma de liderança é o seu coach on-job, on-demand.

NOTAS

95 John Whitmore, *Coaching por Performance*, Fourth Edition, Nicholas Brearley Publishing, London, 2009. Pp 19-20.

15

Coesão Interna em Equipes

Num contexto de liderar os outros, a coesão interna diz respeito à capacitação da equipe para a ação coletiva. Você, como líder da equipe, tem que criar um espírito de equipe no estilo "um por todos e todos por um", quando todos os membros da equipe operam com o mesmo senso de missão, o mesmo conjunto de valores, e cada indivíduo está focado em alcançar um conjunto de objetivos que apoiem as metas da equipe. Sua tarefa é gerenciar a cultura de equipe e o ambiente de equipe para que o time possa cumprir sua missão e seus membros encontrem um sentido de realização pessoal.

Acima de tudo, você tem que desenvolver um clima de confiança. Se sua equipe não confia que você vai cuidar de suas necessidades, e que vai estar disponível quando precisar de você, você nunca será capaz de criar o nível de coesão interna necessária para a criação de uma equipe de alto desempenho.[96] Seus papéis principais como líder da equipe são cuidar de seu pessoal e produzir resultados. Para criar a coesão interna em uma equipe, primeiro você precisa desenvolver a sua própria coesão interna, aprendendo a liderar a si mesmo.

Dar à sua equipe um claro senso de direção, e criar um ambiente que os apoia em sua jornada significam:

a) estabelecer uma meta ou uma missão para sua equipe;
b) criar um conjunto de valores compartilhados; e
c) desenvolver um conjunto de comportamentos compartilhados que promovem os valores compartilhados.

Em certas situações, também pode ser apropriado que a equipe tenha uma visão. Isso depende do contexto da equipe.

A equipe funcional ou uma equipe que está baseada em um determinado local geralmente opera como parte de uma organização que tem uma visão já prescrita. A missão da equipe deve apoiar a visão da organização. A visão organizacional é compartilhada por todas as equipes na organização, mas cada equipe funcional ou localizada pode e deve ter sua própria missão. Normalmente, como possuem uma tarefa específica para completar em um período de tempo específico, as equipes de projeto têm um objetivo em vez de uma missão. A missão está sempre em curso, enquanto a meta será limitada no tempo.

Missão

A missão deve:

- Apoiar a visão da organização.
- Ser simples e curta.
- Indicar o core business da equipe.
- Ter uma dimensão interna e externa.

Há três etapas para a criação de uma missão. Todos na equipe devem estar envolvidos neste exercício.

1. *Decidir sobre o negócio essencial de sua equipe:* Identifique o que sua equipe realiza ou que função sua equipe executa. Esta deve ser uma descrição de no máximo três palavras. Exemplos: construir software, criar soluções financeiras, aumentar as vendas, construir capital humano, desenvolver líderes, prestar serviços bancários, etc.
2. *Decidir como vocês promovem a visão da organização:* se a visão de sua organização é "x", desenvolva uma declaração que diga como sua equipe contribui para ou promove "x", e nesta declaração inclua o seu negócio essencial. Esta declaração deve se concentrar em seus clientes ou consumidores. Por exemplo, se a visão de sua organização é "ser o banco mais respeitado no Reino Unido", e você estiver cuidando de uma filial de rua em Norwich com o negócio essencial de "prestar serviços bancários", então a missão da sua filial pode ser "Realizar os serviços bancários de mais alta qualidade na comunidade de

Norwich". A missão sempre diz às pessoas como sua equipe está apoiando a visão da organização em relação aos seus clientes ou consumidores (estes podem ser os clientes internos ou externos). Esta é a missão externa de sua equipe, porque incide sobre os serviços ou produtos que você fornece aos seus clientes.

3. *Decidir sobre o que você precisa fazer internamente para apoiar a sua missão externa*: Se a sua missão externa é "y", desenvolva uma declaração que defina como sua equipe vai executar esta missão. Esta declaração deve ter por base as qualidades necessárias de sua equipe. Se a sua missão externa é "Realizar os serviços bancários de mais alta qualidade na comunidade de Norwich", então pergunte a si mesmo: "Como vamos realizar os serviços bancários de mais alta qualidade na comunidade de Norwich?" A resposta será sua missão interna. Por exemplo, a resposta a esta pergunta poderia ser: "Promovendo a excelência e a qualidade em tudo que fazemos". Os resultados deste exercício são apresentados na Tabela 15.1.

Tabela 15.1 Estabelecimento da missão interna e externa da equipe

Visão da Organização	
Ser o banco mais respeitado no Reino Unido.	
Missão Interna	Missão Externa
Promover a excelência e a qualidade em tudo que fazemos.	*Realizar os serviços bancários de mais alta qualidade na comunidade de Norwich.*

O objetivo da missão interna e externa é definir suas intenções e mantê-las diante de si e no foco de sua tomada de decisão no dia a dia. Centrando-se sobre as suas intenções, você vai atrair as energias necessárias para torná-las realidade. Resumindo:

- Sua missão externa é a necessidade que sua equipe deve satisfazer para a sua organização encontrar a realização que está buscando.
- Sua missão interna descreve as qualidades que a sua equipe deve possuir para executar sua missão externa.

Metas

Se você estiver em uma equipe de projeto, em vez de definir a missão de sua equipe, será preferível definir claramente as metas da sua equipe. As metas devem ter as qualidades descritas na Tabela 14.2 (SMART, PURE, CLEAR), e devem descrever as necessidades que você está tentando satisfazer e os resultados que você está tentando alcançar. As metas da equipe geralmente serão externas à própria equipe – um resultado que satisfaça as necessidades da sua equipe, da sua organização, ou de seus clientes. Você também pode definir algumas metas internas que descrevam as qualidades que sua equipe deve possuir para atingir suas metas externas.

Valores

Suas missão/metas definem a intenção para aquilo que a sua equipe quer alcançar, e seus valores são os princípios que vocês irão usar em sua tomada de decisão no dia a dia. Os valores que você escolher devem apoiar a missão interna e externa. Você não deve escolher mais de quatro ou cinco valores. Os valores que você escolher devem ser normalmente dos 2º, 3º, 4º e 5º níveis de consciência de equipe porque dominar essas motivações é essencial para o sucesso organizacional.

Algumas equipes/organizações escolhem sete valores, um valor para cada um dos sete níveis de consciência. Não estou criticando essa abordagem, ela só me parece trazer coisas demais para se lembrar, especialmente se você desenvolver dois ou três comportamentos que suportam cada um dos valores. Você também pode querer priorizar os seus valores no caso de, a qualquer momento, eles entrarem em conflito.

Muitas vezes, os valores da equipe são ditados pela organização. Se você estiver em uma equipe funcional ou em um localização específica, você terá de conviver com estes valores. No entanto, a fim de tornar os valores mais significativos, talvez você queira desenvolver um conjunto específico de comportamentos para sua equipe. Em outras palavras, procure adequar os comportamentos ao contexto de sua equipe. Lembre-se sempre de que os valores são conceitos que transcendem contextos e que os comportamentos são contextuais. Um valor é uma palavra ou frase que representa uma qualidade ou prioridade que é importante para você. Os comportamentos são declarações que descrevem as ações que sustentam o seu valor escolhido. Declarações de comportamento, assim como as de valores, devem ser curtas e memoráveis.

Comportamentos

Uma das melhores maneiras de desenvolver seus comportamentos é usar a rede mostrada na Tabela 15.2.[97]

Tabela 15.2 Estabelecendo comportamentos para apoiar os seus valores

Valor	Fundamentação	Consequência	Comportamento
Compromisso	Compromisso com o trabalho, agregando valor aos nossos clientes é essencial para o sucesso.	Excelência e altos padrões de qualidade. Cumprir os prazos acordados dentro do orçamento.	Oferecer qualidade e excelência em todos os empreendimentos profissionais. Nunca decepcionar seus colegas ou clientes.

Anote os valores de sua equipe na primeira coluna; na segunda coluna, descreva por que você acha que este valor é importante e que necessidade ele satisfaz; anote as qualidades necessárias para satisfazer essa necessidade na terceira coluna, e depois, na quarta coluna, anote comportamentos observáveis que apoiem o valor. É melhor descrever dois ou três comportamentos para cada valor. Alternativamente, ou em conjunto com este método, você pode usar um processo de desenvolvimento organizacional conhecido como Investigação Apreciativa[98] para determinar os comportamentos que são mais apropriados para os seus valores (ver Capítulo 25 para uma breve descrição da Investigação Apreciativa).

Depois de ter desenvolvido a missão/metas, valores e comportamentos de sua equipe, faça com que toda a sua equipe se comprometa com o resultado. O empenho de todos com a missão/meta, os valores e comportamentos é essencial para o sucesso.

Medindo o Desempenho

Medir é importante. O que você mede é realizado. Há três tipos de indicadores de desempenho para se gerenciar o desempenho de sua equipe: indicadores causais, indicadores de saída e indicadores de resultados.

- *Indicadores Causais:* medem fatores que impactam o desempenho geral da equipe. Estes são indicadores de tendências (*lead*) – que lhe permitem prever o desempenho futuro.
- *Indicadores de Saída:* medem os fatores que se relacionam com a entrega dos produtos e serviços produzidos pela equipe. Eles podem ser indicadores de tendência (*lead*) ou resultado (*lag*) – que lhe permitem prever o desempenho, e também podem dizer o que aconteceu após o evento.
- *Indicadores de Resultado:* medem os fatores que se relacionam com a missão ou metas da equipe. Estes são indicadores de resultado (*lag*) que dizem o que aconteceu após o evento.

A Tabela 15.3 mostra como esses três tipos de indicadores são usados para gerenciar equipes e os períodos de tempo desejáveis entre cada medição. Se você estiver em uma situação onde existem incentivos de desempenho, estes devem ser para a equipe como um todo e não para os indivíduos. Incentivos individuais minam a cooperação da equipe, porque promovem a concorrência interna. Incentivos de equipe promovem o alto desempenho, porque criam uma maior camaradagem e cultivam um espírito de "um por todos e todos por um".

Os preditores mais significativos de desempenho são os indicadores causais. Eles nos informam sobre os níveis atuais de motivação individual e sobre as necessidades coletivas do grupo. As Ferramentas de Transformação Cultural foram concebidas para fornecer esses três tipos de indicadores.

Medindo a Realização Pessoal

É importante medir a realização pessoal dos membros da equipe porque o grau de realização pessoal que um indivíduo experimenta impacta diretamente sobre o seu compromisso, e, consequentemente, sobre o nível de energia voluntária que eles empregam em seu trabalho. A realização pessoal em um ambiente local de trabalho equivale ao engajamento de funcionários e o engajamento dos funcionários equivale à alta performance.

A realização pessoal é difícil de ser medida porque não há nenhum nível absoluto de realização com o qual se possa comparar. O nível de realização que você pode experimentar depende do tipo de mente e dos níveis de consciência no qual você está operando. Em outras palavras, o lugar onde você se

Tabela 15.3 Exemplos de indicadores causais, de saída e de resultados

	Indicadores Causais	Indicadores de Saída	Indicadores de Resultado
Individual	Questionário de Realização Pessoal Membros individuais da equipe e resultado agregado para o grupo como um todo	Produtividade Eficiência Qualidade Adaptabilidade Eficácia Entrega no prazo	
Equipe	Avaliação dos Valores Culturais[99] Entropia cultural Valores correspondentes Valores limitantes	Produtividade Eficiência Qualidade Entrega no prazo Avaliação dos Valores dos Clientes	Vendas Renda Repetição de negócios Novos clientes Fatia de mercado Renovação da equipe
Líder	Avaliação de Valores de Liderança[100] Entropia pessoal Valores correspondentes Valores limitantes	(Líder julgado pelo desempenho da equipe – indicadores causais, de saída, e resultados produzidos)	(Líder julgado pelo desempenho da equipe – indicadores causais, de saída, e resultados produzidos)
Frequência	A cada seis ou doze meses.	Principalmente mensal	Principalmente mensal

encontra em sua evolução pessoal determina o tipo de realização que você procura em seu trabalho.

Pessoas que operam com mentes socializadas geralmente são focadas em atender suas necessidades de deficiência; as recompensas que levam à realização para elas são: salário, benefícios, camaradagem e um sentimento de orgulho no seu trabalho. De modo geral, esse tipo de pessoa dedica sua energia voluntária a suas famílias e a suas ati-

> O nível de compromisso que as pessoas trazem para seu trabalho depende do tipo de mente e dos níveis de consciência nos quais elas estão operando.

vidades pós-trabalho ou de fim de semana. Normalmente, elas não estão interessadas em promoções que envolvam mais empenho e mais horas de trabalho. Elas vão fazer um bom trabalho, mas assim que terminar seu horário de trabalho, elas vão para casa o mais rápido possível. Não espere que elas fiquem até mais tarde para terminar um serviço. O nível de compromisso que elas têm com o seu trabalho é relativamente baixo. Elas vão trabalhar longas horas, mas é preciso haver alguma forma de recompensa ou incentivo. Elas tendem a economizar sua energia voluntária para sua vida doméstica. O grau de realização que essas pessoas podem tirar de seu trabalho é de moderado a baixo. Quando se trabalha com essas pessoas, você precisa dar instruções claras sobre o que você quer que seja feito. Elas só vão tomar a iniciativa nas pequenas coisas.

Pessoas que operam com mentes autorrealizadas estão geralmente em busca de um trabalho que as desafie e desenvolva suas capacidades mentais. Elas dedicarão alguma energia voluntária ao seu trabalho, mas só se o acharem excitante ou se puderem sentir algum nível de realização. Quanto mais focadas estiverem na realização, mais estarão à procura de status e promoção. Se a realização não é um fator relevante, elas vão querer levar uma vida equilibrada que lhes dê tempo para os amigos, família, esportes, hobbies, etc. O grau de realização que essas pessoas extraem do seu trabalho varia de moderado a alto. Quando se trabalha com essas pessoas, é preciso constantemente dar a elas novos desafios que desenvolvam suas capacidades. Uma vez que se tornem hábeis em seu trabalho, elas se tornarão *competentes com iniciativa*, e tomarão iniciativas alegremente.

As pessoas que operam com mentes autotransformadoras estarão em busca de um trabalho que se alinhe com o seu propósito na vida. Elas querem dar uma contribuição significativa para o mundo. Elas vão dedicar muita energia voluntária ao seu trabalho, se ele ressoa profundamente com quem elas são. Elas querem que seu trabalho seja desafiador, mas não estão significativamente preocupadas com a satisfação das suas necessidades de deficiência. Contanto que sejam capazes de atender suas necessidades de crescimento, não se importarão muito com quanto ganham. Estas pessoas podem potencialmente registrar níveis mais elevados de compromisso e satisfação do que aquelas que operam com mentes autorrealizadas ou mentes socializadas porque se utilizam das energias que se alinham com seu propósito de vida. Quando se trabalha com essas pessoas, é preciso dar a elas tantas oportunidades e espaço quanto for possível para que usem seus dons e sigam sua paixão – espaço para que façam o que amam fazer. Elas trabalharão muitas horas apenas para se divertir. Por causa deste compromisso, elas podem ter dificuldade de levar uma vida equilibrada.

Uma das implicações do exposto anteriormente é que o nível de compromisso que as pessoas trazem para seu trabalho depende do tipo de mente e dos níveis de consciência nos quais elas estão operando. Você receberá os mais altos níveis de compromisso das pessoas com mentes autotransformadoras, desde que dê a elas um trabalho que se encaixe com o seu senso de propósito de vida.

O nível de energia voluntária que as pessoas com diferentes tipos de mente trazem para seu trabalho é mostrado na Tabela 15.4. Para liderar os outros é importante saber com que tipos de mente sua equipe está operando, e que tipo de realização eles estão buscando em seu trabalho. Seu trabalho é motivá-los para que possam encontrar o tipo de realização que eles estão buscando. Isto significa identificar onde cada membro de sua equipe está localizado em cada uma das colunas mostradas na Tabela 15.4. Quando você tiver feito isso, terá uma boa ideia do que pode pedir que as pessoas façam e o quanto de energia voluntária cada pessoa estará disposta a trazer para seu trabalho.

Você encontrará uma lista de 21 perguntas que o ajudarão a medir o nível de realização dos empregados de sua equipe no website do Novo Paradigma da Liderança.

Criatividade

Você não deve assumir que pessoas com um baixo nível de compromisso não são tão criativas quanto aquelas com um compromisso de alto nível.

Uma pesquisa realizada nos EUA por George Land e Beth Jarman revela que todos somos criativos. Essa pesquisa mostra que 98% das crianças de 3 a 5 anos têm criatividade no nível de gênio. No momento em que chegamos aos 8 ou 10 anos, a criatividade nível de gênio atinge no máximo 32%, e para idades entre 13 e 15 anos é de 10%. Os testes foram feitos com duzentos mil adultos com mais de 25 anos. O resultado apresentou 2% no nível de gênio. Então, o que aconteceu com a nossa criatividade natural?

A resposta é: ela foi retirada de nós por meio da socialização. Nossa capacidade de expressar nossa criatividade inata decai à medida que aceitamos outras opiniões e avaliações sobre o que é importante ou não, o que é bom ou ruim, e o que é certo ou errado. Nas palavras de Jarman e Land: "o gênio

Tabela 15.4 Correlação entre o nível de energia voluntária e os tipos de realização e os tipos de mente

Tipo de Mente	Nível	Foco	Tipo de Necessidade	Tipo de Realização	Nível de Energia Voluntária
Autotransformadora	7	Serviço	Crescimento	Espiritual	Alto
	6	Fazer a diferença			
	5	Coesão interna			
Autorrealizada	4	Transformação		Mental	Moderado a alto
Socializada	3	Autoestima	Deficiência	Emocional	Baixo a moderado
	2	Relacionamento			
	1	Sobrevivência		Física	

criativo de cinco anos de idade ainda está escondido lá dentro – à espera de se libertar. Não apenas em alguns de nós, mas em todos".[101]

Em "Trabalho Criativo", Willis Harman e John Hormann discutem a relação entre significado e criatividade. Eles afirmam: "Toda a História sustenta a observação de que o desejo de criar é um impulso fundamental para a humanidade. Fundamentalmente, trabalhamos para criar. Apenas incidentalmente, trabalhamos para comer. Esta criatividade pode estar nos relacionamentos, na comunicação, nos serviços, na arte, ou em produtos úteis. Ela chega perto de ser o significado central de nossas vidas".[102] A implicação disso é que o trabalho sem criatividade não faz sentido.

Se o trabalho precisa ser significativo, ele *deve* nos permitir expressar a nossa criatividade. Sem oportunidades para expressar a nossa criatividade, é pouco provável que encontremos a realização pessoal, não importa com que tipo de mente operarmos.

O problema com a criatividade é que você tem que se abrir para ela. Você tem que dar às pessoas o espaço e as oportunidades para expressarem suas opiniões, e o espaço para se conectarem com seu intelecto e sua intuição. Se você tem um problema que precisa resolver, convide a todos para que participem e reserve um dia para ser criativo quando todos puderem tomar parte.

Concordo com Thomas J. Watson, Jr., ex-executivo-chefe da IBM, quando ele afirma: "Acredito que a verdadeira diferença entre o sucesso e o fracasso de uma corporação pode ser muitas vezes atribuída à questão de quão bem a organização põe para fora as energias e os talentos do seu pessoal".[103] Quando você consegue fazer isso, seus funcionários encontram a realização pessoal.

A Ligação entre Entropia Pessoal e Cultural

A cultura de sua equipe é um preditor significativo do desempenho atual e futuro e, portanto, deve ser medida regularmente – a cada seis ou doze meses.

O seu sucesso na liderança de uma equipe será dependente do seu sucesso na liderança de si mesmo, e em particular da sua capacidade de dominar os seus medos subconscientes. Seus medos subconscientes se traduzem em comportamentos limitantes que criam entropia pessoal, e sua entropia pessoal cria a entropia cultural em sua equipe. Quanto menor for a sua equipe, mais a sua personalidade irá afetar a cultura de sua equipe, e sua capacidade de atingir altos níveis de desempenho.

As figuras a seguir comparam os valores culturais de uma equipe com os valores indicados pelo líder da equipe. *Valores correspondentes são mostrados em itálico.* O símbolo (L) indica um valor potencialmente limitante. AVL significa Avaliação de Valores de Liderança e AVC representa Avaliação de Valores Culturais.[104]

A Figura 15.1 apresenta os resultados de um líder de alta entropia e uma equipe de baixo desempenho. A entropia pessoal do líder da equipe de baixo desempenho é extremamente elevada (64%), e, como se poderia esperar, a entropia cultural da equipe também é alta (38%).

A Figura 15.2 apresenta os resultados de um líder de baixa entropia e uma equipe de alto desempenho. A entropia pessoal do líder da equipe de alto desempenho é relativamente baixa (9%), e, como se poderia esperar, a entropia cultural da equipe também é baixa (7%).

Líder com Alta Entropia

Feedback de AVL — 14 assessores

AVC Cultura Atual — 30 empregados

- Serviço
- Fazer a diferença
- Coesão interna
- Transformação
- Autoestima
- Relacionamentos
- Sobrevivência

Entropia pessoal 64%

Valores	Votos
Poder (L)	11
Culpa (L)	10
Exigência (L)	10
Manipulação (L)	10
Experiência	9
Controle (L)	8
Arrogante (L)	7
Autoritário (L)	6
Explorador (L)	6
Rude (L)	6

Entropia cultural 38%

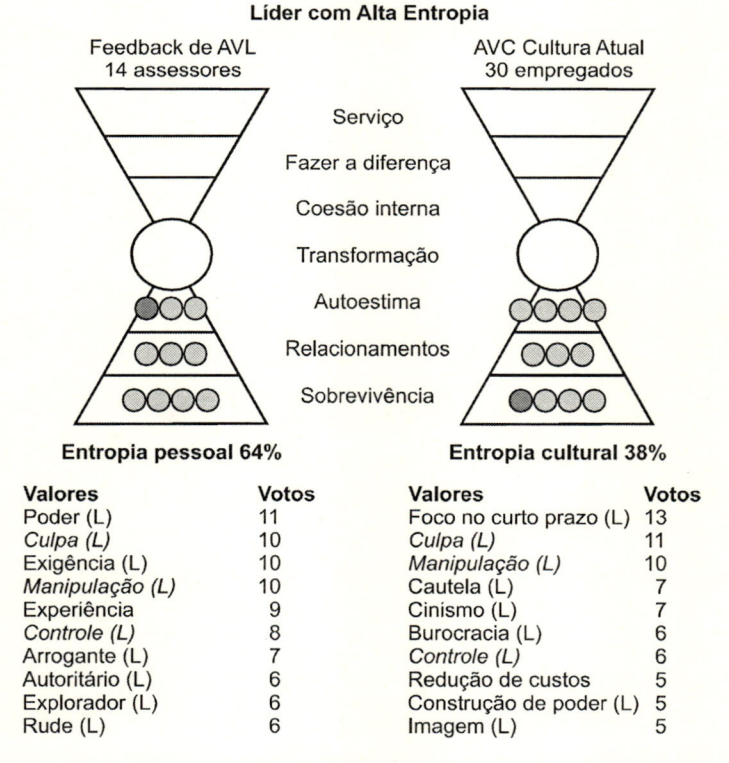

Valores	Votos
Foco no curto prazo (L)	13
Culpa (L)	11
Manipulação (L)	10
Cautela (L)	7
Cinismo (L)	7
Burocracia (L)	6
Controle (L)	6
Redução de custos	5
Construção de poder (L)	5
Imagem (L)	5

Figura 15.1 Líder com alta entropia, equipe com baixo desempenho.

Líder com Baixa Entropia

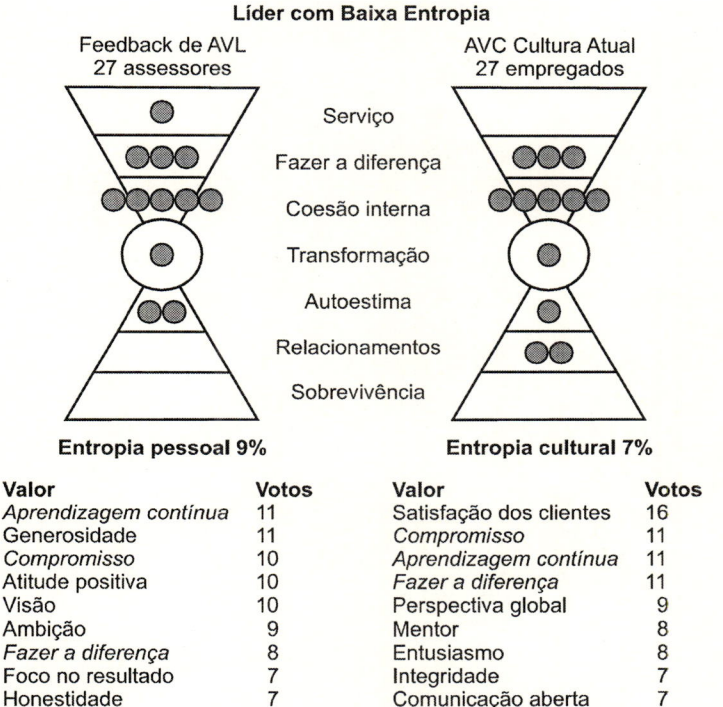

Feedback de AVL 27 assessores		AVC Cultura Atual 27 empregados
	Serviço	
	Fazer a diferença	
	Coesão interna	
	Transformação	
	Autoestima	
	Relacionamentos	
	Sobrevivência	
Entropia pessoal 9%		**Entropia cultural 7%**

Valor	Votos	Valor	Votos
Aprendizagem contínua	11	Satisfação dos clientes	16
Generosidade	11	*Compromisso*	11
Compromisso	10	*Aprendizagem contínua*	11
Atitude positiva	10	*Fazer a diferença*	11
Visão	10	Perspectiva global	9
Ambição	9	Mentor	8
Fazer a diferença	8	Entusiasmo	8
Foco no resultado	7	Integridade	7
Honestidade	7	Comunicação aberta	7
Integridade	7	Otimismo	7

Figura 15.2 Líder com baixa entropia, equipe com alto desempenho.

O nível de impacto que a entropia cultural tem sobre os membros da equipe depende, em certa medida, do tipo de mente com a qual eles estão operando, e do grau em que encontram realização em seu ambiente de trabalho.

Pessoas com mentes autotransformadoras, cujo trabalho se alinha com seu propósito de vida, são mais capazes de suportar os impactos de uma cultura tóxica do que as pessoas que operam com mentes socializadas. As primeiras são movidas por suas necessidades de crescimento: estão comprometidas em fazer a diferença. Consequentemente, desde que sejam capazes de vivenciar seu propósito, elas poderão tolerar um ambiente entrópico.

As últimas, por outro lado, são movidas por suas necessidades de deficiência, e geralmente podem mudar de emprego para encontrarem outro trabalho com benefícios comparáveis onde não tenham que aturar a frustração e os conflitos que encontram em uma cultura entrópica.

As pessoas com mentes autorrealizadas também podem mais facilmente tolerar as culturas emocionalmente tóxicas, enquanto estiverem sendo desafiadas e tenham oportunidades de atingir seus objetivos pessoais.

Em 2010, conduzimos nossa própria pesquisa no Centro de Valores Barret sobre o que os empregados achavam de seus líderes. Observamos 100 líderes de vinte países diferentes. Eram líderes que tinham completado uma de nossas Avaliações de Valores de Liderança (AVL) nos dois anos anteriores.

A Tabela 15.5 mostra os fatores que os empregados e pares julgaram ser os pontos fortes mais importantes desses 100 líderes, e o que consideravam como seus comportamentos mais limitantes.

Tabela 15.5 Pontos fortes e comportamentos limitantes dos líderes

Prioridade	Pontos Fortes	Comportamentos Limitantes
1	Compromisso	Exigência
2	Conhecimento	Controle
3	Determinação	Autoritarismo
4	Acessibilidade	Cautela
5	Experiência	Busca de poder
6	Foco no resultado	Culpa
7	Habilidades de comunicação	Foco no curto prazo
8	Atitude positiva	Ser apreciado
9	Apoio	Competição interna
10	Melhoria contínua	Manipulação

Na mesma pesquisa, descobrimos que as qualidades mais procuradas pelos subordinados em seus líderes são:

1. Ouvir e estar aberto a outras opiniões.
2. Comunicar ideias, informação e orientação.
3. Delegar e dar poder às pessoas.
4. Desenvolver as pessoas.

A primeira dessas qualidades fala sobre a necessidade de ser ouvido, e sobre as habilidades da inteligência emocional dos líderes, bem como sua capacidade de operar com uma mente autotransformadora – alguém que vê as ideias dos outros *ao lado* com a sua perspectiva, e não através dela. A segunda qualidade fala sobre suas habilidades de comunicação e visão. A terceira e a quarta qualidades falam sobre crescimento e desenvolvimento de pessoas.

Medindo a sua Cultura de Equipe

Os diagramas a seguir (Figuras 15.3 a 15.5) mostram os resultados de uma Avaliação de Valores Culturais (AVC) para uma equipe de alto desempenho. A Figura 15.3 mostra as respostas dos membros da equipe juntando três perguntas:

- **Valores Pessoais:** Quais dos seguintes valores/comportamentos melhor representam quem você é, e não quem você deseja se tornar? Escolha dez (a partir do Modelo Pessoal).
- **Valores Culturais Atuais:** Quais dos seguintes valores/comportamentos melhor representam como a sua equipe opera atualmente? Escolha dez (a partir do Modelo Organizacional).
- **Valores Culturais Desejados:** Quais dos seguintes valores/comportamentos melhor representam como você gostaria que sua equipe operasse? Escolha dez (a partir do Modelo Organizacional).

O Modelo Pessoal é uma lista de cerca de oitenta palavras ou frases. O Modelo Organizacional é uma lista de cerca de cem palavras ou frases. Ambos foram especificamente personalizados para a equipe.

A Figura 15.3 mostra os valores pessoais, da cultura atual e desejada de maior pontuação, segundo a escolha de quatorze membros da equipe. Cada um dos valores é representado por um dos pontos sobre os três diagramas. Há apenas oito valores na lista de valores pessoais mais pontuados, porque havia mais de seis valores com quatro votos. Há apenas nove valores na cultura desejada pela mesma razão. Há onze valores listados para a cultura atual porque os valores de 8 a 11 tiveram o mesmo número de votos.

A seguir, veja os fatores que indicam que esta é uma equipe de alto desempenho:

- O número elevado de correspondência (sublinhado) entre valores pessoais e da cultura e atual (5). Estes incluem: estabilidade financeira, humor/diversão, compromisso, equilíbrio (casa/trabalho), e fazer a diferença. Como os modelos pessoais e organizacionais não são exatamente os mesmos – este último inclui os valores organizacionais – cinco está próximo do maior número de correspondências que você pode obter.
- O número elevado de correspondência (itálico) entre os valores da cultura atual e desejada (6). O máximo possível é dez, já que o modelo de valores para se escolher é exatamente o mesmo.
- Nenhum valor potencialmente limitante estava no topo da lista de valores da cultura atual.
- Distribuição próxima do espectro total de valores mais votados na cultura atual. O Nível 7 é o único nível que não tem um valor superior.
- Compromisso, satisfação do cliente, melhoria contínua e estabilidade financeira são os quatro valores mais votados da cultura atual.

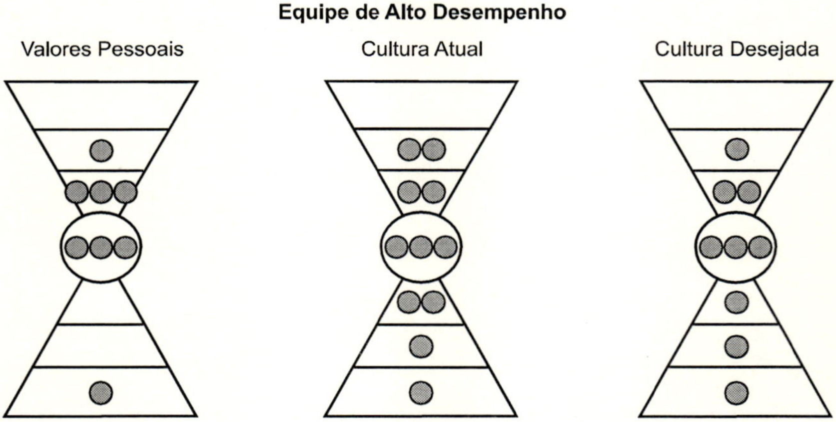

Equipe de Alto Desempenho

Valores Pessoais		Cultura Atual		Cultura Desejada	
Valores		Valores		Valores	
Estabilidade financeira	7	*Compromisso*	11	*Compromisso*	10
Humor/diversão	7	Satisfação do cliente	10	Satisfação do cliente	8
Confiança	7	Melhoria contínua	9	Realização do empregado	8
Compromisso	5	*Estabilidade financeira*	9	*Melhoria contínua*	7
Equilíbrio (casa/trabalho)	5	Humor/diversão	7	Responsabilidade	6
Aprendizagem contínua	5	Fazer a diferença	6	*Estabilidade financeira*	6
Iniciativa	5	Trabalho de equipe	6	Visão compartilhada	6
Fazer a diferença	5	*Equilíbrio (casa/trabalho)*	5	Crescimento profissional	5
		Realização do empregado	5	*Trabalho de equipe*	5
		Produtividade	5		
		Qualidade	5		

Figura 15.3 Valores – equipe de alto desempenho.

PARTE 3: LIDERANDO OS OUTROS **275**

Há alguns fatores que necessitam de atenção:

- Responsabilidade.
- Visão compartilhada.
- Crescimento profissional.

Estes são todos os valores mais votados da cultura desejada que não estão presentes nos valores mais votados da cultura atual.

A Figura 15.4 mostra a distribuição de todos os votos para todos os valores escolhidos pelos 14 membros da equipe

- Nível muito baixo de entropia cultural (proporção de votos para valores potencialmente limitantes) – apenas 8%.
- Nível alto de valores de transformação (Nível 4) e de coesão interna (Nível 5) na cultura atual corresponde à cultura desejada – não há demanda reprimida nesses níveis, exceto por 1% no Nível 4.
- Boa distribuição de valores em todos os níveis, exceto no Nível 7.

Há alguns fatores que necessitam de atenção:

- Aumento ligeiro da procura no Nível 6 de consciência.
- A procura por mais valores no Nível 7 de consciência.

Nível	Valores Pessoais	Cultura Atual	Cultura Desejada
7	9%	0%	5%
6	13%	14%	21%
5	30%	27%	27%
4	22%	21%	22%
3	7%	11% / 4%	11%
2	10%	10% / 1%	9%
1	9%	9% / 3%	5%

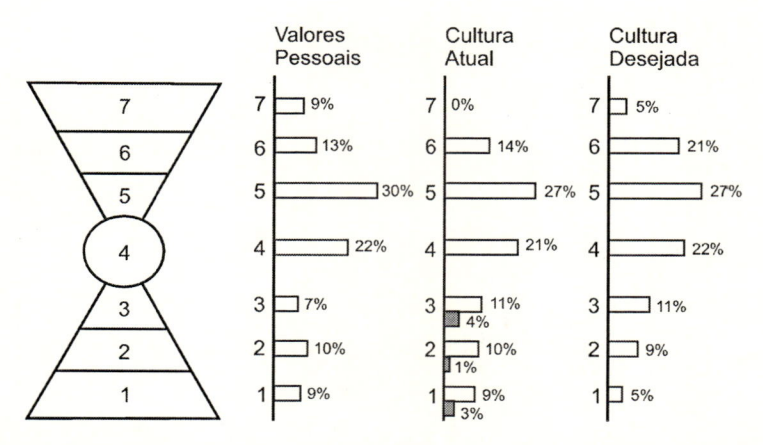

Figura 15.4 Distribuição dos valores em uma equipe de alto desempenho.

A Figura 15.5 mostra a distribuição dos valores mais votados nas culturas atual e desejada de acordo com o Scorecard das Necessidades do Negócio (SNN).

As seis categorias do Scorecard são baseadas no Balanced Scorecard, criação pioneira de Kaplan e Norton, com mais duas categorias: cultura e contribuição social. As seis categorias do Scorecard são:

- *Finanças:* Valores e comportamentos que têm um impacto sobre a situação financeira de uma organização, tais como estabilidade, lucro financeiro, redução de custos e aversão ao risco.
- *Ajuste:* Valores e comportamentos que têm um impacto sobre o desempenho operacional de uma organização, tais como eficiência, produtividade, responsabilidade e burocracia.
- *Relações com Clientes:* Valores e comportamentos que têm um impacto sobre as relações com os clientes, como satisfação do cliente, colaboração do cliente e foco no cliente.
- *Evolução:* Valores e comportamentos que têm um impacto sobre o desenvolvimento de novos produtos ou serviços, tais como inovação, criatividade e melhoria contínua.
- *Cultura:* Valores e comportamentos que têm um impacto sobre a cultura da organização, tais como honestidade, comunicação aberta, confiança e competição interna.

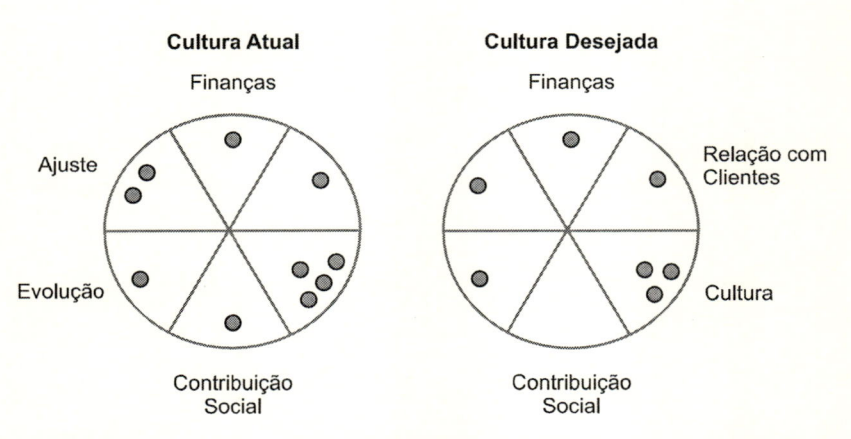

Figura 15.5 Scorecard de Necessidades de Negócios de uma equipe de alto desempenho.

- *Contribuição Social:* Os valores e comportamentos que têm um impacto sobre a relação da organização com a comunidade local ou a sociedade em geral, tais como envolvimento da comunidade, direitos humanos, justiça social e degradação ambiental.

Alguns fatores indicam que esta é uma equipe de alto desempenho:

- Todos os setores do Scorecard possuem pelo menos um valor superior na cultura atual.
- Acúmulo muito forte de valores na área da cultura na cultura atual.

NOTAS

96 Para mais informações sobre como desenvolver a confiança, consulte a seção sobre coesão interna, no Capítulo 12.
97 Sou muito grato a Helen-Jane Nelson, da Cecara Consulting, na Inglaterra, por me apresentar este processo.
98 www.appreciativeinquiry.case.edu
99 Consulte a seção sobre a avaliação da cultura de sua equipe (Figuras 14.2, 14.3 e 14.4).
100 Ver Cap. 16 (Figuras 16.1 e 16.2).
101 George Land e Beth Jarman, *Breaking Point and Beyond*. San Francisco: HarperBusiness, 1993, p. 153.
102 Willis Harman e John Hormann, *Creative Work*. Indianapolis: Institute of Noetic Sciences, 1990, p. 26.
103 James C. Collins e Jerry I. Porras, *Built to Last: Successful Habits of Visionary Companies*. New York: HarperCollins, 1994, p. 73.
104 A AVL e a AVC são avaliações via web que fazem parte das Ferramentas de Transformação Cultural do Centro de Valores Barret. Para maiores informações, acesse www.valuescentre.com.

16

Coesão Externa em Equipes

A coesão externa no contexto de liderar outros diz respeito ao gerenciamento do ambiente externo da sua equipe. Há dois fatores principais nos quais o líder da equipe deve se concentrar:

- Fornecer os recursos financeiros e físicos (tecnologia) que permitam à equipe cumprir seus objetivos.
- Gerenciar as relações que a equipe tem com outras partes da organização e/ou suas partes interessadas externas (stakeholders).

Sua capacidade para cumprir estas funções como líder terá um impacto significativo em seu desempenho.

Você não é apenas o guardião da cultura de equipe, você também é o guardião da equipe fisicamente. Suas necessidades, como o líder da equipe, são mais bem atendidas quando você se certifica de que as necessidades individuais e coletivas da equipe foram atendidas. Você vai precisar de empatia e da mais alta integridade moral para desempenhar este papel.

Você será tentado a segurar os membros de melhor desempenho da equipe, mesmo quando eles estiverem prontos para uma promoção ou quiserem expandir sua experiência transferindo-se para outra unidade. Quando isso acontecer, você terá que se afastar de suas próprias necessidades como líder de sua equipe, e considerar as necessidades da organização como um todo, e também as necessidades daquele membro de alto desempenho da equipe.

Seu trabalho ao liderar os outros é fazer o seu pessoal crescer e se desenvolver. Esta é a melhor estratégia a se adotar, se você também deseja ser promovido. Conforme você progride através dos níveis hierárquicos da organização, a sua capacidade de fazer o seu pessoal crescer e se desenvolver vai se tornar cada vez mais importante. Isso não só é bom para a organização: também é bom para você. Quando os empregados veem que você está focado nas pessoas, você jamais terá dificuldade de atrair as melhores para sua equipe.

> Seu trabalho ao liderar os outros é fazer o seu pessoal crescer e se desenvolver.

Liderança Servidora[105]

Seu sucesso como um líder de pessoas tem a ver com a criação de condições que transformem em um sucesso todos em sua equipe. Nesse sentido, o desafio é tornar-se um líder servidor, alguém que facilita o trabalho dos outros certificando-se de que todas as suas necessidades sejam atendidas.

A liderança servidora enfatiza o papel do líder como administrador dos recursos (humanos, financeiros, tecnológicos, etc.) fornecidos pela organização. Ela encoraja os líderes a servirem aos outros enquanto se mantêm concentrados na obtenção de resultados alinhados com a visão, missão e valores da organização. O conceito de liderança servidora remonta há milênios. No Século IV a.C., encontramos a seguinte passagem escrita por Chanakaya, um conselheiro do líder da dinastia Maurya, da Índia:

> *O rei (líder) deve considerar bom não o que agrada a si mesmo, mas o que agrada a seus súditos (seguidores) ... o rei (líder) é um servo pago e desfruta dos recursos do estado juntamente com o povo.*[106]

O conceito moderno de liderança servidora deve sua existência a Robert K. Greenleaf. Ele sentiu que o poder centrado no estilo de liderança autoritário, tão proeminente nos Estados Unidos, não estava funcionando. A seguinte declaração de Greenleaf, em 1970, resume o seu pensamento:

> *O líder servidor é antes de tudo um servo... Tornar-se um líder servidor começa com o sentimento natural de que se quer servir em primeiro lugar. Então a escolha consciente faz alguém aspirar à liderança. Essa pessoa é nitidamente diferente de quem é antes de tudo um líder... A diferença se manifesta no cuidado tomado pelo servo, que se certifica de que as necessidades de outras pessoas de maior prioridade estão sendo*

atendidas. O melhor teste, e o mais difícil de administrar, é este: Aqueles a quem estou servindo estão crescendo como pessoas? Será que eles, ao serem servidos, tornam-se mais saudáveis, mais sábios, mais livres, mais autônomos, mais inclinados a tornarem-se servos?[107]

Uma das maneiras mais importantes pelas quais os líderes podem se comprometer com o crescimento e o desenvolvimento dos outros é por meio do coaching e/ou mentoria de seus subordinados diretos. Visto através da lente da liderança servidora, cada gestor ou líder deve também ser um coach para os subordinados com quem compartilha uma estreita relação de trabalho.

Larry Spears, que serviu durante 17 anos como o chefe do Centro de Liderança Servidora Greenleaf, identificou dez características dos líderes servidores: escuta, empatia, cura, consciência, persuasão, conceituação, previsão, cuidado, compromisso com crescimento dos outros e construção da comunidade.

O Dr. Kent Keith[108], que é o atual CEO do Centro de Greenleaf, identifica sete características-chave dos líderes servidores: autoconsciência, escuta, inversão da pirâmide, desenvolvimento de seus colegas, coaching e não o controle, liberação da energia e da inteligência dos outros, e previsão.

James Sipe e Don Frick[109], líderes servidores reconhecidos como pessoas de caráter, colocam as pessoas em primeiro lugar, são comunicadores qualificados, colaboradores compassivos, usam a previsão, são pensadores sistêmicos e exercem autoridade moral.

No Tao Te Ching, atribuído a Lao-Tzu, que se acredita ter vivido na China em algum momento entre 570 a.C. e 490 a.C., encontramos a seguinte passagem:

O mais alto tipo de governante é aquele de cuja existência as pessoas mal se dão conta. Em seguida, vem aquele a quem elas amam e louvam. Em seguida, aquele a quem elas temem. Em seguida, vem aquele que desprezam e desafiam.[110]

Algo com o qual todos estes analistas da liderança servidora concordam é que o atributo-chave de um líder servidor é a humildade – ter uma opinião ou estimativa modesta de sua própria importância.

NOTAS

105 A Liderança Servidora é uma filosofia e prática da liderança, cunhada e definida por Robert Greenleaf e apoiada por muitos líderes e escritores de gestão, tais como James Autry, Ken Blanchard, Stephen Covey, Peter Block, Peter Senge, Max DePree, Larry Spears, Margaret Wheatley, Jim Hunter, Kent Keith, Ken Jennings e outros. Líderes servidores alcançam resultados para suas organizações, dando atenção prioritária às necessidades dos seus colegas e daqueles a quem servem.

106 Um antigo tratado político indiano. Fonte: http://en.wikipedia.org/wiki/Artha%C5%9B%C4%81stra

107 Do ensaio de Robert K. Greenleaf intitulado *Essentials of Servant Leadership*.

108 Dr. Kent Keith. *The Case for Servant Leadership*. The Greenleaf Center.

109 James Sipe e Don Frick. *The Seven Pillars of Servant Leadership: Practicing the Wisdom of Leading by Serving*.

110 Lao Tzu, Tao Teh Ching.

17

Práticas Gerais

Existem várias práticas gerais que irão apoiar o seu progresso e ajudar a acelerar o desenvolvimento de suas habilidades em liderar os outros. As mais importantes destas são:

a) feedback;
b) inteligência social; e
c) desenvolver um diário de liderança – construindo passo a passo o seu conhecimento e aprendendo lições sobre o que você precisa fazer para se tornar um líder de espectro total.

Feedback

No Capítulo 12, sugeri a utilização da Janela de Johari ou da Janela de Jobari como uma ferramenta de feedback para ajudar você a descobrir seus pontos cegos e tornar-se mais autêntico. Quando você estiver liderando os outros, vai precisar de um instrumento mais sofisticado que forneça informações semelhantes, mas com mais detalhes.

Avaliação de Valores de Liderança (AVL)

A AVL permite que você descubra onde se encontra em sua jornada de liderança, os estilos de gestão que usa, o que você precisa aprimorar e o seu nível de entropia pessoal.

Basta que você (gerente, supervisor ou líder) acesse nosso website e escolha dez valores/comportamentos que, em sua opinião, representam o seu estilo operacional/de gestão, a partir de um modelo de cerca de 60 a 80 palavras ou frases. Depois, você precisa indicar três dos seus principais pontos fortes, três coisas que quer melhorar ou deixar de fazer, e as coisas que está fazendo para mudar.

Os assessores — cerca de 12 a 15 pessoas próximas de você — também visitam o website e escolhem dez valores/comportamentos que, na opinião deles, representam o seu estilo de liderança/gestão.

O mesmo modelo de valores é usado por você e pelos assessores. Além disso, os assessores precisam identificar três dos seus pontos fortes, três coisas que acham que você precisa melhorar ou deixar de fazer, e quaisquer outros comentários ou feedback que eles acharem que podem ser úteis para ajudar você a melhorar seu desempenho. Os assessores são indicados por você.

Os dez valores escolhidos por você e os dez valores mais indicados pelos assessores são então distribuídos pelos sete níveis de consciência de liderança e comparados. Os resultados de uma Avaliação de Valores de Liderança são mostrados Figuras 17.1 e 17.2.

Cada um dos valores escolhidos por uma pessoa e os valores mais votados pelos assessores são mostrados na Figura 17.1, cruzados com o modelo dos sete níveis de consciência. A distribuição de todos os valores escolhidos pelo sujeito e pelos assessores, cruzados com o modelo de sete níveis de consciência, é mostrada na Figura 17.2. Esta figura também mostra o nível geral de entropia pessoal e os níveis de consciência em que ocorre a entropia.

Os resultados desta avaliação mostram que a pessoa em questão é altamente comprometida, um líder visionário entusiasmado, com uma perspectiva global.

Os pontos fortes do líder são os seguintes:

- Ele é um indivíduo autorrealizado com uma mente autotransformadora — 56% dos valores escolhidos pelos avaliadores estão nos três níveis mais altos de consciência.
- Com a visão, a criatividade e a sabedoria entre os seus valores mais altos, ele parece estar em plena forma.

Trata-se de um indivíduo autêntico — a distribuição dos valores entre os níveis de consciência, segundo a escolha da pessoa e dos avaliadores, é quase idêntica, e há cinco valores correspondentes. Os resultados nos mostram que o líder tem um nível ligeiramente elevado de entropia pessoal, principalmente devido ao valor potencialmente limitante de arrogância, escolhido por cinco dos seus treze assessores.

PARTE 3: LIDERANDO OS OUTROS **285**

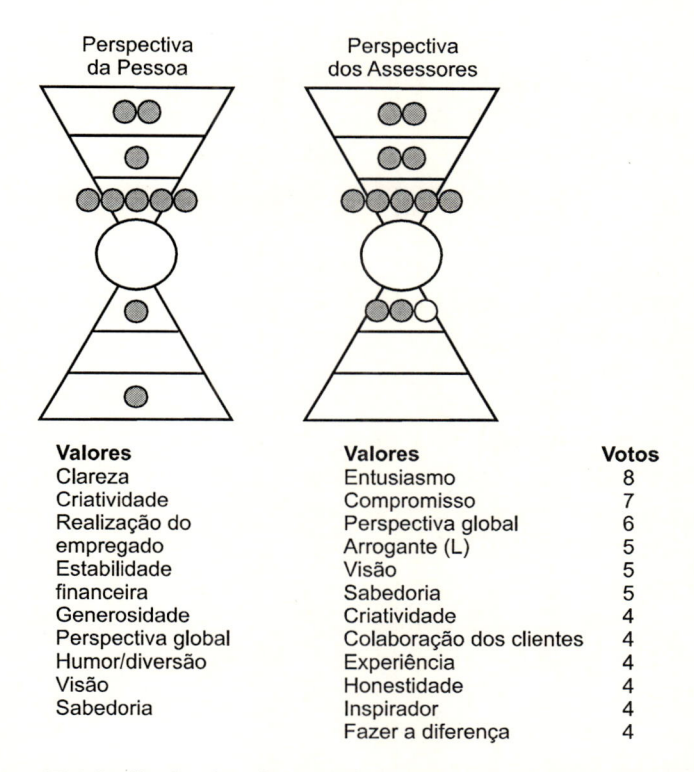

Perspectiva da Pessoa		Perspectiva dos Assessores	
Valores		**Valores**	**Votos**
Clareza		Entusiasmo	8
Criatividade		Compromisso	7
Realização do empregado		Perspectiva global	6
		Arrogante (L)	5
Estabilidade financeira		Visão	5
		Sabedoria	5
Generosidade		Criatividade	4
Perspectiva global		Colaboração dos clientes	4
Humor/diversão		Experiência	4
Visão		Honestidade	4
Sabedoria		Inspirador	4
		Fazer a diferença	4

Figura 17.1 Avaliação de valores de liderança – distribuição dos valores.

Perspectiva da Pessoa

Nível	%
7	20%
6	10%
5	50%
4	0%
3	10%
2	0%
1	10%

Entropia 0%

Perspectiva dos Assessores

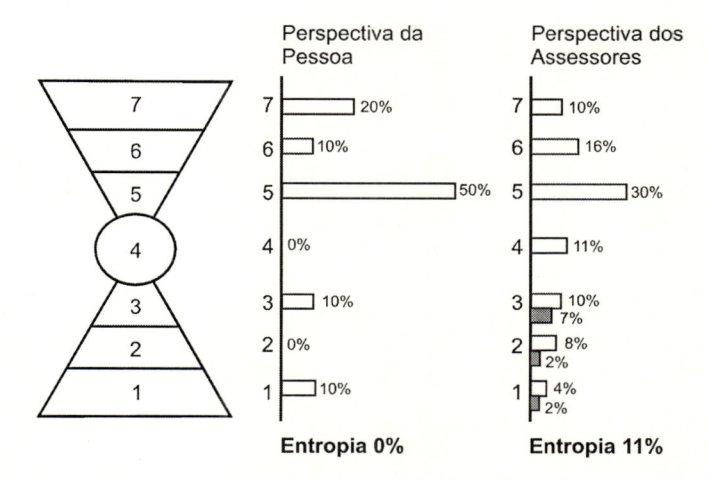

Nível	%
7	10%
6	16%
5	30%
4	11%
3	10% / 7%
2	8% / 2%
1	4% / 2%

Entropia 11%

Figura 17.2 Avaliação de valores de liderança – porcentagem da distribuição.

Comparando a AVL com a Janela de Johari, podemos ver que os valores correspondentes representam o que é conhecido por si mesmo e o que é conhecido para os outros; os valores escolhidos pela pessoa, e não pelos assessores representam o Eu Secreto da pessoa, e os valores escolhidos pelos assessores e não pela pessoa representam o Eu Cego em potencial daquela pessoa.

A questão da identificação do Eu Cego e de dar feedback é um assunto que Marshal Goldsmith, um dos maiores coaches na América do Norte, enfatiza em seu livro *What Got you Here Won't Get You There*.[111] Ele descreve o problema com a maioria dos líderes:

> *Não que eles não saibam quem são ou onde estão indo ou o que desejam atingir. Nem que não tenham um senso adequado de autoestima. Na verdade, eles tendem a ser muito bem-sucedidos (e sua autoestima pode tender a ser excessiva). O que está errado é que eles não têm ideia de como seu comportamento é percebido pelas pessoas que importam – seus chefes, colegas, subordinados, clientes e consumidores. (E isso não é verdade apenas no trabalho, o mesmo vale para sua vida em casa.)*
>
> *Eles acham que têm todas as respostas, mas os outros veem isso como arrogância. Eles acham que estão contribuindo para uma situação com comentários úteis, mas os outros veem isso como intromissão. Eles pensam que estão delegando efetivamente, mas os outros veem isso como fugir das responsabilidades. Eles pensam que estão prendendo sua língua, mas os outros veem isso como indiferença. Eles pensam que estão deixando as pessoas falarem por si mesmas, mas os outros veem isso como desprezo.*
>
> *Por que isso acontece? Mais frequentemente, é porque a bússola interna do comportamento correto das pessoas saiu de prumo e eles se tornam desorientados sobre a sua posição entre os seus colegas de trabalho.*

Os resultados da AVL mostrados nas Figuras 17.1 e 17.2 são uma ilustração perfeita do que Marshall Goldsmith está falando. Ali está um líder visionário que às vezes se deixa levar por sua autoestima excessivamente entusiasmada, que foi identificada por cinco de seus colegas de trabalho como arrogância. Este líder sou eu. O próximo passo da minha jornada de liderança é encontrar meios de canalizar o meu entusiasmo em formas mais produtivas do que abraçar e demonstrar a humildade. Eu pedi que o meu coach e alguns dos meus colaboradores me ajudassem com isso.

Bill George também usa a analogia de uma bússola interna em *True North: Discover Your Authentic Leadership*. Como mencionei na Introdução, George foi CEO da Medtronic, a principal empresa de tecnologia médica do mundo, de 1991 até 2001. Atualmente, ele é professor de prática de gestão na Escola de Administração de Harvard.

Bill George descreve o Norte Verdadeiro da seguinte forma:

> *Sua bússola interna guia você com sucesso ao longo da vida. Ela representa quem você é como ser humano em seu nível mais profundo. É o seu ponto de orientação – o seu ponto fixo em um mundo que gira – que ajuda você a permanecer no rumo certo como um líder. Seu Norte Verdadeiro está baseado no que é mais importante para você, seus valores mais queridos, suas paixões e motivações, as fontes de satisfação em sua vida.*

Na minha opinião, o que Marshal Goldsmith e Bill George estão descrevendo quando se referem à sua bússola interior são os valores e o propósito da sua alma. Bill George prossegue:

> *Descobrir o Norte Verdadeiro leva uma vida de compromisso e aprendizagem. Quando você está alinhado com quem você é, você encontra a coerência entre a sua história de vida e a sua liderança.*

Quando você busca o feedback, é importante lembrar que as opiniões de outras pessoas sobre você são baseadas em suas percepções da realidade, vistas através dos filtros de suas crenças. Portanto, é melhor buscar o feedback de pelo menos 12 a 15 pessoas. Quando duas ou mais pessoas percebem as mesmas questões, então você precisa prestar atenção ao que elas estão dizendo.

Não estou querendo dizer que você deve descartar qualquer feedback crítico a respeito do seu comportamento vindo de apenas uma pessoa. Essa pessoa pode ser o seu chefe. Apenas certifique-se de que entende a sua posição, buscando mais informações com ela sobre seus comentários, e depois pondere em sua própria mente quão válidas são as críticas, e o que você deseja fazer a respeito.

Inteligência Social

Assim como a inteligência emocional (autoconsciência e autogestão) ajuda você a se relacionar consigo mesmo, a inteligência social (consciência social e gestão de relacionamento) ajuda você a se relacionar com os outros.

Eu já escrevi sobre a inteligência emocional no âmbito da maestria pessoal no capítulo sobre o liderar a si mesmo (Capítulo 8). Agora, torna-se necessário explorar o tema da inteligência social, uma vez que ela é uma parte importante de como aprender a liderar os outros. Eu defino inteligência emocional e inteligência social da seguinte forma:

- *Inteligência Emocional*: a capacidade de compreender, gerenciar e usar suas próprias emoções para guiá-lo na tomada de decisões sábias.
- *Inteligência Social*: a capacidade de compreender e utilizar as emoções de outras pessoas para orientá-lo na tomada de decisões sábias.

A inteligência emocional requer:

- *Autoconhecimento:* A capacidade de ler suas próprias emoções e sentimentos, reconhecer o seu impacto sobre você mesmo e sobre as outras pessoas, e usá-las para guiar suas decisões.
- *Autogestão:* A capacidade de gerenciar ou dominar suas emoções para que você possa se adaptar mais facilmente à evolução das circunstâncias, atendendo às suas próprias necessidades.

A inteligência social requer:

- *Consciência Social:* A capacidade de sentir, compreender e responder às emoções de outras pessoas numa situação de grupo.
- *Gestão de Relacionamento:* A capacidade de inspirar, influenciar e desenvolver os outros, enquanto gerencia os conflitos.

A inteligência emocional e a inteligência social fazem parte da teoria de Howard Gardner sobre as inteligências múltiplas. Gardner, psicólogo do desenvolvimento baseado na Universidade de Harvard, sugeriu que as pessoas demonstram inteligência de oito formas distintas:[112]

- Corporal-sinestésica.
- Interpessoal.

- Verbal-linguística.
- Lógico-matemática.
- Intrapessoal.
- Visual-espacial.
- Musical.
- Naturalística.

A inteligência intrapessoal de Gardner é equivalente à inteligência emocional, e sua inteligência interpessoal é equivalente à inteligência social.[113] Para entender plenamente as habilidades e capacidades necessárias para a inteligência social, é preciso dissecá-la em seus dois componentes principais – consciência social e gestão de relacionamento e, depois, dissecá-los em suas habilidades componentes:

Consciência Social

- *Escuta:* A capacidade de estar totalmente presente para a outra pessoa, conseguindo assim uma conexão genuína. Nenhuma tentativa é feita para construir significado a partir da situação – você apenas fornece sua presença atenta.
- *Intuição:* A capacidade de ler uma situação de forma subconsciente por meio da presença "energética". A força da sua conexão permite que você saiba o que precisa fazer em qualquer situação para alcançar um resultado positivo.
- *Empatia Mental:* A capacidade de ressoar energicamente com uma outra pessoa para que você possa experimentar o que ela está sentindo, saber o que ela está pensando e intuir as suas necessidades.
- *Conhecer as Regras:* Toda interação ocorre dentro de um contexto social que tem suas próprias regras. Você tem que conhecer as regras e viver dentro de seus limites para ser eficaz em suas interações sociais.

Gestão de Relacionamento

- *Empatia Corporal:* A capacidade de responder a uma outra pessoa ou grupo com movimentos corporais que transmitem uma forte sensação de conexão, precisamente no momento certo.

- *Apresentação:* A capacidade de se expressar exatamente da maneira e no tom certos para obter a atenção das pessoas quando precisar delas.
- *Influência:* A capacidade de moldar o resultado de uma interação por meio da persuasão, usando tato e autocontrole para alinhar as motivações de outras pessoas com as suas necessidades.
- *Preocupação:* A capacidade de expressar carinho genuíno pelos outros por meio de ações ou palavras apropriadas.

Um líder precisa ser autêntico (inteligência intrapessoal), conectar-se com outras pessoas (inteligência interpessoal), comunicar-se com habilidade (inteligência verbal-linguística) e usar a lógica e a razão na tomada de decisão (inteligência lógico-matemática). Essas quatro inteligências são essenciais para influenciar e persuadir. Para criar coesão interna na equipe, um líder precisa demonstrar inteligências emocional e social.

Meu Diário de Liderança – Liderar os Outros

Esta é a segunda parte do seu Diário de Liderança, que se concentra em você como o líder de uma equipe. Este documento (Meu Diário de Liderança: Liderar os Outros) pode ser baixado e instalado no seu computador pelos links automáticos no site do Novo Paradigma da Liderança. À medida que você trabalha nos exercícios do Manual de Liderar os outros, e gradualmente completa o seu Diário de Liderar os Outros, pode achar necessário atualizar o seu Diário de Liderar a Si Mesmo.

Aqui estão os títulos dos principais capítulos da seção de Liderar os Outros do Diário de Liderança disponível para download:

A Jornada da Minha Equipe

- História da minha equipe.
- História de liderança da minha equipe.

O Potencial da Minha Equipe

- Pontos fortes da minha equipe.
- Um dia no fluxo para a minha equipe.
- Os valores/comportamentos da minha equipe.
- A visão/missão da minha equipe.

Os Desafios da Minha Equipe
- Entropia da minha equipe.
- Pontos de tensão da minha equipe.
- Disfunções da minha equipe.
- Metas e ações da minha equipe.

A Maestria da Minha Equipe
- Perguntas de mudança da minha equipe.
- Competências e capacidades de gestão da minha equipe.
- Scorecard da minha equipe.

O Crescimento da Minha Equipe
- A evolução da minha equipe.
- Meu feedback/desempenho e o da minha equipe.
- Pontos de poder da minha equipe.
- Compromissos da minha equipe.

O manual eletrônico e o diário de liderança para download, juntamente com o website do Novo Paradigma da Liderança e este livro, fornecem os materiais e recursos que você precisa para aprender a liderar uma equipe.

Conclusões

Como expliquei na introdução desta parte do livro, o objetivo do módulo de liderar os outros do programa evolutivo de desenvolvimento de liderança é ajudar a construir uma equipe de alto desempenho. Você só será capaz de fazer isso se for capaz de apoiar os membros de sua equipe na busca de sua realização pessoal, ajudando-os e oferecendo coaching na realização de seu potencial como seres humanos.

Esta viagem começa quando você decide conscientemente evoluir e assumir a responsabilidade por todos os aspectos da sua vida. Você não pode orientar os membros de sua equipe nesta viagem enquanto não tiver dominado as habilidades necessárias para liderar a si mesmo.

Na próxima parte do livro, vamos explorar o terceiro módulo do programa em quatro partes para desenvolvimento de liderança – aprender a liderar uma organização.

NOTAS

111 *What Got you Here Won't Get You There: How Successful People Become Even More Successful*. New York: Hyperion, 2007.
112 Howard Garner. *Inteligências Múltiplas*. Ed. Artmed.
113 Daniel Goleman. *Inteligência Social: Nova Ciência no Relacionamento Humano*. Ed. Campus.

PARTE 4

Liderando uma Organização

CAPÍTULO 18 Consciência Organizacional
CAPÍTULO 19 Maestria Empresarial
CAPÍTULO 20 Coesão Interna nas Organizações
CAPÍTULO 21 Coesão Externa nas Organizações
CAPÍTULO 22 Práticas Gerais

18

Consciência Organizacional

Liderar uma organização é infinitamente mais complexo do que liderar uma equipe de projeto, uma equipe de trabalho, uma divisão ou uma unidade de negócios; e não é algo que você pode fazer sozinho. Você precisa de uma equipe. Você precisa da melhor equipe que puder montar; mas, mais do que isso, você precisa de uma equipe na qual possa confiar, e de uma equipe que confie em você.

Ao liderar uma organização, você precisa ser capaz de criar as condições que permitam que você, sua equipe de liderança e todos os seus empregados encontrem a realização, e também satisfaçam as necessidades de todos os interessados – investidores, clientes, parceiros, comunidades locais onde vocês operam, e a sociedade em geral. Isto significa que, como líder de uma organização, a sua primeira prioridade é se preocupar com as pessoas, e depois com os resultados. Se você fizer o primeiro, não terá que se preocupar com o último. Sua equipe e todos que trabalham na sua organização, assim como todos os seus stakeholders, precisam saber que você guarda os seus melhores interesses no coração.

Você Quer Liderar uma Organização?

Esta é a mesma pergunta que fiz na seção sobre liderar os outros. Se você decidiu que liderar os outros era o seu caminho para a realização, então liderar uma organização, provavelmente, é onde você eventualmente precisa chegar. Porém, mais uma vez, gostaria de salientar que ser honesto consigo mesmo sobre este assunto é de vital importância se você deseja encontrar satisfação na sua vida. Saber o que desperta sua paixão, e saber o que você precisa fazer para realizar essa paixão, é o mais importante na vida. Todos queremos levar uma vida que faça nos sentirmos bem. É isso aí. Não há mais nada que você precise saber.

Quando você se torna o líder de uma organização, recebe duas oportunidades incríveis:

- Melhorar a vida de dezenas, centenas ou milhares de empregados para que eles possam encontrar satisfação, e se sentir bem sobre si mesmos.
- Alavancar o seu impacto no mundo.

Na verdade, ninguém realmente trabalha para uma organização: eles trabalham para si mesmos. Todo mundo está tentando encontrar satisfação, buscando um lugar para trabalhar que lhes dê a oportunidade de satisfazer as suas necessidades. Se você não for capaz de fornecer essa oportunidade para as pessoas, elas vão procurá-la em outro lugar. O grau com que você puder atender às necessidades dos empregados será o grau com que sua organização encontrará o sucesso. Você não pode exigir a lealdade. Você tem que conquistá-la, ajudando os empregados a satisfazerem as suas motivações. Eles só vão ficar com você enquanto suas necessidades estiverem sendo atendidas.

Você encontra a realização preocupando-se com as pessoas e atendendo as suas necessidades e, assim, alavancando o seu impacto no mundo, ou você encontra a satisfação, fazendo aquilo que gosta de fazer por si mesmo, e mandando a sua mensagem para o mundo? Se a resposta for sim para o primeiro, então ser líder de uma organização é realmente a coisa certa para você. Se a resposta for sim para este último, então seria mais adequado que você seguisse em outra direção que lhe permitisse buscar a sua paixão por conta própria ou à frente de uma pequena equipe – por exemplo, falando, escrevendo, fazendo filmes, atuando etc. Se você não for apaixonado por cuidar das pessoas, e decidir ir em frente com a ideia de se tornar um líder, você vai precisar reconhecer que o seu sucesso e o impacto que pode ter sobre o mundo serão limitados: você nunca será um grande líder. Você pode até ser um bom líder, mas nunca um grande.

A vida funciona de acordo com a regra de ouro: quando você se preocupa com os outros, eles se preocupam com você. É por isso que se preocupar com as pessoas, e com aquilo com o que elas se preocupam (as suas necessidades), é tão importante se você deseja liderar uma organização. Se você ainda está absolutamente certo de que deseja liderar uma organização, continue a leitura.

Você é Capaz de Liderar uma Organização?

Quando você ouve os empreendedores que tiveram sucesso no mundo dos negócios, eles sempre dizem que foi somente quando o negócio começou a crescer que eles perceberam como estavam mal preparados para o seu papel. Não existe uma escola para CEOs. Este é um papel que a maioria das pessoas aprende na prática. Os mais espertos procuram um mentor, e um grupo de consultores experientes, assim como um coach.

Sempre me surpreendo quando ouço sobre um homem ou uma mulher que deixou a escola, nunca foi para a faculdade, e terminou à frente de uma empresa multinacional global. Acho que se tornar um CEO de sucesso requer um elemento de talento natural bruto, uma paixão para os negócios, uma paixão pelas pessoas, muita autoconfiança, e toneladas de coragem ou uma abordagem destemida da vida.

O que estou querendo dizer é simplesmente que não há um caminho planejado para se tornar um CEO. Se você tem entusiasmo e paixão, você pode fazer qualquer coisa no mundo dos negócios. É disso que você precisa. Também ajuda ser um indivíduo altamente adaptável, de espectro completo, autorrealizado, operando com uma mente autotransformadora.

O que precisa saber se pretende iniciar e fazer crescer uma empresa é que não pode cair na armadilha do fundador. A armadilha do fundador ocorre quando você atinge o limite de sua capacidade de liderança, mas não é capaz ou não está disposto a reconhecê-lo. Você acaba se sentindo sufocado, e, muito provavelmente, não estará feliz.

A pessoa que inicia uma organização pode não ser a pessoa ideal para conduzi-la quando a coisa engrena. As habilidades e capacidades necessárias para começar uma empresa não são as mesmas habilidades e capacidades necessárias para geri-la quando ela atingir um tamanho apreciável. Os fundadores são, muitas vezes, incapazes de largar as rédeas do poder porque a sua identidade e paixão estão muito misturadas com a sua organização.

Eu me conheço, e sei que largar as rédeas da minha empresa depois de 9 anos foi provavelmente uma das coisas mais difíceis que eu tive que fazer. Mas, no fim das contas, abandoná-la foi o meu caminho para a realização. Agora, posso fazer o que eu amo fazer quase todo o tempo, e ainda estou envolvido com a organização.

Comece Construindo a sua Equipe de Liderança

Em seu livro, *Good to Great*[114], Jim Collins salienta que um novo líder deve primeiro se concentrar no QUEM, e depois no QUÊ – conseguir as pessoas certas para os lugares certos na equipe de liderança, e só depois que as pessoas estiverem nos lugares certos é que se pode decidir o que se vai fazer. Este é um bom conselho. Você precisa de pessoas com quem possa trabalhar e em quem possa confiar em sua equipe de liderança.

As duas coisas que tornam as equipes de liderança ineficazes são a falta de confiança e as personalidades impulsionadas pelo ego. Para criar uma organização de sucesso altamente alinhada, você precisa ter uma equipe de liderança altamente alinhada. Os membros de sua equipe de liderança devem ser:

- Pessoas autênticas, autorrealizadas.
- Competentes em maestria pessoal.
- Possuidoras de mentes autotransformadoras.
- Capazes de demonstrar altos níveis de confiança.
- Empáticas umas com as outras e com os empregados.
- Totalmente identificadas com a organização.

Estas são pessoas que são ambiciosas pela organização, mas não para si mesmas. Elas sabem que o seu futuro está intimamente ligado ao futuro da organização e à sua capacidade de fortalecer e apoiar a sua equipe na busca da realização.

Você quer pessoas em sua equipe de liderança que sejam experientes em seus campos e que já tenham feito a mudança do "eu" para o "nós": indivíduos autorrealizados que percebem que o seu interesse próprio está ligado ao bem comum. Além disso, você quer pessoas que tenham a intenção de se tornar melhores para o mundo, não as melhores do mundo.

Eu também gostaria de salientar a importância de se encontrar pessoas que operam com mentes autotransformadoras. Você não quer pessoas que filtram cada discussão através de sua perspectiva para que possam provar que seu jeito é o jeito certo. Você quer pessoas capazes de examinar objetivamente as ideias dos outros junto com as suas próprias ideias, e que busquem chegar a uma decisão sobre o que é certo para toda a organização.

Estabilidade Interna

Uma organização não pode experimentar a estabilidade interna se a equipe de liderança não for internamente estável. Isto significa que você, como líder de sua equipe, precisa ser capaz de apoiar os membros da equipe para que assumam a responsabilidade e gerenciem a sua própria estabilidade interna, e também gerenciem a estabilidade interna do grupo. Manter a estabilidade interna do seu grupo de liderança envolve:

- *Gerenciar conflitos individuais em sua equipe:* Orientar os membros da equipe no desenvolvimento de suas habilidades de maestria pessoal.
- *Gerenciar conflitos em sua equipe:* Usar suas habilidades de comunicação para desenergizar e resolver posições rígidas opostas.

Acima de tudo, a chave para se criar a estabilidade interna em uma equipe de liderança é a confiança. A confiança é a cola que mantém as pessoas juntas, e o lubrificante que facilita a interação.

Equilíbrio Externo

Uma organização experimenta o equilíbrio externo quando é capaz de satisfazer as necessidades dos seus stakeholders externos. A responsabilidade pela gestão das relações externas recai sobre o líder, apoiado pelo departamento de relações públicas da organização.

Manter o equilíbrio externo da organização envolve a satisfação das necessidades:

- *Dos investidores:* Garantia de retorno satisfatório aos acionistas.
- *Dos clientes:* Garantir a qualidade dos produtos e serviços e expressar cuidado em todas as interações com o cliente.
- *Dos parceiros:* Reciprocidade mútua e apoio no atendimento às necessidades um do outro.
- *Da comunidade local:* Contribuir para o bem-estar físico e cultural das comunidades locais nas quais a organização opera.
- *Da sociedade:* Contribuir para a sustentabilidade a longo prazo das sociedades em que a organização opera.

O segredo para gerenciar as relações externas da organização é a empatia, a autenticidade e a ética. Novamente, é tudo uma questão de confiança. Ao lidar com os stakeholders externos, a sua palavra deve ser o seu vínculo. Você deve sempre ser honesto com todos, e deve sempre ser a pessoa responsável quando as coisas dão errado. Para o mundo exterior, você é a organização.

A Jornada Evolutiva Organizacional

A jornada evolutiva de uma organização é um reflexo da jornada evolutiva de seus líderes. Como líder de uma organização, quem você é como pessoa se reflete na cultura de sua equipe de liderança, e quem os membros da equipe de liderança são se reflete nas culturas das divisões ou unidades de negócios que gerenciam. As culturas que os líderes criam nos grupos pelos quais são responsáveis são sempre uma extensão de suas personalidades. O que isto significa é que a jornada evolutiva organizacional é um reflexo da jornada pessoal do líder, e das jornadas pessoais dos membros da equipe de liderança.

> A jornada evolutiva organizacional é um reflexo da jornada pessoal do líder

Antes de explorarmos os três estágios do aprendizado de como liderar uma organização – maestria empresarial, a coesão interna organizacional e a coesão externa organizacional, vamos explorar o território através do qual você estará viajando, obtendo uma compreensão mais profunda dos sete níveis de consciência organizacional.

Os Sete Níveis de Consciência Organizacional

Todas as estruturas grupais humanas crescem e se desenvolvem em consciência em sete etapas bem definidas. Cada etapa se concentra em uma determinada necessidade existencial que é comum à condição humana. Estas sete necessidades existenciais são as principais forças motivadoras em todos os assuntos humanos.

O modelo de sete níveis de consciência organizacional descreve as necessidades existenciais das organizações e como as organizações crescem e se desenvolvem. O modelo se aplica a todos os tipos de organizações, corporações, departamentos governamentais, órgãos municipais, instituições, organizações não-governamentais (ONG), e estabelecimentos de ensino. As únicas diferenças entre estas organizações são a forma como são financiadas ou custeadas, e a forma como distribuem os seus produtos e/ou serviços. Estas são facilmente acomodadas no modelo. Em todos os outros aspectos, o modelo é exatamente o mesmo. Com o propósito de ajudar a explicar e entender o modelo, vou me concentrar nas necessidades de uma corporação.

Embora o modelo seja um reflexo das necessidades da organização, diferentes níveis de consciência concentram-se sobre as necessidades de stakeholders específicos. No primeiro nível de consciência, há um foco específico sobre as necessidades dos investidores e empregados; no segundo nível, sobre as necessidades dos empregados e clientes; nos níveis terceiro, quarto e quinto, sobre as necessidades dos trabalhadores; no sexto nível, sobre as necessidades dos empregados, parceiros e da comunidade local, e no sétimo nível, sobre as necessidades dos empregados, dos parceiros e da sociedade.

Em última análise, não importa que tipo de organização você considera, é sempre a experiência dos colaboradores da organização o fator fundamental na determinação do sucesso dela. O fator-chave na determinação da experiência dos empregados é a cultura da organização, os níveis de consciência a partir dos quais ela opera.

Os sete estágios do desenvolvimento e crescimento da consciência de uma organização são resumidos na Tabela 18.1 e descritos em detalhes nos parágrafos seguintes. A tabela que descreve os sete níveis de consciência organizacional deve ser lida de baixo para cima. As necessidades "mais baixas" – níveis de consciência de 1 a 3 – concentram-se nas necessidades básicas dos negócios: a busca do lucro ou da estabilidade financeira; a construção da lealdade de empregados e clientes e sistemas e processos de alto desempenho. Abraham Maslow se refere às necessidades destes três níveis de consciência como necessidades de "deficiência". Uma organização não ganha nenhuma sensação de satisfação duradoura por ser capaz de atender a essas necessidades, mas os líderes experimentam uma sensação de ansiedade se essas necessidades básicas não estão sendo atendidas.

O foco do quarto nível de consciência recai sobre a transformação – mudança de hierarquias autoritárias, rígidas, baseadas no medo para sistemas de governança mais abertos, inclusivos, adaptativos, que capacitam os empregados para que operem com liberdade responsável (responsabilização).

As necessidades "mais altas" – níveis de consciência 5 a 7 – concentram-se na coesão cultural e no alinhamento; na construção de alianças e parcerias mutuamente benéficas; e na responsabilidade social e sustentabilidade de longo prazo. Abraham Maslow se refere a estas necessidades como necessidades de "crescimento". Quando essas necessidades são satisfeitas, elas não desaparecem. Elas engendram níveis mais profundos de compromisso e motivação.

As organizações que se concentram *exclusivamente* na satisfação das necessidades mais baixas não costumam ser líderes de mercado. Elas podem conseguir algum sucesso financeiramente, mas em geral são muito autocentradas e e autoabsorvidas, ou rígidas e burocráticas demais para alcançarem o seu melhor desempenho.

Elas são incapazes de se adaptar às mudanças do mercado, porque não são adaptáveis, e não capacitam os empregados. Consequentemente, há pouco entusiasmo entre a força de trabalho e pouca inovação ou criatividade. Estas organizações são muitas vezes dominadas pelo medo, e não são lugares saudáveis para o trabalho. Os empregados muitas vezes se sentem frustrados e se queixam de estresse.

As organizações que se concentram *exclusivamente* na satisfação das necessidades mais elevadas não possuem as competências empresariais básicas e as capacidades necessárias para operar de forma eficaz. Elas são ineficazes e pouco práticas quando se trata de questões financeiras. Elas não estão orientadas para o cliente, e não possuem os sistemas e processos necessários para alto desempenho. Elas simplesmente não estão baseadas na realidade dos negócios. Essas características são, por vezes, encontradas em organizações não-governamentais e sem fins lucrativos.

As organizações mais bem-sucedidas são aquelas que dominam tanto suas necessidades de "deficiência" quanto de "crescimento". Elas operam a partir da consciência de espectro total. Elas criam um clima de confiança, têm a capacidade de gerenciar a complexidade e podem responder ou se adaptar rapidamente a todas as situações.

Nível 1: A Consciência de Sobrevivência

A primeira necessidade para uma organização é a sobrevivência financeira. Sem lucros ou sem acesso a um fluxo contínuo de fundos, as organizações perecem rapidamente. Toda organização precisa fazer da estabilidade financeira a sua principal preocupação. Uma pré-condição para o sucesso neste nível é um foco saudável sobre o fim da linha e o fluxo de caixa.

Tabela 18.1 A evolução da consciência organizacional

Estágios de Evolução		Níveis de Consciência	Motivações/necessidades
Estágio 3: Coesão Externa	7	Serviço	**Responsabilidade social:** Trabalhar com outras organizações e partes interessadas da organização na busca dos objetivos sociais que melhorem a sustentabilidade da humanidade no planeta enquanto aprofundam os níveis de conectividade interna dentro da organização promovendo a compaixão, a humildade e o perdão.
	6	Fazer a Diferença	**Alianças e parcerias estratégicas:** Construir alianças mutuamente benéficas com outras organizações e a comunidade local para proteger o meio ambiente enquanto aprofunda a conectividade interna dentro da organização promovendo a cooperação interna entre as unidades de negócio e os departamentos.
Estágio 2: Coesão Interna	5	Coesão Interna	**Forte cultura coesiva:** Aprimorar a capacidade da organização para a ação coletiva alinhando as motivações dos empregados em torno de uma visão inspiradora e de um conjunto compartilhado de valores que criam o compromisso, constroem a integridade e liberam o entusiasmo, a criatividade e a paixão.
	4	Transformação	**Adaptabilidade e melhoria contínua:** Dar voz aos empregados na tomada de decisão e torná-los responsáveis e responsabilizados pelo seu próprio futuro em um ambiente que promove a inovação, a melhoria contínua, o conhecimento compartilhado e o crescimento e desenvolvimento pessoais de todos os empregados.
Estágio 1: Maestria Pessoal	3	Autoestima	**Sistemas e processos de alto desempenho:** Criar um senso de orgulho dos empregados estabelecendo políticas, procedimentos, sistemas, processos e estruturas que aprimorem o desempenho da organização por meio do uso das melhores práticas. Foco na redução da burocracia, hierarquia, mentalidade isolacionista, busca de poder e status, confusão, complacência e arrogância.
	2	Relacionamentos	**Relacionamentos que sustentam a organização:** Construir relacionamentos harmoniosos que criam um senso de pertencimento e lealdade entre os empregados e de cuidado e conexão entre a organização e seus clientes. Foco na redução da competição interna, manipulação, culpa, politicagem interna e discriminação de gênero ou etnia.
	1	Sobrevivência	**Busca do lucro e do valor para os acionistas:** Criar um ambiente de estabilidade financeira, com foco na saúde, segurança e bem-estar de todos os empregados. Foco na redução de controle e cautela excessiva, foco no curto prazo, corrupção, cobiça e exploração.

Quando as empresas se tornam muito apegadas à consciência de sobrevivência e guardam profundas inseguranças sobre o futuro, elas desenvolvem um foco insalubre no curto prazo e no valor para o acionista. Em situações como essa, os resultados trimestrais – a satisfação das necessidades do mercado de ações – podem preocupar as mentes dos líderes à custa de todos os outros fatores. Isto leva ao controle excessivo, ao microgerenciamento, à cautela e a uma tendência de aversão ao risco.

Empresas que operam desta forma não estão interessadas em alianças estratégicas; as aquisições têm mais a ver com elas. Elas compram empresas e saqueiam seus ativos. Elas veem as pessoas e a Terra como recursos a serem explorados em troca do lucro fácil. Quando lhes pedem para atuar em conformidade com as leis, elas fazem o mínimo. Elas têm uma atitude de respeito relutante. As organizações experimentam seus medos mais profundos neste nível de consciência.

Nível 2: A Consciência de Relacionamentos

A segunda necessidade para uma organização é manter relacionamentos interpessoais harmoniosos e uma boa comunicação interna. Sem um bom relacionamento com empregados, clientes e fornecedores, a sobrevivência da empresa estará comprometida.

A questão crítica nesse nível de consciência é criar um senso de lealdade e de pertencimento entre os empregados, e um sentimento de cuidado e conexão entre a organização e seus clientes. As pré-condições para a criação de um sentimento de pertencimento são a comunicação aberta, o respeito mútuo e o reconhecimento dos empregados. As pré-condições para o cuidado são a amizade, a capacidade de resposta e a escuta. Quando estas vigoram, a lealdade e a satisfação entre empregados e clientes serão altas. Tradição e rituais ajudam a consolidar estes laços.

Temores sobre pertencimento e falta de respeito levam à discórdia, à fragmentação e à deslealdade. Quando os líderes se reúnem a portas fechadas, ou deixam de comunicar as coisas abertamente, os empregados suspeitam do pior. A "rádio-corredor" se instala e as fofocas se espalham.

Quando os líderes estão mais focados em seu próprio sucesso e não no sucesso da organização, eles começam a competir uns com os outros. Quando os líderes apresentam comportamento territorial, culpam uns aos outros quando as coisas dão errado, competem uns com os outros e sonegam informações, o nível de entropia cultural aumenta rapidamente. Empresas familiares muitas vezes operam a partir da consciência de Nível 2, porque são incapazes de confiar em "forasteiros" para cargos de gerência.

Nível 3: Consciência de Autoestima

O foco do terceiro nível de consciência organizacional recai sobre o desempenho e a medição. Trata-se de manter um olhar atento e equilibrado sobre todos os principais indicadores operacionais. Neste nível de consciência, a organização está focada em tornar-se a melhor que pode ser através da adoção de melhores práticas e de um foco em produtividade, qualidade e eficiência.

Sistemas e processos são fortemente enfatizados e estratégias são desenvolvidas para alcançar os resultados desejados. Reengenharia, Seis Sigma e Gestão de Qualidade Total são respostas típicas às questões de desempenho neste nível de consciência. A questão crítica neste nível de consciência é desenvolver uma cultura de melhoria contínua. Uma pré-condição para a melhoria contínua é o incentivo e a recompensa pela excelência. As organizações de Nível 3 tendem a ser estruturadas hierarquicamente para fins de controle centralizado. O principal modo de tomada de decisão é de cima para baixo. A estrutura hierárquica também oferece oportunidades para recompensar os indivíduos que estão focados em seu próprio sucesso pessoal. Hierarquias íngremes muitas vezes não servem a nenhum outro propósito além de atender às necessidades dos gestores pelo reconhecimento, status e autoestima. Para manter o controle centralizado, as organizações de Nível 3 desenvolvem regras para regulamentar e colocar em ordem todos os aspectos de seus negócios.

As empresas que estão primordialmente focadas neste nível de consciência podem facilmente degenerar em uma estrutura de guetos de poder e em burocracias rígidas e autoritárias conduzidas por um grupo de competidores internos ambiciosos. Quando isso acontece, a falha ou o colapso eventualmente ocorrem a não ser que a organização consiga mudar seu foco interno para o foco externo, tornando-se mais adaptável.

Nível 4: Consciência de Transformação

O foco do quarto nível de consciência organizacional recai sobre a adaptabilidade, a capacitação de empregados e o aprendizado contínuo. A questão crítica nesse nível de consciência é a forma de estimular a inovação, para que novos produtos e serviços possam ser desenvolvidos para responder às oportunidades de mercado. Isto requer que a organização seja ágil, flexível e corra riscos.

Para responder plenamente aos desafios deste nível de consciência, a organização deve acolher ativamente ideias e opiniões dos empregados. Todos devem sentir que sua voz está sendo ouvida. Isto requer gerentes e líderes que admitam que não têm todas as respostas e convidem a participação dos trabalhadores. Para muitos líderes e gestores, este é um novo papel, que exige novas habilidades e capacidades. É por isso que é tão importante desenvolver a inteligência emocional dos gestores. Eles devem ser capazes de facilitar o alto desempenho em grandes grupos de pessoas que estão procurando a igualdade e a liberdade responsável. Eles querem ser responsabilizados – e não microgerenciados e supervisionados a cada momento de cada dia.

Um dos perigos, neste nível de consciência, é tornar-se excessivamente inclinado em direção do consenso. Embora algum nível de consenso seja importante, em última análise, as decisões têm que ser tomadas. No Capítulo 25, eu exploro o conceito de consenso por consentimento.

Uma pré-condição para o sucesso neste nível de consciência é incentivar todos os empregados a pensarem e agirem como empreendedores. Mais responsabilidade é dada a todos e as estruturas tornam-se menos hierárquicas. O trabalho em equipe é estimulado e mais atenção é dada ao desenvolvimento pessoal e às habilidades de relacionamento. A diversidade é vista como um ativo positivo na exploração de novas ideias. Esta mudança, que traz liberdade responsável e igualdade para os trabalhadores, não pode atingir plenamente os resultados desejados a não ser que todos os empregados e equipes compartilhem o mesmo senso de direção ou propósito. Isto requer uma mudança para o quinto nível de consciência.

Nível 5: a Consciência de Coesão Interna

O foco no quinto nível da consciência organizacional é a construção da coesão cultural e o desenvolvimento de uma capacidade de ação coletiva. Para que isso aconteça, líderes e gerentes devem deixar de lado suas agendas pessoais e trabalharem para o bem comum.

A questão crítica nesse nível de consciência é desenvolver uma visão comum do futuro e um conjunto compartilhado de valores. A visão comum esclarece as intenções da organização e dá aos empregados o propósito unificador e direcionamento. Os valores compartilhados fornecem orientações para a tomada de decisões. Quando os valores são traduzidos em comportamentos, eles fornecem um conjunto de parâmetros que definem os limites da liberdade responsável. Valores e comportamentos devem estar refletidos em todos os processos e sistemas da organização com consequências apropriadas para aqueles que não estiverem dispostos a agir de modo apropriado.

Uma pré-condição para o sucesso neste nível é a construção de um clima de confiança. Alinhando o senso de missão pessoal dos empregados com o senso de visão da organização cria-se um clima de compromisso e entusiasmo em todos os níveis da organização. A produtividade pessoal e a criatividade aumentam à medida que os indivíduos se alinham com a sua paixão.

Em organizações de Nível 5, as falhas se tornam lições, e o trabalho se torna divertido. A chave do sucesso neste nível de consciência é o estabelecimento de uma identidade cultural forte, positiva e única que diferencia a organização de seus concorrentes. A cultura da organização torna-se parte da marca. Isto é particularmente importante nas organizações de serviços nas quais os empregados têm contato próximo com os clientes e o público em geral. Neste, e nos níveis seguintes de consciência, as organizações preservam sua cultura única, promovendo-a de dentro para fora.

Nível 6: a Consciência de Fazer a Diferença

O foco do sexto nível de consciência organizacional é o aprofundamento do nível de conectividade interna na organização e a expansão do senso de conexão externa.

Internamente, o foco recai em ajudar os empregados a encontrar a realização pessoal por meio do seu trabalho. Externamente, o foco é a construção de parcerias e alianças mutuamente benéficas com parceiros de negócios, a comunidade local, e, em certas circunstâncias, com organizações não-governamentais – em outras palavras, com todos os stakeholders.

A questão crítica nesse nível de consciência é que os empregados e os clientes percebam que a organização está fazendo a diferença no mundo, seja através de seus produtos e serviços, do seu envolvimento na comunidade local ou da sua vontade de lutar por causas que melhoram o bem-estar da humanidade. Empregados e clientes devem sentir que a empresa se preocupa com eles e com seu futuro.

As empresas que operam neste nível de consciência fazem aquele "algo a mais" para incentivar as atividades dos empregados na comunidade local, proporcionando tempo de folga para que os empregados prestem trabalho voluntário e/ou fazem contribuições financeiras para instituições de caridade com as quais os empregados estejam envolvidos.

Neste nível de consciência, as organizações criam um ambiente onde os empregados possam se sobressair. A organização apoia os empregados para que se tornem tudo o que podem vir a ser, tanto em termos de sua vida profissional quanto em seu crescimento pessoal. Todo mundo apoia todo mundo.

Uma pré-condição para o sucesso neste nível é desenvolver líderes com um forte senso de empatia. Os líderes precisam reconhecer que não devem apenas fornecer orientação para a organização, mas também devem se tornar os servidores de quem trabalha para eles. Eles devem criar um ambiente que apoia todos os empregados para que alinhem o seu senso de missão pessoal com a visão e a missão da empresa. Neste nível de consciência, eles devem se tornar líderes mentores, criando programas de gestão de talentos para o planejamento sucessório. Neste nível de consciência, é dada uma ênfase significativa ao desenvolvimento da liderança.

Nível 7: a Consciência de Serviço

O foco no sétimo nível de consciência organizacional é uma continuação do nível anterior – um maior aprofundamento da ligação interna, e uma nova expansão de conectividade externa.

Internamente, o foco da organização está na construção de um clima de ética, humildade e compaixão. Externamente, o foco está no ativismo local, nacional ou global e na construção de um futuro sustentável para a humanidade e o planeta.

A questão crítica nesse nível de consciência é o desenvolvimento de um profundo senso de responsabilidade social em toda a organização. Neste nível de consciência, as organizações se preocupam com a justiça social e os direitos humanos. Elas se preocupam com a ecologia e o meio ambiente global.

Uma pré-condição para o sucesso neste nível de consciência é o serviço voluntário, demonstrado por meio de um profundo compromisso com o bem comum e o bem-estar das futuras gerações. Para ser bem-sucedido no Nível 7, as organizações devem adotar os mais altos padrões éticos em todas as suas interações com empregados, fornecedores, clientes, acionistas e a comunidade local. Elas devem sempre levar em consideração os impactos de longo prazo de suas decisões e ações.

Consciência de Espectro Total

Organizações de espectro total exibem todos os atributos positivos dos sete níveis de consciência organizacional.

- Elas dominam a consciência de sobrevivência, concentrando-se nos lucros, na estabilidade financeira e na saúde e segurança dos empregados.
- Elas dominam a consciência de relacionamento, concentrando-se na comunicação aberta, no reconhecimento dos empregados e satisfação dos clientes.
- Elas dominam a consciência de autoestima, concentrando-se no desempenho, resultados, qualidade, excelência e melhores práticas.
- Elas dominam a consciência de transformação, com foco na inovação, adaptabilidade, capacitação de empregados, participação dos trabalhadores, e no aprendizado contínuo.
- Elas dominam a consciência de coesão interna por meio do desenvolvimento de uma cultura baseada em valores compartilhados e de uma visão comum que gera um clima de confiança em toda a organização.
- Elas dominam a consciência de fazer a diferença por meio da criação de alianças e parcerias estratégicas com outras organizações e a comunidade local, assim como desenvolvendo programas de desenvolvimento de coaching, mentoria e liderança para os empregados.
- Elas dominam a consciência de serviço, concentrando-se na responsabilidade social, ética e sustentabilidade e mantendo uma perspectiva de longo prazo sobre seus negócios e seu impacto sobre as gerações futuras, adotando ainda a humildade, a compaixão e o perdão.

NOTA

114 Jim Collins. *Good to Great* – Empresas Feitas para Vencer.

19

Maestria Empresarial

No módulo de liderar a si mesmo do programa evolutivo de desenvolvimento de liderança, o foco principal do componente de maestria pessoal era aprender como se tornar um indivíduo viável que sabe como superar e dominar os seus medos.

No módulo de liderar os outros do programa evolutivo de desenvolvimento de liderança, o foco principal do componente de maestria da equipe foi a construção de uma equipe viável, e apoio e orientação dos membros para que aprendessem como superar e dominar os seus medos. A capacidade de construir uma equipe viável depende, em grande medida, da personalidade, das habilidades e das capacidades do líder da equipe.

No módulo de liderar uma organização do programa evolutivo de desenvolvimento de liderança, o foco do componente de maestria organizacional é a construção de uma organização viável, que apoia os empregados em geral para que aprendam a superar e dominar os seus medos. A capacidade de construir uma equipe viável depende, em grande medida, da personalidade, das habilidades e das capacidades do líder da organização e da personalidade, das habilidades e das capacidades do grupo de liderança.

Construir uma organização viável envolve dominar os três primeiros níveis de consciência organizacional – a base dos negócios.

- Tornar-se financeiramente sólida, e, ao mesmo tempo, garantir a saúde e a segurança dos seus empregados.
- Construir a lealdade de empregados e clientes por meio da comunicação aberta, do reconhecimento dos empregados e do atendimento aos clientes.

- Estabelecer políticas, processos e sistemas construídos sobre as melhores práticas que melhoram a eficiência, a produtividade e o desempenho da sua organização.

Além disso, você precisará criar uma *estratégia* vencedora que apoie a sua missão e visão, uma *imagem de marca*, que se alinha com sua cultura e um *painel* de indicadores de tendências e resultados para gerenciar o desempenho de sua organização.

Estabilidade Financeira e Segurança dos Empregados

Eu não sou um guru financeiro, mas há três coisas que eu sei sobre a construção de um negócio e que sempre mantenho em minha mente.

Primeiro, há apenas uma maneira de uma organização crescer sem correr riscos: crescer organicamente – financiar o seu crescimento a partir dos excedentes que você obtém entre receitas e despesas, reinvestindo seus lucros em vez de dar a si mesmo um aumento de salário ou declará-los como dividendos.

É claro que tudo isso pressupõe, em primeiro lugar, que você tenha algum capital para começar o seu negócio. Isso significa assumir um risco. Você está disposto a "apostar" seu dinheiro no seu sucesso? Você pode se dar ao luxo de apostar este dinheiro? Qual seria o impacto de perder este investimento sobre sua família e seus dependentes? Estas são as perguntas que você precisa fazer a si mesmo antes de iniciar um negócio.

Quando você precisa de capital do qual não dispõe, então você está convidando alguém para assumir o risco, e essa pessoa está apostando no seu sucesso. Qual é o preço que você vai pagar por este investimento? O seu negócio pode pagar este preço? Se você pedir o dinheiro emprestado, quanto de juros vai ter que pagar? Investir é uma forma sofisticada de aposta, onde as chances de ser bem-sucedido existem apenas como crenças. Você pode ter certeza de que seus investidores vão querer seu dinheiro de volta e com juros! Você agora tem de prestar contas a eles, assim como a si mesmo. Você é capaz de encarar este nível de responsabilidade?

A segunda coisa que eu sei sobre o funcionamento de um negócio é que você tem que dar atenção constante ao fluxo de caixa. Quando você começa um negócio, a primeira pergunta que precisa fazer é com que rapidez pode entrar em um estado onde a renda da sua empresa ultrapassa a sua despesa acrescida do dinheiro que precisa pagar aos seus investidores e os juros e o principal que precisa pagar dos seus empréstimos? Em tempos econômicos difíceis, como estes que o mundo atravessa atualmente, sem nenhuma perspectiva de solução à vista, o dinheiro será sempre o rei. Se seu negócio não é gerador de caixa, então você está potencialmente no caminho do fracasso – agora mais do que em décadas recentes.

A terceira coisa que eu sei sobre os negócios é que é uma loucura absoluta sacrificar a sustentabilidade de longo prazo em troca dos ganhos de curto prazo. Esse é o caminho para o desastre. As pressões do cassino que chamamos de bolsa de valores minam a saúde das empresas e dos executivos ao mesmo tempo. O crescimento que é orientado pelas necessidades de curto prazo dos investidores é um tipo de crescimento que pode matar você. Ele cria estados de instabilidade interna que geram estresse em todas as partes do organismo. O estresse aumenta exponencialmente quando você combina os riscos de se concentrar em ganhos de curto prazo com os riscos de se tomar dinheiro emprestado e os riscos de esgotar suas reservas de dinheiro.

Nem necessito dizer, mas é preciso que seja dito, que a saúde e a segurança de seus empregados são inegociáveis, quando se trata de gerenciar um negócio. Se você não está preparado para pagar o custo de proteger seus empregados dos riscos de segurança e saúde relacionados ao trabalho, você está assumindo um risco financeiro enorme com seu negócio.

Lealdade de Empregados e Clientes

Todo bom empregado que sai e tem de ser substituído é um custo para o seu negócio. Cada cliente que tem uma experiência ruim com o seu produto ou serviço também representa um custo para o seu negócio. A lealdade dos seus empregados e clientes é condição fundamental para o seu sucesso. Você não pode contar com essa lealdade como algo garantido. Ela tem de ser conquistada todos os dias – desde a comunicação ao cuidado, desde qualidade à excelência, desde a capacitação ao diálogo, desde os benefícios aos empregados ao valor do cliente para o dinheiro, tudo que você faz deve se concentrar em melhorar a experiência do empregado e do cliente.

No cerne destes dois conjuntos de experiências estão os valores que você e sua equipe de liderança demonstram, através de sua cultura organizacional. Mapear esses valores para entender onde você é bem-sucedido e onde está falhando é algo essencial para o monitoramento da experiência do empregado e do cliente. Vamos discutir como realizar uma avaliação dos valores culturais de toda a organização no próximo capítulo sobre a coesão interna. Vamos ver como realizar uma avaliação dos valores do cliente neste capítulo sob o tema da imagem de marca *versus* valores de imagem.

Eficiência, Produtividade e Desempenho

Eficiência e produtividade são os meios para você melhorar suas margens de lucro, reduzindo os custos unitários. No setor público, diz respeito a encontrar maneiras de fazer mais com menos. O propósito direto de melhoria da eficiência e da produtividade é reduzir as despesas feitas na produção de cada unidade de seu produto ou serviço.

O desempenho é muito maior e mais abrangente: no setor empresarial tem a ver com a forma de melhorar todos os fatores que aumentam os seus lucros – fatores que reduzem as despesas, aumentam a renda e resultam em mais produção por insumos por unidade. No setor público, diz respeito a como você pode maximizar a qualidade, o alcance e o tempo (tempo de espera) de sua prestação de serviços, minimizando os insumos necessários. Em última análise, o desempenho tem a ver com a forma como se pode maximizar a quantidade de energia de saída de um sistema.[115]

Existem várias maneiras testadas e experimentadas de se melhorar a eficiência e a produtividade de uma organização:

- Reengenharia de Processos (BPR).
- Lean manufacturing (produção enxuta).
- Seis Sigma.
- Gestão da Qualidade Total (TQM).

Reengenharia de Processos: BPR, também conhecido como Business Process Redesign, Transformação de Negócios ou Gestão Empresarial de Processos de Mudança, diz respeito à reengenharia de tarefas que são passadas de uma unidade funcional para outra em um processo suave que integra todas as funções. A teoria da reengenharia é responsável pelo Pensamento para Trás, Planejamento de Recursos, Gestão de Cadeia de Suprimentos, Sistemas de Gestão do Conhecimento, e Sistemas de Gestão de Relacionamento com o Cliente.

Pouco depois de ser apresentada como um conceito, a Reengenharia de Processos rapidamente ganhou uma reputação ruim porque se tornou uma forma de justificar demissões.

O que ela gerava de eficiência de custos tinha de ser comparado com o impacto adverso que tinha sobre as culturas organizacionais. A Reengenharia de Processos focava em eficiência e tecnologia e desconsiderava as pessoas. Isso gerava a resistência à mudança, expectativas exageradas e alienava a força de trabalho.

No entanto, não vamos jogar fora o bebê junto com a água do banho. Os benefícios da BPR não devem ser subestimados – redução de redundâncias, centralização de dados, redução de atrasos etc. Mas já está estabelecido o fato de que a Reengenharia de Processos não é algo que deve ser realizado por conta própria. Para ser eficaz, a reengenharia de processos precisa se enquadrar dentro de um modelo de Mudança Sistêmica Completa – um processo de transformação que se concentra em trazer melhorias de desempenho, preservando ou melhorando a integridade da cultura organizacional.

Produção enxuta: A produção ou fabricação enxuta é uma filosofia genérica de gestão de processo inventada pela Toyota. O objetivo da produção enxuta é eliminar as despesas de todos os recursos que não criam valor final para o cliente. Trata-se de eliminar qualquer coisa que possa ser considerada como um desperdício de recursos de tempo, dinheiro ou outros. A filosofia básica é melhorar a eficiência por meio da otimização de fluxos – ela se concentra em preservar o valor, reduzindo o trabalho e os resíduos. Historicamente, a produção enxuta é uma versão mais refinada de esforços anteriores para melhorar a eficiência, tais como os estudos de tempo e movimento.[116]

Seis Sigma: Esta é uma estratégia de gestão empresarial desenvolvida originalmente pela Motorola, nos EUA, em 1981, e que se baseia no conceito de Gestão da Qualidade Total. Hoje em dia, apesar de ter seus críticos, ainda goza de popularidade em todo o mundo como um meio de melhorar a qualidade dos produtos, identificando e eliminando as causas de defeitos, e minimizando a variabilidade dos processos de fabricação e negócios. O processo tem uma sequência definida de passos, com suas próprias cultura e terminologia. Um processo Seis Sigma é aquele em que 99,99966% dos produtos são livres de defeitos. Um processo Um Sigma tem apenas 31% dos produtos livres de defeitos.[117]

Gestão da Qualidade Total: GQT é um conceito de gestão cunhado por W. Edwards Deming. Deming foi um estatístico e consultor americano, mais conhecido por seu trabalho na melhoria da qualidade dos produtos no Japão. O foco da GQT está na redução de erros. A principal diferença entre a GQT e o Seis Sigma é que a GQT tenta melhorar a qualidade, garantindo a conformidade com requisitos internos, enquanto o Seis Sigma se concentra na melhoria da qualidade, reduzindo o número de defeitos.

Estratégia

A estratégia é um amplo plano de ação para alcançar um objetivo específico. O propósito da sua estratégia deve ser o de apoiar a organização no cumprimento de sua missão, e o propósito de sua missão deve ser o de apoiar a organização no cumprimento de sua visão. Você garante a consecução da sua estratégia formulando táticas. E você segue a consecução das suas táticas estabelecendo metas. Esses cinco elementos da gestão de uma organização estão resumidos na Tabela 19.1.

A visão e a missão da organização devem ser duradouras no entanto, para ter segurança, você deve revê-las de tempos em tempos para se certificar de que ainda são válidas, especialmente se houver mudanças significativas na equipe de liderança. A estratégia deve ser revista anualmente ou mais frequentemente ainda se acontecem mudanças significativas de mercado ou ajustes no ambiente de trabalho. As táticas devem ser revistas trimestralmente e, se necessário, adaptadas para que se encaixem com as necessidades da organização. O progresso no atingimento das metas deve ser monitorado mensalmente.

Algumas das organizações que estão trabalhando com as Ferramentas de Transformação Cultural (FTC) usam os seis elementos do Scorecard de necessidades do negócio (SNN) para desenvolver uma estratégia abrangente e equilibrada para o crescimento do negócio.

Depois, elas usam os resultados das Avaliações de Valores Culturais, não apenas para monitorar a sua cultura, mas também para obter feedback sobre o grau com que os valores da organização estão apoiando ou dificultando cada elemento da estratégia. A principal vantagem deste método é que ele força você a pensar em termos de resposta às necessidades de todos os stakeholders e a todos os elementos críticos do desempenho organizacional. As seis categorias do SNN são apresentadas na Tabela 19.2.

Tabela 19.1 Exemplo de visão, missão, estratégia, táticas e objetivos

Elementos	Descrição	Exemplo
Visão	Seu destino	Ser um recurso global para a transformação cultural.
Missão	Como você se propõe a chegar ao seu destino	Construir uma rede mundial de consultores e agentes de mudança usando as Ferramentas de Transformação Cultural.
Estratégia	Seu plano de ação para a viagem	Concentrar-se na estabilidade financeira – reinvestir os lucros e não realizar empréstimos. Crescimento orientado ao mercado. Expandir e automatizar os produtos. Apoiar e fazer crescer a rede. Concentrar-se na realização dos empregados.
Táticas	Alocação de seus recursos em tarefas	Tornar-se um centro de conhecimento para a evolução cultural. Usar a web 2.0 como vantagem para pesquisas e websites. Desenvolver habilidades em redes sociais. Desenvolver e publicar estudos de caso e artigos de pesquisa.
Metas	Resultados do gerenciamento das tarefas	Duzentos novos usuários em três mercados regionais ao final do ano. Estrear o novo website em março. Entregar dois novos produtos este ano. Processos de redes sociais em funcionamento até o fim do ano. Publicar quatro artigos de pesquisa/estudos de caso este ano. Realizar três seminários via web este ano.

Tabela 19.2 Descrição de seis áreas de negócio do SNN

Elementos	Stakeholder	Descrição da estratégia
Finanças	Investidores	Estratégia financeira para aumentar o lucro, reduzir a dívida e aumentar as receitas e a participação de mercado.
Ajuste	Organização	Estratégia operacional para aumentar a produtividade, eficiência, qualidade e desempenho.
Evolução	Organização	Estratégia de desenvolvimento e inovação de novos produtos e serviços e melhoria contínua.
Relações com os clientes	Clientes	Estratégia para melhorar o relacionamento com o cliente – satisfação, colaboração e intimidade com o cliente.
Cultura	Empregados	Estratégia para melhorar a experiência do empregado – saúde, envolvimento e realização.
Contribuição social	Sociedade	Estratégia para fazer a diferença nas comunidades e sociedades onde a organização opera.

Imagem de Marca/Imagem de Valores

Pense em sua organização como uma moeda: de um lado da moeda está a sua cultura – a forma como a organização é vista por seus empregados a partir do seu interior – e do outro lado está a sua imagem de marca – o modo como a sua organização é vista por seus clientes e pela sociedade de fora para dentro. Para a sua organização ser autêntica, ambas as perspectivas – a cultura e a imagem de marca – devem promover os mesmos valores. Caso contrário, você está tentando viver uma mentira. Sua imagem de marca deve estar refletida na sua cultura e sua cultura deve estar refletida na sua imagem de marca. Quem você é por dentro deve se parecer muito com quem você é do lado de fora.

Quando as organizações contratam agências de publicidade ou consultores de branding para desenvolver uma imagem que não está em alinhamento com quem elas são (os seus valores culturais), elas se tornam imediatamente inautênticas.

Para compreender sua imagem de marca atual e os valores que está projetando para o mundo, você precisa realizar uma Avaliação de Valores do Cliente, similar à Avaliação de Valores que você realiza quando mapeia os valores de sua cultura interna.

A equipe de alto desempenho que descrevi no Capítulo 15 realizou esta avaliação. Eles queriam saber:

- Que valores os clientes promoviam em suas vidas (valores pessoais).
- Que valores os clientes viam na equipe (cultura atual).
- Que valores os clientes gostariam de ver na equipe (cultura desejada).

Os resultados desta Avaliação de Valores do Cliente são mostrados na Figura 19.1. Você pode comparar a perspectiva dos empregados (valores culturais), com a perspectiva dos clientes (valores da marca) consultando a Figura 15.3.

O que vemos neste exemplo é um bom grau de alinhamento entre os valores da cultura e os valores da marca. Há quatro valores correspondentes entre a forma como os empregados e clientes veem a organização (cultura atual) – compromisso, satisfação do cliente, fazer a diferença e melhoria contínua (itálico). O nível de entropia cultural visto por ambos os grupos é muito baixo: 8% para os empregados e 5% para os clientes. Além dos quatro valores correspondentes da cultura atual, os clientes também apreciam os seguintes

PARTE 4: LIDERAR UMA ORGANIZAÇÃO **319**

Avaliação de Valores do Cliente

Valores Pessoais — Cultura Atual — Cultura Desejada

Valores		**Valores**		**Valores**	
Fazer a diferença	6/6	*Fazer a diferença*	5/5	**Colaboração do cliente**	5/9
Aprendizagem contínua	5/4	Compartilhamento de informações	4/6	**Melhoria contínua**	5/0
Visão	4/2			Fazer a diferença	4/8
Humor/diversão	4/0	*Melhoria contínua*	3/7	Inovação	4/7
Bem-estar	3/9	*Compromisso*	3/5	Alianças estratégicas	4/5
Criatividade	3/8	*Satisfação do cliente*	3/2	Compartilhamento de informações	3/6
Integridade	3/3	Parcerias	3/2		
Intuição	3/3	Profissionalismo	3/2	Parcerias	2/9
Coaching/mentoria	2/9	Colaboração do cliente	2/9	Aprendizado contínuo	2/8
Responsabilização	2/7	Cooperação	2/7	Visão compartilhada	2/8
		Comunicação aberta	2/6		

Figura 19.1 Distribuição dos Valores do cliente em uma equipe de alto desempenho

valores da equipe: compartilhamento de informações, parcerias, profissionalismo, colaboração do cliente, cooperação, comunicação aberta e valores compartilhados. Este é um resultado excelente.

Quando olhamos para o que os clientes gostariam de ver mais na equipe (resultados de cultura desejada), vemos que eles estão, principalmente, à procura de mais colaboração dos clientes e melhoria contínua (negrito). Estes são os dois valores que mais "saltam". Embora ambos apareçam na cultura atual, o número de votos para esses valores na cultura desejada é bem maior. Eles também querem ver a equipe dar mais atenção para a inovação, alianças estratégicas, coaching/mentoria, aprendizagem contínua e visão compartilhada. Os valores culturais desejados, que descrevem as necessidades dos clientes, são inestimáveis para ajudar a equipe a priorizar seus planos de melhoria para o futuro.

Por fim, os dez mais altos valores pessoais dos clientes nos ajudam a ver o que é importante para eles em suas vidas pessoais. Suas prioridades são fazer a diferença e aprendizado contínuo. O que isto significa para a equipe é que eles devem concentrar seus esforços em oferecer mais produtos e serviços que deem suporte aos seus clientes em seu trabalho, proporcionando a eles novos conhecimentos e informações que lhes permitam crescer e se desenvolver. Isto deve estar refletido em seu site, comunicados e publicações, bem como em suas intervenções nas mídias sociais.

Benchmarking

Uma das maneiras pelas quais as organizações renegam suas autenticidade e criatividade é fazendo uma avaliação comparativa com as empresas de sucesso. Elas tentam ser como essas empresas, simplesmente adotando as suas práticas. Na minha opinião, isso não honra a autenticidade de uma organização. Entender os princípios de como outras pessoas estão resolvendo os mesmos problemas que você está enfrentando é benéfico: mas você precisa adotar esses princípios e aplicá-los de sua maneira própria e original.

Eu penso nisso como da seguinte forma: toda organização, assim como todo indivíduo no planeta, é única e diferente. O importante é construir a partir dessa singularidade e não destruí-la. Por esta razão, o benchmarking não faz muito sentido em um nível pessoal, e nem em um nível organizacional. Em uma entrevista com Allen McKinsey Webb, Chip Heath, autor de *Switch: Como Mudar as Coisas Quando Mudança é Difícil*, afirma:

> Eu não vou dizer que não há valor no benchmarking. Mas se você acredita que as organizações diferem em suas culturas, capacidades e estruturas, há algo fundamentalmente estranho em dizer que você quer ser mais parecido com outra empresa que tem uma cultura, uma estrutura, e um conjunto de capacidades muito diferentes.

Painéis/Scorecards de Indicadores

Um painel ou scorecard é um resumo de uma página, de fácil leitura, com os indicadores-chave para o desempenho de uma organização, unidade de negócios, ou divisão ou ainda para um líder individual. Um painel contém dados quantitativos e qualitativos mensais, trimestrais ou anuais para os principais indicadores de desempenho.

O propósito de manter um painel ou scorecard de indicadores-chave de desempenho é gerenciar a saúde geral da sua organização por meio de uma mistura de indicadores de tendência e resultado. Indicadores de tendência fornecem um aviso antecipado sobre possíveis dificuldades. Indicadores de resultado indicam os resultados alcançados.

A maioria das empresas mantém painéis organizacionais em dois níveis – um painel de toda a organização e um painel da unidade de negócios ou de trabalho, que reflete as responsabilidades individuais de cada um dos membros da equipe de liderança. Estes painéis são revistos regularmente pelo líder e pela equipe de liderança.

Na Tabela 15.3, identifiquei três tipos de indicadores-chave de desempenho: indicadores causais, indicadores de saída e indicadores de resultados. Um típico painel genérico para uma organização incluiria todos os três tipos de indicadores. Indicadores causais são geralmente indicadores de tendência. Eles fornecem dados quantitativos e qualitativos sobre as situações que estão causando disfunção e que, se não forem controladas, podem resultar em problemas significativos de desempenho.

O mais importante preditor causal de desempenho em qualquer unidade de negócio, organização ou divisão é o nível de entropia cultural. A entropia cultural está altamente correlacionada com o engajamento dos empregados e o crescimento das receitas. Baixos níveis de entropia levam a altos níveis de engajamento de empregados e de crescimento das receitas. Altos níveis de entropia levam a baixos níveis de engajamento de empregados e de crescimento das receitas.

No que diz respeito aos líderes, baixos níveis de entropia pessoal estão correlacionados com baixos níveis de entropia cultural, e altos níveis de entropia pessoal estão correlacionados com altos níveis de entropia cultural (Ver Figuras 15.1 e 15.2). Um dos principais impactos de um aumento na entropia cultural é uma quebra da coesão e da estabilidade internas.

NOTAS

115   V. Capítulo 20 e a parte sobre Gerenciar a Cultura em sua Organização.
116   www.en.wikipedia.org/wiki/Lean_manufacturing
117   www.en.wikipedia.org/wiki/Six_sigma

20

Coesão Interna nas Organizações

De uma perspectiva evolucionária, "ligação" é a capacidade de entidades independentes e viáveis criarem uma estrutura de grupo internamente coesa. Depois da adaptabilidade e da aprendizagem contínua, a capacidade de ligação é a característica mais importante da evolução.

O propósito de "ligação" em um contexto organizacional é criar coesão interna – uma estrutura de grupo coesa, que opera como se tivesse uma só mente: Como um "Nós", e não um bando de "Eus" separados. O valor mais importante na ligação humana é a confiança. A confiança aproxima as pessoas e facilita a interação. Sem confiança não pode haver ligação individual ou coletiva. Para que uma organização opere com uma mente única, ela deve alinhar as necessidades do "ego organizacional" com as necessidades da "alma organizacional". Isto é conseguido exatamente da mesma maneira que no processo de evolução pessoal, ou seja, reduzindo-se o impacto dos comportamentos baseados no medo na tomada de decisão dos líderes, gerentes e supervisores, e alinhando-se as energias positivas do ego dos líderes, gerentes e supervisores com o propósito e a visão da organização.

Isto significa, por um lado, *aumentar o alinhamento interno* da organização, criando um senso compartilhado de direção para a organização (para onde estamos indo – uma visão), um senso compartilhado de propósito (como vamos chegar lá – uma missão), e um conjunto de valores que orientam suas decisões, e, por outro lado, reduzem o nível de entropia cultural na organização, apoiando os líderes, gerentes e supervisores na redução de sua entropia pessoal por meio do desenvolvimento de suas habilidades de maestria pessoal.

A capacidade de desenvolver níveis significativos de coesão interna em uma organização é o fator que diferencia o desempenho na passagem de um bom desempenho para um desempenho excelente nos negócios.

Primeiro, vamos dar uma olhada em como criar a coesão interna na equipe de liderança, e depois nos concentraremos sobre os fatores que criam a coesão interna em uma organização como um todo. Então, analisaremos as formas pelas quais uma organização pode reduzir a entropia cultural.

Construção da Coesão Interna – Equipe de Liderança

> A única maneira de construir a coesão interna em uma equipe de liderança é criar um clima de confiança.

O processo de construção da coesão interna deve começar com a equipe de liderança. A equipe de liderança é um fractal cultural de toda a organização. Se você não tem coesão interna na equipe de liderança, você não terá coesão interna no resto da organização.

A única maneira de construir a coesão interna em uma equipe de liderança é criar um clima de confiança. Isto requer que os líderes e membros da equipe gastem tempo de qualidade juntos para que se conheçam mais do que apenas no nível superficial. Juntamente com Niran Jiang do Instituto para a Excelência Humana, da Austrália[118], criei um programa de coesão interna para as equipes de liderança com base no trabalho de Maureen McCarthy e Nelson Zelle.

Em 2004, Maureen e Zelle desenvolveram um processo para construir e manter relacionamentos chamado de Documento "Estado de Graça".[119] Originalmente destinado a ser utilizado por casais, o processo mostrou-se tão popular e eficaz que estendeu seu uso a grupos, equipes e organizações.

Niran e eu tomamos emprestado o conceito de Estado de Graça, e com algumas pequenas modificações, principalmente para incorporar os instrumentos de feedback do Centro de Valores Barrett – Avaliação dos Valores de Liderança (AVL), Avaliação de Valores da Equipe (AVE), e Avaliação de Valores Culturais (AVC), criamos um programa de coesão interna para as equipes de liderança dividido em três partes.

A Parte 1 do programa de coesão interna envolve a realização por cada membro da equipe de uma AVL[120], e a participação em uma sessão de coaching individual de três horas com base no feedback constantes da LVA. No final desta sessão, cada membro da equipe desenvolve um plano de ação pessoal para tratar de suas questões de maestria pessoal.

A Parte 2 do programa de coesão interna envolve os líderes e membros da equipe de liderança reunidos em um workshop de dois dias, fora das instalações da organização. O foco deste workshop é o *alinhamento pessoal* através de maestria pessoal – autoconhecimento, autoconsciência, autorresponsabilidade e autogestão. Os exercícios do workshop foram projetados para apoiar os membros da equipe na criação de seu documento de estado pessoal de graça (Minha História) com os seguintes títulos para os capítulos:

- *Minha história*: A história de como eles vieram a escolher a sua linha de trabalho, e os eventos que moldaram sua vida a este respeito, bem como suas aspirações de longo prazo.
- *Minha história de liderança*: A história de como eles se destacaram como líderes nas diferentes fases de suas vidas, e como gostariam de aparecer como líderes no futuro.
- *Meus valores*: Uma lista de três ou quatro valores pessoais que definem quem eles são, e as crenças e comportamentos que apoiam os valores.
- *Meus pontos fortes e habilidades únicas:* Com base no feedback de suas AVLs, eles desenvolvem uma declaração sobre seus pontos fortes e habilidades únicas, o que trazem para a equipe.
- *Minha motivação essencial:* Uma declaração sobre o que os inspira a ir trabalhar a cada novo dia na organização.
- *Minhas missão e visão:* Uma declaração pessoal de missão e visão.
- *Meu dia bom:* Uma declaração sobre o que seria um bom dia no trabalho para eles, o que acontece, o que eles fazem e sentem.
- *Meu dia ruim:* Uma declaração sobre o que seria um dia ruim no trabalho para eles, o que acontece, o que eles fazem e sentem.
- *Meus sinais de alerta:* Uma lista das pistas externas que aparecem quando se sentem sob pressão em um dia ruim.
- *Meus botões e gatilhos:* Uma lista de situações, eventos ou experiências que podem levá-los a perder sua estabilidade interna e equilíbrio externo, e entrar em um estado de desprazer.
- *Bloqueios para a expressão do potencial:* Uma lista de temores que os impedem de manifestar as suas missão e visão.
- *Perguntas para quando estou chateado:* Uma lista de perguntas significativas para ajudá-los a voltar a um estado de calma após um desprazer emocional.

- *O que os outros podem fazer para me ajudar a superar o desprazer:* Uma declaração sobre o que os outros membros da equipe podem fazer para apoiá-los na superação do desprazer.
- *Meu período de tempo:* Um período específico de tempo que define quanto tempo eles estão preparados para suportar um estado de desprazer antes de apelar à sua lista de perguntas ou pedir ajuda.
- *Plano de ação:* Uma declaração ou compromisso sobre como pretendem avançar no que diz respeito a aumentar a sua autoconsciência, e melhorar a sua autogestão.

Uma vez completado, o documento da Minha História de cada membro da equipe é distribuído para os outros membros, pelo menos uma semana antes da realização da Parte 3 do programa de coesão interna.

A Parte 3 envolve a participação dos membros da equipe em um segundo workshop de dois dias, fora da organização, geralmente realizado cerca de três a quatro semanas após o primeiro workshop. O foco do segundo workshop é a construção da coesão interna da equipe de liderança por meio do alinhamento de valores e do alinhamento da missão. Os exercícios deste workshop foram projetados para apoiar a equipe na construção de um clima de confiança mútua e de criação de um documento intitulado "Nossa História", com os seguintes títulos para os capítulos:

- *Nossa história:* Uma breve história da organização, incluindo referências detalhadas sobre o passado recente e os desafios atuais.
- *Nossas missão e visão:* Uma declaração que define o negócio central da organização, bem como suas missão e visão.
- *Nossos valores e comportamentos:* Uma declaração que descreve os valores defendidos pela organização e os comportamentos que os apoiam.
- *Nossos pontos fortes e habilidades únicas:* Uma declaração sobre os pontos fortes e habilidades coletivas da equipe de liderança.
- *Nosso dia bom:* Uma declaração sobre como a equipe opera e trabalha em conjunto em um bom dia de trabalho – o que é positivo na dinâmica da equipe quando ela está em sua melhor forma.
- *Nosso dia ruim:* Uma declaração sobre os desafios da equipe, e como ela atua em um dia ruim de trabalho – o que não está funcionando na dinâmica da equipe quando ela não está em sua melhor forma.

- *Nossos sinais de alerta:* A lista de comportamentos observados que aparecem quando a equipe não está em sua melhor forma.
- *Nossas ações:* Que ações a equipe está tomando para corrigir esses comportamentos.
- *Perguntas:* As perguntas que os membros da equipe precisam fazer uns aos outros quando há distúrbios ou desafios e que podem trazer os membros da equipe de volta a um estado de coesão.
- *O nosso período de tempo de curto prazo:* Um período de tempo de curto prazo acordado pelos membros da equipe que define quanto tempo eles estão preparados para ficar em um estado de desprazer antes de se reunirem com os outros e utilizar as perguntas com a intenção de trazê-los de volta para um estado de coesão. Este período não deve exceder três dias.
- *O nosso período de tempo de longo prazo:* Um período de tempo de longo prazo dentro do qual os membros da equipe concordam em buscar alguma mediação se por qualquer razão eles forem incapazes de superar o problema no período de tempo de curto prazo. Os membros da equipe se comprometem a não falarem negativamente sobre seus colegas, não fazer qualquer mal às carreiras uns dos outros, e a não criar conflito ou bloquear o trabalho coletivo da equipe durante este período de tempo. O processo de mediação é definido no capítulo das expectativas e acordos do documento.
- *Expectativas e acordos:* Uma declaração sobre as expectativas que os membros da equipe têm de si mesmos e uns dos outros e os acordos que têm a respeito de como operam juntos.

O benefício mais importante do documento "Estado de Graça" é que ele dá a cada membro da equipe e – mais importante – ao líder da equipe, a permissão para ter acesso direto, conversas abertas, e a possibilidade de dizer a um colega: "Por alguma razão, que eu não sei bem qual é, as coisas andam um pouco esquisitas entre nós. Você pode me dizer o que está acontecendo? Que necessidades você tem que não estão sendo atendidas?"

As expectativas e acordos contidos no documento permitem que a equipe:

a) enfrente o conflito diretamente, de uma forma aberta e madura; e
b) se certifique de que não há qualquer "elefante" na sala que não está sendo discutido.

A premissa por trás do documento "Estado de Graça" é que a equipe está envolvida em um empreendimento coletivo, que é muito maior do que qualquer membro da equipe, e que, a fim de tornar este esforço um sucesso, os membros da equipe precisam ter superado seus próprios autointeresses e necessidades de deficiência não satisfeitas para que a equipe como um todo possa se concentrar no bem comum. Para atingir esse objetivo comum, toda a equipe precisa estar empenhada em explorar e melhorar suas habilidades de autoliderança.

A abordagem descrita anteriormente fornece às equipes um plano de vida personalizado sobre como gerenciar e manter sua coesão interna individual e coletiva. O documento – Nossa História com todas as Minhas Histórias anexadas – deve ser revisto e alterado, se necessário, várias vezes durante o primeiro ano de seu uso. Posteriormente, revisões semestrais regulares devem ser suficientes para garantir que o documento permaneça relevante. Quando ocorrem alterações na equipe de liderança, novos membros da equipe devem preparar seu próprio documento Minha História, e compartilhá-lo com o resto da equipe em um processo de iniciação que recapitula as declarações-chave no documento "Estado de Graça" da equipe.

O benefício mais importante do documento "Estado de Graça" é que ele dá às pessoas envolvidas não apenas uma forma de gestão da sua maneira individual de "ser", mas também de sua forma coletiva de "ser".

Ser ou Fazer

A maioria das equipes de liderança está tão focada sobre as pressões do "fazer" que raramente tem tempo para se concentrar em sua maneira de "ser" juntos. Este é um erro enorme. Nossa maneira de ser influencia significativamente a qualidade e a eficiência do nosso fazer. O "fazer" é uma função do "ser". Não o contrário. Os CEOs mais esclarecidos sabem disso. E por isso prestam atenção tanto ao processo como à ação. A preparação e a manutenção contínua do documento "Estado de Graça" fornecem uma oportunidade para que as equipes de liderança formalizem as suas habilidades de ser.

Confiança

A confiança é o fator-chave na "ligação" e é essencial para a criação da coesão interna. A confiança é um valor–"fim": ela depende que outros valores estejam presentes antes que ela possa existir. Já descrevi os principais componentes de confiança na Figura 4.2. A matriz de confiança, aplicada em um ambiente organizacional, é apresentada com mais detalhes na Tabela 20.1.

Tabela 20.1 Os componentes de confiança em um ambiente organizacional

OS COMPONENTES DE CONFIANÇA				
COMPETÊNCIA		CARÁTER	
Intenção	Integridade	Capacidade	Resultados
Cuidado: Cuidar do bem-estar da organização e de todos os seus empregados	**Honestidade:** Ser verdadeiro e franco em todas as comunicações interpessoais	**Habilidades:** Realizar tarefas profissionais com facilidade, velocidade e proficiência	**Reputação:** Ser considerado de modo favorável por chefes, pares e subordinados
Transparência: Ser claro sobre as motivações subjacentes à tomada de decisão	**Justiça:** Agir sem viés, discriminação ou injustiça em relação a todos os empregados	**Conhecimento:** Estar bastante familiarizado e fluente em um assunto específico ou tema importante	**Credibilidade:** Articular consistentemente as ideias de modo convincente e crível
Abertura: Aceitar e receber ideias e opiniões de todos os empregados	**Autenticidade:** Ser consistente e sincero em pensamento, palavra e ação em todas as situações	**Experiência:** Acumular conhecimento prático por meio da observação e da experiência pessoal	**Desempenho:** Responder às responsabilidades com realização e excelência

Se você quiser avaliar o nível de confiança em sua equipe de liderança ou de qualquer outra equipe, peça que cada membro da equipe identifique quais elementos da matriz de confiança eles acreditam ser mais fortes e mais fracos na forma como a equipe atua. Dê a cada pessoa 5 pontos para alocar nos pontos fortes e 5 pontos para atribuir aos pontos fracos. Eles podem alocar os pontos em qualquer combinação de cada um dos doze componentes da matriz de confiança. À medida que cada pessoa declarar sua atribuição de pontos, deve explicar para o resto da equipe por que optou por alocar seus pontos dessa forma específica. Totalize os resultados de toda a equipe. Isto irá identificar imediatamente quais os elementos de confiança são mais necessários, e quais são os elementos mais presentes.

Com base nestes resultados, inicie um diálogo aberto sobre como construir a partir dos pontos fortes e minimizar os pontos fracos que a equipe identificou coletivamente. No final desta discussão, peça que cada membro da equipe descreva em quais elementos da matriz de confiança eles são menos competentes, e o que estão fazendo, ou poderiam fazer para melhorar. Este exercício faz com que toda a equipe se responsabilize pela melhoria do nível de confiança.

Conflito, Compromisso, Responsabilidade, Resultados

Em última análise, a eficácia de qualquer equipe é sempre julgada pelos resultados alcançados. Estabelecer a confiança é apenas o primeiro obstáculo na construção de uma equipe eficaz. Sem confiança, os membros da equipe tornam-se reticentes em falar abertamente. A confiança os ajuda a ter a coragem de dizer exatamente o que pensam.[121]

O segundo obstáculo que os membros da equipe têm que superar para serem eficazes como equipe é o seu medo do conflito. Algumas pessoas têm dificuldade para declarar que possuem uma discordância em relação a outros membros da equipe mais "poderosos": Então, elas se calam, e aceitam passivamente, sem qualquer sentido real de compromisso. Na seção seguinte, descrevo três métodos ou processos para superar esses medos, para que todos na equipe possam expressar abertamente as suas opiniões.

O terceiro obstáculo que os membros da equipe precisam superar é a falta de compromisso da equipe. Equipes de liderança só são eficazes quando falam a uma só voz, têm as mesmas metas, e perseguem essas metas com igual vigor. Sem unanimidade e acordo, o foco de seus esforços será diluído, e a equipe não vai atingir suas metas.

Para uma equipe atingir suas metas, deve haver a responsabilização coletiva. Sem responsabilização coletiva, a equipe vai se concentrar apenas nos resultados que pode alcançar pessoalmente. Eles estarão mais focados em seus próprios interesses e em massagear seus egos do que em se alinhar com a alma da equipe. Não pode haver coesão interna sem a responsabilização coletiva. Não há espaço para maquinações do ego como a busca do poder, a competição interna e as manobras políticas em uma equipe de liderança eficaz.

Equipe de Tomada de Decisão

A mudança de "Eu" para "Nós" requer uma transformação radical na maneira como a equipe de liderança gerencia a tomada de decisão. Há três considerações importantes:

- Equilibrar a tomada de decisão baseada em valores com a tomada de decisão baseada em crenças.
- Equilibrar o diálogo com o debate.
- Equilibrar o tempo circular com o tempo triangular.

Valores *versus* Crenças

A tomada de decisão baseada em valores é um processo decisório de tipo mais elevado do que a tomada de decisão baseada em crenças, pois se alinha com os níveis mais profundos de nossas motivações individuais e coletivas. Crenças são premissas que tomamos por verdade, enquanto valores (positivo) são os princípios que nos motivam na tomada de decisão quando estamos alinhados com nosso eu verdadeiro. As crenças separam as pessoas, enquanto que os valores as unem. Você nunca vai conseguir que um grupo de estudiosos de diferentes religiões se unam em torno de suas crenças. Você tem uma chance muito maior de conseguir que eles se unam em torno de seus valores.

A democracia é um exemplo da tomada de decisão baseada em valores em ação – é uma maneira de dar voz às pessoas na escolha do seu futuro. Nações democráticas são capazes de integrar as diferenças de etnia e religião sob uma única bandeira. As nações não democráticas normalmente operam a partir de crenças. Elas são mais frequentemente governadas por grupos religiosos ou étnicos que excluem as pessoas que não são de uma etnia ou religião em particular, por exemplo os nazistas, o Talibã, etc.

Nas organizações, damos voz às pessoas, capacitando-as a tomar suas próprias decisões no âmbito das suas responsabilidades – assim elas são capazes de escolher a maneira pela qual alcançam suas metas.

Esta é a grande diferença entre a governança baseada em valores e a governança baseada em crenças. A governança baseada em valores confia nas pessoas para fazerem as escolhas no âmbito dos valores acordados. A governança baseada em crenças não dá opção às pessoas. A governança baseada em crenças se apoia em regras, exige burocracia e cria pessoas autoritárias.

Mentes autorrealizadas não são bem-vindas em organizações e regimes baseados em crenças. O Capítulo 6 fornece uma descrição detalhada das vantagens e desvantagens da tomada de decisões baseada em crenças e valores.

Debate *versus* Diálogo

A maneira pela qual as equipes costumam tomar decisões é através do debate. Um debate é uma discussão formal onde os indivíduos argumentam de uma forma competitiva para obter apoio para os seus pontos de vista.

Debates tendem a ser divisórios: Cada pessoa é o defensor da sua posição porque acredita que esta é a melhor maneira de ter as suas necessidades atendidas. Nessas situações, tendemos a adotar uma escuta "destrutiva", isto é, uma escuta que se concentra nas fraquezas do argumento da outra pessoa, para que possamos encontrar formas de promover nossas próprias ideias. Nós tendemos a ignorar os pontos fortes dos argumentos de outras pessoas e nos concentramos apenas nas partes que podemos destruir. Quanto mais trazemos nossos egos para o debate, mais destrutiva se torna nossa escuta.

Se você quer ver debate em ação, basta assistir aos trabalhos do Congresso Nacional. Tanta energia é dedicada a desautorizar a parte contrária, e tão pouca energia é dedicada à colaboração para o bem do país. Sinceramente, espanta-me como tantas pessoas ditas inteligentes perdem tanto tempo no debate parlamentar. Em vez de trabalhar juntos para o bem do país, elas estão constantemente lutando entre si para ver quem consegue sair por cima.

O diálogo, por outro lado, permite-nos participar na escuta apreciativa e "construtiva". Um diálogo é uma troca de ideias ou opiniões sobre um determinado assunto, com vistas a alcançar um acordo.

William Isaacs,[122] um defensor do uso do diálogo, diz que o objetivo do diálogo é chegar a um entendimento comum, expondo nossas crenças e premissas diante de outras pessoas enquanto elas nos expõem as delas. Há três condições que devem ser cumpridas para que o diálogo tenha a capacidade de facilitar as mudanças de entendimento:[123]

- Os participantes devem suspender seus pressupostos para que sejam plenamente capazes de ouvir o que as outras pessoas estão dizendo. Perguntas são feitas exclusivamente com o propósito de buscar esclarecimento.

- Os participantes devem estar dispostos a ver os outros como colegas – tem que haver um senso de igualdade nas trocas.
- Alguém deve assumir o papel de facilitador para acompanhar o processo e intervir se o diálogo degenerar para um debate.

A vantagem principal do diálogo é que ele ativa a criatividade coletiva do grupo, resultando em melhores decisões.

Tudo o que fazemos depende, para sua qualidade, do que pensamos em primeiro lugar, e nosso pensamento depende da qualidade da atenção que dedicamos uns aos outros. Portanto, criar um ambiente de reflexão é absolutamente essencial para o sucesso.

Nancy Klein sugere dez condições para estimular o pensamento seja em grupos ou em sessões de coaching individuais.[124] Estas condições são similares aos princípios para promover o diálogo. As condições essenciais para a criação de um ambiente de reflexão são:

- *Igualdade:* Todo mundo recebe a mesma quantidade de tempo para apresentar suas ideias e expor os seus argumentos. Enquanto as pessoas estão falando, ninguém interrompe. Perguntas de esclarecimento podem ser feitas quando a pessoa terminar de falar. Dependendo do tamanho do grupo, todos devem ser ouvidos, pelo menos, duas vezes.
- *Atenção:* Ouvir, ouvir e ouvir. Especialmente em uma discussão individual, pergunte diversas vezes: "O que mais você pensa sobre isso?" "O que mais está em sua mente?" "Que outras ideias você tem?" O objetivo aqui é fazer a pessoa pensar tão profundamente a ponto de alcançar a sua intuição. É importante reconhecer que não se pode ouvir nesse nível de profundidade quando se está preocupado com seus próprios interesses. Portanto, você deve abandonar suas ideias por enquanto. Uma vez que você sabe que terá sua vez de falar, você pode colocar suas ideias em modo de espera até chegar o momento.
- *Perguntas:* O objetivo do questionamento é remover pressupostos limitantes. As perguntas devem ser abertas e libertadoras. Por exemplo, "Se você pudesse assumir por um momento que não há restrições orçamentárias, o que faria para resolver esta questão?" Ou "Se você pudesse escolher qualquer pessoa dentre todos na empresa para trabalhar com você nisso, quem você escolheria?" O objetivo é descobrir as suposições individuais e de grupo que estão limitando a capacidade

de pensar. Muitas vezes, os obstáculos são premissas que podem ou não ser reais.
- *Sentimentos:* É importante reconhecer que quando as pessoas são apaixonadas por algo, estão expressando sua energia positiva. Quando a paixão encontra o que é percebido como um obstáculo, a frustração e a emoção se exacerbam. O desprazer que se segue impede as pessoas de pensar. Por isso, é importante deixar que os sentimentos sejam expressos. Assim que eles se expressam, o pensamento começa novamente. Logo, deixar que os sentimentos sejam expressos é um pré-requisito essencial para um ambiente de pensamento.

Em última análise, a finalidade do diálogo é aumentar a construção de sentido, atingindo assim uma decisão mais informada.

Com base no exposto, é possível ver como é importante diferenciar entre o tempo de diálogo e o tempo de debate. O tempo de diálogo abre a conversa para todos para que, juntos, possam explorar diversas opções. O tempo de debate fecha a conversa, tentando reduzir as opções a somente uma.

Tempo Circular *versus* Tempo Triangular[125]

Uma forma de distinguir metaforicamente entre diálogo e debate é referir-se ao tempo de diálogo como "circular", e ao tempo de debate como "triangular". Isso funciona da seguinte maneira.

No início de qualquer discussão, há uma escolha consciente de se começar com o tempo circular e então mudar para o tempo triangular. As regras para o tempo circular são as seguintes:

- Cada pessoa no grupo recebe o tempo que precisa para falar sobre o tema em questão, sem interrupção por parte dos outros membros.
- O diálogo prossegue no sentido horário ao redor da mesa. Quando uma pessoa termina, a próxima pessoa começa.
- Não há discussão, exceto para perguntas de esclarecimento.
- Todo mundo, depois de escutar todo mundo, e de ter dito o que desejava, recebe uma segunda chance de falar. Eles podem modificar a sua posição com base no que ouviram ou podem fazer argumentações adicionais.

- Dependendo do progresso rumo a uma conclusão, uma terceira rodada de diálogo pode ser realizada.
- No final da segunda ou da terceira rodada, o facilitador da discussão ou o líder do grupo verifica se as pessoas estão prontas para mudar para o tempo triangular. Se necessário, após o debate, o grupo pode voltar ao tempo circular.

Fazer essa distinção, no início de uma conversa de grupo, permite que as pessoas encontrem um espaço durante o tempo circular no qual podem deixar de lado a sua posição ou o resultado que desejam, e ficar abertas para outras possibilidades. Isso permite a escuta construtiva, ao invés da destrutiva.

Uma vez que se passa do tempo circular para o tempo triangular, as regras mudam. As pessoas são encorajadas a defender a posição que acham que é a melhor usando os argumentos expostos. Se necessário, o grupo pode voltar ao tempo circular antes de se tomar uma decisão. Antes, durante e após a discussão, lembretes frequentes devem ser feitos a respeito de como os valores defendidos pela organização se relacionam com o tema a ser discutido.

Harrison Owen, o criador e defensor de Tecnologia de Espaço Aberto,[126] descreve conversas circulares da seguinte forma:

> *A elegante simplicidade de comunicação em um círculo contrasta radicalmente com as vias bizantinas representadas pelo organograma organizacional comum. Pior ainda é o modelo mental oficial de muitas organizações – os silos. Colunas verticais hermeticamente fechadas firmemente protegidas contra hordas invasoras – com conexões mínimas com outros silos, apenas com o topo.*[127]

A Construção da Coesão Interna – Organização

Existem dois tipos de alinhamento que são necessários para se aumentar a coesão interna: o alinhamento da missão (visão) e o alinhamento de valores:

- O *Alinhamento da Missão* é criado quando os empregados experimentam uma sensação de alinhamento e estão comprometidos com o propósito da organização conforme refletidos nas declarações de visão e missão, e acreditam que a organização está no caminho certo.

- O *Alinhamento de Valores* é criado quando os empregados sentem que os valores da organização estão alinhados com seus próprios valores pessoais. Quando isso acontece, eles se sentem "em casa" na organização e podem se dedicar por inteiro ao trabalho. O que eles estão efetivamente fazendo está se conectando à cultura da organização – à forma como os empregados são tratados e à forma como as pessoas interagem umas com as outras.

A Avaliação de Valores da Equipe (equipe de alto desempenho), mostrada nas Figuras 15.3 e 15.4, é um exemplo de um grupo de trabalho com alinhamento de valores elevado e forte alinhamento de missão.

Eles possuem cinco valores correspondentes entre seus valores pessoais e da cultura atual mais votados.[128] É bastante incomum ver um nível tão elevado de alinhamento de valores. Mesmo sendo incomum, é mais fácil criar um elevado nível de alinhamento de valores em uma pequena organização ou em uma equipe do que em uma grande organização. Em uma grande organização, ter três ou quatro valores correspondentes já representaria um elevado nível de alinhamento de valores.

Os resultados da avaliação de valores de equipe também mostram um forte senso de alinhamento da missão, no sentido de que as pessoas na equipe percebem que a organização está no caminho certo. Há seis valores correspondentes entre os valores mais votados da cultura atual e da cultura desejada.[129] Isso representa um forte nível de alinhamento para uma pequena ou uma grande organização. O que vemos também nesta equipe, e que é um indicativo de alinhamento forte da missão, é um alto nível de compromisso. O compromisso é o valor da cultura atual mais votado nesta equipe de alto desempenho.

O que todos os verdadeiros grandes líderes sabem é que, para se criar uma organização dinâmica, coesa, você deve criar uma causa inspiradora com a qual as pessoas se identifiquem: quando você fizer isso, você aproveitará o poder de alinhamento e criará uma identidade comum que resulta em compromisso.

Visão Compartilhada

A visão é uma imagem muito clara do futuro que você deseja que sua organização crie. A sua visão deve ter duas partes:

- Uma *visão externa* que descreve o impacto que você quer fazer no mundo ou sobre o futuro que você deseja criar para a sociedade.
- Uma *visão interna* que descreve o futuro que você deseja criar para sua organização.

A visão externa deve se alinhar com uma causa nobre: uma causa que tenha um significado, que os empregados possam apoiar com um senso de orgulho. A visão interna deve dar direção ao crescimento da organização, e também apoiar a visão externa.

A visão interna é importante para as pessoas na organização que se concentram nos empregados ao invés dos clientes: as pessoas que trabalham em recursos humanos, desenvolvimento de liderança, gestão de talentos e outros papéis de apoio. A visão interna lhes dá um senso de propósito e direção que se alinha com os seus papéis.

O objetivo das declarações de visão é triplo:

- Manter todos os envolvidos na organização seguindo na mesma direção.
- Fornecer orientações aos empregados sobre sua tomada de decisão no dia a dia.
- Definir uma intenção clara que concentra e direciona as energias das pessoas.

Quanto mais você mantém sua visão no cerne de sua tomada de decisão mais você alcança o sucesso.

Definir a visão é o trabalho da equipe de liderança. Esta tarefa não pode ser delegada. Os relatórios diretos da equipe de liderança devem ser abertos para sugestões e comentários uma vez que a equipe de liderança esteja confortável com a declaração de visão que tiver produzido.

As duas declarações de visão (interna e externa) devem ser:

- Facilmente memoráveis: portanto, curtas.
- Inspiradoras: portanto, contribuindo positivamente para a sociedade e para a organização.

As visões interna e externa da minha organização são mostradas na Tabela 20.2.

A visão externa descreve a nossa contribuição para a sociedade "criar uma sociedade orientada para os valores". A visão interna descreve o que a realização significa para a organização – tornar-se "um recurso global para a evolução da consciência". A visão interna também afirma como vamos apoiar a visão externa – criando uma "sociedade orientada para os valores", tornando-se "um recurso global para a evolução da consciência".

Tabela 20.2 Visão interna e externa

Visão Interna	Visão Externa
Ser um recurso global para a evolução da consciência	Criar uma sociedade orientada para os valores

Tenho apoiado muitas equipes de liderança na criação de declarações de visão para suas organizações. Quando uso o processo de Quatro Por quês, descrito no Capítulo 6 e no Capítulo 15 deste livro, a tarefa de criar essas declarações de visão nunca leva mais do que dois dias. Há sempre um momento perto do fim do workshop de construção de visão em que todos percebem que descobriram a visão com a qual podem se alinhar. A energia na sala de repente muda para a excitação, ao passo em que as pessoas se aglutinam em torno das declarações que ressoam com suas almas.

Missão Compartilhada

A missão descreve como você vai criar a sua visão. A Tabela 20.3 mostra as missões internas e externas da minha organização.

Tabela 20.3 Visão interna e externa e da missão.

Visão Interna	Visão Externa
Ser um recurso global para a evolução da consciência	Criar uma sociedade orientada por valores
Missão Interna	**Missão Externa**
Construir uma rede mundial de agentes de mudança comprometidos com a transformação cultural	Apoiar os líderes na construção de organizações orientadas para valores

Vamos nos tornar um "recurso global para a evolução da consciência" ao conseguirmos "construir uma rede mundial de agentes de mudança comprometidos com a transformação cultural". E vamos "criar uma sociedade orientada para os valores" ao conseguirmos "apoiar os líderes na construção de organizações orientadas para os valores".

Você também vai notar como a missão interna apoia a missão externa: Nós vamos "apoiar os líderes na construção de organizações orientadas para os valores" quando conseguirmos "construir uma rede mundial de agentes de mudança comprometidos com a transformação cultural".

Há uma outra característica importante dessas quatro declarações: Elas são, ao mesmo tempo, específicas e gerais.

Elas afirmam especificamente o que pretendemos, mas são gerais o suficiente para permitir que a empresa tenha vários tipos diferentes de produtos e serviços que poderiam se alinhar com a mesma intenção. Uma declaração que é muito restrita não permite que você inove em múltiplas dimensões.

Em suma:

- A *missão interna* é uma declaração sobre como você quer crescer e se desenvolver como organização.
- A *visão interna* é uma declaração sobre o que você quer, em última análise, alcançar para a organização.
- A *missão externa* é uma declaração sobre o que você quer alcançar (sua contribuição para agregar valor) para seus clientes ou consumidores.
- A *visão externa* é uma declaração sobre o que você quer alcançar para a sociedade ou o bem maior.

Valores Compartilhados

A escolha dos valores de uma organização deve ser feita após a criação da visão e missão. Na medida do possível, todos os empregados devem estar envolvidos nesta discussão. Eles devem ser convidados a identificar os valores que consideram mais importantes para orientar a organização na realização de sua visão e missão. É importante envolver os empregados, porque eles sabem o que precisam para criar um ambiente de alto desempenho para seu trabalho. Os valores devem:

- Ser palavras ou pequenas frases que sejam memoráveis.
- Apoiar a visão e a missão da organização.
- Ser em número de quatro, e não mais do que cinco.
- Ser normalmente distribuídos por vários níveis de consciência.
- Incluir valores de relacionamento, bem como valores organizacionais.

Às vezes, as organizações têm dois conjuntos de valores – os valores centrais que são absolutamente inegociáveis, e os valores operacionais. A primeira vez que me deparei com esta ideia foi quando estava trabalhando com uma empresa que gerenciava várias usinas nucleares. Seus valores centrais eram inegociáveis: a segurança dos empregados, a proteção ambiental e a rentabilidade. Estes são valores que ocorrem no nível de sobrevivência. Seus valores operacionais incluíam o reconhecimento dos empregados, a excelência, a melhoria contínua e o compromisso. Estes valores estão distribuídos nos níveis de 2 a 5 do modelo dos sete níveis de consciência.

O grau com que os valores compartilhados são vividos é uma demonstração da integridade da organização. É possível medir a integridade de uma organização – seu grau de alinhamento com seus valores, através da realização de uma Análise de Valores Defendidos.[130] A Tabela 20.4 mostra um exemplo dessa análise.

Esta Análise de Valores Defendidos realizada para um importante banco regional na Austrália mostra que cada um dos valores, exceto "realização", é considerado como tendo importância crescente para os empregados: A porcentagem de votos para esses valores na cultura desejada é maior do que na cultura atual. Vemos também que a integridade teve o maior salto nos votos. Os empregados querem que a organização demonstre significativamente mais integridade – mais alinhamento com seus valores.

A realização é o valor que mostra a maior queda. Ele tem a maior pontuação na cultura atual, mas é considerado como tendo menor importância do que encantar os clientes e está em pé de igualdade com a integridade na cultura desejada. Em alguma data futura, se o desejo de "realização" continuar a cair, pode ser conveniente substituir esse valor por outro que seja mais significativo para os empregados.

Normalmente falando, os valores não devem ser alterados em uma base regular – somente quando já não forem considerados valores importantes ou quando outros forem considerados mais importantes, é que os valores da

Tabela 20.4 Análise de Valores Defendidos

Valores Defendidos	Votos dos Empregados para os Valores na Cultura Atual	Votos dos Empregados para os Valores na Cultura Desejada	Diferença
Equipe unida	21%	25%	+4%
Encantar os clientes	34%	36%	+2%
Realização	38%	28%	–10%
Integridade	20%	27%	+7%
Valorizar uns aos outros	15%	19%	+4%

organização devem ser alterados. Às vezes, quando as organizações crescem em consciência, elas dominam um valor especial — tornando-se inconscientemente competentes em demonstrar este valor. Quando vivenciar um valor se torna algo natural, como "lucro", pode ser que ele não precise mais ser incluído como um dos valores adotados pela organização.

Lembro que uma vez substituí "equilíbrio (casa/trabalho)", por "visão compartilhada" em nossa organização, pois o primeiro tinha-se tornado tão arraigado como uma prioridade que não precisávamos mais ser lembrados disso.

Comportamentos

Comportamentos são a demonstração física dos valores. Se você observar alguém por um dia, ouvir suas conversas, e ver como reage às situações que encontra, você será capaz de deduzir seus valores.

Todos os valores defendidos que são escolhidos por uma organização devem ser descritos por duas ou três declarações de comportamento. A finalidade de desenvolver declarações de comportamento é dupla:

- Dar clareza ao que significa um valor defendido no contexto das operações do dia a dia da organização.
- Fornecer uma forma de avaliar o desempenho dos empregados e executivos.

É preciso lembrar que os valores são conceitos que transcendem os contextos, enquanto que os comportamentos são contextuais. Por esta razão, não é incomum que partes diferentes de uma organização possam operar com os mesmos valores, mas com comportamentos diferentes. Os comportamentos devem:

- Ser declarações curtas que sejam memoráveis.
- Descrever as ações que apoiam os valores que representam.
- Ser apropriados para o contexto da unidade de trabalho.

A metodologia descrita na Tabela 15.2 pode ser usada para definir o comportamento de sua organização, divisão, unidade de negócio ou da sua equipe.

É perfeitamente normal e desejável que um número significativo de trabalhadores seja envolvido no processo de escolha de valores e desenvolvimento de comportamentos. Quando a IBM escolheu seus novos valores, convidou todos os seus empregados durante um período de dois dias para um evento via Internet. O processo de escolha de valores e de desenvolvimento de declarações de comportamento é discutido em mais detalhes no meu terceiro livro, *Building a Values-Driven Organisation*.[131]

A fim de dar uma orientação clara sobre o que seus valores significam, uma conhecida empresa de alimentos de capital fechado listou os seus valores defendidos em seu website e criou vídeos curtos usando empregados de diferentes países e diferentes setores da empresa para descrever o que os valores adotados significam para eles no nível prático. O que você efetivamente testemunha através destes vídeos são os valores e comportamentos em ação.[132] Você não tem qualquer dúvida sobre o que os valores significam para os empregados em termos de seus comportamentos cotidianos.

Reduzindo a Entropia Cultural

Depois de explorar as maneiras de melhorar a coesão interna, vamos agora analisar as formas de reduzir a entropia cultural. Entropia cultural é o grau de disfunção em um sistema humano causado por comportamentos que estão enraizados no interesse próprio. Em uma organização, os comportamentos entrópicos são movidos por valores potencialmente limitantes como a competição interna, a culpa, a mentalidade isolacionista, a burocracia, a construção de poder etc.

A finalidade de se reduzir a entropia cultural é melhorar o desempenho da organização, aumentando a coesão interna.

Existem quatro maneiras de se reduzir a entropia cultural:

- Reduzir a entropia pessoal dos líderes atuais.
- Reduzir o legado entrópico "institucionalizado" pelos líderes do passado.
- Gerenciar a cultura da organização, concentrando-se nos indicadores causais.
- Envolver-se em uma Mudança Sistêmica Total.

Reduzir a Entropia Pessoal dos Líderes Atuais

A entropia cultural é uma função da entropia pessoal dos atuais líderes de uma organização e do legado institucionalizado da entropia pessoal dos líderes do passado. A entropia cultural causada pelos líderes atuais geralmente aparece como controle e cautela excessivos, culpa e competição interna, confusão e excesso de trabalho. A entropia pessoal pode tornar-se institucionalizada em uma organização através da introdução de sistemas e processos burocráticos que exigem tomadas de decisões hierárquicas rígidas ou estruturas isolacionistas.

A entropia cultural causada pelos líderes atuais é um reflexo direto de sua entropia pessoal. É a quantidade de energia que um líder orientado pelo medo expressa em seu dia a dia nas interações com as pessoas na organização. A entropia pessoal pode ser considerada como uma medida do "grau de desordem" em um indivíduo, devido à presença de valores/comportamentos limitantes.

As principais causas de entropia pessoal são os medos subconscientes. O remédio é a maestria pessoal (ver Capítulo 9) e a aprendizagem de habilidades de autoliderança.

As Figuras 15.1 e 15.2 mostram como a baixa e a alta entropia pessoal dos líderes podem impactar a entropia cultural das pequenas organizações. Isso também é verdadeiro nas grandes organizações. Mesmo em organizações com baixo nível geral de entropia cultural, muitas vezes encontramos unidades ou departamentos específicos que apresentam altos níveis de entropia cultural. Esta entropia está diretamente relacionada com a entropia pessoal dos dirigentes destas unidades.

É prática comum sempre que realizamos uma avaliação dos valores culturais que todos os empregados que participem da avaliação especifiquem as unidades nas quais trabalham. Desta forma, somos capazes de identificar facilmente bolsões de alta entropia, e podemos trabalhar com os gerentes ou líderes que são responsáveis por essas unidades para reduzir o seu nível de entropia pessoal.

O primeiro passo para trabalhar com esses líderes é que eles realizem uma Avaliação dos Valores de Liderança (AVL), conforme descrito no Capítulo 17. O feedback deste instrumento fornece um excelente suporte para treinar um líder na maestria pessoal. O programa de maestria pessoal apresentado no Capítulo 9 pode ser usado por coaches para ajudar seus clientes a reduzirem sua entropia pessoal e apoiá-los em sua evolução pessoal.

Reduzindo o Legado de Líderes do Passado

A maneira de reduzir o legado entrópico dos líderes do passado é concentrar-se diretamente sobre os valores potencialmente limitantes que estão ligados à burocracia, hierarquia e guetos. Geralmente, mas nem sempre, essas questões representam o legado institucionalizado de líderes do passado. Organizações lidam com essas questões das seguintes formas: eliminando a verticalização, reestruturando-se e desburocratizando-se. Isso às vezes é chamado de entropia estrutural, pois está localizada nos sistemas, e não nos líderes. A melhor maneira de se reduzir a entropia estrutural é envolver a organização em um processo de Mudança Sistêmica Total. Este assunto será discutido em detalhes neste mesmo capítulo.

> Tudo o que você mede tende a melhorar.

Gestão da Cultura da Organização

A mensuração é importante. Tudo o que você mede, e usa como indicador de desempenho, tende a melhorar. Por isso é tão importante medir a cultura de uma organização de forma contínua. Tudo o que você mede, você pode gerenciar.

Há muito mais coisas a respeito da gestão da cultura de uma organização do que reduzir a entropia cultural. No entanto, gerenciar a entropia cultural é mais do que 75% do trabalho. Por quê? Porque a baixa entropia cultural é altamente correlacionada com o engajamento dos empregados e o sólido desempenho financeiro.

A entropia cultural é composta por três elementos:

- Fatores que retardam a organização e evitam a rápida tomada de decisão.
- Fatores que causam atrito entre os empregados.
- Fatores que impedem os empregados de trabalharem de forma eficaz.

Os fatores que retardam a organização incluem: burocracia, hierarquia, confusão e rigidez (valores potencialmente limitantes de nível 3).

Os fatores que causam atrito incluem: competição interna, culpa, manipulação, rivalidade e intimidação (valores potencialmente limitantes de nível 2).

Os fatores que impedem os empregados de trabalharem de forma eficaz incluem: controle, cuidado, microgestão, foco no curto prazo, insegurança no trabalho, aversão ao risco e territorialismo (valores potencialmente limitantes de nível 1).

Todos esses fatores limitam a quantidade de energia disponível para uma organização realizar o trabalho de valor agregado. Deixem-me explicar.

Entropia Cultural: A Teoria

A quantidade de energia útil que é produzida em uma organização – a energia que faz uma contribuição positiva para o desenvolvimento e o fornecimento de produtos e serviços (energia de valor agregado) é igual à quantidade de energia que você coloca, menos a quantidade de energia necessária para manter a organização funcionando, a energia envolvida no funcionamento de funções de "apoio" – departamento de contabilidade, departamento jurídico, departamento de recursos humanos, etc.

Quando o grau de disfunção ou distúrbio em uma organização é alto, devido a fatores como controle excessivo, cautela, confusão, burocracia, hierarquia, competição interna, culpa, mentalidade isolacionista, etc., a quantidade de energia que os empregados têm de despender na realização de suas tarefas aumenta. Esta energia adicional é chamada de entropia cultural, porque a desordem no sistema se deve a fatores culturais. A energia gasta desta maneira não está disponível para o trabalho de valor agregado.

Assim, podemos afirmar que a quantidade total de energia de valor agregado com a qual os empregados podem contribuir para uma organização é igual à quantidade de energia que eles trazem para o trabalho, menos a quantidade de energia necessária para manter o funcionamento da organização (despesas gerais de gestão), menos a entropia cultural. Quando a entropia cultural é alta, a energia disponível para o trabalho de valor agregado cai, e o desempenho é baixo. Quando a entropia cultural é baixa, a energia disponível para o trabalho de valor agregado aumenta, e o desempenho é alto.

Assim, podemos determinar a quantidade de energia disponível para uma organização pela seguinte equação:

$$E_o = E_i - E_n - EC$$

- E_o é a energia disponível para realizar um trabalho de valor agregado (Energia de saída, ou *output*).
- E_i é a energia normalmente trazida pelos empregados para o trabalho (Energia de entrada, ou *input*).
- E_n é a quantidade normal de energia dos empregados necessária para manter o funcionamento do sistema quando tudo está indo bem (energia de manutenção normal).
- EC é a quantidade de entropia cultural (energia disfuncional).

Para completar esta equação, precisamos agregar um fator adicional que representa a quantidade de *energia voluntária* liberada por empregados quando são altamente motivados pelo seu trabalho: quando estão experimentando alinhamento de valores e alinhamento de missão que levam a um alto nível de engajamento.

Assim, o montante total de energia disponível para o trabalho útil em uma organização é dado pela seguinte equação:

$$E_o = E_i - E_n - EC + E_v$$

- E_v é a energia voluntária liberada quando empregados se sentem altamente motivados.

Quando as pessoas não estão muito motivadas pelo seu trabalho, elas canalizam toda a energia voluntária para suas vidas privadas, e gastam o mínimo de energia possível na realização do seu trabalho. Elas fazem longas pausas, surfam na Internet, e fazem todo o possível para driblar o tédio ou fazer o tempo passar mais rapidamente.

Quando as pessoas estão altamente motivadas, elas passam horas extras no trabalho, e pensam sobre sua contribuição, mesmo quando não estão no local de trabalho. A saída de uma pessoa motivada pode ser duas vezes maior do que a saída de alguém que não está motivado.

As pessoas são motivadas de formas diferentes. Há sete grupos únicos de fatores que desencadeiam a energia voluntária nos empregados:

- Serviço.
- Fazer a diferença.
- Encontrar um significado pessoal no trabalho, contribuindo para uma visão inspiradora.
- Desafios intelectuais e operacionais.
- O orgulho no desempenho e na realização de um bom trabalho.
- Amizade, coleguismo e reconhecimento.
- Recompensas e benefícios financeiros.

Estes são os fatores que representam os sete níveis de motivação humana.

Dentre todas essas motivações, a mais importante para a organização é "contribuindo para uma visão inspiradora". Isto é importante por duas razões:

- Uma visão inspiradora concentra a energia de todos os empregados na mesma direção.
- A busca da visão inspiradora dá aos empregados a oportunidade de fazer a diferença e de estar a serviço de uma forma que traz significado para suas vidas.

Uma pessoa altamente motivada é comprometida, entusiasmada e apaixonada, e alcança seus níveis de criatividade mais profundos. Se você quer liberar a energia voluntária das pessoas, os empregados precisam se sentir em casa na organização, para que possam ser autênticos – alinhamento de valores, e precisam sentir que a organização está no caminho certo – alinhamento da missão.

Medindo a Cultura

A Avaliação de Valores Culturais (AVC) do Centro de Valores Barrett permite às organizações medir o nível de entropia cultural, e o grau de alinhamento de valores e de alinhamento da missão em uma cultura organizacional. O processo é semelhante ao da Avaliação de Valores da Equipe (AVE), descrito no Capítulo 15.

Existem duas diferenças principais entre uma Avaliação de Valores de Equipe e uma avaliação para uma organização inteira. A primeira diferença é que a avaliação dos valores culturais para uma organização exige que os empregados identifiquem múltiplas categorias demográficas que se aplicam a eles para que a distribuição de dados possa ser produzida por unidades de negócio, divisões ou seções. As categorias demográficas podem incluir, mas não estão limitadas ao seguinte:

- Diretoria.
- Divisão.
- Seção.
- Localização.
- Papel/nível.
- Sexo.
- Categorias de idade.
- Categorias de comprimento de serviço.
- Categorias étnicas.
- Categoria de tempo no trabalho atual.

Quando várias categorias demográficas são usadas, é possível aprofundar o seu entendimento das perspectivas que os diferentes grupos têm na cultura da organização. Por exemplo, na África do Sul fomos capazes de retirar dados específicos para mulheres negras e homens indianos em cargos de gerência. Isto levou a percepções significativas sobre os fatores que estavam gerando entropia cultural para estes dois grupos.

A segunda diferença entre uma Avaliação de Valores de Equipe e uma avaliação para uma organização como um todo é que as questões das culturas atual e desejada são focadas na organização, e não na equipe. As três perguntas sobre a avaliação dos valores culturais de uma organização como um todo são:

- *Valores Pessoais:* Quais dos seguintes valores/comportamentos melhor representam quem você é, não o que você deseja se tornar? Escolha dez (a partir do Modelo Pessoal).
- *Valores da Cultura Atual:* Quais dos seguintes valores/comportamentos melhor representam a forma como a organização opera atualmente? Escolha dez (a partir do Modelo Organizacional).
- *Valores da Cultura Desejada:* Quais dos seguintes valores/comportamentos melhor representam como você gostaria que sua organização operasse? Escolha dez (a partir do Modelo Organizacional).

Para realizar uma avaliação dos valores culturais, os empregados são convidados a acessar o site de pesquisa on-line, escolher as categorias demográficas que lhes são aplicáveis, e depois responder às três perguntas sobre os valores (indicadas acima), escolhendo a partir de listas de 8 a 10 palavras ou frases. Ambas as listas de valores – pessoais e culturais – são personalizadas para a organização Os valores/comportamentos para a cultura atual e desejada incluem valores potencialmente limitantes como burocracia, hierarquia, competição interna, culpa, controle e cautela. Estes são valores que criam entropia cultural em uma organização. A maioria das organizações tem entropia cultural que normalmente cai na faixa de 5 a 45%. Medindo a cultura de mais de 2.000 organizações, entre 1997 e 2009, nós descobrimos que, quando a entropia cultural atinge o extremo superior desta faixa, a falência, as implosões ou as aquisições agressivas podem ocorrer. Com base nessa experiência, nós identificamos as medidas corretivas associadas com os vários níveis de entropia cultural (ver Tabela 20.5).

Nedbank

Os resultados a seguir resumem um breve estudo de caso de como o foco contínuo na redução da entropia cultural levou a um aumento no desempenho de uma organização financeira de grande porte.

As Figuras 20.1 a 20.3 mostram os resultados da avaliação de valores culturais do Nedbank, em 2009. O Nedbank é um dos quatro maiores bancos sul-africanos. Os líderes do Nedbank utilizam a avaliação de valores culturais para mapear anualmente os valores de sua organização desde 1995.

A Figura 20.1 mostra os resultados da distribuição de valores (os dez valores pessoais, da cultura atual e desejada, mais votados) com base em uma amostra de 5.378 empregados.

Tabela 20.5 Medidas corretivas associadas com diferentes níveis de entropia cultural

Entropia	Medidas corretivas
<10%	**Primordial:** Funcionamento saudável.
11-19%	**Questões menores:** Exigem ajuste cultural e estrutural.[1]
20-29%	**Questões significativas:** Exigem transformação cultural e estrutural[2] e coaching de liderança.
30-39%	**Problemas graves:** Exigem transformação cultural e estrutural, a coaching/mentoria de liderança e desenvolvimento de liderança.
40-49%	**Questões críticas:** Exigem transformação cultural e estrutural, mudanças seletivas na liderança, coaching/mentoria e desenvolvimento de liderança.
> 50%	**Cultura em crise:** Exige transformação cultural e estrutural, mudança na liderança, coaching/mentoria de liderança e desenvolvimento de liderança. Para empresas do setor privado, existe alto risco de falência, aquisição ou implosão.

[1] Ajuste cultural e estrutural se refere a um foco seletivo na redução de bolsões de alta entropia em divisões ou departamentos, ou a valores entrópicos específicos encontradas por toda a organização.
[2] Transformação cultural e estrutural refere-se a um programa de Mudança Sistêmica Total para toda a organização.[133]

Fica evidente, a partir destes resultados, que em 2009 o Nedbank tinha relativamente uma cultura de alto desempenho. Há correspondência entre dois valores pessoais e da cultura atual – responsabilização e realização (estes valores estão sublinhados) e correspondência entre seis valores atuais e desejados – responsabilização, orientado para o cliente, satisfação do cliente, realização, trabalho em equipe e reconhecimento dos empregados (estes valores estão em itálico). Há dois valores que aparecem em todas as três listas de dez melhores – realização e responsabilização; e a responsabilização é o valor de maior pontuação em todas as três listas.

Há três valores correspondentes entre os valores pessoais e os valores da cultura desejada que não aparecem na cultura atual. Eles são equilíbrio (casa/trabalho), compromisso e honestidade. Estes são valores pessoais que os empregados querem que a organização adote com mais vigor. É claro que será importante para o Nedbank dar mais foco para estes valores no ano seguinte.

PARTE 4: LIDERAR UMA ORGANIZAÇÃO **351**

Nedbank 2009

Valores Pessoais		Cultura Atual		Cultura Desejada	
Valores		**Valores**		**Valores**	
Responsabilização	3692	Responsabilização	2301	Responsabilização	2969
Honestidade	2504	Orientado para o cliente	1926	Satisfação do cliente	1704
Compromisso	2053	Satisfação do cliente	1778	Equilíbrio (casa/trabalho)	1542
Respeito	1865	Consciência de custos	1383	Orientação ao cliente	1467
Integridade	1761	Envolvimento com a comunidade	1262	Reconhecimento dos empregados	1364
Responsabilidade	1590	Realização	1185	Satisfação dos empregados	1346
Família	1538	Trabalho em equipe	1164	Realização	1236
Equilíbrio (casa/trabalho)	1405	Reconhecimento dos empregados	1070	Trabalho em equipe	1206
Justiça	1261	Ser o melhor	1025	Compromisso	1168
Realização	1199	Orientado para o desempenho	1000	Honestidade	1059

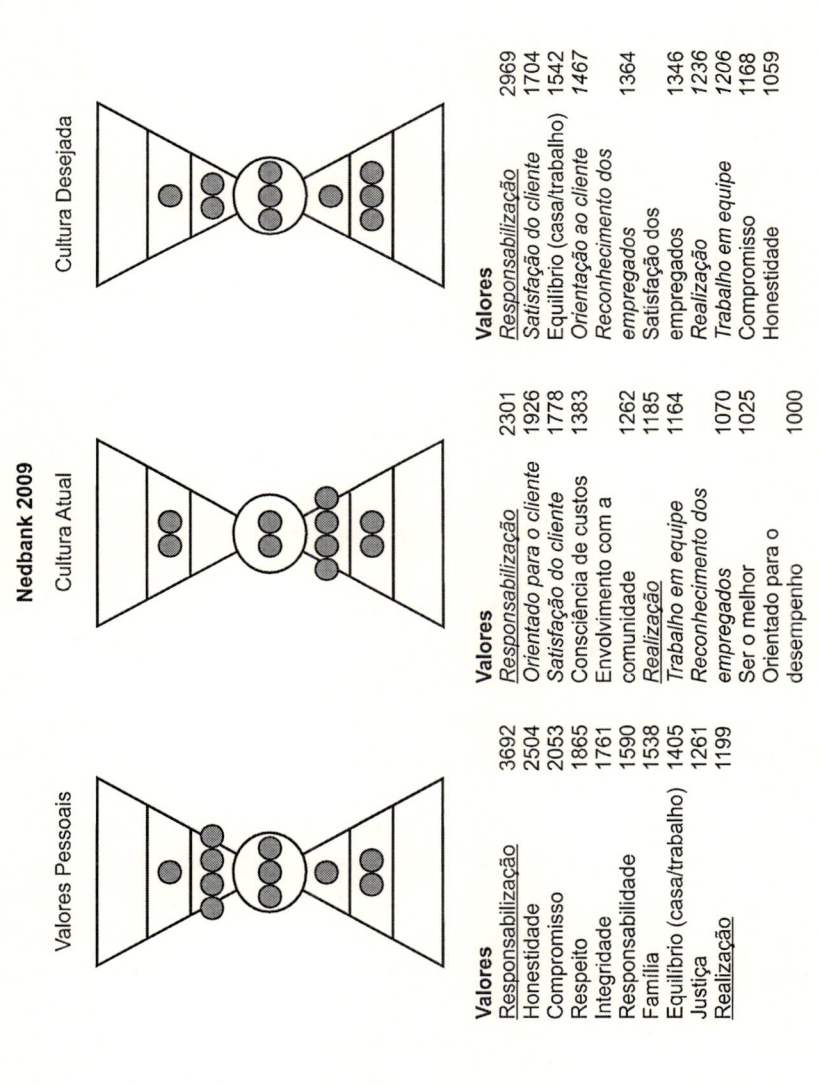

Figura 20.1 Nedbank, Lote Valores de 2009.

A Figura 20.2 mostra os resultados por "porcentagem" – como todos os votos para todos os valores são distribuídos ao longo dos sete níveis de consciência. Você pode verificar na figura que o nível global de entropia cultural na cultura atual é relativamente baixo, de 13%.

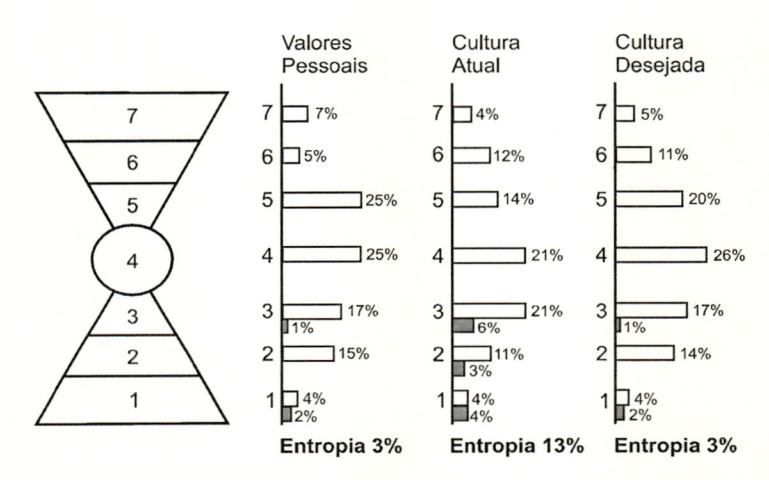

	Valores Pessoais	Cultura Atual	Cultura Desejada
7	7%	4%	5%
6	5%	12%	11%
5	25%	14%	20%
4	25%	21%	26%
3	17% / 1%	21% / 6%	17% / 1%
2	15%	11% / 3%	14%
1	4% / 2%	4% / 4%	4% / 2%
	Entropia 3%	Entropia 13%	Entropia 3%

Figura 20.2 Nedbank, distribuição dos valores de 2009.

Você vai notar que, embora não existam valores dentre os dez mais votados no nível 5 na "Distribuição de Valores", este nível de consciência recebeu 14% dos votos: mais do que o Nível 6, que tinha dois dentre os dez valores mais votados. A razão de não existirem valores dos mais votados no nível 5 é que os votos para os valores deste nível estão distribuídos em vários valores diferentes, portanto nenhum valor teve separadamente votos suficientes para fazê-lo figurar entre os "dez mais". A conclusão que tiro a partir destes resultados é que o Nedbank está próximo de se tornar uma organização de espectro total.

A Figura 20.3 mostra o "Scorecard de Necessidades de Negócio" (SNN) – a distribuição dos dez valores mais votados na cultura atual e na cultura desejada (veja a Figura 20.2) para um scorecard de negócio focado.

Os valores da cultura atual são extremamente bem equilibrados. Este resultado corrobora a minha conclusão de que o Nedbank está perto de se tornar uma organização de espectro total. A única categoria na cultura atual sem um valor dentre os dez melhores é "Evolução". Esta é a área que lida com inovação, criatividade e melhoria contínua. Esta categoria também está vazia na cultura desejada, indicando um ponto cego em potencial.

PARTE 4: LIDERAR UMA ORGANIZAÇÃO **353**

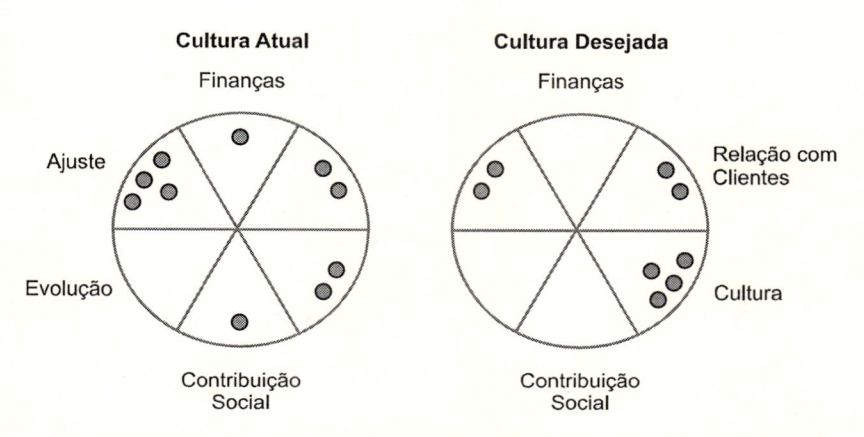

Figura 20.3 Nedbank – Scorecard de Necessidades do Negócio, 2009.

A Jornada do Nedbank até o Espectro Total

A Figura 20.4 mostra o progresso do Nedbank em reduzir o seu nível de entropia cultural no período de 2005 a 2009.

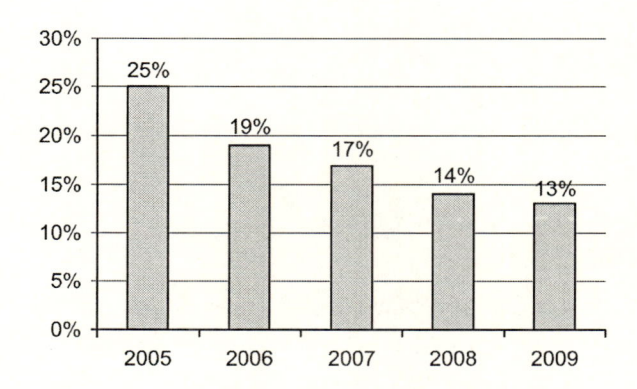

Figura 20.4 Nedbank, a evolução da entropia cultural.

A Figura 20.5 mostra o impacto da queda da entropia cultural no aumento do engajamento dos empregados.

A Figura 20.6 mostra o impacto da queda da entropia cultural no crescimento da receita em bilhões de rands. Os resultados para 2008 incluem o impacto da crise econômica global.

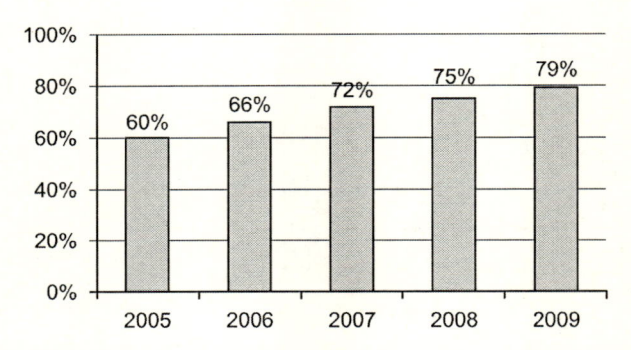

Figura 20.5 Nedbank, a evolução do engajamento dos empregados.

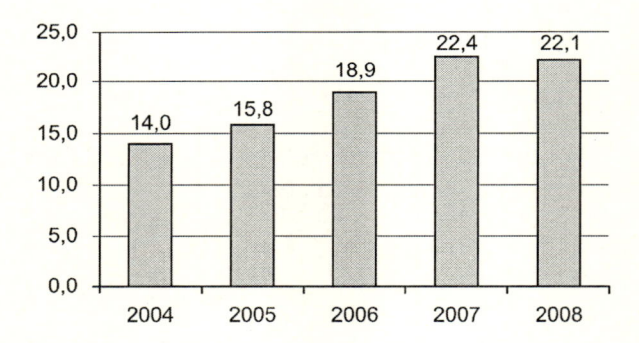

(2005: 60%, 2006: 66%, 2007: 72%, 2008: 75%, 2009: 79%)

Figura 20.6 Nedbank, a evolução das receitas (bilhões de rands).

(2004: 14,0; 2005: 15,8; 2006: 18,9; 2007: 22,4; 2008: 22,1)

Amostragem

De modo geral, é aconselhável em pequenas organizações ou equipes que todos os empregados participem da avaliação de valores culturais. Para grandes organizações, como o Nedbank, resultados estatisticamente válidos podem ser obtidos por meio do trabalho com uma amostra de 15 a 20%. Mesmo assim, ainda é aconselhável que toda a população de empregados participe da pesquisa de valores.

Há várias razões para isso:

- Convidar todos na organização a participar envia um sinal para os empregados de que a organização e os líderes se preocupam com a cultura, e se importam com a opinião dos empregados.

- Se a organização tem algumas unidades de negócios com um número relativamente pequeno de pessoas, o resultado para esta unidade será estatisticamente mais válido se todos os empregados participarem.

No caso do Nedbank, a participação na avaliação anual de valores culturais sempre foi voluntária. Entre 2005 e 2009, a proporção de empregados que optaram por participar cresceu de 20% para 63%. Este aumento da participação deveu-se principalmente a dois fatores:

- Os empregados reconheceram que a liderança estava comprometida com a construção de uma organização orientada para os valores.
- Tornou-se óbvio que as suas opiniões importavam em função das alterações que foram sendo introduzidas a cada ano após a avaliação anual de valores.

Assim, a pesquisa em si ajudou a unidade no alinhamento de valores, incentivando os empregados a expressarem suas opiniões.

Vimos também este efeito em várias outras organizações que adotaram uma política de participação voluntária. A Empresa de Saúde Blackhawk, dos Estados Unidos, viu o seu nível de participação em sua pesquisa de valores aumentar de 43% para 68% entre 2007 e 2009, com a entropia caindo de 56% para 14%.

Os Benefícios da Redução da Entropia Cultural

Há quatro principais benefícios na redução da entropia cultural:

- Aumento no potencial de atrair pessoas talentosas.
- Maior envolvimento dos empregados.
- Redução na rotatividade dos empregados.
- Desempenho melhorado.

Atrair Pessoas Talentosas

No mundo ocidental, a guerra pelos talentos[134] causada pela aposentadoria das pessoas da geração do "baby boom" – gente que frequentou a escola durante a década de 50 – está tendo um impacto significativo sobre a disponibilidade de pessoas experientes e talentosas.

Isto significa que a competição por pessoas talentosas na faixa etária de 40 a 50 anos está aumentando significativamente. Você terá que se esforçar se quiser manter e atrair essas pessoas. A cultura da sua organização é um dos fatores-chave a este respeito.

Por esta razão, ser uma das melhores empresas para se trabalhar não é mais uma aspiração de bem-estar, é uma necessidade absoluta, se você quiser contratar as melhores pessoas.

Em 2008, eu pesquisei o crescimento do preço da ação das vinte maiores empresas de capital aberto, listadas pela pesquisa anual da revista Forbes das "Melhores Empresas para se Trabalhar". Descobri que o preço da ação para essas empresas teve um crescimento médio anual de mais de 16,7% nos últimos 10 anos, em comparação com cerca de 2,8% para as S&P 500.[135] Isso mostra inequivocamente que se preocupar com a experiência que os empregados têm em uma organização faz bem para os negócios.

Aumento no Engajamento dos Empregados

Um trabalhador engajado é alguém que está plenamente envolvido e entusiasmado com seu trabalho, e que, portanto, vai agir de uma forma que promova os interesses da sua organização. O engajamento representa um compromisso emocional e intelectual com o sucesso futuro de uma organização. O engajamento vai além da felicidade e satisfação, pois se concentra em comportamentos que produzem resultados positivos. Empregados envolvidos possuem um sentimento de propriedade em relação à organização.

Em pesquisa realizada com a Hewitt Associates, envolvendo 900 organizações em oito mercados, as pontuações de engajamento foram comparadas com as de entropia cultural. Estas duas variáveis foram consideradas altamente correlacionadas. Como se poderia esperar, a baixa entropia leva a altos níveis de envolvimento e a alta entropia resulta em baixos níveis de engajamento. Além disso, a pesquisa mostrou que essas duas variáveis têm uma relação comprovada com o desempenho financeiro e a geração de receitas.

A Hewitt descobriu que o maior impulsionador do engajamento de pessoas talentosas é "realização no trabalho e desafio". Culturas de alto desempenho criam um ambiente de trabalho estimulante e inspirador e constroem sistemas e processos que apoiam os mais talentosos em sua busca pelo sucesso.[136]

Rotatividade de Empregados Reduzida

No Hospital Metodista de Houston, Texas, um foco contínuo em valores e cultura entre 2002 e 2004 causou um declínio na entropia cultural, resultando em uma queda na rotatividade de empregados de 24% em 2002, para 15% em 2004, um declínio de 38%. A taxa de desocupação passou de 6,7% para 3,1% durante o mesmo período. Em 2004, os níveis de satisfação do paciente e do empregado/médico foram os mais altos na história da organização.[137] A entropia cultural geral no hospital no final desta intervenção ficou abaixo de 10%.

A Hewitt descobriu que se tornar um "empregador melhor" não apenas cria altos níveis de envolvimento, como também reduz significativamente a rotatividade dos empregados. Melhores empregadores têm rotatividade mais baixa em 40% na Ásia; 45% na Austrália; 54% no Canadá; 30% na Europa e 50% nos Estados Unidos. Melhores empregadores têm maior potencial de talentos: eles recebem o dobro de candidatos por empregado do que outras organizações, e eles superam outras organizações tanto em produtividade quanto em desempenho: são 78% mais produtivos e 40% mais rentáveis do que aqueles com menor engajamento.[138]

Melhor Desempenho

Embora em 2009 o Nedbank estivesse sendo extremamente bem-sucedido, seis anos antes isto não acontecia. Em 2003, o Nedbank estava em apuros. Em comparação com os outros principais bancos sul-africanos, que estavam em uma trajetória ascendente, o Nedbank estava em uma trajetória de queda grave. Tom Boardman assumiu o cargo de CEO na época, e ao longo dos próximos seis anos reverteu essa situação, concentrando-se em valores.

Conforme mostrado na Figura 20.4, o nível de entropia cultural no Nedbank caiu de 25% em 2005, para 13% em 2009. Sobre o período de 2004 a 2007, o preço das ações cresceu a uma enorme taxa anual composta de 20,4%. As receitas também cresceram de forma significativa a uma taxa composta anual de 16,9%. Ao mesmo tempo, o engajamento dos empregados aumentou de cerca de 60% para 79% (Figura 20.5). Curiosamente, o Nedbank resistiu à crise econômica global de 2008/2009 extremamente bem, com uma queda mínima no preço das ações em comparação com outros bancos, e apenas uma pequena flutuação nas receitas.

Nos EUA, em 2005, o Hospital Comunitário Magnum estava à beira da liquidação. Com perdas de meio milhão de dólares, a situação atingiu proporções de crise. A Blackhawk interveio e adquiriu o Magnum naquele momento. As dificuldades continuaram, resultando em três mudanças de CEOs em um período de dois anos. Uma avaliação de valores culturais foi realizada em 2007. Os resultados mostraram níveis de entropia de cerca de 56%. Uma iniciativa de valores foi imediatamente posta em prática e em 2009 o nível de entropia tinha caído para 14%. O Magnum, a esta altura renomeado como Centro Médico Quartz Mountain, vivia uma sólida situação financeira, tinha aberto duas novas clínicas e a satisfação dos empregados tinha melhorado significativamente.

A Unilever Brasil começou a trabalhar em seus valores como parte de um esforço de transformação global da empresa em 2007. Entre março de 2008 e dezembro de 2009, o nível de entropia na equipe de liderança caiu de 30% para 8%. Ao mesmo tempo, a empresa viu um aumento constante nas receitas e no preço das ações. A mudança na lista dos dez valores mais votados na cultura da equipe de liderança é mostrada na Tabela 20.6.

Tabela 20.6 Unilever, os valores da equipe de liderança – março 2008 e dezembro de 2009.

Março 2008 Dez Valores mais Votados	Dezembro 2009 Dez Valores mais Votados
Burocracia (L)	Ética
Ética	Burocracia (L)
Foco de curto prazo (L)	Longas horas (L)
Longas horas (L)	Orientação para resultados
Consenso	Satisfação do cliente
Diversidade	Visão compartilhada
Cautela (L)	Compromisso
Controle (L)	Perspectiva de longo prazo
Competição interna (L)	Crescimento organizacional
Orientação para resultados	Desenvolvimento de liderança

Em março de 2008, havia seis valores potencialmente limitantes na cultura da equipe de liderança. Como o consenso, que é normalmente considerado como um valor positivo, estava misturado com cautela e burocracia, ele também poderia ser considerado como um valor potencialmente limitante. Basicamente, a organização estava sofrendo de paralisia na tomada de decisões.

Em dezembro de 2009, a situação tinha se alterado significativamente. Havia uma perspectiva de longo prazo com uma visão compartilhada para orientar a tomada de decisões; um forte senso de compromisso e foco nos clientes, resultados e crescimento.

Mudança Sistêmica Total

O quarto método de redução da entropia cultural, que incorpora os três anteriores – redução da entropia cultural dos atuais líderes, redução do legado cultural de líderes do passado, e gestão da cultura da organização – é chamado de Mudança Sistêmica Total.

Este conceito é mais bem explicado na Figura 20.7. Os quatro quadrantes nesta figura representam as quatro perspectivas que se pode ter de um sistema humano.[139]

- A perspectiva de dentro do indivíduo – valores e crenças pessoais (quadrante superior esquerdo).
- A perspectiva de fora do indivíduo – ações e comportamentos pessoais (quadrante superior direito).
- A perspectiva de dentro do coletivo – os valores e crenças culturais (canto inferior esquerdo).
- A perspectiva de fora do coletivo – estruturas, sistemas, processos, ações e comportamentos sociais (quadrante inferior direito).

Os quatro quadrantes são ligados da seguinte forma. Quando os indivíduos mudam seus valores e crenças (quadrante superior esquerdo), seus comportamentos mudam (canto superior direito). Quando um número suficiente de pessoas muda seus valores, crenças e comportamentos, ocorre uma mudança nos valores e crenças coletivos (canto inferior esquerdo). Isso resulta em uma mudança no comportamento de todo o grupo (canto inferior direito).

	Interno	Externo
Individual	Valores e crenças do indivíduo →	Ações e comportamentos do indivíduo
Coletivo	Valores e crenças coletivos →	Ações e comportamentos coletivos

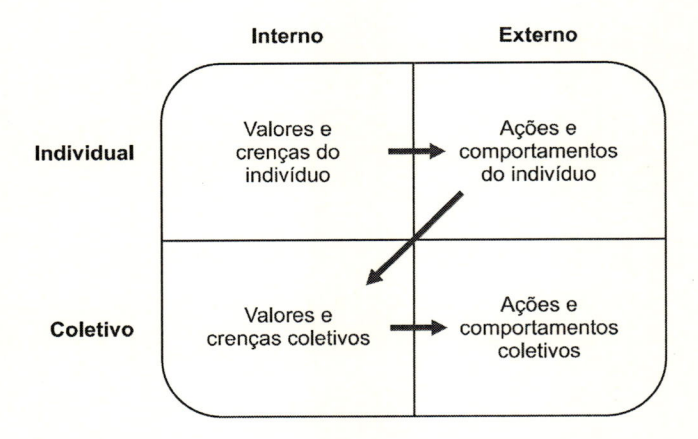

Figura 20.7 Os quatro quadrantes de um sistema humano.

Em um ambiente organizacional, os valores, crenças (quadrante superior esquerdo) e comportamentos (quadrante superior direito) do líder e o grupo de liderança influenciam significativamente os valores e crenças (fundo quadrante esquerdo) e os comportamentos do coletivo (quadrante inferior direito). Em outras palavras, os valores, crenças e comportamentos dos líderes influenciam significativamente a cultura da organização.

Para ser ainda mais preciso, a cultura de uma organização é um reflexo dos valores e crenças dos atuais líderes e do legado institucionalizado de valores e crenças dos líderes do passado, conforme refletido nas estruturas, sistemas, processos, políticas e procedimentos da organização. Quatro condições devem ser cumpridas para que a mudança sistêmica total possa ocorrer (ver Figura 20.8). Elas são:

- *Alinhamento Pessoal:* Deve haver um alinhamento entre os valores e crenças dos indivíduos e as suas palavras, ações e comportamentos. Isto é particularmente importante para o grupo de liderança. É importante que os líderes sejam autênticos e pratiquem o que pregam.
- *Alinhamento Estrutural:* Deve haver um alinhamento entre os valores declarados e os comportamentos da organização conforme se refletem nas estruturas, sistemas, processos, políticas, incentivos e procedimentos da organização. É importante que os valores sejam institucionalizados.

- *Alinhamento de Valores:* Deve haver um alinhamento entre os valores pessoais dos empregados e os valores declarados da organização. É importante que todos os empregados se sintam em casa na organização e que possam se dedicar por inteiro ao trabalho.
- *Alinhamento de Missão:* Deve haver um alinhamento entre o senso de motivação e propósito de todos os empregados, e a missão e visão da organização. É importante que cada empregado, gerente e o líder tenham uma clara linha de visão entre o trabalho que realizam a cada dia e a missão ou visão da organização, para que saibam como eles fazem a diferença.

Toda mudança de cultura ou iniciativa de transformação deve ter como objetivo satisfazer todas essas quatro condições se deseja ser bem-sucedida: ela irá falhar se o sistema como um todo não mudar.

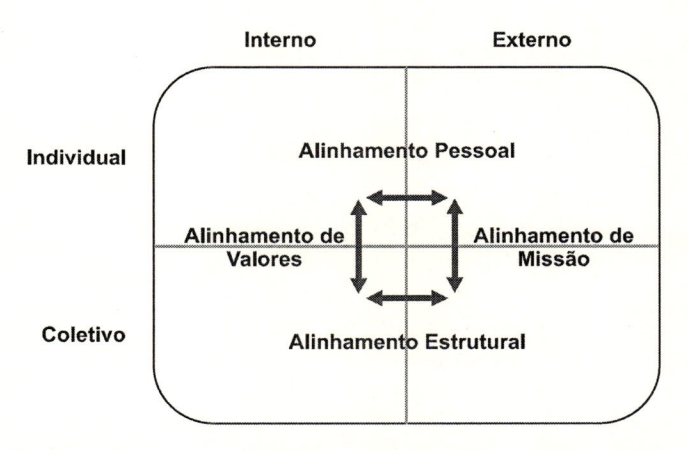

Figura 20.8 Quatro condições para a mudança sistêmica total.

O Processo de Mudança Sistêmica Total[140]

Há nove etapas ou fases na mudança sistêmica total. Elas são mostradas na Figura 20.9 e descritas nos parágrafos seguintes.

Passo 1: Compromisso e Posse

O processo de mudança sistêmica total começa com o compromisso pessoal do líder e da equipe de liderança com sua própria transformação pessoal.

Por que isso é necessário? Porque a cultura da organização é um reflexo da consciência da liderança. Se você quer transformar a cultura de sua organização, os líderes devem mudar ou você deve mudar os líderes. A transformação organizacional começa com a transformação pessoal dos dirigentes. Se não houver um compromisso do líder e da equipe de liderança para mudança de comportamento pessoal, será inútil embarcar em qualquer forma ou processo de transformação cultural.

A iniciativa de mudança de cultura deve ser encampada e supervisionada pessoalmente pelo líder de uma organização. Também deve ser totalmente apoiada pela equipe de liderança. A transformação cultural não é algo que possa ser delegado, nem pode ser entregue a uma equipe de consultores externos. É algo que a organização tem de fazer por si mesma, e é algo constante: não é um projeto; é um processo!

Neste estágio, será importante, se o líder ainda não tiver feito isso, escolher a dedo a sua equipe de liderança. Conseguir embarcar as pessoas certas no ônibus e fazê-las se sentar nos bancos corretos são extremamente importantes.

É bastante comum que existam um ou dois opositores na equipe de liderança que não estão dispostos a encampar a transformação pessoal. Eles estão felizes que os outros a façam, mas eles próprios não estão interessados. Este é o ponto onde precisam decidir se vão subir ou descer do ônibus. Não há lugar no ônibus para quem não for um participante disposto e comprometido com o processo. Geralmente, é neste ponto que os pessimistas começam a procurar alternativas de emprego. É importante que o líder esteja ciente de que isso pode acontecer, e esteja disposto a ir em frente para o bem da empresa.

Passo 2: Avaliação Básica

Depois que o líder e a equipe de liderança tiverem se comprometido, o processo começa com a realização de uma avaliação dos valores culturais de toda a organização, e, ao mesmo tempo, a construção de um scorecard do desempenho atual da organização – receitas, engajamento dos empregados, satisfação dos clientes, entropia cultural, alinhamento de valores, etc. A ideia aqui é desenvolver um conjunto de indicadores básicos a partir dos quais você possa medir o progresso de sua iniciativa de transformação cultural.

Passo 3: Visão e Missão

Depois de ter concluído a sua avaliação básica, o próximo passo é definir para onde a empresa está indo e como vai chegar lá. É hora de desenvolver

PARTE 4: LIDERAR UMA ORGANIZAÇÃO **363**

```
┌─────────────────────┐
│ 1. Compromisso com a│
│    Transformação    │
└──────────┬──────────┘
           ▼
┌─────────────────────┐
│    2. Avaliação     │
│       Básica        │
└──────────┬──────────┘
           ▼
┌─────────────┐     ┌─────────────────┐
│ 3. Visão e  │ ──▶ │  4. Valores e   │
│   Missão    │     │  Comportamentos │
└─────────────┘     └────────┬────────┘
                             ▼
                  ┌─────────────────┐
                  │ 5. Razões para  │
                  │    a Mudança    │
                  └────────┬────────┘
                           ▼
┌─────────────────┐     ┌─────────────────┐
│ 6. Alinhamento  │ ──▶ │ 7. Alinhamento  │
│    Pessoal      │     │    Estrutural   │
└─────────────────┘     └─────────────────┘

┌─────────────────┐     ┌─────────────────┐
│ 8. Alinhamento  │ ──▶ │ 9. Alinhamento  │
│   de Valores    │     │   de Missão     │
└─────────────────┘     └─────────────────┘
```

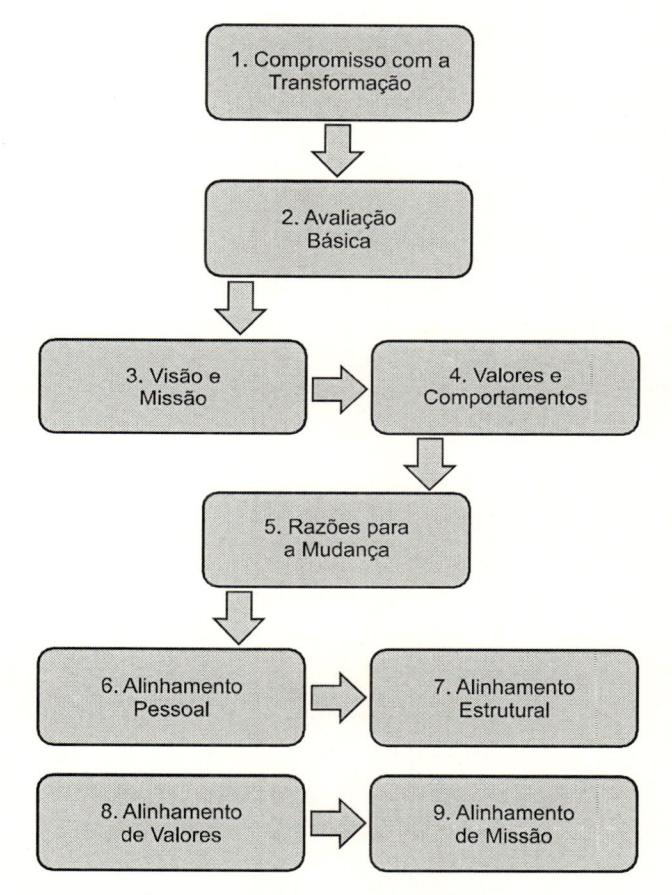

Figura 20.9 Processo de mudança sistêmica total.

uma visão e missão interna e externa para a organização, usando o processo dos Quatro Porquês, descrito anteriormente neste capítulo e também no livro *Liberating the Corporate Soul*.[141]

Se a organização já tem uma visão e uma missão, será importante revisitá-las, especialmente se houver gente nova na equipe de liderança. Definir a visão é trabalho da equipe de liderança. Esta tarefa não deve ser delegada. Os subordinados diretos da equipe de liderança (as equipes dos membros da equipe de liderança) e um grupo selecionado do resto do grupo de liderança devem fazer seus comentários, uma vez que a equipe de liderança esteja confortável com as declarações de visão que eles têm produzido.

As declarações de visão e missão devem ser:

- Curtas e facilmente memoráveis.
- Inspiradoras para as pessoas da organização, para que façam a diferença.

Passo 4: Valores e Comportamentos

Como parte do processo de desenvolvimento de uma visão e missão para a organização, será importante também definir os valores e comportamentos da organização. Os resultados da avaliação de valores culturais serão úteis a este respeito. Na medida do possível, todos os empregados devem estar envolvidos neste processo. Os valores devem:

- Ser palavras ou pequenas frases facilmente memoráveis.
- Apoiar a visão e a missão.
- Ser em número de quatro, e não mais do que cinco.
- Incluir valores de relacionamento, assim como os valores organizacionais – confiança e melhoria contínua.

Uma vez que os valores adotados pela organização tenham sido escolhidos, duas ou três declarações de comportamento devem ser desenvolvidas para cada valor. A finalidade de se desenvolver declarações de comportamento é dupla:

- Dar clareza ao que cada valor defendido significa, no contexto das operações do dia a dia da organização.
- Fornecer uma maneira de avaliar o desempenho dos empregados e executivos.

Pelo fato de os comportamentos serem sempre contextuais, não é incomum que comportamentos diferentes sejam usados para os mesmos valores adotados em diferentes partes da organização.

As declarações de comportamento devem:

- Ser declarações de uma frase, curtas e memoráveis.
- Descrever as ações que apoiam o valor que representam.
- Ser apropriadas para o contexto da unidade de trabalho.

Passo 5: Razões para a Mudança

Deve haver um entendimento claro entre o corpo executivo sobre o porquê de a organização estar embarcando em um processo de mudança sistêmica total. O processo de mudança deve estar ancorado na realidade, e deve ser impulsionado por um otimismo realista, que forneça ao corpo de empregados e executivos uma esperança para o sucesso. As pessoas querem estar associadas com o sucesso. Em empresas que estão sofrendo com o baixo desempenho, as razões para a mudança são geralmente óbvias. As questões que estão por trás do mau desempenho podem ser facilmente identificadas a partir dos resultados da avaliação de valores culturais.

Para empresas de alta performance, as razões convincentes para a mudança devem se concentrar em três fatores – como a empresa pode se manter adaptável, posicionar-se para o *futuro* e construir sua resistência no longo prazo.

Passo 6: Alinhamento Pessoal

O alinhamento pessoal deve começar com a equipe de liderança. Para este fim, será importante que todos os membros da equipe de liderança, e do grupo ampliado de liderança, se concentrem em sua própria maestria pessoal, buscando feedback e, se necessário, o coaching, usando um instrumento de 360°, como a Avaliação dos Valores de Liderança (AVL).

Uma vez que a equipe de liderança tenha embarcado em um processo de maestria pessoal para melhorar a sua inteligência emocional, os subordinados diretos da equipe de liderança devem seguir o exemplo. Eventualmente, todos na organização que têm um papel de supervisão ou de gestão devem participar de algum tipo de processo de maestria pessoal.

Passo 7: Alinhamento Estrutural

O propósito do programa de alinhamento estrutural é reconfigurar estruturas, sistemas, processos, políticas, incentivos e procedimentos, para que eles reflitam plenamente a visão, missão, valores e comportamentos desejados pela organização para, dessa forma, institucionalizá-los na cultura da organização. Os sistemas e processos que podem precisar ser reconfigurados incluem:

- Seleção de novos empregados/executivos.
- Orientação de novos empregados/executivos.

- Avaliação de desempenho de empregados/executivos.
- Critérios de promoção de empregados/executivos.
- Seleção de membros talentosos para o desenvolvimento acelerado.
- Desenvolvimento de programas de liderança.
- Programas de treinamento em gestão.
- Programas de conscientização sobre valores.

Em grandes organizações, o alinhamento estrutural pode levar de 2 a 3 anos para ser implementado. A responsabilidade por isso geralmente recai sobre a equipe de Recursos Humanos. Este é o passo mais frequentemente esquecido em iniciativas de transformação cultural.

Passo 8: Alinhamento de Valores

O propósito do programa de alinhamento de valores é inculcar os valores e comportamentos defendidos pela organização no corpo de executivos e empregados. Para além do conteúdo informativo, o programa deve dar aos participantes a oportunidade de explorar seus próprios valores, compreendendo e praticando o conceito de tomada de decisão baseada em valores explicado no Capítulo 6.

Passo 9: Alinhamento da Missão

O propósito do programa de alinhamento da missão é inculcar a visão e a missão da organização no corpo de executivos e empregados. Para além do conteúdo informativo, o programa deve dar aos participantes a oportunidade de explorar seu próprio senso de missão e visão, enxergando como seu papel apoia a visão ou missão da organização. É muito importante que todos na organização tenham uma clara linha de visão entre o trabalho que fazem a cada dia e a visão e/ou missão da organização. Sem essa linha clara de visão, as pessoas não são capazes de valorizar a sua contribuição ou compreender como fazem a diferença.

Envolvendo Todo o Sistema

O processo de mudança sistêmica total requer a participação de todos os executivos e de um grande número de empregados durante as diferentes fases do processo. Várias técnicas estão disponíveis para a participação sistêmica total. Estas incluem, entre outras, Investigação Apreciativa, Café Mundial, Tecnologia Espaço Aberto. Uma visão geral desses três processos pode ser encontrada no Capítulo 25.

Os três erros mais frequentes em iniciativas de transformação cultural são os seguintes:

Erro 1: Concentrar-se Somente no Alinhamento Pessoal

Muitas organizações concentram-se no alinhamento pessoal sem fazer nada sobre o alinhamento estrutural. Isso só serve para agravar o descontentamento e a desilusão no corpo de executivos e empregados. Quando os empregados retornam de programas de maestria pessoal, costumam voltar com uma maior consciência pessoal sobre como interagir com seus colegas. Eles rapidamente se tornam desiludidos quando percebem que, embora tenham mudado, a organização não mudou. Os novos comportamentos que aprenderam não são praticados por seus superiores e não são recompensados.

Erro 2: Foco Apenas na Coesão do Grupo

Outro erro frequente é colocar o foco na construção da equipe sem antes realizar um programa de alinhamento pessoal que envolva a maestria pessoal. Isso limita o potencial de sucesso porque as pessoas entram nos programas sem o autoconhecimento e as habilidades interpessoais necessárias para tornar o exercício de construção da equipe um sucesso. Para o máximo impacto, os programas de construção da equipe ou coesão de grupo devem ser precedidos por um programa de alinhamento pessoal.

Erro 3: A Falha em Personalizar os Programas de Transformação

Agentes de mudança e consultores frequentemente cometem o erro de usar programas de formação de equipe ou alinhamento pessoal genéricos, que não foram adaptados às necessidades específicas da organização, divisão ou unidade de negócios com a qual estão trabalhando. Quando você realiza uma avaliação dos valores culturais de sua organização, você sabe imediatamente quais as questões que precisam ser enfrentadas e que tópicos o seu programa de construção de equipe e alinhamento pessoal deve atacar.

NOTAS

118 www.ihexcellence.com
119 www.stateofgracedocument.com

120 Veja o Capítulo 17 para um excelente exemplo dos resultados de uma AVL.
121 Patrick Lencioni. *Os Cinco Desafios de uma Equipe*.
122 William Isaacs. *Dialogue and the Art of Thinking Together*. New York: Doubleday, 1999.
123 Bohm, D. and Edwards, M. *Changing Consciousness: Exploring the Hidden Source of the Social, Political and Environmental Crisis Facing the World*. San Francisco: Harper, 1991.
124 Nancy Klein. *Time to Think: Listening to Ignite the Human Mind*. London: Cassell Illustrated, 1999.
125 Sou grato a Martin Sande da Preera, na Suécia, por me apresentar o conceito dos tempos circular e triangular.
126 Open Space Technology: A highly scalable and adaptable method for holding group discussions that address a specific purpose or task.
127 Harrison Owen. *Wave Rider: Leadership for High Performance in a Self Organising World*. San Francisco: Berrett-Koehler 2008, p. 206.
128 Cinco ou seis valores correspondentes é mais ou menos o máximo que se pode obter numa avaliação de valores porque a lista de valores que as pessoas podem consultar para escolher seus valores pessoais é diferente da lista dos valores culturais: não há valores organizacionais (estabilidade financeira, satisfação do cliente, produtividade etc.) na lista de valores pessoais.
129 Como a lista usada para escolher os valores da cultura atual e desejada é a mesma, é possível ter 10 valores correspondentes. Seis ou mais correspondências entre valores da cultura atual e desejada representam um alto nível de alinhamento da missão.
130 Análise de valores defendidos: um dos resultados que se pode obter a partir de uma Avaliação de Valores Culturais.
131 Richard Barrett. *Building a Values-Driven Organisation: A Whole System Approach to Cultural Transformation*. Boston: Butterworth-Heinemann, 2006.
132 http://www.mars.com/global/who-we-are/the-five-principles.aspx
133 Richard Barrett. *Building a Values-driven Organisation: A Whole System Approach to Cultural Transformation*. Boston: Butterworth-Heinemann, 2006.
134 Ed Michaels, Helen Handfield-Jones and Beth Axelrod. *The War for Talent*. Harvard Business School Press, McKinsey & Company, Inc., 2001.
135 O S&P 500 é uma respeitada lista das 500 maiores empresas de capital aberto dos EUA.
136 *Engagement and Culture: Engaging Talent in Turbulent Times*. Position paper prepared by Hewitt Associates, 2008.
137 Mathew Gilbert. *True Believers at Methodist Hospital*. Workforce Management Magazine, February 2005, pp. 67-69.
138 Point of View: What Makes a Company a Best Employer? Hewitt Associates LLC, www.hewitt.com.
139 Ken Wilbur. Uma breve história de tudo.
140 Esta é uma versão simplificada do processo descrito em *Building a Values – Driven Organisation: A Whole System Approach to Cultural Transformation*. Boston: Butterworth-Heinemann, 2006; pp. 119-157.
141 Richard Barrett. *Libertando a Alma da Empresa*. Cultrix.

21

Coesão Externa nas Organizações

A coesão externa no contexto de se liderar uma organização diz respeito a dotar os líderes das habilidades e capacidades necessárias para gerenciar os relacionamentos da organização com seus stakeholders externos – investidores, clientes, parceiros, comunidades em que a organização está sediada e a sociedade em geral. Isso exigirá um compromisso com a cooperação e a capacidade de construir relacionamentos empáticos.

Há duas áreas específicas nas quais os líderes precisam se concentrar a este respeito:

- *Responsabilidade Social:* as relações da organização com as comunidades locais onde a organização está sediada e a sociedade em geral.
- *Liderança Ética:* as relações da organização com a sociedade e o impacto sobre os investidores – desvios de ética quase sempre levam a perdas financeiras.

Responsabilidade Social

Existem duas áreas de responsabilidade social que os líderes devem considerar como sendo de alta prioridade:

- Apoiar a saúde e o bem-estar das pessoas nas comunidades locais em que operam.
- Garantir a saúde ambiental e ecológica do planeta.

Bem-estar da Comunidade Local

Um líder empresarial que reconheceu a sua responsabilidade para com a sua comunidade local foi Aaron Feuerstein. Em 11 de dezembro de 1995, sua indústria têxtil Malden Mills, localizada na pequena cidade de Lawrence, Massachusetts, nos Estados Unidos, foi incendiada. Feuerstein usou o dinheiro do seguro para reconstruir a fábrica e também manteve a folha de pagamento de todos os seus empregados, incluindo os benefícios durante os seis meses de reconstrução.

Ele declarou mais tarde: "Teria sido injusto colocar 3.000 pessoas na rua e aplicar um golpe mortal sobre as cidades de Lawrence e Methuen". Desde então, a fábrica passou por altos e baixos, mas ainda é um empregador importante na região. Feuerstein poderia facilmente ter pego o dinheiro e se aposentado. Suas ações fizeram dele um herói local.

Se você está em um negócio de prestação de serviços a uma comunidade local, tais como serviços bancários, o envolvimento na comunidade será uma das maneiras de mostrar a seus clientes que você se preocupa com eles e com suas vidas. É frequente vermos que o envolvimento com a comunidade é um dos dez valores mais importantes em bancos de sucesso.

Saúde Ambiental e Ecológica

Um líder empresarial que reconheceu a sua responsabilidade de criar um futuro sustentável para a humanidade é Ray Anderson, presidente e ex-CEO da Interface Inc., o maior produtor mundial de revestimentos para pavimentos comerciais.

Em 1994, Anderson descobriu o livro de Paul Hawken, *A Ecologia do Comércio*[142]. Isso mudou sua vida. Ele decidiu que era hora de "corrigir os erros da primeira revolução industrial" através da construção de uma empresa totalmente sustentável, que teria como meta o desperdício zero. Ele desafiou os seus empregados, não apenas a buscarem a sustentabilidade, mas também a se tornarem restauradores – devolvendo mais do que a empresa retirava e fazendo o bem para a Terra. Ele também desafiou seus fornecedores a se alinharem com a filosofia Interface.

Comentando sobre os resultados desta mudança de filosofia, Anderson afirma:

> Os custos diminuíram, e não aumentaram, desfazendo um mito e expondo a falsa escolha entre a economia e o ambiente, os produtos estão melhores do que nunca, porque o design sustentável tem proporcionado uma fonte inesperada de inovação, as pessoas são galvanizadas em tor-

no de um objetivo comum maior, pessoas melhores se candidatam aos empregos, as melhores pessoas estão ficando e trabalhando com um propósito, a boa-vontade do mercado gerada por nosso foco na sustentabilidade excede em muito aquilo que qualquer quantidade de publicidade ou despesa de marketing poderia ter gerado – esta empresa acredita ter encontrado um caminho melhor para um lucro maior e mais legítimo, um modelo de negócio melhor.

Cada aspecto do negócio da Interface é uma prova de nossa cultura e do compromisso partilhado dessa cultura com a sustentabilidade – incorporado na forma em que fazemos, vendemos e distribuímos tapetes e nos apresentamos aos nossos clientes e associados; e é sustentada pelas inovações que emergem de nossos escritórios e fábricas ao redor do mundo.[143]

O "modelo de negócio melhor" da Interface está ancorado nos valores de: serviço, inovação, liderança, comprometimento, gestão, integridade, comunicação, individualidade e crescimento profissional.

De acordo com a empresa EcoMetrics™ e sistemas de medição Sociometrics™, instalados em 1994, a Interface está prosperando e continuamente se aproximando em sua visão de sustentabilidade. Algumas de suas realizações notáveis incluem:

- Aumento em dois terços nas vendas e duplicação nos lucros desde que adotaram a sustentabilidade.
- Custos evitados com a eliminação de resíduos desde 1995 estimados em 405 milhões de dólares.
- Resíduos totais enviados para aterros sanitários, desde 1996, diminuíram em 67%.
- Consumo total de energia nas plantas de fabricação de tapetes caiu 44% desde 1996.

A cultura única da Interface tem sido amplamente reconhecida e a empresa está listada entre os "Melhores Lugares para se Trabalhar", da revista Fortune.

O líder do novo paradigma do Século XXI deve estar familiarizado com as ideias e conceitos que apoiam os movimentos ambientais e ecológicos tais como o Natural Step[144]. Eles também devem estar familiarizados com as iniciativas da ONU sobre a sustentabilidade global, como os Objetivos do Milênio[145], bem como compreender quando e onde utilizar técnicas que permitam a exploração de futuros alternativos, tais como Planejamento de Cenários[146] e a Teoria-U.[147]

O líder do novo paradigma terá de colaborar com os "concorrentes" no desenvolvimento de normas de mercado que regulem a concorrência de forma que apoie um futuro sustentável para a nossa sociedade global, e adote modelos de ética e políticas internacionalmente reconhecidos, tais como os contidos na Carta da Terra[148] ou na Mesa Redonda de Caux[149].

Estes desafios vão muito além do que nossas escolas de administração ensinam. Eles chegam ao coração dos nossos valores humanos coletivos. Eles colocam as empresas numa trama social na qual ter sucesso fazendo o bem se torna a filosofia comercial dominante, e na qual as nossas empresas já não procuram ser as melhores do mundo, mas sim ser melhores para o mundo. A liderança deste calibre exigirá um forte compromisso com a conduta ética.

Para apoiar o movimento em direção a práticas de negócios sustentáveis, Keith Cox, do idgroup, uma empresa de consultoria com sede na Flórida, explica sua abordagem empresarial da seguinte forma:

> *Com base em nossa extensa pesquisa, experiência prática e numerosas conversas com líderes e pioneiros na área de negócios, acreditamos que a sustentabilidade pode ser descrita por um conjunto de valores fundamentais que se manifesta de forma diferente em cada organização. Antes de embarcar em uma jornada de sustentabilidade, é importante para a organização se perguntar: "A sustentabilidade é importante e o que ela significa para nós?" "Até que ponto estamos dispostos a incorporá-la em nossa cultura, práticas empresariais, estruturas e sistemas?"*

Cox desenvolveu uma Avaliação dos Valores de Sustentabilidade (AVS) com base no modelo dos sete níveis de consciência e na Avaliação de Valores Culturais do Centro de Valores Barrett. A AVS identifica as oportunidades para aumentar a sustentabilidade e as barreiras que podem inviabilizar a sustentabilidade em uma organização. Esses *insights* podem então ser usados para conduzir produtos/serviços inovadores, práticas de negócios mais "verdes" e liderança responsável.

A AVS pode ser usada para:

- Lançamento de jornada de sustentabilidade de uma organização.
- Envolver os stakeholders.
- Avaliar os parceiros da cadeia de abastecimento.
- Acompanhar o progresso da jornada de sustentabilidade de uma organização.

Para mais informações sobre a realização de uma Avaliação de Valores de Sustentabilidade e sobre como criar uma empresa orientada à sustentabilidade por favor visite http://idgroup.us/.

Liderança Ética

Como líder e guardião da sua organização, caberá a você demonstrar os mais altos níveis da liderança ética e garantir que sua equipe de liderança e cada empregado façam o mesmo. Desvios de ética têm custado bilhões de dólares às empresas ao longo das últimas décadas e, em alguns casos, como o do Barings Bank, levaram ao fim da empresa. O Barings era o banco comercial mais antigo em Londres, até o seu colapso em 1995. Um dos empregados do banco, Nick Leeson, perdeu 1,3 bilhão de dólares especulando principalmente em contratos no mercado futuro. Devido à ausência de fiscalização e a falta de valores éticos, Leeson foi capaz de fazer jogadas aparentemente pequenas no mercado futuro por meio do Barings Futures em Cingapura e cobrir as diferenças, lançando essas perdas como ganhos para o Barings em Londres, manipulando os balancetes.

Ele foi capaz de manter sua farsa porque Leeson atuava tanto como gerente da Barings na Bolsa de Valores de Cingapura (SIMEX), como chefe de operações de liquidação. Esses cargos normalmente teriam sido ocupados por dois empregados diferentes. Com isso, Leeson foi capaz de operar sem qualquer supervisão de Londres.

Após o colapso, vários observadores, incluindo o próprio Leeson, colocaram grande parte da culpa sobre a auditoria deficiente do banco e as práticas internas de gestão de risco. Em seu livro, *Rogue Trader*,[150] Leeson afirma:

> *Pessoas na matriz de Londres do Barings se achavam tão sabe-tudo que ninguém se atrevia a fazer uma pergunta estúpida para não parecerem estúpidos na frente de todo mundo.*

Um memorando interno, com data de 1993, havia advertido a sede de Londres sobre a permissão para que Leeson atuasse tanto como negociante quanto como diretor de liquidação: "Corremos o risco de criar um sistema que será desastroso". Nada foi feito.

Em janeiro de 1995, a SIMEX expressou sua preocupação ao banco com relação a Leeson, mas tanto não adiantou como o banco ainda lhe enviou um bilhão de dólares para continuar sua negociação. Um relatório das autoridades de Singapura sobre o colapso relata com descrença os protestos por parte dos superiores de Leeson, que foram todos forçados a se demitir, dizendo que não sabiam nada sobre atividades corruptas de Leeson. O problema no Barings Bank era um problema da cultura. E o problema começou no topo.

David Gebler, um líder no pensamento sobre ética empresarial, afirma inequivocamente que:

> *A cultura é o principal fator de risco que compromete a integridade e a conformidade nas empresas atualmente. Mesmo os líderes iluminados podem não estar cientes de como a sua liderança ética está sendo adotada e praticada no campo. Aspectos da cultura e subculturas da organização podem estar operando em contradição direta com os princípios articulados pelo líder.*[151]

Para ajudar os líderes a identificar os riscos de cultura de base, Gebler, juntamente com o Centro de Valores Barrett, desenvolveu uma Avaliação de Riscos Culturais.[152] A avaliação identifica áreas de potenciais fraquezas éticas, centrando-se em valores, particularmente valores limitantes que poderiam causar ou levar a desvios éticos e desastres financeiros.

Em seu livro, *Ethicability*[153], Roger Steare identifica três componentes essenciais da liderança ética:

- *Consciência de princípios:* Agir em conformidade com nossos valores/virtudes profundamente arraigados.
- *Consciência social:* Agir da forma que é considerada certa ou aceitável em um contexto social específico.
- *Cumprimento de regras:* Atuar dentro e de acordo com direitos e deveres legais.

Consciência de Princípios

Este é o tipo de consciência que exibimos quando estamos operando a partir de nossa mente-alma. É o que nos mantém íntegros e cria autenticidade. Em sua essência, a consciência de princípios é a tomada de decisão baseada em valores. Um alto grau de maestria pessoal é essencial para operarmos com consciência de princípios, porque é preciso coragem para fazer o que se sabe e se acredita ser o certo em todas as situações. Quando as pessoas estão focadas na tentativa de satisfazer as suas necessidades de deficiência, a consciência de princípios pode acabar sendo jogada no lixo. A consciência de princípios exige altos níveis de integridade.

Consciência Social

É semelhante à consciência de princípios, mas em um contexto maior. O desafio agora é viver de acordo com os valores do grupo ao qual você é ligado ou ao qual você pertence. A consciência social funciona segundo o princípio de que o que é melhor para a maioria deve ter precedência sobre o que é melhor para o indivíduo. Eu dei um exemplo disso na seção anterior, quando escrevi sobre indicar seus melhores funcionários para promoções em outras áreas da organização. Isso é bom para a organização, mas você pode não considerar que seja a melhor coisa para você. Você só vai operar com uma consciência social caso se identifique com o grupo ao qual pertence.

Aaron Feuerstein estava operando com a sua consciência social, quando decidiu manter seus trabalhadores na folha de pagamento, enquanto reconstruía a fábrica incendiada.

A consciência social exige que os costumes do grupo ao qual estamos ligados se tornem o quadro de valores a partir do qual você toma decisões. Isto pode se apresentar com um dilema pessoal, se a sua consciência de princípios se confrontar com a consciência social dentro da qual você opera. Você também será confrontado com um dilema se a moral aceita no seu setor de negócios entrar em conflito com a moral de sua sociedade ou com sua própria consciência de princípios.

Cumprimento da Regra

As regras existem para ajudar as pessoas a distinguir claramente o que é um comportamento aceitável ou não aceitável: distinguir o que se acredita estar certo do que se acredita ser errado. Normalmente existem consequências legais, na forma de punições, se você deixar de viver de acordo com as regras. As regras só são necessárias quando não se pode confiar que as pessoas vão fazer a coisa certa.

Como a sociedade acredita que os líderes empresariais não são confiáveis, as empresas têm sido forçadas a seguir regras e mais regras, particularmente com relação ao setor financeiro e assuntos que dizem respeito aos acionistas. Um exemplo de regras no setor financeiro é a Lei Sarbanes Oxley, aprovada pelo Congresso americano, em 2002.

Esta lei foi promulgada como uma reação a uma série de grandes escândalos contábeis, incluindo os da Enron, Tyco International e WorldCom. Esses escândalos, que custaram bilhões de dólares aos investidores quando os preços das ações dessas empresas caíram e afetou a pensão de milhares de pessoas, abalaram a confiança pública nos mercados nacionais de valores mobiliários.

A Lei Sarbanes Oxley estabeleceu padrões novos e aprimorados para todos os conselhos diretivos, de gestão e de contabilidade das empresas de capital aberto dos EUA. Ela não se aplica a empresas de capital fechado.

A implementação desta lei, que foi criada para lidar com um número muito pequeno de líderes que haviam ignorado todas as regras e abandonado qualquer consciência de princípios ou social que tinham, colocou um enorme fardo financeiro sobre as empresas não só nos EUA mas em todo o mundo. Dezenas de milhares de trabalhadores tiveram de ser treinados em conduta ética para atender às exigências da lei. A maior parte deste custo foi repassada ao público em geral sob a forma de preços mais elevados. Se vivêssemos em um mundo orientado por valores, isto não teria sido necessário. A vantagem de regras baseadas em marcos legais é que eles criam um ambiente seguro para fazer negócios. O problema com elas é que, muitas vezes, elas trazem um grande custo social.

Uma Boa Vida e um Mundo Melhor

Em última análise, Roger Steare[154] conclui que o propósito da ética é fornecer um quadro para se viver uma boa vida e para se criar um mundo melhor. Ele fornece uma lista de ações que você pode seguir, quando se deparar com um dilema ético ou simplesmente uma situação que está causando preocupação.[155]

Preparação

- Reserve um tempo para lidar com o seu dilema.
- Como você se sente?
- Quem está envolvido?
- Quais são os fatos?
- Trata-se de que tipo de dilema?
- Quais são suas intenções?
- Quais são suas opções?
- Você já pensou nisso de forma criativa?

Decida o que é Certo

- Quais são as regras?
- Você está agindo com integridade?
- A quem isso faz bem?
- A quem poderia fazer mal?
- Qual é a verdade?

Testando a Decisão

- Como você se sentiria no lugar deles?
- O que seria justo e razoável?
- O que seria a coisa adulta a se fazer?
- O que iria construir confiança e respeito?
- O que resistiria ao teste do tempo?
- Você teria a coragem de mudar para fazer o que é certo?
- O que você pode aprender com este dilema?

NOTAS

142 Paul Hawken. *A Ecologia do Comércio.*
143 http://www.interfaceglobal.com/Sustainability.aspx
144 http://www.naturalstep.org
145 http://www.un.org/millenniumgoals
146 http://en.wikipedia.org/wiki/Scenario_planning

147 http://www.generonconsulting.com/publications/papers/pdfs/UProcess_Social_ Technology.pdf
148 http://www.earthcharterinaction.org.
149 http://www.cauxroundtable.org.
150 Nicholas William Leeson. *A História do Homem que Levou o Banco Barings à Falência*. Record, 1997.
151 Troca de e-mails entre o autor e David Gebler, fevereiro de 2010.
152 Para maiores informações visite: www.skoutgroup.com.
153 Roger Steare. *Ethicability: How decide what's right and have the courage to do it*. Roger Steare Consulting Limited, Great Britain, 2009.
154 Roger Steare. *Ethicability: How decide what's right and have the courage to do it*. Great Britain: Roger Steare Consulting Limited, 2009, p. 116.
155 Para maiores informações visite: www.ethicability.org.

22

Práticas Gerais

Existem várias práticas gerais que irão apoiá-lo no desenvolvimento de sua capacidade de liderar uma organização. As mais importantes dentre elas são:

a) gestão da mudança;
b) gestão de resiliência;
c) desapegar-se do controle;
d) receber feedback;
e) encontrar um mentor;
f) desenvolver um diário de liderança – construindo passo a passo o seu conhecimento e aprendendo lições sobre o que é preciso fazer para se tornar um líder de espectro total.

Gestão da Mudança

O fator-chave na criação de uma organização de sucesso é a capacidade do líder para gerenciar a mudança. A mudança é a única coisa que é constante na existência humana. Os líderes de maior sucesso compreendem esse fato e são adeptos de se examinar o ambiente interno e externo da organização em busca dos sinais de mudança que podem ser ameaças à sobrevivência da organização ou oportunidades que podem ser exploradas para se prosperar.

Os melhores líderes operam com um alto nível de consciência, e têm um propósito elevado. Para cumprir seu propósito mais elevado, eles têm que manter ou melhorar a estabilidade interna e o equilíbrio externo da organização. Eles fazem isso aprendendo a dominar as cinco características evolutivas:

- Eles são adaptáveis.
- Eles estão aprendendo continuamente.
- Eles sabem como se ligar para criar coesão interna.
- Eles sabem como cooperar para criar coesão externa.
- Eles sabem como lidar com a complexidade.

Eles também praticam as onze estratégias para permanecer no fluxo descritas no Capítulo 11.

Gestão da Resiliência

A resiliência é a capacidade que uma entidade tem de resistir e se recuperar de choques que testam a sua capacidade de funcionamento contínuo. O funcionamento contínuo é essencial para o alto desempenho. Avarias, interrupções e greves influenciam significativamente o desempenho organizacional e, com isso, os resultados que uma organização é capaz de alcançar. Portanto, é essencial investir na resiliência, tanto cultural quanto operacional.

Resiliência Cultural

O fator-chave de resiliência cultural é o nível de engajamento dos empregados – o nível de alinhamento de valores e de alinhamento da missão que os empregados têm com a organização. Empregados comprometidos fazem voluntariamente um esforço extra em tempos difíceis. Eles estarão dispostos a dar "aquele algo a mais". Empregados não engajados vão para casa e deixam o problema para trás para que outra pessoa lide com ele ou retomam no dia seguinte. Quando Aaron Feuerstein pagou o salário do seu pessoal, enquanto sua fábrica estava sendo reconstruída, ele construiu um crédito de boa-vontade entre os seus empregados, o que aumentou o seu engajamento e contribuiu para a resiliência futura da organização.

Resiliência Operacional

Há três requisitos-chave para a resiliência operacional:

- Disponibilidade de recursos para efeitos de produção – materiais e de pessoal.

- Sistemas de backup para a produção – equipamentos e máquinas.
- Sistemas de backup para tecnologia de software – armazenamento de dados e software de produção.

Para cada uma dessas áreas da organização, deve haver um plano de contingência que pode ser facilmente colocado em operação.

Desapego do Controle

Uma das coisas mais difíceis que os líderes têm de aprender a fazer é o desapego: desapego da sua necessidade de controle; desapego da sua necessidade de estar envolvido nos detalhes e desapego da sua necessidade de ser o chefe. Os melhores líderes são aqueles que reconhecem que seu trabalho é se preocupar com a realização do seu pessoal, e com as experiências dos stakeholders.

Seu trabalho como líder da organização deve ser um modelo para a cultura que você acha que vai permitir que todos na organização cresçam e se desenvolvam. Você só será capaz de fazer isso se conseguir se tornar um exemplo vivo das cinco características evolutivas. Nunca se esqueça: quem você é e como se comporta definem a cultura da organização.

Além de ser um modelo, seu trabalho é gerenciar os valores da organização e criar painéis/scorecards de desempenho para a organização, para que você e todo mundo saibam exatamente o que está acontecendo em qualquer momento no tempo. Quando você trabalha com os indicadores corretos, a organização funciona sozinha. Seu trabalho é saber que alavancas puxar quando a organização não conseguir atingir um alto desempenho. Seu outro trabalho muito importante é acompanhar e gerenciar a mudança. Aprender a desapegar-se é parte de sua jornada espiritual. As dificuldades que você experimenta e as emoções que sente quando precisa exercitar o desapego, todos dizem respeito a liberar os seus medos e aprender a confiar: confiar nas pessoas, confiar no universo e confiar em suas próprias habilidades intuitivas, para que você possa intervir se, e quando, necessário, fazendo pequenas correções nos momentos mais apropriados. A razão pela qual apelamos para o controle é porque não confiamos nos outros, não confiamos em nossa intuição e não temos todas as informações necessárias para monitorar a estabilidade interna e o equilíbrio externo da organização.

Receber Feedback

Os líderes das organizações são capazes de medir o quão bem elas estão se saindo, monitorando os seguintes indicadores:

- O desempenho geral da organização – indicadores culturais e financeiros.
- A relação com stakeholders-chave – indicadores de clientes e empregados.
- O desempenho pessoal do líder – indicadores de habilidades e capacidades de autoliderança.

Indicadores Culturais e Financeiros

Eu coloco o desempenho cultural à frente do desempenho financeiro, porque ele é um indicador de tendências. Os resultados financeiros da organização são indicadores de resultado, que contam o que aconteceu após o fato. Sempre que você está olhando para o seu resultado financeiro, você está olhando no espelho retrovisor. Sempre que está olhando para indicadores culturais, você está olhando para a estrada à sua frente, principalmente quando compara a cultura atual com a cultura desejada em uma avaliação de valores culturais. Os líderes de uma organização conduzem a cultura; a cultura conduz a realização do empregado; a realização do empregado conduz a satisfação do cliente e a satisfação do cliente conduz o desempenho financeiro. Veja a Figura 22.1.

Figura 22.1 Impulsionadores de desempenho no setor privado.

PARTE 4: LIDERAR UMA ORGANIZAÇÃO **383**

Se você lidera uma organização sem fins lucrativos ou agência governamental a cadeia causal é ligeiramente diferente: os líderes conduzem a cultura; a cultura conduz a garantia da missão; e a garantia da missão[156] conduz a satisfação do cliente. Ver Figura 22.2.

Figura 22.2 Impulsionadores do desempenho no setor público.

Em todos os casos – sejam lucrativos ou não-lucrativos os fins da instituição ou agência – o desempenho da organização pode ser rastreado até a cultura que é criada pelos líderes da organização e até o legado institucional de líderes do passado.

Realizar uma avaliação dos valores culturais anual ou semestral fornece tudo que você precisa saber para gerenciar a cultura da sua organização. Os principais indicadores de desempenho cultural são: entropia cultural, o número de valores correspondentes na cultura pessoal e atual, e o número de valores correspondentes na cultura atual e desejada. O número de valores pessoais e culturais correspondentes é uma medida proxy para o alinhamento de valores, e o número de valores correspondentes da cultura atual e desejada é uma medida proxy para o alinhamento da missão.

Por causa de responsabilidades e requisitos legais e fiduciários, as organizações geralmente são bastante hábeis em gerir os seus resultados financeiros. As principais medidas de desempenho financeiro sobre os quais os líderes têm algum controle são despesa, receita e, consequentemente, o lucro. Os líderes não têm a mesma medida de controle sobre os preços das ações da empresa. Isso pode mudar de acordo com os caprichos, medos e crenças de investidores e analistas ou previsões financeiras.

Clientes e Empregados

No que diz respeito à organização, as duas partes que influenciam mais diretamente o desempenho são empregados e clientes. Eu os coloco nessa ordem porque o nível de satisfação e o engajamento dos empregados com a organização impactam diretamente o nível de satisfação do cliente.

Com relação aos empregados, as três medidas mais importantes são a entropia cultural, o alinhamento de valores e o engajamento dos empregados. Coloco a entropia e o alinhamento de valores antes do engajamento, porque eles são indicadores de tendência: não são apenas impulsionadores do engajamento, mas também conduzem o desempenho. A entropia e o engajamento são altamente correlacionados entre si, e também com o crescimento da receita. Quando você tem baixa entropia, e alto engajamento, você tem alto desempenho.

Quanto aos clientes, há duas abordagens que se pode seguir. Tradicionalmente, as organizações realizam pesquisas de satisfação do cliente. Elas oferecem feedback sobre fatores como qualidade do produto ou serviço, velocidade de entrega, manutenção etc. Recentemente, temos usado pioneiramente as avaliações de valores do cliente para fornecer o mesmo tipo de feedback obtido a partir de uma avaliação de valores da cultura de uma organização. Nesta situação, medimos os valores pessoais dos clientes, os valores que os clientes veem na organização e os valores que eles gostariam de ver na organização. Isto proporciona uma dimensão nova e diferente do feedback dos clientes, que diz para a organização quais são os valores que os clientes buscam quando interagem com a organização. Um exemplo dos resultados de uma Avaliação de Valores do Cliente pode ser encontrado no Capítulo 19. Esta avaliação foi feita para os clientes da equipe cuja avaliação de valores culturais é mostrada no Capítulo 15.

Desempenho Pessoal

O desempenho pessoal do líder é mais bem capturado usando-se um instrumento de feedback, como a Avaliação dos Valores de Liderança. Os principais indicadores são o nível de entropia pessoal, o número de valores correspondentes e o grau com que os valores mais votados pelos avaliadores abrange todo o espectro dos sete níveis de consciência.

Encontrar um Mentor

David Carter, que dirige uma empresa de orientação para líderes de negócios, descobriu que empregar um bom mentor pode produzir um retorno de pelo menos dez vezes o investimento ao longo de um período de 12 meses.[157]

Na medida em que os líderes empresariais estão se tornando cada vez mais jovens, devido à aposentadoria dos líderes da velha geração, eles acabam sendo menos experientes em lidar com a complexidade, e necessitam cada vez mais do tipo de conselho que os mentores profissionais podem oferecer.

Encontrar o mentor certo é importante. Primeiro, e acima de tudo, você precisa escolher um mentor que seja experiente em seu setor e altamente respeitado pelos seus pares.

Além disso, você precisa escolher alguém que apresente as seguintes características:

- Responsabilidade.
- Credibilidade.
- Honestidade.
- Integridade.
- Confiança.
- Compromisso.
- Parceria.
- Confiabilidade.
- Paciência.
- Sensibilidade.

Meu Diário de Liderança: Liderando uma Organização

Esta é a terceira parte de seu diário de liderança que se concentra em você como líder de uma organização. Este documento (*Meu Diário de Liderança: Liderando uma Organização*) pode ser baixado e instalado no seu computador com links automáticos no site do Novo Paradigma da Liderança. À medida que você trabalhar com os exercícios do Manual – Liderando uma Organização e, gradualmente, completar o seu diário de liderança, Liderando uma Organização, você pode julgar necessário atualizar o seu Diário de Liderança: Liderar a si Mesmo e Liderar os Outros.

Aqui estão os títulos dos principais capítulos do diário de liderança Liderando uma Organização para download:

A Jornada da Minha Organização

- A história da minha organização.
- A história de liderança da minha da organização.

O Potencial da Minha Organização

- Os pontos fortes da minha equipe de liderança/organização.
- Um dia no fluxo para a minha equipe de liderança.
- Os valores/comportamentos da minha organização.
- A visão/missão da minha organização.

Desafios da Minha Organização

- A entropia da minha equipe de liderança/organização.
- Os pontos de estresse da minha equipe de liderança/organização.
- As disfunções da minha equipe de liderança/organização.
- As metas e ações da minha equipe de liderança/organização.

Minha Maestria Organizacional

- As perguntas de mudança da minha equipe de liderança.
- As habilidades e capacidades de gerenciamento da minha equipe de liderança.
- O Scorecard de minha equipe de liderança.

Crescimento da Minha Organização

- A evolução da minha equipe de liderança/organização.
- O desempenho/feedback da minha equipe de liderança/organização.
- Os pontos de poder da minha equipe de liderança/organização.
- Os compromissos da minha equipe de liderança/organização.

O manual para download eletrônico e o diário de liderança, juntamente com o site do Novo Paradigma da Liderança e este livro, fornecem os materiais e recursos que você precisa para aprender a liderar uma organização.

Conclusões

Como expliquei na introdução desta parte do livro, o propósito do módulo de liderar uma organização do programa evolutivo de desenvolvimento de liderança é ajudar a construir uma organização de alto desempenho. Você só será capaz de fazer isso se for capaz de apoiar a sua equipe de liderança e toda a organização na busca de realização pessoal, criando um ambiente onde as pessoas sejam capazes de realizar o seu potencial como seres humanos.

Esta viagem começa com a decisão consciente de evoluir e assumir a responsabilidade por todos os aspectos da sua vida. Você não pode guiar sua equipe ou sua organização neste caminho enquanto não tiver dominado as habilidades necessárias para liderar a si mesmo.

Na próxima parte do livro, vamos explorar o quarto módulo do programa em quatro partes para desenvolvimento de liderança – aprendendo a liderar na sociedade.

NOTAS

156 Garantia da missão é a habilidade de uma organização prestar os serviços exigidos na qualidade e quantidade necessárias para suprir a demanda.

157 www.merryck.com.

PARTE 5

Liderar na Sociedade

CAPÍTULO 23   Consciência Social

CAPÍTULO 24   Maestria Social

CAPÍTULO 25   Coesão Interna na Sociedade

CAPÍTULO 26   Coesão Externa na Sociedade

CAPÍTULO 27   Práticas Gerais

23

Consciência Social

Há muitas maneiras de você se tornar um líder no contexto da sociedade.[158] Você pode ser um político local ou nacional, você pode ser defensor ou ativista pela mudança social ou você pode criar ou gerenciar uma instituição de caridade, uma associação, uma equipe esportiva, um clube do livro, um grupo de estudo ou alguma outra forma de grupo de interesse. As possibilidades são infinitas.

Tudo o que você faz em um contexto social que envolve outras pessoas inevitavelmente envolverá também a criação de um grupo ou organização que terá de ser conduzida e gerenciada. Se você estiver envolvido com a liderança de um destes tipos de grupos, tudo o que escrevi sobre liderar a si mesmo, e mais o que escrevi sobre liderar os outros e liderar uma organização será útil para você.

No entanto, este não é o assunto desta seção do livro. Minha intenção nesta parte final da obra é focalizar as habilidades e capacidades que são necessárias para a liderança na sociedade. No mundo contemporâneo, isso significa ser um líder de sua comunidade/nação ou um ativista de uma causa que melhora a condição humana ou a sustentabilidade do nosso ambiente natural. O que vou descrever vai até o núcleo daquilo que significa ser um líder e um ser humano de espectro total.

Você Quer Ser um Líder Social?

A liderança na sociedade é muito mais exigente do que liderar uma organização porque você precisa atrair seguidores, pessoas que escolhem apoiar você e suas ideias. Isto significa muitas discussões, debates e apresentações. Você terá de ser o centro das atenções, e vai precisar defender suas ideias. Se você se tornar um político local ou nacional, quanto mais sucesso você tiver, mais a sua vida estará sob escrutínio público intenso.

Se você já liderou uma organização, já tem experiência nesta área. Se não, pode ser importante refletir. As perguntas que você precisa responder antes de embarcar na jornada de se tornar um líder na sociedade são: Esta é a vida para a qual você foi talhado? É isso que você deseja fazer? Esse papel tira você da sua zona de conforto?

Se você é uma pessoa que prefere trabalhar nos bastidores, ou se sente desconfortável diante de grandes grupos, você pode querer alinhar a sua paixão em fazer a diferença a algum líder ou causa estabelecidos. Quando você se torna um líder da sociedade, precisa estar ciente de quatro condições necessárias para atrair e reter seguidores:

- Clareza de propósito.
- Habilidades de autoliderança exemplares.
- Capacidade de inspirar os outros.
- Capacidade de alavancar suas ideias.

Clareza de Propósito

Mantenha a sua mensagem simples: Qual é a sua grande ideia, e o que você representa? Mantenha-se focado. Mantenha-se fiel ao seu propósito. Quando você se torna um líder reconhecido é muito fácil ser atraído ou arrastado para áreas periféricas que devoram seu tempo e energia sem contribuir para o seu propósito. Isso não é um concurso de popularidade. Você está aqui para implementar o seu propósito. Se permanecer fiel à sua causa, todo o resto vai se encaixar.

Habilidades de Autoliderança Exemplares

Se você optar por ser um líder político, tudo que você fizer estará sujeito ao escrutínio público intenso. Você deverá levar uma vida sem mácula, e as pessoas vão exigir que você opere com os mais altos níveis de integridade pessoal. Seus eleitores esperam isso de você e seus adversários políticos estarão constantemente à procura de eventuais falhas pessoais que possam explorar para obter ganhos políticos. Isso significa que suas habilidades e capacidades de liderar a si mesmo terão de ser exemplares. Mesmo que você não seja um político, seus seguidores esperam que você atue com autenticidade e integridade.

Inspirar os Outros

Sua capacidade de inspirar os outros com a sua mensagem é de primordial importância para atrair seguidores para a sua causa. Você é um bom orador? Você se conecta com as pessoas emocionalmente? Você fala a partir da sua alma? Suas apresentações de slides são sedutoras? Você tem um estilo de escrita claro? Você parece limpo e arrumado? Você vai precisar dar toda a atenção a esses assuntos se quiser que as pessoas se juntem à sua causa. Você terá de ser autorrealizado e impulsionado por seu propósito (Veja o Capítulo 7), e precisará se cercar de realizadores movidos pelos resultados se quiser ser bem-sucedido na sua função.

Alavancar suas Ideias

Não há muito propósito em ter uma causa e uma paixão se você não for capaz de alavancar o seu impacto no mundo. Clareza de propósito, habilidades de autoliderança exemplares e a capacidade de inspirar os outros serão muito úteis nesse sentido. Se você quiser alavancar suas ideias, vai ter que se tornar um líder servidor cocriativo. Você vai ter que ser capaz de trabalhar com os outros em alianças estratégicas. Vai ter que se assegurar de que suas ideias e aquilo que você defende estão disponíveis em materiais facilmente digeríveis que outras pessoas possam usar para apoiar sua causa. Faça pleno uso das mídias sociais para divulgar suas ideias. Seu trabalho é começar a construir um movimento. Você só conseguirá fazer isso se for capaz de atrair seguidores e tornar fácil que eles divulguem a sua mensagem.

O que isto significa é que, se você quiser ser um líder na sociedade, não só terá que ser altamente qualificado para liderar a si mesmo, como também terá que ser muito hábil em atrair seguidores e liderá-los.

Você é Capaz de Ser um Líder Social?

Para se tornar um líder de sucesso na sociedade do Século 21, você precisa demonstrar as seguintes características:

- A coragem de ser diferente.
- A capacidade de nutrir os seus seguidores.
- Ser um "cidadão" global.
- Ser um indivíduo autorrealizado.
- Operar com uma mente autotransformadora.

A Coragem de Ser Diferente

Um líder na sociedade é alguém que larga na frente e mostra o caminho. Isso exige coragem. Se você tiver qualquer receio em torno de sua autoestima, isso não é algo que você vai achar fácil de fazer. Você tem que ter a coragem de suas convicções, e tem que estar disposto a ser ridicularizado. Em outras palavras, você tem que se libertar do medo. Se você tem medo de ser julgado, então nunca se tornará um líder. Um líder é alguém que desafia constantemente as suposições e permite que sua mente alcance lugares que ninguém alcançou antes.

Alimente seus Seguidores

É preciso tanta coragem para se tornar um primeiro seguidor quanto para se tornar um novo líder. Entre seus primeiros seguidores, você vai encontrar aqueles que se tornarão os líderes dos outros. Será importante reconhecer e estimular essas pessoas e todos os seus seguidores em todos os sentidos que você puder. Estas são as pessoas que vão abraçar as suas ideias e manifestá-las no mundo.

O líder do novo paradigma é mais um pensador do que um realizador, um arquiteto e não um construtor, um educador ao invés de um herói. O tempo dos heróis já passou. O líder do novo paradigma lidera por trás, e não pela frente. Os líderes do novo paradigma servem aos seus seguidores, porque sabem que é assim que ganham influência no mundo.

Um "Cidadão" Global

Vivemos em um mundo totalmente interdependente. Para ser um líder do novo paradigma eficaz, você deve ampliar o nível de consciência até o ponto onde seja capaz de se identificar com a humanidade e o planeta. Se você é um líder político, precisa ver, para além do estreito interesse próprio dos seus eleitores locais e de sua nação, as necessidades da humanidade. Seu trabalho é viver essa realidade e lembrar a todos que você conhece que vivemos em uma sociedade global interconectada. Estamos todos juntos nisto: ou todos ganhamos ou todos perdemos.

Um Indivíduo Autorrealizado

Você não pode se tornar um líder do novo paradigma se estiver preocupado com a satisfação das suas necessidades de deficiência. Você deve investir em se em tornar capaz de liderar a si mesmo. Você deve ser hábil na maestria pessoal. Você deve saber quem você é. Você deve ter um desejo profundo e apaixonado de cumprir seu destino no mundo através da entrega ao seu propósito de alma.

Operar com uma Mente Autotransformadora

Embora você precise ser muito claro sobre o que você defende como líder, você jamais deve cometer o erro de acreditar que está certo. Sempre deixe espaço para dúvidas. Você deve ser capaz de examinar as suas ideias junto com as ideias dos outros e escolher aquilo que faz mais sentido. Você deve estar sempre curioso e adotar a atitude de um eterno aprendiz. Seguir em frente cegamente, sem estar aberto ao feedback, é uma receita para o desastre.

Comece Construindo a sua Equipe de Liderança

Para ser um líder eficaz na sociedade você vai precisar de uma equipe. Você também vai precisar de uma visão de onde está indo e um sentido do que deseja alcançar. Cerque-se dos melhores especialistas em seu campo. Encontre as pessoas que respeita e confia e transforme-as em seus conselheiros mais próximos.

O tipo de pessoa que você está procurando é:

- Um indivíduo autêntico, autorrealizado.
- Hábil em maestria pessoal.
- Pessoa com mente autotransformadora.
- Pessoa com altos níveis de confiança e empatia.
- Apaixonada pela visão.

Estas são as pessoas que nutrem ambição pela causa, e não por si mesmas.

Estabilidade Interna

Uma sociedade experimenta a estabilidade interna quando as necessidades de todos os subgrupos que a compõem estão sendo atendidas. Além disso, deve haver igualdade e justiça na forma como os recursos que atendem a essas necessidades são distribuídos. Se você é um líder político, a igualdade e a justiça serão as duas principais questões que suas políticas e processos terão de resolver. Estes valores estão no cerne da democracia.

Embora a história da democracia remonte à época de Atenas, ela não apareceu na Inglaterra até 1215, com a assinatura da Magna Carta – um documento destinado a salvaguardar a liberdade individual. O propósito específico daquela Carta era limitar o poder do Rei, eliminando o tratamento injusto dos Barões. A Cláusula 39 da Carta declarou: "nenhum homem livre será ... preso ou [expropriado] ... exceto pelo julgamento legal de seus pares ou pela lei da terra." O Rei João assinou a carta sob a ameaça de uma guerra civil por parte dos seus barões. Esta não era a democracia que conhecemos hoje, porque muito poucos dentre a população eram "homens livres". No entanto, foi um começo importante.

A democracia é a melhor maneira que os seres humanos encontraram até hoje para manter a estabilidade interna em uma sociedade. Ela alcança este fim através da regulação do poder das elites, e promovendo o poder das massas. Hoje em dia, encontramos as formas mais avançadas de democracia – as menos influenciadas pelas elites – na Escandinávia e na Holanda. A democracia nos EUA e no Reino Unido não é tão avançada.

Nos EUA, por exemplo, o processo de governança é altamente manipulado pelos lobistas das elites empresariais. No Reino Unido, a "instituição" da classe alta, na forma da Câmara dos Lordes (nenhum dos quais é eleito democraticamente), ainda protege o interesse próprio das elites de classe alta.

No outro extremo do espectro está o comunismo: uma sociedade sem classes, onde tudo está sob propriedade pública. O comunismo surgiu na Rússia, porque a má gestão econômica do país impactou severamente a vida das massas. De um só golpe, o comunismo eliminou toda forma de elitismo, mas depois reconstruiu-o em uma forma diferente. Basicamente, o comunismo falhou na Rússia, porque substituiu um conjunto de elites incompetentes por outro conjunto de elites incompetentes. As elites da Rússia comunista não eram apenas não qualificadas na autoliderança, elas também não estavam qualificadas para liderar os outros, liderar as organizações e liderar a sociedade. O comunismo falhou em compreender a motivação humana. A democracia substituiu o comunismo na Rússia porque as necessidades das massas não estavam sendo atendidas.

É claro para mim que a democracia é um elo na cadeia de um experimento em curso de governança social (tomada de decisão coletiva) que espelha a evolução da consciência humana.

A forma pela qual a democracia é praticada em uma nação reflete o grau no qual o processo democrático é manipulado pelas elites não autorizadas o que, por sua vez, é um reflexo do estado de evolução da consciência da nação.

É por isso que eu digo que as democracias modernas, como os EUA e o Reino Unido, são pseudodemocracias. Não apenas as elites estão acima do controle, podendo influenciar o processo de legislar nesses países, mas os partidos políticos fazem o mesmo. Quando um novo partido político chega ao poder nos EUA, ele mexe nos limites dos distritos eleitorais para tentar obter uma vantagem política nas próximas eleições.

Vimos na eleição nacional dos EUA, em 2000, que o sistema da democracia, tal como praticada nos EUA, não garante que o candidato presidencial com mais votos populares seja o vencedor da eleição. Al Gore ganhou a eleição presidencial por meio milhão de votos, mas por causa do sistema do Colégio Eleitoral, ele não conseguiu se tornar presidente. Anomalias semelhantes são encontradas no processo democrático do Reino Unido, no qual o partido político com mais votos não garante a maioria dos assentos nas Casas do Parlamento.

Em países com democracias emergentes, a influência de elites nos processos democráticos é ainda maior. No Irã, por exemplo, os candidatos são aprovados pelas autoridades religiosas de modo que nem todos estão autorizados a se apresentar para a eleição.

Estou enfatizando esse ponto – a influência de elites acima do controle em processos democráticos – porque este tem sido, e continua a ser, uma das principais fontes de instabilidade interna nos países. E continuará a ser um problema, até que esta injustiça seja eliminada.

Estabilidade Externa

Uma sociedade experimenta a estabilidade externa quando é capaz de proteger suas fronteiras territoriais das incursões das potências estrangeiras. Sem proteção adequada de seus limites territoriais, um país é inerentemente instável, especialmente se for vizinho de outras nações que estão sofrendo com altos níveis de instabilidade interna.

Esta é uma das principais razões que fizeram com que as nações europeias se reunissem após a Segunda Guerra Mundial para criar a Comunidade Europeia. Elas reconheceram que, cooperando umas com as outras para formar uma entidade de ordem econômica mais elevada, aumentariam a própria estabilidade interna e reduziriam o potencial para uma Terceira Guerra Mundial.

Esta também é uma das principais razões pelas quais a ex-URSS criou um bloco comunista de países-tampão entre si e o resto da Europa. Esta foi uma estratégia para proteger suas fronteiras.

Outra estratégia para alcançar a estabilidade externa é que nações ou estados de perfil semelhante se unam em alianças estratégicas ou como aliados para superar um inimigo comum. Foi o que aconteceu na Guerra Revolucionária Americana (1775-1783), e na Europa na Primeira Guerra Mundial e na Segunda Guerra Mundial.

Na Guerra Revolucionária Americana, treze estados independentes cooperaram em conjunto para libertar-se da tributação opressiva do Parlamento britânico e atingir a autogovernança. Esta cooperação levou à ligação em conjunto desses estados separados para formar a nação que hoje conhecemos como os Estados Unidos da América.

Assim, a resposta natural diante de uma ameaça externa comum, ou de qualquer assunto que comprometa a estabilidade de um número de comunidades ou nações em estreita proximidade, é que as comunidades ou nações cooperem entre si em uma aliança estratégica de natureza temporária ou permanente, e criem uma entidade de ordem superior.

A Jornada de Evolução da Sociedade

A jornada de evolução da sociedade tem sido uma constante interação de ações e reações que visa estabelecer a estabilidade interna e o equilíbrio externo. Esta dinâmica foi observada ao longo da evolução humana, primeiro em clãs, depois em tribos, estados feudais e, agora, em nações democráticas.

A era dos clãs, também conhecida como a era de caçadores, caracteriza-se pela consciência de sobrevivência. Todos os dias da sua existência, essas minúsculas estruturas de grupo humanas eram confrontadas com questões de sobrevivência: sobrevivência contra os elementos, sobrevivência contra a fome e sobrevivência contra as incursões de outros clãs em seu território.

A era das tribos, também conhecida como a era agrária, caracteriza-se pela consciência de relacionamento. Sua segurança e sobrevivência só poderiam ser garantidas se você pertencesse a uma tribo. Viver em sua própria terra, ou num agrupamento familiar de pequeno porte, não era mais uma opção se você vivia em terras tribais. Lealdade e fidelidade à tribo eram o preço que você pagava por sua segurança pessoal e familiar.

A era do feudalismo, também conhecida como a era medieval, é caracterizada pela consciência de autoestima. Esta foi a era dos indivíduos lutando por poder e autoridade por meio da construção de impérios. O tribalismo restringia o individualismo através de uma complexa teia de regras de relacionamento administrada pelos chefes tribais. A tribo era sempre mais importante do que o indivíduo. O feudalismo reverteu essa situação. Ele permitia que os indivíduos mais poderosos se tornassem mais importantes do que a tribo. Finalmente, a religião interveio e por muitos séculos "Deus" tornou-se mais importante do que o monarca (por exemplo, considere a poderosa influência do Cristianismo e do Islamismo na política e na liderança de nações).

A era das nações democráticas, também conhecida como o Século das Luzes, é caracterizada pela consciência da transformação. A Era do Iluminismo não é representada por um movimento ou escola de pensamento, é representada por um conjunto de valores que, em seu núcleo, questionava as instituições, costumes e moral tradicionais. Ela representa o conceito de individuação em um nível social.

Se você percorrer os olhos por todo o mundo, poderá observar nações que operam, principalmente, a partir da consciência de relacionamento (a maior parte da África Subsaariana), nações que operam a partir, principalmente, da consciência de autoestima (partes do Oriente Médio), e poderá observar as nações que estão tentando viver no nível de consciência da transformação (as nações com governos democraticamente eleitos, com mínima manipulação pelas elites).

Nesta última categoria, em uma extremidade da escala você pode observar as nações que estão tentando sair da consciência de autoestima, como a Rússia e o Irã (influenciado pelas elites poderosas), e na outra extremidade da escala, as nações que estão tentando alcançar a consciência de coesão interna como a Noruega, a Suécia e a Dinamarca. No meio, ficam as nações democráticas remanescentes, que operam com diferentes níveis de pseudodemocracia, dependendo da influência das elites acima do controle na tomada de decisão coletiva da nação.

O que o futuro nos reserva, à medida que as sociedades humanas continuarem a evoluir, é um aprofundamento da consciência de transformação, com a participação significativamente maior na tomada de decisões coletivas por parte das massas, e as aspirações para a consciência de coesão interna – nações internamente coesas nas quais todos os cidadãos estão unidos em torno de um conjunto de valores e de uma visão do futuro que gostariam de criar. Em nações como estas, a automaestria e a autorrealização não são apenas estimuladas, elas fazem parte integrante do sistema nacional de educação, e são um pré-requisito para aqueles que aspiram a posições de autoridade ou poder significativas.

Para além da consciência de coesão interna, jaz a consciência de fazer a diferença e a consciência de serviço. É cedo demais para especular exatamente como estes níveis de consciência irão se manifestar na sociedade. Podemos, no entanto, examinar algumas pistas sobre como essas sociedades se parecerão a partir das qualidades necessárias para que os indivíduos, grupos e organizações vivam nesses níveis de consciência, e por conta do que já está acontecendo em nossa sociedade global.

Ao nível da consciência de fazer a diferença, nações semelhantes (com valores compartilhados) vão se agrupar em unidades regionais para formar alianças estratégicas. Elas irão cooperar umas com as outras para o benefício mútuo e para aumentar a sua resistência individual e coletiva. Individualmente, elas precisarão ter atingido o nível de consciência da coesão interna (valores compartilhados) para que isso aconteça de forma permanente. Já vemos o início deste tipo de agrupamento ocorrendo no nível econômico em diferentes regiões do mundo. O exemplo mais avançado, no momento presente, é a União Europeia.

Alguém poderia argumentar que o exemplo mais bem-sucedido deste processo evolutivo são os EUA. Treze Estados separados cooperaram uns com os outros para o propósito de apoio mútuo em lidar com uma ameaça externa comum, e então se uniram para criar uma entidade viável e independente de ordem superior, os EUA.

É altamente provável que este padrão de evolução acabe por levar, depois de várias gerações, à consolidação da União Europeia em uma entidade europeia única, viável e independente – mais consolidada do que é no momento. Pode-se também, eventualmente, ver isso acontecendo na América do Sul e em partes do Oriente Médio. Os Emirados Árabes Unidos são o exemplo mais localizado deste fenômeno evolutivo no Oriente Médio.

O que é significativo sobre todos estes grupos é que inicialmente eles se reuniram (cooperaram) com o propósito de sobreviver a uma ameaça comum – um esforço comum para a sobrevivência – e foram capazes de consolidar essa cooperação e se unir por causa de seus valores compartilhados.

Talvez daqui a um século, ou mesmo antes, dependendo do nível de ameaças globais à sociedade humana, possamos ver ainda mais agrupamentos regionais em formação. Então, veremos estes agrupamentos regionais se unindo a um nível global para proteger o planeta, o nosso sistema coletivo de suporte de vida e garantir a sobrevivência de nossa humanidade compartilhada.

Sete Níveis de Consciência Nacional

O modelo dos sete níveis de consciência possui uma natureza holográfica. Todas as estruturas de grupo humanas, incluindo clãs, tribos, comunidades e nações, crescem e se desenvolvem em consciência em sete etapas bem definidas. A seção seguinte descreve a aplicação deste modelo para o crescimento e desenvolvimento da consciência nacional. Também se aplica igualmente para o crescimento e desenvolvimento da consciência das comunidades.

Os sete estágios do crescimento e desenvolvimento da consciência nacional são resumidos na Tabela 23.1, e descritos nos parágrafos seguintes. A tabela que descreve os sete níveis de consciência nacional deve ser lida de baixo para cima.

As necessidades "mais baixas" concentram-se nos requisitos básicos das nações – a proteção das fronteiras, a segurança dos indivíduos e a segurança econômica; um sentimento de pertencimento, lealdade e relações coletivas internas harmoniosas; infraestrutura, serviços e sistemas eficientes e eficazes que criam ordem e protegem os direitos de todos os cidadãos.

Esses três primeiros níveis de consciência representam as necessidades de deficiência de uma nação. Eles são requisitos essenciais para que se afirme a estabilidade interna de uma nação, criando uma base para a governança democrática. Quando os líderes de uma nação são incapazes de satisfazer essas necessidades, a nação será inerentemente instável.

O foco do nível de consciência da transformação é a criação de estruturas de governança que dão voz a todos os cidadãos e garantem a liberdade pessoal e a igualdade de oportunidades para todos. Este estágio de desen-

Tabela 23.1 Os Sete Níveis da consciência nacional

Estágios de Evolução		Níveis de Consciência	Motivação/Necessidades
Estágio 3: Coesão Externa	7	Global	**Sustentabilidade Global:** Trabalhar com outras nações para construir alianças regionais e globais que apoiem a humanidade e o planeta, concentrando-se nos direitos humanos, justiça social, gerações futuras, meio ambiente global e ecologia da Terra. Reconhecimento da interligação de toda a vida.
	6	Fazer a diferença	**Alianças e Parcerias Estratégicas:** Construir alianças estratégicas com os países vizinhos com vistas a resultados mutuamente benéficos. Disposição para abandonar certos aspectos da soberania em prol das alianças regionais. Foco na qualidade de vida, consciência ambiental e bem-estar dos animais.
Estágio 2: Coesão Interna	5	Coesão interna	**Forte Cultura Coesiva:** Melhorar a capacidade da nação para a ação coletiva, alinhando os cidadãos em torno de uma visão compartilhada de futuro e um conjunto compartilhado de valores baseados na confiança que apoia a justiça, a abertura e a transparência. Disposição para experimentar novas abordagens para a democracia.
	4	Transformação	**Adaptabilidade e Aprendizagem Contínua:** Construção de uma democracia forte com base na liberdade de expressão e de um ambiente que incentiva ações de responsabilidade, responsabilização, inovação e empreendedorismo. Foco na educação, igualdade e apoio e cuidado com os desfavorecidos.
Estágio 1: Maestria Social	3	Autoestima	**Alto Desempenho:** Desenvolvimento de sistemas e processos de alto desempenho para a prestação de serviços e para a promoção da lei e da ordem. Adotar melhores práticas que aumentam a produtividade e ter orgulho do desempenho da nação. Foco na redução de elitismo, da burocracia, da discriminação religiosa, das penas capitais e da dependência dos militares para manter a ordem interna.
	2	Relacionamentos	**Sentimento de Pertencimento:** Desenvolver um sentimento de pertencimento por meio da manutenção de tradições étnicas locais e regionais. Promover o respeito por todos os cidadãos, levando à harmonia interracial. Foco na resolução de conflitos e na reconciliação étnica, na redução da vitimização, da manipulação de gênero e da discriminação étnica.
	1	Sobrevivência	**Estabilidade Econômica e Financeira:** Construção de uma economia vibrante que ofereça empregos para as massas e permita a prosperidade. A proteção das fronteiras e limites territoriais. Foco na segurança alimentar e na saúde, na segurança e no bem-estar de todos os cidadãos; na redução da corrupção, agressão, crime, violência, opressão, pobreza, desemprego e degradação ambiental.

volvimento envolve uma mudança das relações sociais baseadas em culturas etnocêntricas de laços sanguíneos para as relações sociais com base em culturas de valor e significado. Só é possível alcançar este nível de consciência em uma nação se houver uma mudança da tomada de decisão baseada em crenças para a tomada de decisões baseada em valores, e se a maioria dos cidadãos tem a oportunidade de atender às suas necessidades de deficiência.

As necessidades "mais elevadas" representam as necessidades de crescimento da nação. Elas são requisitos essenciais para a sustentabilidade da nação a longo prazo. Os três níveis superiores de consciência concentram-se na construção da resistência da nação e de sua sustentabilidade a longo prazo, desenvolvendo um clima de confiança e coesão interna (visão e valores compartilhados comuns); criando alianças regionais mutuamente benéficas com outras nações e colaborando com outras nações para melhorar a condição humana global e para construir um futuro sustentável para as gerações futuras.

As nações mais bem-sucedidas serão aquelas que aprenderem a dominar suas necessidades de "deficiência" e suas necessidades de "crescimento".

Nível 1: Consciência de Sobrevivência

As três principais áreas de preocupação em países em que operam a partir deste nível de consciência são a defesa e proteção das fronteiras, a saúde econômica e a prosperidade das massas, e a saúde, a nutrição e o bem-estar de todos os cidadãos.

O foco principal na defesa e proteção das fronteiras diz respeito à criação de uma força militar que seja capaz de proteger os interesses territoriais e os recursos naturais da nação diante de incursões de outras nações. O foco principal da saúde econômica recai sobre a solvência do país e a eliminação da fome, da doença e da pobreza. Particularmente preocupante é a capacidade da nação de criar oportunidades de emprego para os cidadãos economicamente ativos e de fornecer redes de segurança econômica para os pobres por meio da tributação da riqueza. A disfunção nessa área leva à corrupção, ao desemprego e à degradação ambiental, às grandes disparidades de renda e entre ricos e pobres. Crime e violência resultam do fato daqueles que estão mais próximos do nível de sobrevivência lutarem para satisfazer suas necessidades de qualquer maneira que julguem possível.

O foco principal da saúde e nutrição recai sobre o oferecimento de clínicas e hospitais e de cuidados básicos de saúde para todas as mães e crianças, de imunização contra as doenças evitáveis, e de segurança alimentar. A disfunção nessa área leva a surtos persistentes de doença, a uma alta taxa de mortalidade infantil e à morbidade geral da população.

Outros sinais de disfunção a este nível de consciência da sociedade incluem: a sanção do poder militar ou policial pelos tomadores de decisão como forma de oprimir e brutalizar os cidadãos, a formação dos departamentos de polícia secreta que espionam os cidadãos e o cerceamento da liberdade de imprensa. Estes tipos de controle são normalmente encontrados em regimes autoritários.

Comunidades e nações são disfuncionais no Nível 1 quando:

a) a anarquia e/ou a violência são endêmicas;
b) não há liberdade de expressão ou direito de protesto;
c) a corrupção é abundante; e
d) os serviços de saúde são inexistentes, mal geridos ou não adequados para atender às necessidades da população e a expectativa de vida é baixa.

As chaves para o sucesso no nível de consciência da sobrevivência:

a) adequada proteção territorial – segurança contra ameaças externas;
b) oportunidades de emprego para os cidadãos economicamente ativos – garantia de um salário mínimo e de um nível mínimo de prosperidade para todos os cidadãos;
c) redes de segurança econômica estabelecidas através de impostos; e
d) o acesso a instalações médicas – saúde para todos.

Nível 2: Consciência de Relacionamento

As três principais áreas de preocupação em países que operam a partir deste nível de consciência são a resolução pacífica de conflitos entre indivíduos e grupos, a criação de um sentimento de pertencimento que abarca todos os cidadãos e a lealdade dos cidadãos ao governo da nação.

O foco principal de resolução de conflitos está no apaziguamento de litígios entre os subgrupos étnicos ou religiosos e na criação de harmonia intergrupal. A disfunção nessa área leva à violência étnica/religiosa, à vitimização ou tratamento injusto das minorias ou subgrupos com base no sexo, preferência sexual, raça, etnia, religião, etc. Ela também leva à separação das cidades em comunidades etnicamente definidas. Nas mais pobres dessas comunidades, a lei e a ordem podem se tornar difíceis de se manter se as necessidades de sobrevivência da população nessas áreas não estiverem sendo cumpridas. Em nações que possuem um enfoque positivo no Nível 2 da consciência, as feridas raciais, religiosas ou etnocêntricas são curadas em um espírito de reconciliação. Velhos medos vêm à tona e são discutidos publicamente.

As nações criam um sentimento de pertencimento por meio do estabelecimento e do respeito de tradições e rituais que melhoram os laços étnicos. O respeito, pela maioria, às tradições e rituais das minorias é essencial para a harmonia inter-racial/religiosa. Quando questões relacionadas com o pertencimento não são tratadas, os grupos discriminados experimentam uma sensação de exclusão. Quando os cidadãos se sentem vulneráveis ou inadequadamente protegidos, a lealdade e a harmonia desaparecem. A lealdade surge da sensação de estar sendo cuidado. Assim, quando uma nação deixa de cuidar de seus cidadãos, especialmente de subgrupos específicos, então a lealdade daqueles grupos não pode ser exigida em circunstâncias difíceis. Bolsões de insurgência podem surgir facilmente e a guerra civil pode eclodir quando a exclusão, a vitimização e a discriminação atingem níveis significativos. Quando subgrupos específicos se sentem como cidadãos de segunda classe, não pode haver estabilidade interna em uma comunidade ou nação.

As nações que dominaram este nível de consciência criam condições para que os estrangeiros e forasteiros se sintam seguros. Os líderes devem proteger a segurança e os direitos de todos os cidadãos se quiserem manter a harmonia e a lealdade.

As chaves para o sucesso a nível de consciência de relacionamento são:

a) estabelecer e manter a harmonia interna;
b) desenvolver procedimentos de resolução de conflitos; e
c) respeitar e honrar as tradições e rituais raciais/religiosos de todos os grupos.

Nível 3: Consciência de Autoestima

As três principais áreas de preocupação em países que operam a partir deste nível de consciência são a elaboração e a execução da lei e da ordem, a criação de instituições de governança baseadas em sistemas e processos eficientes e a provisão de infraestrutura e serviços públicos que melhorem a produtividade da nação e o bem-estar e a prosperidade do povo.

O foco principal do estabelecimento da lei e da ordem é:

a) elaboração e implementação de códigos, normas, regulamentos e leis que mantenham a ordem e protejam a propriedade, os direitos e as liberdades civis de todos os cidadãos, de todas as denominações religiosas;
b) aplicação adequada de códigos, normas, regulamentos e leis locais;
c) níveis adequados de punição para a transgressão dos códigos, normas, regulamentos e leis por indivíduos ou organizações; e
d) o direito de recorrer das decisões públicas para garantir a equidade e a justiça social. A disfunção nessa área leva a uma maior incidência de criminalidade e à falta de proteção pública da ação de gangues e de empresas sem escrúpulos.

É aqui que a criação de instituições eficientes de governança se torna importante. Sem a execução adequada, os códigos, normas, regulamentos e leis que são projetados para proteger os cidadãos desmoronam ou deixam de fazer o seu trabalho. Instituições eficientes são também importantes para a prestação de serviços públicos e a cobrança de impostos. A disfunção nessa área é geralmente causada pela burocracia, resultando na ineficiência que leva a problemas de produtividade ou à falta de prestação de serviços e benefícios. Em nações pobres, a corrupção também pode ser uma desvantagem grave para a eficiência institucional e a produtividade. O impacto dessas disfunções é particularmente visível na prestação de serviços públicos, tais como moradia, transportes, energia elétrica, telecomunicações, saúde e educação. O desempenho institucional ruim diminui a competitividade de uma nação e enfraquece a sua resistência.

Outros sinais de disfunção a este nível de consciência são a restrição das liberdades religiosas; o uso excessivo da força para manter o controle; tomada de decisão altamente centralizada; estruturas hierárquicas de governança; o uso de militares para manter a ordem; a governança pelas elites, déspotas ou ditadores e o excesso de burocracia. Comunidades e nações que dominaram este nível de consciência geralmente adotam estruturas laicas de governança; competem efetivamente com outras nações, e geram a prosperidade para a maioria dos seus cidadãos, estabelecendo assim uma classe baixa e média em ascensão. Quando estas condições são satisfeitas, os cidadãos desenvolvem um sentimento de orgulho pelas realizações e o sucesso de sua nação.

As chaves para o sucesso ao nível de consciência da autoestima são:

a) estabelecer leis, regulamentos e regras que mantenham a ordem;
b) fazer cumprir essas leis, regulamentos e regras; e
c) assegurar a tributação eficiente e eficaz e a prestação de serviços públicos a todos os grupos.

Nível 4: Consciência de Transformação

O foco do quarto nível de consciência nacional recai sobre a consolidação da estabilidade interna, criando uma sociedade igualitária, multicultural, não-discriminatória, que respeita os direitos de todos os cidadãos.

As nações de Nível 4 estabelecem e protegem as liberdades pessoais e procuram criar oportunidades iguais para todos os cidadãos. Elas são governadas democraticamente por sistemas políticos multipartidários, nos quais cada indivíduo adulto tem voz na eleição de representantes locais, regionais e nacionais. Os indivíduos são livres para viajar e têm o direito a um passaporte nacional. Em nações que alcançaram a consciência de Nível 4, os limites entre as classes se tornam difusos. O elitismo é desaprovado e a influência das elites na governança é eliminada ou minimizada. As decisões são tomadas por influência, consenso, consentimento e compromisso.

Há uma forte ênfase na liberdade: liberdade de circulação, liberdade de pensamento, liberdade de expressão, liberdade de crescimento, liberdade para aprender, liberdade para se tornar qualquer coisa que você quiser vir a ser. Ao mesmo tempo, a liberdade de um indivíduo ou grupo de indivíduos não deve inibir a liberdade de outro indivíduo ou grupo de indivíduos. Os cidadãos devem agir de forma responsável, com a devida consideração pelo bem do todo. A liderança deve ser responsabilizada pelos resultados que alcança. Ela deve ter disponibilidade, vontade e capacidade para a mudança. Os líderes não serão capazes de estabelecer a consciência de Nível 4, caso se apeguem a instituições rígidas, burocráticas, hierárquicas ou autoritárias de governança.

As nações de Nível 4 veem a sobrevivência por meio da lente da adaptabilidade e da resiliência. Elas celebram e abraçam a diversidade. Elas se concentram na melhoria e na renovação contínuas – aprendizagem, pesquisa e modernização constantes. Em um clima de liberdade e igualdade de oportunidades, as pessoas são responsáveis e responsabilizadas pelos seus próprios futuros. Consequentemente, a educação e a pesquisa são prioridades. Os ensinos primário e secundário são obrigatórios para todas as crianças. Universidades e colégios estão disponíveis para todos aqueles que os desejarem. Ao se concentrarem na educação, as nações de Nível 4 melhoram sua capacidade de competir no mercado global. As áreas de lazer são reconhecidas como importantes para o bem-estar dos cidadãos. O crescimento, o desenvolvimento e a autorrealização pessoal são incentivados.

Neste nível de consciência, os desfavorecidos física e economicamente, bem como os idosos, são adequadamente tratados por meio das redes de seguridade social. Há uma estruturação natural da sociedade baseada na inteligência e no mérito. A riqueza é redistribuída por meio da tributação. Aqueles que ganham mais dinheiro têm que pagar mais impostos. Os impostos são usados não apenas para fornecer infraestrutura e serviços, mas também para fornecer redes de segurança para os pobres. As nações de Nível 4 se protegem, mas raramente começam as guerras. Elas praticam a tolerância e proíbem a pena de morte.

As nações de Nível 4 experimentam novas formas de democracia. Os cidadãos têm o poder de tomar decisões que afetam as suas comunidades. Eles estão envolvidos na tomada de decisão por meio de diálogos comunitários e referendos nacionais. Os especialistas desempenham um papel mais decisivo nas questões nacionais ao tratarem de assuntos que não devem estar sujeitos às agendas políticas. As crianças são ouvidas e têm voz nos assuntos da nação.

As chaves para o sucesso no nível de consciência de transformação são:

a) criar uma cultura de liberdade responsável (responsabilização);
b) criar oportunidades para que todos os cidadãos aprendam e cresçam, partilhando da prosperidade da nação; e
c) dar ênfase à renovação e à melhoria contínuas da infraestrutura nacional e dos serviços sociais.

Nível 5: Consciência da Coesão Interna

O foco do quinto nível de consciência nacional recai sobre o aprofundamento da resiliência interna de uma nação, concentrando-se na equidade, transparência, abertura e confiança. Acima de tudo, deve haver confiança.

A confiança é o óleo que lubrifica o comércio e cria a boa-vontade entre os cidadãos. A justiça garante que todos sejam tratados igualmente e a abertura e a transparência garantem que a corrupção e as relações suspeitas sejam minimizadas. A confiança só pode existir quando as pessoas operam com um conjunto compartilhado de valores. Deve haver uma vontade por parte dos líderes nacionais de dialogar com os cidadãos sobre os valores que estão presentes na comunidade ou nação, e sobre os valores que os cidadãos gostariam que tivessem mais destaque. Todos devem ser incluídos no diálogo.

As nações mais poderosas do planeta são aquelas com os níveis mais altos de confiança, uma visão compartilhada de futuro e um conjunto de valores comuns. As discussões sobre a visão e os valores devem ocorrer tanto no nível nacional quanto comunitário. Deve haver entusiasmo, comprometimento e paixão por trás da visão. A visão deve ter uma dimensão interna – como a comunidade ou nação quer ser dali a dez ou vinte anos – e uma dimensão externa – o papel que a nação desempenhará no mundo. Os cidadãos devem sentir que são capazes de desempenhar um papel na construção de suas comunidades ou de sua nação, apoiando-a enquanto buscam construir um mundo melhor.

As chaves para o sucesso no nível de consciência da coesão interna são: melhorar a capacidade da nação para a ação coletiva por meio da construção de uma visão compartilhada de futuro, adotar um conjunto de valores compartilhados que constroem a coesão interna e a confiança externa e criar as condições que incentivem a autorrealização das massas. As nações de Nível 5 são coesas, viáveis e independentes. O sistema nacional de valores compartilhados influencia sua política externa, sua atitude para com os direitos humanos e sua vontade de prestar ajuda às nações carentes do mundo.

Nível 6: Consciência de Fazer a Diferença

O foco do sexto nível de consciência nacional está em construir alianças estratégicas mutuamente benéficas com outras nações que compartilham dos mesmos valores e de uma visão similar do futuro. Nações de Nível 6 também se concentram em aprofundar o sentido de coesão interna que começou no Nível 4, materializando os valores da liberdade, igualdade e responsabilidade, e continuou no Nível 5, com a prática da justiça, abertura e transparência. As nações de Nível 6 formam alianças estratégicas com outras nações de perfil semelhante em alianças regionais para melhorar a sua resistência econômica, social e ambiental, e para construir a sua sustentabilidade. Através de suas alianças regionais, elas têm uma voz mais forte ao lidar com as questões globais do que teriam se agissem por conta própria.

As nações de Nível 6 tentam ver cenário mais amplo. Elas olham para as causas sistêmicas por trás dos problemas de sua existência, e tomam medidas para promover estratégias que promovam o bem comum da sua região ou do mundo. Elas praticam a responsabilidade pelo todo. Elas compartilham informações com outras nações, cooperam e colaboram umas com as outras na resolução de problemas comuns, e estão dispostas a abrir mão de aspectos de sua própria soberania para o bem-estar do todo. Elas dão uma forte ênfase na qualidade de vida.

Internamente, as nações de Nível 6 concentram-se no embelezamento do ambiente construído, promovendo a consciência ambiental entre a população e preocupando-se com a vida selvagem e o patrimônio natural da nação. Os cidadãos são encorajados a cuidar das espécies não-humanas e a promover o bem-estar animal. As nações de Nível 6 certificam-se de que nenhuma comunidade fique para trás.

As chaves para o sucesso no nível de consciência de fazer a diferença são:

a) desistir de certos aspectos da soberania nacional em prol de uma entidade de tomada de decisão regional, para que a resiliência e a sustentabilidade coletiva da região sejam maiores;
b) certificar-se de que nenhuma comunidade dentro da nação, e nenhuma nação na aliança regional, fique para trás; e
c) cuidar e proteger o ambiente natural da nação.

Nível 7: Consciência Global

O sétimo nível de consciência nacional baseia-se no sexto nível, expandindo a profundidade e a amplitude da cooperação internacional no que diz respeito à resolução dos problemas da humanidade, ao mesmo tempo em que aprofunda o sentido de coesão interna, expandindo o foco na sustentabilidade ambiental para incluir a sustentabilidade ecológica. Há um reconhecimento de que não apenas os humanos estão interligados, mas todas as formas de vida. E a sobrevivência e o bem-estar de todas as formas de vida, incluindo a espécie humana, dependem da saúde do planeta. Há compaixão por toda vida. Este reconhecimento da interligação de todas as coisas impacta sobre a perspectiva da nação a respeito da globalização.

As nações de Nível 7 não adotam a noção de separação. Elas veem todos os aspectos da vida através da lente da interconexão. Há uma compreensão profunda de que os problemas da existência global não podem ser amplamente discutidos seja por uma autoridade de tomada de decisão nacional ou regional. Um sistema global de governança novo e mais integrado é promovido, apoiando a nossa humanidade coletiva e a Terra como um sistema comum de suporte de vida da humanidade.

As nações abrem mão de aspectos de sua soberania nacional em prol das autoridades regionais e as autoridades regionais, por sua vez, abrem mão de aspectos da sua soberania em prol de um sistema de governança global que se concentra na criação de condições que garantam a sustentabilidade da humanidade e do planeta. As nações e regiões estão dispostas a abrir mão até mesmo dos aspectos de sua soberania que lidam com o equilíbrio externo porque reconhecem a sua incapacidade de controlar questões de sobrevivência global e de resiliência a partir do nível nacional ou regional. Elas entendem que só podem criar as condições que promovam a sobrevivência, a segurança e o sucesso dos seus cidadãos, se todos os cidadãos de todas as nações fizerem o mesmo, e que a espécie humana só pode sobreviver se uma proporção significativa das massas da humanidade viver em condições que permitam a autorrealização.

As chaves para o sucesso no nível de consciência de serviço são:

a) colocar interesses próprios nacionais e regionais de lado para trabalhar em conjunto com outras nações e grupos regionais para o bem da humanidade; e
b) criar as condições que permitam a autorrealização das massas em todas as nações do mundo.

Consciência de Espectro Total

Comunidades e nações espectro total exibem todos os atributos positivos dos sete níveis de consciência nacional.

- Elas dominam a consciência de sobrevivência, concentrando-se na estabilidade econômica e financeira, nos serviços de saúde para todos os cidadãos, bem como na proteção das fronteiras.

- Elas dominam a consciência de relacionamento, concentrando-se no respeito pelas tradições, na resolução de conflitos e na harmonia inter-racial e inter-religiosa.
- Elas dominam a consciência de autoestima, concentrando-se na criação do estado de direito e na ordem, no oferecimento de infraestrutura e serviços, na melhoria contínua, e em instituições eficientes de governança.
- Elas dominam a consciência de transformação ao abraçar os processos democráticos que se concentram em liberdade, igualdade e responsabilidade, nos quais a adaptabilidade e a aprendizagem contínua sejam enfatizadas em todos os grupos etários e em todos os setores da população.
- Elas dominam a consciência de coesão interna através do desenvolvimento de uma cultura única coesa, com base em uma visão compartilhada e em valores comuns que criam uma capacidade de ação coletiva em todos os níveis da sociedade.
- Elas dominam a consciência de coesão externa através da construção de alianças e parcerias estratégicas regionais com outras nações de perfil semelhante, com foco na sustentabilidade ambiental e na melhoria da qualidade de vida de todos os cidadãos.
- Elas dominam a consciência de serviço, concentrando-se em alianças e parcerias estratégicas globais que se concentram em direitos humanos, justiça social, sustentabilidade ecológica, nas gerações futuras e na evolução da consciência da humanidade.

No momento atual, a humanidade ainda está em sua fase adolescente do desenvolvimento. Está tentando elevar-se a partir da consciência de Nível 3 para alcançar plenamente o Nível 4.

NOTA

158 Estou usando o termo "sociedade" para descrever um sistema estruturado de organização humana para vida comunitária, seja em nível local, regional, nacional ou global.

24

Maestria Social

O foco do componente de maestria social do programa evolutivo de desenvolvimento de liderança é a criação de condições que permitam que os cidadãos de uma comunidade ou nação removam qualquer ansiedade que possam ter sobre a satisfação de suas necessidades de deficiência, para que possam se abrir para o processo de autorrealização, e, assim, explorar formas de manifestar seu potencial. Em última análise, trata-se de criar as condições que apoiem as pessoas na condução de uma vida segura, feliz e gratificante.

Construir uma comunidade ou nação viável envolve a maestria dos três primeiros níveis de consciência nacional – satisfazendo as necessidades básicas para a vida em comunidade.

- Tornando-se econômica e financeiramente sustentável e, ao mesmo tempo, garantindo a nutrição, saúde e segurança dos cidadãos (Consciência de Sobrevivência) e a proteção das fronteiras nacionais.
- Criando sistemas e processos para a resolução pacífica de conflitos entre indivíduos e subgrupos [étnica ou religiosamente diversos] da população, permitindo assim que os cidadãos vivam em harmonia uns com os outros (Consciência de Relacionamento).
- Estabelecendo normas, regulamentos e leis, juntamente com os procedimentos de execução apropriados e a infraestrutura que permitam que uma comunidade ou nação possa operar de forma eficiente e produtiva (Consciência de Autoestima).

A maior ameaça à maestria social vem das desigualdades entre os subgrupos da população. Onde quer que você tenha a desigualdade em uma comunidade ou nação, você tem a possibilidade de instabilidade interna. Há quatro áreas principais onde a desigualdade ocorre:

- desigualdade entre os grupos étnicos;
- desigualdade entre os grupos religiosos;
- desigualdade entre as classes;
- desigualdade entre os sexos.

Desigualdade Étnica

O fator mais importante de desestabilização nas nações modernas é a desigualdade das minorias étnicas (raciais). Os inconvenientes causados por tais desigualdades nos EUA e na África do Sul mancharam a história desses países por várias décadas. Os mesmos problemas de desestabilização são encontrados em toda a África, onde o tribalismo tem minado a capacidade das nações africanas de criar culturas nacionais coesas.

A incapacidade dos grupos de identidades étnicas diferentes de viver juntos lado a lado, em paz, tem causado mais mortes e guerras do que qualquer outro fator na história humana.

Exceto nas nações que foram criadas pelas antigas potências coloniais, onde a geografia e a presença de outras potências estrangeiras determinaram onde as fronteiras se localizam, a etnia sempre foi um fator-chave na determinação das fronteiras tribais ou nacionais. Mesmo no seio das nações, a etnia tem uma influência significativa sobre a distribuição da população nas comunidades. Resolver o problema da integração e da desigualdade étnica é um dos principais impasses das nações em todo o mundo.

Desigualdade Religiosa

O segundo fator mais polêmico na prevenção da estabilidade interna em uma comunidade ou nação é a desigualdade religiosa. Este é um dos fatores que estão na raiz da instabilidade da Irlanda do Norte e de muitos dos países árabes, falando do Oriente Médio. Em ambos os casos, a questão não é a identidade étnica, mas a identidade religiosa dentro dos subgrupos de uma mesma religião, católicos e protestantes na Irlanda do Norte, e xiitas e sunitas no Oriente Médio.

Quando etnia e religião são combinadas como símbolos de identidade, o nível de estabilidade interna em uma comunidade ou nação pode potencialmente piorar. Seis milhões de judeus foram assassinados durante a Segunda Guerra Mundial na Alemanha por causa de sua identidade étnico-religiosa. Cristãos e muçulmanos também têm uma história de confronto que começou há mais de nove séculos, quando o Sacro Império Romano-Germânico tentou restaurar o controle cristão sobre a Terra Santa. Resolver esta questão da integração religiosa e da desigualdade é um problema atual de muitas nações em todo o mundo. A este respeito, as nações que possuem populações étnica e religiosamente homogêneas são intrinsecamente mais estáveis do que aquelas que não possuem. Em muitos aspectos, isso explica os avanços alcançados pela democracia nos países escandinavos. Vou explorar este tema complexo um pouco mais detalhadamente no Capítulo 25.

Desigualdade de Classe

Menos polêmicos do que a desigualdade étnica ou religiosa são os problemas de classe. Eles ocorrem principalmente em populações etnicamente homogêneas. Por exemplo, na Índia há quatro castas (Brâmanes, Kshatriyas, Vaishyas e Shudras), e no Reino Unido existem três classes (classe trabalhadora, classe média e classe alta). Por causa de um tratamento injusto por parte das elites, as classes ou castas mais baixas têm tradicionalmente se alinhado com sindicatos de trabalhadores e partidos políticos específicos, que representam seus interesses. A educação e a redistribuição de riqueza por meio da tributação têm sido eficazes em alguns países para lidar com estas questões. No entanto, sempre que há grupos que se beneficiam de privilégios não adquiridos e exercem mais influência devido ao seu status de elite, haverá um potencial para a instabilidade interna.

Desigualdade de Gênero

O progresso na igualdade de gênero foi significativo ao longo do século passado. No início do Século 20, apenas uma nação permitia às mulheres votar nas eleições nacionais. Esse país era a Nova Zelândia. O movimento sufragista no Reino Unido criou instabilidade interna significativa até que as mulheres fossem autorizadas a votar. Atualmente, a maioria dos países no mundo garante às mulheres o direito ao voto. Exceções notáveis incluem a Arábia Saudita e o enclave católico da Santa Sé, em Roma, onde só os cardeais estão autorizados a votar e apenas os homens podem ocupar cargos na Igreja. Esse fator sozinho mantém esses grupos presos na consciência de Nível 3.

Depois de décadas de investimento internacional nos países em desenvolvimento, o fator que tem sido mais bem-sucedido (acima de todos os outros) na estabilização e desenvolvimento de uma nação é a educação das mulheres. As nações que tratam as mulheres como cidadãs de segunda classe não só perdem metade de seu potencial de recursos humanos, como também bloqueiam a evolução da consciência.

Outros Fatores

Como pode ser visto anteriormente, a igualdade e a justiça são condições absolutas para a criação da estabilidade interna em uma comunidade ou nação.

Outros requisitos absolutos para a estabilidade interna são:

- Sustentabilidade ambiental.
- Distribuição equitativa da riqueza.
- Regulação da imigração.
- Estado de direito.

Sustentabilidade Ambiental

As nações e as comunidades estão confinadas aos territórios. Elas são consideradas as "donas" dos recursos que se encontram tanto acima quanto abaixo da terra que faz parte do seu território. Tradicionalmente, esses recursos têm sido a fonte do sustento da comunidade ou nação, porque a terra que é estéril ou sem recursos naturais não pode sustentar uma comunidade ou nação humana. É evidente, portanto, que a terra que faz parte do território de uma tribo ou nação deve ser protegida da aquisição externa, e, mais importante, ela deve ser protegida da degradação ambiental. Sem a proteção ambiental, a terra que uma comunidade ou nação ocupa se torna indisponível para o uso pelas gerações futuras. Quando as comunidades ou nações deixam de cuidar dos seus recursos ou de proteger seu patrimônio natural, elas se tornam uma ameaça à sua própria sobrevivência e à dos seus vizinhos.

Distribuição Equitativa da Riqueza

A distribuição da riqueza em uma nação é tanto uma questão de igualdade quanto de justiça. Se uma região de um país tem mais recursos naturais do que outra, cabe ao Governo nacional redistribuir essa riqueza por toda a nação de uma forma justa e equitativa. Da mesma forma, se um segmento da população é significativamente mais rico do que outro, então cabe ao governo nacional introduzir sistemas de tributação que reduzam o fosso entre ricos e pobres. Se estas medidas não forem tomadas, e as discrepâncias tornarem-se muito grandes, esta será uma fonte de instabilidade interna. Também pode ser uma causa de migração interna das áreas pobres em recursos para as áreas ricas em recursos, potencialmente desestabilizadora do equilíbrio étnico e da capacidade de manejo ambiental das comunidades existentes.

Regulação da Imigração

As culturas são facilmente desestabilizadas quando um grande fluxo de pessoas com uma herança cultural diferente entra em uma comunidade ou nação. O nível de desestabilização é reforçado quando os imigrantes têm aparência diferente, vestem-se de modo diferente; professam uma fé religiosa diferente e falam uma língua diferente. Por esta razão, é importante controlar os números e taxas de entrada de imigrantes nos níveis nacional e regional para preservar a estabilidade interna das comunidades que os acolhem. A situação pode ser ainda mais exacerbada quando um grande número desses imigrantes não consegue encontrar trabalho ou tem que viver da previdência social ou se torna uma fonte de mão de obra barata que prejudica os salários recebidos e os preços cobrados pela população local. Todos esses fatores produzem tensões que podem ameaçar a estabilidade interna de uma comunidade.

Estado de Direito

A anarquia é a instabilidade interna que fugiu do controle – situações nas quais o Estado de Direito e sua aplicação foram quebrados. As raízes da anarquia são mais frequentemente encontradas na injustiça ou na desigualdade desenfreada. A anarquia é uma expressão de raiva e fúria resultante de um segmento da população que não tem sido capaz de ver suas necessidades satisfeitas durante um período significativo de tempo. O estabelecimento do

Estado de Direito é importante para garantir que todos no país sejam tratados de forma igual e justa e que todos compreendam as obrigações que devem cumprir para ter o privilégio da cidadania. Se as leis locais são justas para todos os cidadãos, e devidamente aplicadas, consequentemente os cidadãos não terão de ir às ruas para demonstrar sua insatisfação de maneira incontrolável. No entanto, a liberdade e o direito de manifestação pacífica devem sempre ser respeitados.

Entropia Cultural

A instabilidade interna aparece em nações ou comunidades sob a forma de entropia cultural. A entropia cultural é o grau de disfunção que ocorre em uma sociedade devido à presença de necessidades não satisfeitas e comportamentos baseados no medo. Medimos a entropia cultural em comunidades e nações por meio da realização de uma Avaliação de Valores da Comunidade ou Nacionais.

O processo para a realização de uma Avaliação de Valores da Comunidade ou Nacionais é o mesmo descrito no Capítulo 20, para mapear os valores das organizações, e no Capítulo 15, para o mapeamento dos valores de equipes. A pesquisa consiste em três perguntas:

- **Valores Pessoais:** Quais dos seguintes valores/comportamentos melhor representam quem você é, não o que você deseja se tornar? Escolha dez (a partir do Modelo de Valores Pessoais).
- **Valores da Cultura Atual:** Quais dos seguintes valores/comportamentos melhor representam a forma como a sua nação (comunidade) opera atualmente? Escolha dez (a partir do Modelo de Valores Nacionais/da Comunidade).
- **Valores da Cultura Desejada:** Quais dos seguintes valores/comportamentos melhor representam como você gostaria que a sua nação (comunidade) operasse? Escolha dez (a partir do Modelo de Valores Nacionais/da Comunidade).

Quando o nível de entropia cultural atinge proporções de crise, quando as necessidades de um grupo em particular não estão sendo atendidas, como aconteceu nos EUA em 1861, com a tentativa do Governo de bloquear a expansão da escravidão para além dos estados em que ela já existia, o resultado é uma guerra civil.

A Inglaterra e a França também tiveram suas guerras civis. Na França, as guerras de 1562 a 1598 foram travadas entre católicos e protestantes. Dois séculos mais tarde, a França entrou em guerra consigo mesma novamente, quando as massas derrubaram a monarquia para criar uma sociedade democrática, baseada na Declaração dos Direitos do Homem e do Cidadão. Na Inglaterra, as guerras de 1641 a 1651 foram travadas entre os monarquistas e os parlamentaristas, que a venceram. Isto levou à criação do precedente de que um monarca inglês não pode governar sem a aprovação do Parlamento.

Como já discutimos, os resultados obtidos com a realização de uma avaliação de valores culturais permitem a você não apenas medir o nível de entropia cultural, mas também permite medir o nível de coesão interna, conforme refletido no número de valores correspondentes entre a cultura pessoal e a atual e o número de valores correspondentes entre a cultura atual e a desejada.

Sabendo o quanto é importante para o nosso futuro coletivo construir uma sociedade voltada para os valores globais, o Centro de Valores Barrett começou um programa de mapeamento dos valores culturais das nações em 2007, avaliando os seus níveis de entropia cultural e coesão interna. Nossa ideia era provocar o interesse global neste tópico por meio do desenvolvimento de uma tabela internacional de entropia cultural, indicando como os cidadãos estão alinhados com as suas culturas nacionais. Em 2010, com a ajuda de organizações congêneres locais, havíamos mapeado os valores de dez nações.[159] Também mapeamos os valores de várias comunidades. Os níveis de entropia cultural que encontramos em cada nação são mostrados na Figura 24.1, juntamente com o ano da pesquisa.

Com base em nossa investigação até o momento, a Tabela 24.1 dá uma indicação do impacto dos diferentes níveis de entropia cultural em comunidades e nações.

Você pode ver, pelos resultados nacionais, que encontramos níveis muito altos de entropia cultural (acima de 50%) na Letônia (agosto de 2007), na Islândia (agosto de 2008), nos Estados Unidos (janeiro de 2009) e na Bélgica (março de 2010). A entropia cultural deste nível em nações significa alguma forma de crise por conta de necessidades não satisfeitas.

Letônia: Em outubro de 2007, dois meses após a avaliação dos valores culturais, o governo letão foi dissolvido após manifestações públicas que ocorreram em todo o país como resposta ao aprofundamento da crise financeira nacional e ao fracasso do Governo em chegar a um acordo sobre o orçamento.

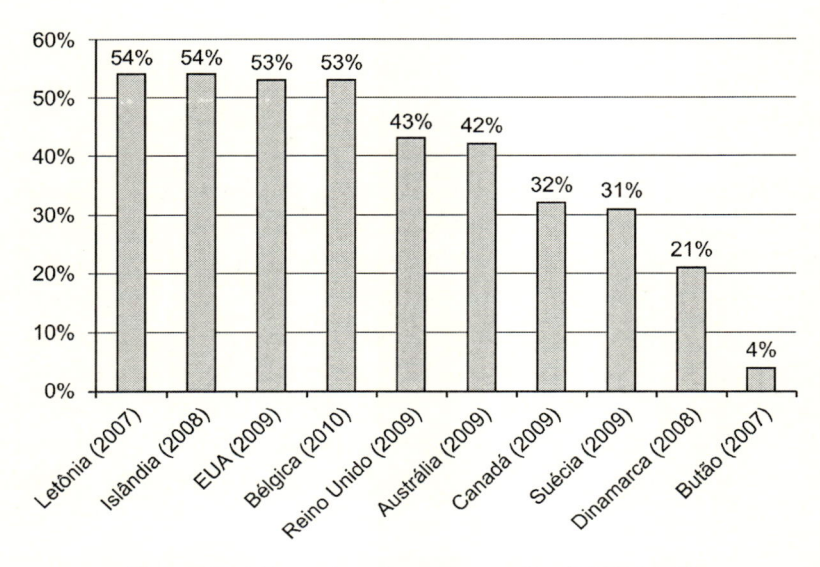

Figura 24.1 Entropia cultural em nações (2007-2010).

Valores do gráfico: Letônia (2007) 54%, Islândia (2008) 54%, EUA (2009) 53%, Bélgica (2010) 53%, Reino Unido (2009) 43%, Austrália (2009) 42%, Canadá (2009) 32%, Suécia (2009) 31%, Dinamarca (2008) 21%, Butão (2007) 4%.

Tabela 24.1 Implicações do nível de entropia nas comunidades e nações

Entropia	Implicações
<10%	**Primordial:** funcionamento saudável e estável em uma comunidade ou nação.
11-19%	**Questões de menor importância:** algum grau de insatisfação que requer discussão e diálogo. Se ficar sem solução pode levar a distúrbios potenciais.
20-29%	**Questões significativas:** desconforto potencial entre a população e/ou situações de conflito em potencial que precisam ser abordadas.
30-39%	**Problemas graves:** problemas não resolvidos que, se não for tratados, podem levar a conflitos significativos e agitação social.
40-49%	**Questões críticas:** questões de liderança que exigem mudanças políticas que, se não forem tratadas, podem levar a uma mudança de governo.
> 50%	**Cultura em crise:** problemas de liderança que poderiam levar a distúrbios, desobediência civil, agitação social e a uma mudança nas políticas e no governo.

PARTE 5: LIDERAR NA SOCIEDADE **421**

Islândia: Em setembro de 2008, um mês após a avaliação de valores ser realizada, os três principais bancos da Islândia faliram, deixando a economia islandesa de pernas para o ar e criando confusão nos mercados financeiros em toda a Europa. Houve uma mudança de presidente logo depois.

EUA: Em janeiro de 2010, Barack Obama foi empossado como o novo Presidente dos Estados Unidos. No ano anterior, um resgate do setor bancário e aumento da inquietação do público sobre a condução da guerra no Iraque criaram uma crise de confiança da liderança.

Bélgica: Ao longo de 2009, o Governo da Bélgica esteve num impasse, incapaz de resolver divisões políticas profundas entre os parlamentares das partes de língua francesa e flamenga do país.

As Figuras 24.2 e 24.3 mostram os dez valores da cultura atual na Letônia e Islândia, nos EUA e na Bélgica, respectivamente, no momento dessas pesquisas.

A corrupção e a burocracia eram vistas como questões-chave na Letônia e nos EUA. A desigualdade também apareceu como questão-chave na Letônia. A desigualdade percebida na Letônia se dá entre os letões étnicos e a grande população de etnia russa. A culpa mostrou-se como questão-chave nos EUA. Isto se refere à natureza antagônica da relação entre democratas e republicanos que gastam muito do seu tempo culpando uns aos outros pelos problemas do país.

Na Islândia e na Bélgica há um grande foco no materialismo. Na Islândia, corrupção, elitismo, desperdício de recursos e discriminação de gênero sugerem questões de liderança e uma sociedade de predominância masculina de dois pesos e duas medidas. Na Bélgica existe um alto grau de incerteza sobre o futuro ligado a questões financeiras (desemprego e pobreza) e conflito/agressividade dentro do país. Grande parte deste conflito deve-se ao antagonismo entre as partes flamenga e francófona do país. A Bélgica é um país de duas línguas, territorialmente dividido em duas porções étnicas.

Letônia: Diferenças Étnicas

Nas Figuras 24.4 e 24.5 temos os resultados da avaliação de valores culturais para a Letônia dividida pelas percepções dos letões étnicos (Figura 24.4) e dos de etnia russa (Figura 24.5). Ambos os grupos compartilham sete de seus principais valores pessoais. Eles também compartilham oito valores da cultura atual e sete valores da cultura desejada.

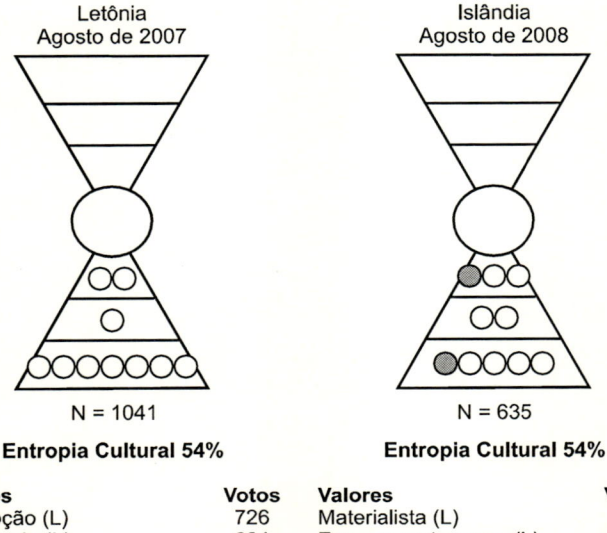

Letônia	Islândia
Agosto de 2007	Agosto de 2008
N = 1041	N = 635
Entropia Cultural 54%	**Entropia Cultural 54%**

Valores	Votos	Valores	Votos
Corrupção (L)	726	Materialista (L)	419
Burocracia (L)	604	Foco no curto prazo (L)	324
Desigualdade (L)	522	Oportunidades de educação	275
Pobreza (L)	495	Incerteza (L)	275
Desemprego (L)	430	Corrupção (L)	269
Crime/violência	323	Elitismo (L)	264
Poluição (L)	331	Necessidades materiais	224
Materialismo (L)	298	Desperdício de recursos (L)	207
Interesse próprio (L)	251	Discriminação de gênero (L)	196
Dependência de drogas (L)	246	Culpa (L)	177

Figura 24.2 Cultura atual: Letônia e Islândia.

As principais diferenças entre os dois grupos são que os russos étnicos veem "nacionalismo" e "discriminação étnica" na cultura atual, enquanto que os letões étnicos veem "materialismo" e "dependência de drogas". Na cultura desejada, os russos étnicos querem ver mais foco em "justiça social", "direitos humanos" e "riqueza material", enquanto os letões étnicos querem mais foco em "honestidade", "educação" e "prosperidade".

Quando mapeamos os saltos nos valores (a comparação do número de votos para um valor na cultura atual e na cultura desejada), descobrimos que a maior necessidade não atendida tanto dos russos étnicos quanto dos letões foi o cuidado com os idosos (ver Tabelas 24.2 e 24.3).

A mudança do comunismo para uma economia democrática de livre-mercado deixou as pessoas de idade mais vulneráveis e colocou mais responsabilidade pelo seu bem-estar financeiro sobre suas famílias.

| Estados Unidos | | Bélgica | |
| Janeiro de 2009 | | Janeiro de 2010 | |

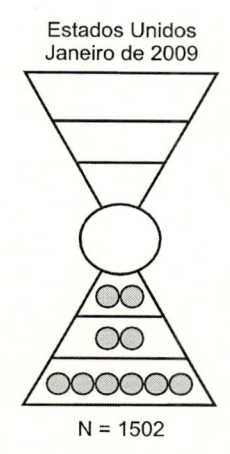

N = 1502
Entropia Cultural 53%

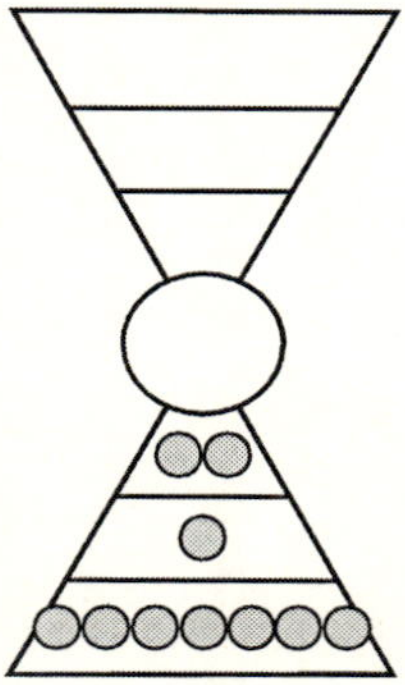

N = 7650
Entropia Cultural 53%

Valores	Votos	Valores	Votos
Corrupção (L)	748	Materialismo (L)	3845
Culpa (L)	641	Incerteza (L)	3777
Burocracia (L)	641	Desperdício de recursos (L)	3273
Crime/violência	628	Conflito/agressão (L)	3061
Incerteza (L)	567	Burocracia (L)	2916
Desperdício de recursos (L)	552	Desemprego (L)	2755
Materialismo (L)	527	Foco no curto prazo (L)	2728
Desemprego (L)	466	Pobreza (L)	2523
Conflito/agressão (L)	426	Crime/violência (L)	2512
Pobreza (L)	358	Poluição (L)	2379

Figura 24.3 Cultura atual: Estados Unidos e Bélgica.

Tanto russos quanto letões colocaram o "crescimento econômico" como uma de suas três maiores prioridades. Os de etnia russa também querem mais atenção à "habitação a preços acessíveis", enquanto os letões étnicos querem mais foco nas necessidades das gerações futuras.

EUA: Diferenças Políticas

Nas Figuras 24.6 e 24.7, temos os resultados da avaliação de valores culturais para os EUA, decompostos nas percepções dos democratas (Figura 24.6) e republicanos (Figura 24.7). Ambos os grupos compartilham nove de seus dez valores pessoais mais votados. Eles também compartilham nove valores da cultura atual e sete valores da cultura desejada. As principais diferenças entre os dois grupos são que os democratas veem "pobreza" na cultura atual

Letões étnicos 2007
N = 621

Valores Pessoais — Cultura Atual — Cultura Desejada

Valores		Valores		Valores	
Família	264	Corrupção (L)	424	Cuidado com os idosos	293
Crianças	217	Burocracia (L)	349	Crescimento econômico	279
Saúde	175	Desigualdade (L)	307	Gerações futuras	252
Adaptabilidade	177	Pobreza (L)	292	Segurança do trabalho	214
Humor/diversão	167	Desemprego (L)	257	Consciência ambiental	156
Honestidade	156	Crime/violência (L)	251	Cuidado com os desfavorecidos	172
Responsabilidade	156	Poluição (L)	204	Habitação a preços acessíveis	165
Cuidado	145	Materialismo (L)	157	Educação	145
Educação	132	Dependência de drogas (L)	150	Honestidade	142
Amizade	125	Interesse próprio (L)	132	Prosperidade	141

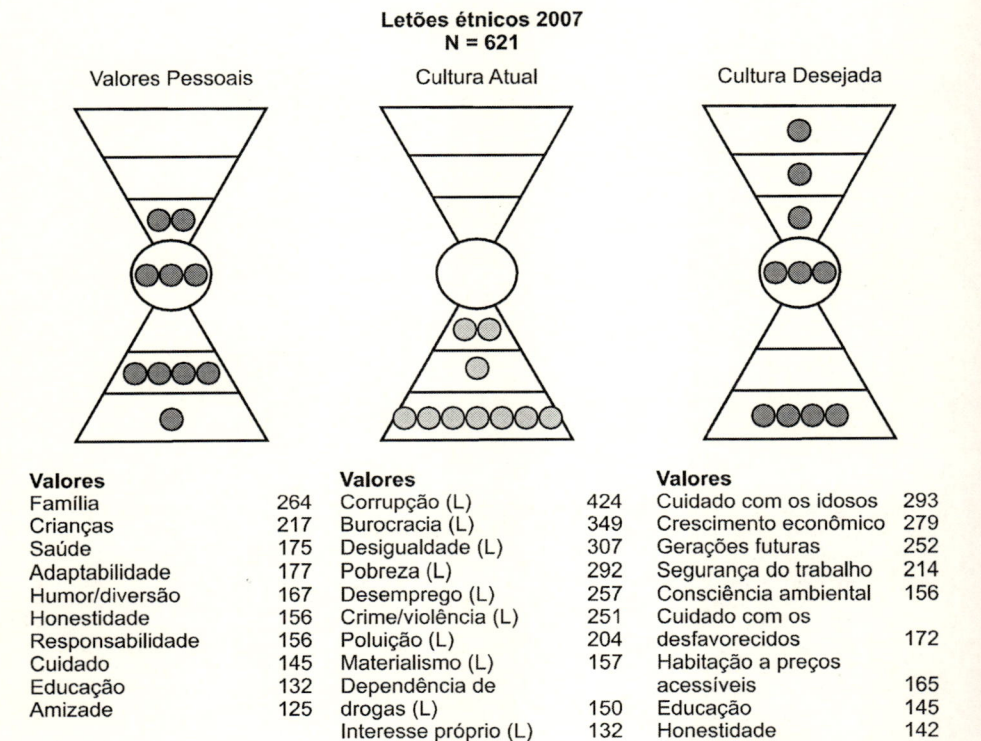

Figura 24.4 Distribuição de Valores: Letônia – letões étnicos.

Tabela 24.2 Necessidades não satisfeitas – letões (saltos nos valores)

Valor	Salto
Cuidado com os idosos	275
Gerações futuras	226
Crescimento econômico	202
Segurança do trabalho	201
Cuidado com os desfavorecidos	140

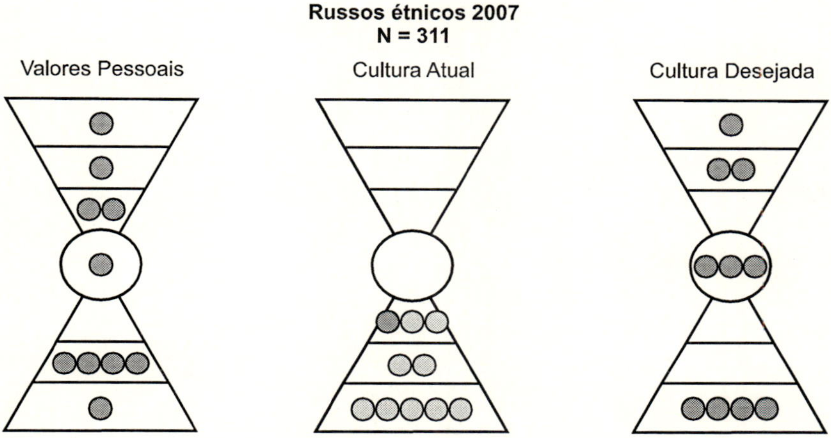

PARTE 5: LIDERAR NA SOCIEDADE **425**

Russos étnicos 2007
N = 311

Valores Pessoais — Cultura Atual — Cultura Desejada

Valores		Valores		Valores	
Família	132	Corrupção (L)	213	Crescimento econômico	155
Crianças	110	Burocracia (L)	167	Cuidado com os idosos	150
Saúde	96	Desigualdade (L)	159	Habitação a preços	
Cuidado	94	Pobreza (L)	145	acessíveis	99
Honestidade	85	Crime/violência (L)	129	Gerações futuras	90
Amizade	82	Desemprego (L)	124	Segurança no trabalho	89
Compaixão	73	Nacionalismo	103	Justiça social	85
Humor/diversão	72	Poluição (L)	93	Cuidado com os	
Equilíbrio		Discriminação étnica (L)	90	desfavorecidos	84
(casa/trabalho)	66	Interesse próprio (L)	59	Consciência ambiental	77
				Direitos humanos	74
				Riqueza Material	73

Figura 24.5 Distribuição de valores: Letônia – russos étnicos.

Tabela 24.3 Necessidades não satisfeitas – russos
(saltos nos valores)

Valor	Salto
Cuidado com os idosos	141
Crescimento econômico	123
Habitação a preços acessíveis	83
Segurança no trabalho	81
Justiça social	79

e republicanos veem "foco no curto prazo". Na cultura desejada, os democratas querem ver mais foco em "habitação a preços acessíveis", "redução da pobreza" e "qualidade de vida", enquanto que os republicanos querem mais foco na "honestidade", "integridade" e "poderio militar".

Quando mapeamos os saltos nos valores, descobrimos que a maior necessidade não atendida de democratas e republicanos era a "responsabilização" (ver Tabelas 24.4 e 24.5). Ambos os grupos querem que aqueles que estão no poder ou em posições de autoridade sejam mais responsáveis perante o povo. Os democratas colocaram "habitação a preços acessíveis" e "paz", como suas prioridades, enquanto os republicanos querem ver mais atenção dada a "cuidado com os idosos" e "gerações futuras".

Democratas 2009
N = 545

Valores Pessoais · Cultura Atual · Cultura Desejada

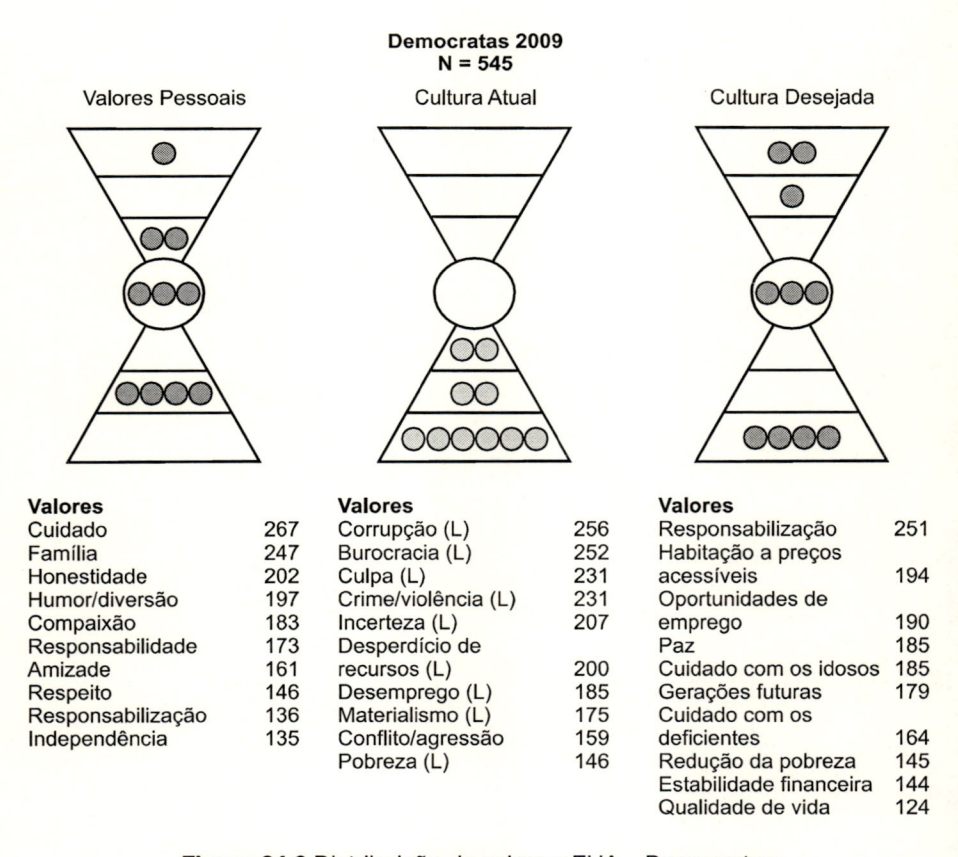

Valores		Valores		Valores	
Cuidado	267	Corrupção (L)	256	Responsabilização	251
Família	247	Burocracia (L)	252	Habitação a preços acessíveis	194
Honestidade	202	Culpa (L)	231	Oportunidades de emprego	190
Humor/diversão	197	Crime/violência (L)	231	Paz	185
Compaixão	183	Incerteza (L)	207	Cuidado com os idosos	185
Responsabilidade	173	Desperdício de recursos (L)	200	Gerações futuras	179
Amizade	161	Desemprego (L)	185	Cuidado com os deficientes	164
Respeito	146	Materialismo (L)	175	Redução da pobreza	145
Responsabilização	136	Conflito/agressão	159	Estabilidade financeira	144
Independência	135	Pobreza (L)	146	Qualidade de vida	124

Figura 24.6 Distribuição de valores: EUA – Democratas.

PARTE 5: LIDERAR NA SOCIEDADE **427**

Republicanos 2009
N = 430

Valores Pessoais · Cultura Atual · Cultura Desejada

Valores		Valores		Valores	
Família	225	Corrupção (I)	233	Responsabilização	224
Cuidado	180	Burocracia (L)	200	Gerações futuras	154
Honestidade	165	Culpa (L)	193	Cuidado com os idosos	137
Humor/diversão	154	Crime/violência	183	Oportunidades de emprego	115
Compaixão	131	Incerteza (L)	165	Paz	102
Responsabilização	116	Materialismo (L)	155	Estabilidade financeira	100
Responsabilidade	115	Desperdício de recursos (L)	155	Honestidade	99
Respeito	115	Desemprego (L)	125	Integridade	99
Amizade	112	Conflito/agressão (L)	116	Cuidados com os deficientes	97
Integridade	109	Foco no curto prazo	109	Poderio militar	96

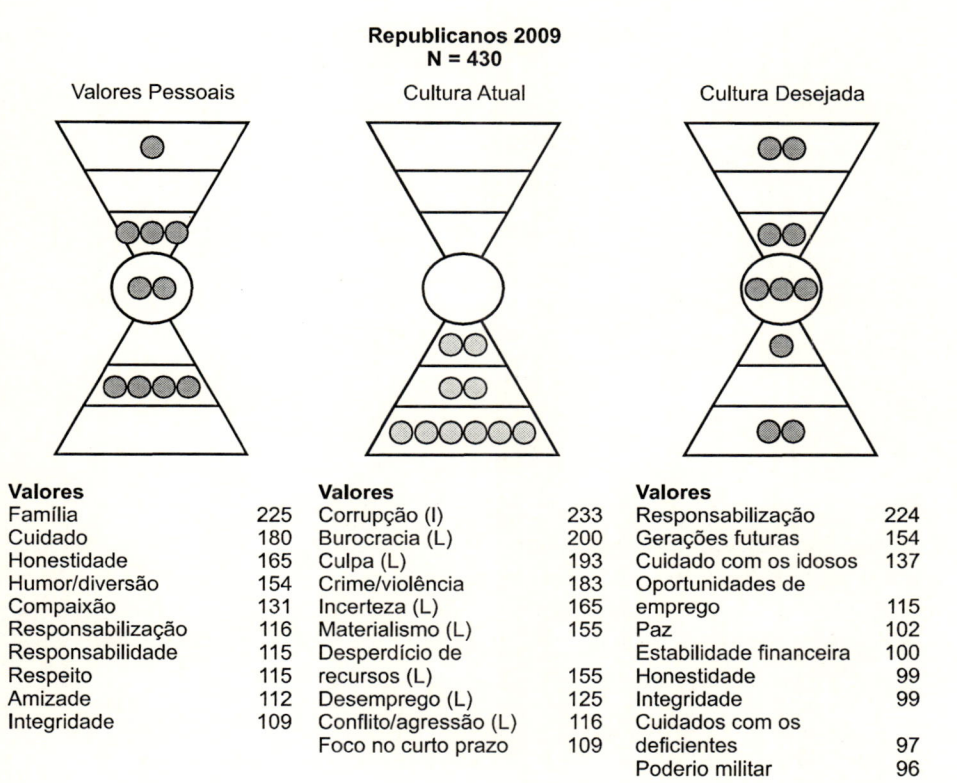

Figura 24.7 Distribuição de valores: EUA – Republicanos.

Tabela 24.4 Necessidades não satisfeitas – Democratas (saltos nos valores)

Valor	Salto
Responsabilização	205
Habitação a preços acessíveis	167
Paz	156
Oportunidades de emprego	153
Cuidado com os idosos	139

Tabela 24.5 Necessidades não satisfeitas – Republicanos
(saltos nos valores)

Valor	Salto
Responsabilização	196
Cuidado com os idosos	106
Gerações futuras	92
Oportunidades de emprego	92
Honestidade	90

O que esses exemplos mostram é que diferentes grupos da população, em geral, querem coisas semelhantes, no entanto cada grupo prioriza suas necessidades de maneira diferente, dependendo de suas circunstâncias atuais e do contexto em que operam. Se as pessoas em diferentes subgrupos pudessem concordar com os valores que elas gostariam que sua comunidade ou nação adotasse, então teriam um ponto de partida comum para criar e testar estratégias alternativas para a satisfação das suas necessidades.

Em última análise, a gestão da cultura de uma nação não é diferente da gestão da cultura de uma organização – apenas a escala é diferente. Você precisa ser capaz de medir os valores das culturas pessoal, atual e desejada de subgrupos diferentes da população, incluindo pessoas de diferentes origens étnicas, diferentes religiões, diferentes sexos, diferentes localidades e diferentes faixas etárias.

A maestria social diz respeito a encontrar maneiras de satisfazer as necessidades de deficiência desses subgrupos diferentes, de forma que a igualdade e a justiça estejam presentes e sejam vivenciadas. A história tem mostrado que a única maneira de alcançar este objetivo é quando a comunidade ou nação é liderada por um governo democraticamente eleito.

NOTA

159 Os resultados detalhados dessas avaliações de valores junto com avaliações mais recentes podem ser encontrados em www.valuescentre.com

25

Coesão Interna na Sociedade

Como vimos nos capítulos anteriores desta Parte 5 do livro, etnia e afiliação religiosa são potencialmente os dois fatores que mais ameaçam e inibem a coesão interna em uma comunidade ou nação. Eles são seguidos de perto por disparidades de riqueza, classe e gênero. Todas estas questões são os principais contribuintes para a entropia cultural em uma comunidade ou nação, porque potencialmente minam dois valores que estão no cerne da democracia: liberdade e igualdade.

Você deve se recordar de que, no Capítulo 3, na Tabela 3.2, que descreve os sete níveis da identidade humana, eu caracterizei a consciência de Nível 2 como "eu como membro de uma família ou clã com um patrimônio ou etnia em comum". E caracterizei a consciência de Nível 3 como "eu como um membro ou apoiador de um grupo que se alinha com a minha fé religiosa, interesses e/ou opiniões", e a consciência de Nível 4, como "eu como membro de um grupo que compartilha os mesmos valores e metas, e celebra e incentiva suas habilidades e talentos únicos".

A consciência de Nível 4 não é somente o nível no qual os indivíduos encontram a liberdade de se expressar e se tornar plenamente quem são, é também o nível onde as sociedades fazem a transição para a democracia. É o nível da igualdade, autonomia, responsabilidade e responsabilização.

Coesão interna não deve ser confundida com harmonia. Subgrupos etnicamente coesos podem viver em harmonia uns com os outros em uma comunidade maior, sem integrarem necessariamente um todo coeso. A principal razão para populações etnicamente diversas não se integrarem facilmente umas com as outras é que os membros de tais grupos se concentram no que é diferente – em sua etnia e em suas crenças – ao invés do que é comum – a sua humanidade e seus valores. Isto é o que os mantém no nível de consciência de relacionamento (Nível 2).

Consequentemente, os membros dos subgrupos étnicos que não têm satisfeitas as suas necessidades de deficiência tendem a se reunir nas mesmas subdivisões em busca de segurança coletiva e apoio.

Somente em nações altamente democratizadas, que incentivam a individualidade, e promovem ativamente a igualdade, você vai encontrar pessoas de diferentes etnias convivendo lado a lado na mesma rua. Elas são capazes de fazer isso porque são individualizadas, e portanto trocaram seus laços de parentesco por laços religiosos ou de valores. Elas aprenderam a identificar-se de uma forma mais ampla – com sua religião, sua comunidade ou sua nação, ao invés de sua etnia.

A consciência de Nível 2 é de natureza essencialmente tribal. É construída em torno de laços étnicos ou de parentesco (relações de sangue). As culturas tribais trocam a liberdade pela segurança. Pertencer a uma tribo é a sua garantia de que vai ser mantido em segurança e será bem cuidado. De uma perspectiva da evolução pessoal, as culturas tribais dependem de pessoas em conformidade. Permitir que as pessoas se diferenciem e se individualizem ameaça as estruturas sociais sobre as quais o tribalismo está baseado.

A verdadeira coesão interna só pode ocorrer em grupos etnicamente diversos, nos quais as pessoas são encorajadas a se autorrealizar e a desenvolver sua mente autorrealizada. Somente quando as pessoas são livres para escolher suas crenças e seus valores é que podem se unir para formar comunidades ou nações internamente coesas, construídas em torno de valores compartilhados e objetivos comuns.

É relativamente fácil criar uma nação internamente coesa, construída sobre valores compartilhados, quando todos no país compartilham uma origem étnica e crenças religiosas semelhantes.

Quando você adiciona a esta mistura os princípios de igualdade e justiça (eliminando a influência e os privilégios que acompanham uma monarquia, ou um sistema de classes que inclui elites), juntamente com uma boa dose de transparência, você tem os ingredientes de uma nação altamente coesa internamente.

Essas são mais ou menos as condições que encontramos na Dinamarca, onde a entropia é relativamente baixa e a coesão interna é relativamente alta. Na Dinamarca, por exemplo, encontramos seis valores correspondentes entre os dez valores mais votados da cultura atual e da cultura desejada. Na

Suécia, um dos vizinhos mais próximos da Dinamarca, encontramos quatro correspondentes entre os valores da cultura atual e desejada.

O Reino do Butão, que tem o menor nível de entropia cultural entre as nações que estudamos, tem, juntamente com a Dinamarca, um dos mais altos níveis de coesão interna (seis correspondentes entre os valores da cultura atual e desejada). Um alto grau de homogeneidade étnica, juntamente com a aceitação universal dos princípios budistas[160] (uma forma de vida baseada em valores), e o relativo isolamento do resto do mundo levaram à formação de uma sociedade altamente coesa. Os butaneses são tão apegados a seus valores budistas que são mais apaixonados pelo conceito de Felicidade Nacional Bruta,[161] do que pelo conceito de Produto Nacional Bruto.

Coesão Interna e Democracia

Do ponto de vista evolutivo, a coesão interna ocorre quando entidades viáveis e independentes se ligam para formar estruturas de grupo.

À medida que a evolução progrediu assistimos a um enfraquecimento gradual das energias de ligação entre entidades viáveis e independentes, e a um fortalecimento gradual das energias de cooperação. Você deve se lembrar do Capítulo 2 e da seguinte citação de Ervin Lazlo:

> No nível do clã, há o vínculo familiar: no nível tribal há o vínculo étnico e no nível da nação, pelo menos no de uma nação democrática, há o vínculo de valores. À medida que o nível das energias de ligação diminui, aumenta o nível das energias de cooperação.[162]

O que isto significa é que, à medida que a evolução da consciência humana progride em uma comunidade ou nação, veremos uma mudança gradual dos valores nos quais as pessoas se apoiam para se tornar entidades viáveis e independentes, para aqueles nos quais as pessoas se apoiam para se ligar umas às outras e formar uma estrutura de grupo. Este é o *continuum* entre valores que apoiam a individuação (consciência de Nvel 4) e a autorrealização (consciência de Nível 5).

Esta gama de valores, desde os estágios mais baixos da consciência de Nível 4 até os estágios superiores da consciência de Nível 5, é a base sobre a qual os princípios democráticos se sustentam. Democracia significa literalmente "poder do povo" ou "governo pelo povo." Nos tempos modernos, passou a significar dar voz às pessoas na escolha de quem querem que as represente em um parlamento. Isso não é a verdadeira democracia.

Tornar-se uma entidade viável e independente significa possuir o seu próprio poder. A democracia, portanto, não poderia existir até que as pessoas começassem a controlar diretamente o poder. Aqueles que tiveram a coragem de resistir ao jugo dos monarcas e tomar o poder foram os primeiros a quem foi dada a voz na forma pela qual seriam governados.

Não é de se estranhar, portanto, que a democracia tenha avançado em etapas à medida que os diferentes grupos começaram a tomar o poder. Primeiro, os militarmente mais poderosos tinham voz; depois, os maiores latifundiários; em seguida, todos os proprietários de terras. Depois deles, todos os homens de uma certa idade tinham voz e, finalmente, no início do Século 20, pelo menos no mundo ocidental, todas as mulheres de uma certa idade receberam o direito ao voto.

É importante reconhecer, contudo, do ponto de vista psicológico, que não é apenas porque você vive em um país "democrático" que dá a todos (homens e mulheres) a partir de uma certa idade o direito de voto, que todas as pessoas com este direito são entidades viáveis e independentes. Na verdade, a maioria não o é.

Embora os números variem de acordo com a nação, a maioria das pessoas opera a partir dos três primeiros níveis de consciência, com mentes socializadas. Essas pessoas não são entidades viáveis e independentes no sentido de serem individualizadas e controlarem a si mesmas. Não é de se estranhar, portanto, que as nações que são as maiores agressoras da democracia são também aquelas que têm o maior número de pessoas que operam a partir dos três primeiros níveis de consciência. As elites poderosas abusam da democracia nessas nações porque sabem que são capazes de manipular a mente do povo.

> A evolução futura da consciência da humanidade depende significativamente da criação das condições nacionais que apoiem e incentivem a individuação e autorrealização das massas.

Por exemplo, ao longo da África tribal, onde a maioria das pessoas opera a partir da consciência de Nível 2, temos os maiores abusos da democracia. Pessoas em culturas tribais são ensinadas a não questionar as decisões de seus líderes, pois suas vidas dependem de pertencimento e do apoio à sua tribo.

Logo a seguir, na hierarquia de abuso democrático, estão as nações baseadas em doutrinas religiosas. Nesses países, as mentes das pessoas são manipuladas pelas elites religiosas porque popularmente se acredita que elas representam ou interpretam a voz de Deus. Em nações laicas, temos elites empresariais poderosas que tentam minar o processo democrático, por meio de suborno e corrupção.

Visto da perspectiva inversa, o que estou dizendo é que as formas "mais puras" de democracia (pelo menos as formas menos atacadas de democracia) aparecem em nações que têm o maior número de indivíduos individualizados e autorrealizados – as nações nas quais um número maior de pessoas é dono do seu próprio nariz. Portanto, na minha opinião, a evolução futura da consciência da humanidade depende significativamente da criação das condições nacionais que apoiem e incentivem a individuação e autorrealização das massas.

Vamos agora explorar a progressão de valores que levam à coesão interna, e às mais altas formas de democracia possíveis, por meio do mapeamento do *continuum* de valores que nos levam desde os estágios mais baixos de consciência de Nível 4 aos estágios superiores da consciência de Nível 5, culminando no valor de "confiança". Como já mencionado ao longo deste livro, a "confiança" é o valor, acima de todos os outros, que é mais necessário para a ligação.

Democracia – Evolução de Valores

Os seis valores a seguir caracterizam a progressão na consciência que é necessária para se avançar do Nível 4 (liberdade, igualdade e responsabilidade) até o Nível 5 (abertura, justiça e transparência).

Liberdade: Um dos dois valores fundamentais nos quais a democracia se baseia é a liberdade – a liberdade de expressar suas opiniões e a liberdade de votar em um candidato de sua escolha em uma eleição local ou nacional.

Igualdade: O segundo valor fundamental no qual a democracia se baseia é a igualdade – o reconhecimento de que se você tem o direito à liberdade e tudo que vem com esse direito, então os outros devem ter os mesmos direitos e também que seus direitos não devem ser ameaçados por qualquer outra pessoa.

Responsabilidade: Isto leva naturalmente ao valor da responsabilização – a prática da liberdade responsável. Se todos concordam que liberdade e igualdade são importantes, então todos devem assumir a responsabilidade e se responsabilizarem por garantir que todas as suas ações estarão de acordo com esses valores.

Justiça: Isto leva naturalmente ao valor da prática da justiça – a responsabilidade de viver segundo o valor da igualdade. A injustiça surge quando as pessoas não são responsabilizadas por garantir que suas ações apoiam o valor da igualdade.

Abertura: Isto leva naturalmente ao valor da abertura – o processo pelo qual a justiça pode ser garantida. A abertura não deixa dúvidas sobre as motivações que as pessoas têm na tomada de decisões. As motivações devem ser divulgadas para que a abertura seja vivenciada.

Transparência: Isto leva naturalmente ao valor de transparência – a divulgação completa de todos os documentos e materiais que indicam como as decisões foram tomadas. A melhor maneira de garantir a abertura é certificar-se de que cada aspecto do processo pelo qual as decisões são tomadas esteja aberto ao público. Nada deve ser escondido para que a transparência seja exercida.

A melhor maneira que os governos têm de garantir que estes seis valores sejam vivenciados é institucionalizá-los. Fazer deles os valores defendidos pelas organizações que compõem a administração pública. Desta forma, todos os envolvidos no desenvolvimento de políticas públicas e na prestação de serviços públicos seriam responsáveis por garantir que esses valores sejam vivenciados.

Além destes seis valores institucionais, os líderes públicos também precisam exibir os seguintes valores pessoais:

- *Cuidado:* estar preocupado com a capacidade de todos os cidadãos de satisfazer suas necessidades, e fazer do bem-estar deles uma prioridade em seu trabalho.
- *Honestidade:* ser sincero e franco em todas as comunicações interpessoais e debates públicos. Admitir seus erros.
- *Autenticidade:* ser consistente e sincero em palavras, pensamento e ação em todas as situações – privadas ou públicas – e em todos os momentos.
- *Compaixão:* conectar-se, e sentir a dor dos outros, fazendo tudo o que pode para encontrar formas de aliviar o sofrimento.

Somente quando os seis valores institucionais são vivenciados pelas autoridades públicas e os quatro valores pessoais são vivenciados pelos dirigentes públicos é que será possível construir uma base democrática sólida para a coesão interna baseada na confiança.

Visão Compartilhada

Um sistema de valores compartilhados, como o descrito anteriormente, é um requisito necessário mas não suficiente para a coesão interna.

A coesão interna também requer um senso compartilhado de direção para o futuro desenvolvimento e o crescimento da nação. É importante que se veja que os governos e seus líderes concentram sua atenção nas prioridades certas – as necessidades não satisfeitas de seus cidadãos.

Nas Figuras 24.4 e 24.5 vemos que os letões étnicos e russos étnicos compartilham quatro de seus cinco principais valores da cultura desejada. Ambos os grupos desejam que o governo se concentre em cuidados com os idosos, crescimento econômico, gerações futuras e segurança no trabalho – o velho, o jovem e a economia.

Os resultados dessa pesquisa na Letônia desencadearam um diálogo nacional sobre valores, do qual participaram milhares de pessoas. O Presidente e o Primeiro-Ministro, assim como o Parlamento estiveram fortemente envolvidos nas discussões dos valores. Outras investigações foram realizadas para aprofundar a compreensão do governo sobre algumas das principais questões levantadas pela avaliação de valores. As conversas subsequentes criaram um novo senso de honestidade, transparência e imparcialidade, que reuniu os diferentes segmentos da população.

Com base na consulta de valores, foi desenvolvida uma nova visão para a Letônia em 2030, que foi formalizada em um documento de planejamento nacional, apresentado ao Parlamento Europeu, em setembro em 2008. Este é um dos primeiros documentos de planejamento nacional com base em valores do mundo.

Esta experiência na Letônia e uma experiência semelhante que está ocorrendo agora na Islândia sugerem que há quatro etapas fundamentais no desenvolvimento de uma visão para uma comunidade ou nação.

Etapa 1: Realizar uma avaliação de valores para determinar as necessidades não satisfeitas dos diferentes subgrupos populacionais.

Etapa 2: Realizar uma consulta a nível da comunidade/nação para divulgar os resultados da pesquisa de valores, analisar o feedback e obter *insights* sobre os valores prioritários para os diferentes grupos.

Etapa 3: Com base nos resultados das consultas:

a) Prosseguir a investigação para aprofundar a compreensão das questões específicas.

b) Obter um consenso sobre os valores mais importantes que a comunidade/nação deve perseguir.

Etapa 4: Desenvolver uma visão da comunidade/nação com base nos valores nacionais acordados que aborda as necessidades não satisfeitas de todos (o maior número possível) os subgrupos da população principal. O que é importante na definição da visão de uma comunidade ou nação é concentrar-se nas necessidades não satisfeitas dos diferentes grupos da população e determinar os valores que devem ser promovidos e que permitem que essas necessidades sejam satisfeitas. Os debates políticos devem versar sobre as estratégias para atender a essas necessidades, e não sobre a visão ou os valores que a nação está tentando desenvolver.

Em outras palavras, devemos deixar que a população da comunidade ou nação decida sobre a visão, os valores e as necessidades a serem atendidas, e então devemos deixar que os políticos discutam as melhores estratégias para atender a essas necessidades de acordo com os valores. Os valores não devem ser objeto de debate político.

Em um ambiente comunitário ou nacional não é tanto a visão em si que faz as pessoas se animarem sobre a política, mas a atenção e a prioridade que os partidos políticos dão aos valores, e as propostas que eles têm para atender às necessidades não satisfeitas do eleitorado que determinam o resultado de uma eleição. Portanto, é importante que os líderes comunitários e nacionais entendam as necessidades não satisfeitas das diferentes faixas etárias, gêneros, etnias e níveis de renda, enfim, de todas as pessoas das suas comunidades.

A avaliação dos valores da comunidade/nação fornece uma ferramenta simples e eficaz para se iniciar este diálogo, determinando quais são as necessidades não satisfeitas e quais as prioridades que cada agrupamento demográfico atribui a elas.

Democracia – O Futuro

A democracia, tal como a conhecemos no mundo ocidental, chegou a uma fase importante em sua evolução. Ela está pronta para fazer a mudança da consciência do Nível 4 (liberdade, igualdade e responsabilidade) para a consciência de Nível 5 (abertura, justiça e transparência), mas ainda não chegou lá. Há três questões principais sobre a maneira pela qual a democracia é praticada atualmente que estão impedindo que essa mudança aconteça.[163] Como é praticada atualmente, a democracia é:

- Conflituosa.
- Baseada em processos injustos.
- Não-participativa.

Conflituosa

A forma como a democracia é praticada atualmente na maioria dos países é arcaica. A linguagem que os líderes políticos usam lembra a dos tempos medievais, quando senhores e barões lutavam pelo poder. E apesar do fato de que lutar sujo é desaprovado, isso ainda é aceito como uma tática legítima já que não é punida ou banida. A moral é sacrificada de bom grado em troca da vitória. Os líderes políticos procuram obter a vantagem de qualquer maneira que puderem.

Cada partido político orgulhosamente proclama: "Nós temos as respostas." A outra parte "não presta". A arrogância impera. A humildade e a cooperação são jogadas no lixo. Os líderes buscam formas de fazer seus oponentes parecerem ruins, para que possam ficar bem: é tudo na base do "cada um por si". Ficam na defensiva quando criticados, não sabem como pedir desculpas quando cometem erros. Não respondem diretamente às perguntas das quais não gostam, escondem-se ou evitam a verdade. Empregam pessoas que manipulam as suas mensagens para que possam obter o efeito desejado. A autenticidade e a transparência vão para o lixo. O que você recebe deles é o que acreditam que você quer ouvir.

Estes são comportamentos tipicamente limitantes apresentados por pessoas que operam a partir dos três primeiros níveis de consciência. Eles falam sobre valores, mas tomam decisões com base em suas crenças. Eles acham quase impossível trabalhar em conjunto para o bem do todo, porque estão constantemente focados na busca por vantagens políticas. Seu ego precisa dominar sua tomada de decisão e a forma como eles se comportam.

Como você pode respeitar e admirar essas pessoas como líderes na sociedade? Eu certamente não posso.

Depois de fazer esta afirmação, sinto que preciso qualificá-la. Não é que nossos líderes sejam "ruins", é o nosso sistema democrático, como é praticado atualmente, que incentiva este tipo de comportamento. Precisamos de um novo sistema de governança.

Para evoluir até o próximo nível de consciência, precisamos de um sistema de governo que vá além da democracia tal como a conhecemos, um sistema que minimize (e não que incentive!) os jogos políticos: Um sistema de natureza cooperativa, que redirecione a energia que gastamos na luta política para o esforço de cooperar e chegar a um consenso. Nossa sociedade nacional e mundial não irá evoluir até que isso aconteça.

Precisamos de uma forma mais participativa de democracia. Precisamos de uma democracia na qual as pessoas decidem os valores que desejam que seus governos adotem e as necessidades que desejam que os seus governos cumpram. Colocar o poder nas mãos do povo e deixar que os políticos descubram as melhores estratégias para atender às necessidades da sociedade.

Eu disse anteriormente que a democracia, como nós atualmente conhecemos, é um elo na cadeia de um experimento social natural em curso sobre governança (a tomada de decisão coletiva) que espelha a evolução da consciência humana. Penso que os cidadãos instruídos de todo o mundo estão prontos para assumir o desafio de desenvolver um novo sistema de governança que não só abranja os princípios democráticos de liberdade, igualdade e responsabilidade, mas também os princípios sociocráticos[164] de participação, justiça, abertura e transparência. Isto não é algo que podemos pegar ou largar. É um imperativo global para o futuro bem-estar da humanidade.

Não poderemos resolver os nossos problemas globais através da política conflituosa local, nacional ou internacional. Só vamos resolvê-los através da cooperação e do consenso por consentimento,[165] com base em uma visão e valores que foram determinados pelo povo. Precisamos da evolução consciente, e não da evolução inconsciente. Precisamos medir e mapear os valores das culturas dos nossos povos de forma regular, e usar esses resultados para construir sociedades mais fortes e mais democráticas.

Injusta

Muitos dos sistemas e processos nos quais nossas democracias são baseadas são inerentemente injustos para o eleitorado. Nos EUA, o candidato presidencial que obtém mais votos populares não é necessariamente aquele que vence a eleição geral. No Reino Unido, o partido que obtém mais votos populares não é necessariamente aquele que obtém a maior bancada no Parlamento e, portanto, aquele que forma o Governo.

Já me referi à injustiça inerente à forma pela qual os distritos eleitorais nos EUA são alterados pelos partidos no poder, e a injustiça inerente de haver uma Câmara Alta no Parlamento do Reino Unido que não é eleita pelo povo.

Em ambos os países, os dois principais partidos políticos fazem tudo o que podem para tornar difícil que outros partidos obtenham exposição equânime na mídia ou tenham a mesma influência durante a campanha para as eleições gerais. É, creio eu, inerentemente injusto para com o eleitorado de um país ter um sistema de governança que é de alguma forma manipulado para ser uma corrida de apenas dois cavalos. A política não deve ser baseada em um sistema que de alguma forma restringe as opções de voto a um mero preto ou branco. As pessoas devem ser capazes de escolher entre vários tons de cinza. Precisamos ser capazes de escolher um candidato que esteja mais em sintonia com as nossas necessidades não satisfeitas. Se houver apenas dois ou três partidos que podem, eventualmente, fazer parte do governo, então as pessoas não vão desperdiçar seus votos em um jogo de cartas marcadas.

Se, por outro lado, existir alguma forma de representação proporcional, então as pessoas sabem que o seu voto conta, não importa em qual partido elas votem. A representação proporcional garante a representação completa e representa uma ordem superior de consciência em comparação com os sistemas de pluralidade de voto como é praticado nos EUA e no Reino Unido.

A representação proporcional também incentiva o diálogo e a cooperação. Líderes políticos do velho paradigma não gostam disso, porque querem o poder (consciência de Nível 3). Eles só entendem o confronto e o debate. Eles não compreendem os benefícios para o eleitorado do diálogo e da cooperação. Eles querem que a forma de governança que operam satisfaça as suas próprias necessidades, e não as necessidades do eleitorado. Esquecem-se de que a sua principal função é servir ao povo.

Finalmente, em muitos países não existe um processo para os eleitores despedirem seus representantes, se eles não se comportam bem. Quando são eleitos, os candidatos têm seus empregos garantidos por um período de quatro ou cinco anos, não importa o quão bem ou mal eles se comportem. Isso nunca seria tolerado em um ambiente de negócios. Eu não vejo qualquer razão para que isso seja tolerado na gestão dos negócios de uma comunidade ou país.

Não-Participativa

A democracia, tal qual vem sendo praticada atualmente, é limitada em profundidade. Não é o governo do povo pelo povo (democracia direta), mas sim o governo do povo pelos representantes políticos eleitos do povo (democracia representativa).

Na maioria dos sistemas políticos democráticos de governo, além de elegerem os seus representantes no nível local e nacional, as massas não têm outra participação na governança. Em outras palavras, no que diz respeito aos cidadãos, a democracia é um evento do qual eles participam uma vez a cada quatro ou cinco anos. Isto está prestes a mudar.

Conforme a consciência humana evolui, conforme mais e mais pessoas se individualizam e assumem a responsabilidade por suas próprias vidas (consciência de Nível 4), elas vão querer ter uma participação mais direta na tomada de decisão política. Elas vão querer ser consultadas sobre decisões importantes que afetam seu futuro e o futuro de seus filhos. Nós estamos prestes a testemunhar uma crescente demanda por mais democracia direta.

Falta de envolvimento na tomada de decisões, e sistemas de votação plurais são a principal razão para que a maioria das eleições tenha uma fraca participação. As pessoas não participam porque não acreditam que seus votos contam. Adicione a isso a crescente desilusão com a política partidária conflituosa e injusta descrita anteriormente, e com a incapacidade dos governos nacionais de concordar e cooperar nas questões globais que a humanidade enfrenta e você tem a receita perfeita para uma crescente crise democrática que acabará por forçar mudanças significativas na forma pela qual as nações e o mundo são governados. A mudança para a democracia mais direta a partir de uma perspectiva evolutiva é inevitável. A tecnologia que permite que isso aconteça já existe: a Internet.

O que temos observado em nosso trabalho com grandes organizações é que sempre que uma organização participa de avaliação de valores culturais voluntária, repete o exame e age sobre os resultados a cada ano, as taxas de participação aumentam significativamente. Em outras palavras, quando as pessoas percebem que suas opiniões contam, elas respondem. As pessoas individualizadas querem estar no controle de seus destinos. Elas querem ter o poder de escolha. Elas querem ser consultadas. Elas querem saber que as suas opiniões estão sendo consideradas.

Diálogos Apreciativos e Participativos

A mudança da consciência de Nível 4 para Nível 5 obriga-nos a adotar novas formas de participação na tomada de decisões que permitem que grandes grupos de pessoas participem do diálogo, de uma maneira apreciativa e não conflituosa. Três dos processos mais populares e comprovados para atender estes requisitos são:

- Investigação Apreciativa.
- Café Mundial.
- Tecnologia do Espaço Aberto.

Estes processos constroem e incorporam alguns dos princípios e processos que descrevi no Capítulo 20, onde mostrei três maneiras pelas quais as equipes de liderança poderiam ter discussões mais significativas, construindo a coesão interna. A única diferença entre os processos descritos naquele e neste capítulo é que os três processos acima mencionados são projetados para permitir o diálogo e a tomada de decisões em todos os tamanhos de grupos. Eles também são apropriados para todos os tamanhos de organizações.

Investigação Apreciativa

A Investigação Apreciativa (IA) é um processo ou filosofia para se envolver as pessoas que fazem parte de uma estrutura de grupo em um diálogo que se concentra na renovação e na mudança. O processo é amplamente utilizado em organizações para envolver o "sistema inteiro" em discussões significativas sobre a visão, missão e estratégias de melhoria de desempenho da organização. O mesmo processo também é amplamente utilizado fora do domínio organizacional, em comunidades de interesse.

Eu frequentemente uso este processo para ajudar os grupos a determinarem os comportamentos que suportam os seus valores, trabalhando com grupos focais, tendo os membros do grupo relatando individualmente as suas experiências positivas anteriores com um determinado valor, descrevendo o que estava acontecendo quando o valor estava sendo vivido. Essas experiências individuais positivas são então recolhidas, e todo o grupo decide qual dos comportamentos é mais relevante para o valor que estão discutindo e para sua situação atual.

O trecho a seguir, retirado do livro "A Positive Revolution in Change: Apreciative Inquiry"[166] do criador do processo, David L. Cooperider, e de um de seus expoentes mais experientes, Diana Whitney, resume o que é a Investigação Apreciativa.

> *A Investigação Apreciativa diz respeito à busca coevolucionária pelo melhor nas pessoas, nas suas organizações e no mundo relevante em torno delas. Em seu mais amplo foco, ela envolve a descoberta sistemática do que dá "vida" a um sistema vivo quando ele é mais vivo, mais eficaz, e mais construtivamente capaz em termos econômicos, ecológicos e humanos.*
>
> *A Investigação Apreciativa envolve, de uma forma central, a arte e a prática de fazer perguntas que reforcem a capacidade de um sistema para apreender, antecipar e aumentar o potencial positivo. Ela envolve essencialmente a mobilização da investigação através da elaboração da "pergunta positiva incondicional", geralmente envolvendo centenas ou às vezes milhares de pessoas.*
>
> *Na Investigação Apreciativa, a árdua tarefa de intervenção abre caminho para a velocidade da imaginação e da inovação; em vez da negação, da crítica e do diagnóstico em espiral, há descoberta, sonho e projeto.*
>
> *A Investigação Apreciativa, deliberadamente, em tudo que faz, busca trabalhar a partir de relatos sobre este "núcleo de mudança positiva" e assume que cada sistema vivo tem muitos relatos inexplorados que são ricos e inspiradores sobre o que é positivo. Conecte a energia deste núcleo diretamente a qualquer agenda de mudança e as mudanças que nunca se pensou que fossem possíveis serão súbita e democraticamente mobilizadas.*

Café Mundial

O Café Mundial é um processo simples e inovador, que permite que grupos de pessoas realizem conversas sobre questões importantes de uma forma que explora a inteligência coletiva do grupo.[167] O processo tirou o seu nome do ambiente de uma cafeteria onde os diálogos acontecem.

O processo foi inicialmente desenvolvido e utilizado por Juanita Brown e David Isaacs, em 1995. O processo envolve grupos de quatro ou cinco pessoas reunidas em torno de uma mesa que falam sobre uma questão cuidadosamente elaborada na qual todos estão interessados. Após o facilitador/coordenador cumprimentar os participantes, ele ou ela lembra a eles a pergunta que têm para explorar, e dá 30 a 45 minutos para a discussão. Após o prazo estipulado, uma pessoa permanece em cada mesa e o resto se desloca para outras mesas. A pessoa que permanece na mesa compartilha com o grupo que chega as ideias e questões que foram discutidas naquela mesa, e os outros compartilham suas conversas anteriores. O novo grupo em cada mesa, em seguida, continua com o seu diálogo. O processo prossegue por várias rodadas.

O grupo todo, então, precisa compartilhar ideias e questões significativas que tenham surgido. Os resultados desta discussão são exibidos na frente de todos, e usados pelo grupo como base para ações futuras.

Brown vê este processo como uma emulação da maneira pela qual sistemas inteiros trabalham e pensam em conjunto. Membros de pequenos grupos espalham suas ideias aos círculos maiores, disseminando as sementes de novas ideias e *insights* em novas conversas a grupos cada vez maiores. O processo ativa a inteligência coletiva, cria novos conhecimentos e ajuda a criar futuros desejados. Para mais informações, consulte www.theworldcafe.com.

Tecnologia do Espaço Aberto

Espaço aberto, como é popularmente conhecido, é um processo para reuniões, conferências e eventos da comunidade focado em um propósito ou tarefa específicos. A Tecnologia do Espaço Aberto tem sido utilizada em reuniões de até 2.000 pessoas.[168]

Uma das características mais distintivas do Espaço Aberto é que ele começa sem qualquer agenda específica. A agenda é criada durante os primeiros 30 a 90 minutos, pelos participantes. Por esta razão, o processo opera em seu ponto ótimo quando os representantes do "sistema inteiro" estão na sala.

Tipicamente, uma reunião de Espaço Aberto começa com apresentações curtas por parte do patrocinador (o coordenador ou líder reconhecido do grupo) e, geralmente, de um facilitador do Espaço Aberto. O patrocinador apresenta o propósito; o facilitador explica o processo de "auto-organização" do Espaço Aberto.

O grupo como um todo cria a agenda, convidando as pessoas para defender questões ou temas relevantes para o propósito da reunião em um boletim. Quando todos os tópicos foram identificados, cada pessoa que se sentiu motivada a apresentar uma ideia no mural é convidada a dizer algumas palavras sobre por que acredita que seu tema é importante. Essa pessoa torna-se o organizador de um grupo para discutir o assunto e atribui um lugar e tempo para a reunião.

O organizador inicia a conversa e toma notas. Os participantes podem escolher os grupos dos quais participam, e podem, se quiserem, alternar entre grupos polinizando as conversas. O processo de cada grupo é recolhido e "instantaneamente" publicado eletronicamente para que todo o grupo possa ver. O grupo atribui prioridades e ações com base nas conclusões de cada um dos grupos. O facilitador garante o espaço para que os participantes se auto-organizem, em vez de gerir ou dirigir as conversas.

Harrison Owen, o criador deste processo, afirma que a abordagem funciona melhor quando quatro condições estão presentes:

- Níveis elevados de complexidade, em termos de tarefa ou resultados a serem alcançados.
- Níveis elevados de diversidade, em termos de pessoas envolvidas na implementação de qualquer solução.
- Níveis elevados de conflito real ou potencial em torno do objetivo principal da reunião.
- Níveis elevados de urgência.
- Mais informações sobre a Tecnologia do Espaço Aberto podem ser encontradas em www.openspaceworld.org.

Para um tratamento mais abrangente do tema do diálogo e dos processos que estão disponíveis para cocriar através da inteligência coletiva, gostaria de encorajá-lo a ler "O Tao da Democracia" de Tom Atlee.[169]

Um ponto que é comum a esses tipos de intervenção é que eles funcionam melhor quando os representantes do "sistema inteiro" estão na sala.

NOTAS

160 O budismo é mais uma filosofia do que uma religião. Ele enfatiza os princípios para a vida sem sofrimento, ao invés dos dogmas e rituais que acompanham a maioria das outras religiões. Está mais baseado em valores do que em crenças.
161 www.grossnationalhappiness.com

162 Ervin Lazlo. Evolution: *The General Theory*. New York: Hampton Press, 1996.
163 Meus comentários são baseados no que observei sobre os sistemas políticos dos EUA e do Reino Unido, onde passei a maior parte de minha vida. Há algumas nações na Europa, um punhado delas no máximo, que conseguiram alguma dianteira em lidar com essas questões. Também julgo que seja necessário reafirmar que abordo esse tema de um ponto de vista da consciência e não da ciência política.
164 Uma forma de autogovernança participativa em muitos níveis que adota a justiça, abertura e a transparência e chega às decisões usando o princípio do consentimento.
165 John Buck and Sharon Villines. *We the People: Consenting to a Deeper Democracy*. Washington DC: Sociocracy. Info, 2007.
166 www.appreciativeinquiry.case.edu/uploads/whatisai.pdf
167 Juanita Brown and David Isaacs. *The World Café: Shaping Our Futures Through Conversations That Matter*. San Francisco: Berrett-Koehler, 2005.
168 Harrison Owen. *Open Space Technology: A User's Guide*. San Francisco: Berrett-Koehler, 2008.
169 Tom Atlee. *The Tao of Democracy: Using Co-intelligence to Create a World that Works for All*. Cranston, Rhode Island: The Writer's Collective.

26

Coesão Externa na Sociedade

A coesão externa, no que diz respeito a grupos humanos que vivem em uma comunidade ou nação, é uma estratégia de sobrevivência natural que ocorre quando vários grupos, normalmente existindo em proximidade uns com os outros ou que abraçam uma mesma ideologia central, são confrontados com uma ameaça comum à sua existência a qual, por causa de uma deficiência em seus próprios recursos internos, são incapazes de superar por conta própria.

Isso se aplica a todos os tipos de situações – conflito militar, deficiências de recursos, desastres naturais e, mais recentemente, terrorismo, crime internacional, ganância do sistema financeiro mundial e aquecimento global.

O que é sem precedentes neste momento na nossa existência humana é que as ameaças à nossa sobrevivência coletiva são:

a) globais, e
b) causadas pelo homem.

Os seres humanos jamais tiveram que enfrentar problemas de estabilidade externa nesta escala.

Estamos presenciando novas formas de conflito, não apenas conflitos entre grupos humanos, mas conflitos entre a nossa maneira moderna de ser e natureza – o nosso sistema natural de suporte à vida (meio ambiente). A questão em jogo não é "salvar o planeta". O planeta vai sobreviver, porque é um sistema autorregulador. A questão em jogo é salvar-nos de nós mesmos.

> A questão em jogo não é "salvar o planeta". A questão em jogo é salvar-nos de nós mesmos.

Com toda a nossa dita inteligência humana, não conseguimos compreender que a humanidade é apenas um aspecto de um sistema auto-organizado muito maior que compõe o planeta que conhecemos como Terra.

James Lovelock foi um dos primeiros cientistas a reconhecer a função de autoregulação da biosfera da Terra. Ele chamou isso de a hipótese de Gaia.[170] Assim, a humanidade é uma das partes de um sistema total maior – a Terra, que é ela mesma apenas uma parte de um sistema total maior – o sistema Solar, que, por sua vez, é apenas uma parte de um grande sistema total do Universo. Vivemos em uma holarquia aninhada – uma hierarquia de *hólons*.[171]

Para viver em equilíbrio externo, cada *hólon* dentro de cada *hólon* deve ser funcional, adaptável e sustentável. Deve ser viável e independente na sua estrutura de existência; deve ser capaz de mudar em resposta a eventos internos e externos desestabilizadores e deve ser capaz de regular as suas funções de modo a não perturbar a estabilidade interna e o equilíbrio externo do *hólon* dentro da qual ele existe. Se um *hólon* não puder atender esses três requisitos, o *hólon* maior vai regular-se de uma maneira que pode afetar significativamente a capacidade de existência do *hólon* menor.

Assim, se as empresas e o sistema bancário, que são uma parte subsidiária integral da sociedade (um *hólon* dentro do *hólon* maior da sociedade), continuarem a desestabilizar o funcionamento da sociedade ao não se autorregularem, eles vão acabar forçando a sociedade a regular seus negócios de uma maneira que vai impactar significativamente a sua funcionalidade atual e a sua existência.

Da mesma forma, se a humanidade, que é uma parte subsidiária integral do meio ambiente (um *hólon* dentro do *hólon* maior da Terra), continuar a desestabilizar o funcionamento do planeta, ao não se autorregular, ela vai acabar forçando o planeta a regular a humanidade de uma forma que vai impactar significativamente a sua funcionalidade atual e a sua existência.

Portanto, a questão central que a humanidade enfrenta neste momento é a autorregulação. O que torna isso difícil, e às vezes aparentemente impossível, é que não temos um sistema de autorregulamentação no nível global. Temos pequenos pedaços de um sistema como o Fundo Monetário Internacional (FMI), o Banco Mundial e as Nações Unidas, mas nada que tenha qualquer autoridade real para regular e disciplinar localmente as ações das nações para o bem da humanidade e a preservação de nosso sistema suporte de vida – a Terra.

Temos democracias localizadas em países que autorregulam as sociedades nos territórios que chamamos nações, mas não temos um sistema global de governança democrática, que autorregule a humanidade. A questão com estes sistemas nacionais de governo é que os problemas que estão enfrentando agora fugiram do seu controle. Os problemas da existência são globais, mas as estruturas que temos para lidar com eles são nacionais.

A chave para o nosso futuro como espécie depende de nós desenvolvermos este sistema global de governança. Precisamos de um *hólon* autorregulado para a humanidade que apoie o *hólon* autorregulado que chamamos Gaia, do qual dependemos para nossa sobrevivência.

Como Seria Este Sistema?

Basta olhar para o corpo humano para encontrar uma resposta possível.

Os seres humanos são compostos de células. Células são entidades viáveis, independentes e autorreguladas que se ligaram para formar estruturas de grupo chamadas órgãos, que por sua vez também são entidades viáveis e independentes que concordaram em cooperar entre si para criar a entidade de ordem superior – o ser humano. A mente de um ser humano faz o possível para cuidar dos interesses dos órgãos e de todas as células do corpo, e para mantê-los a salvo de danos. As células apoiam os órgãos e os órgãos apoiam o corpo.

Se fôssemos replicar este sistema na escala da humanidade, ele seria mais ou menos o seguinte.

A humanidade é composta de indivíduos humanos. Os indivíduos humanos são entidades autorreguladas que se ligaram para formar estruturas de grupo chamadas nações, que por sua vez são elas próprias entidades viáveis e independentes que concordaram em cooperar entre si para criar uma entidade de ordem superior – a humanidade. A mente da humanidade (Governo Global) cuida dos interesses das nações e de todos os indivíduos humanos em todos os lugares e os mantém a salvo de danos. Os indivíduos humanos apoiam suas nações e as nações apoiam a humanidade.

Estes dois esquemas não são exatamente os mesmos, porque há muito mais países sobre a Terra do que órgãos no corpo e eles variam muito em tamanho e população.

No entanto, o que está acontecendo ao redor do mundo é que as nações estão gradualmente se unindo para formar agrupamentos regionais com a finalidade de sobrevivência econômica. Assim, os Treze Estados originais da América se uniram para formar os Estados Unidos. Vinte e sete países da Europa se uniram para formar a União Europeia, e iniciativas semelhantes de várias formas também são encontradas no Oriente Médio, na América do Sul, na África e na Ásia. A pergunta que me faço é a seguinte: estes agrupamentos regionais poderiam se tornar as novas "supernações" do mundo? Então, minha pergunta seguinte é: estes agrupamentos regionais poderiam enviar representantes para uma instituição democrática conhecida como a União Global de Nações, com a finalidade de autorregulação da humanidade, garantindo liberdade, igualdade e justiça para todos os membros da raça humana? Parece provável, com base na história da evolução, que isto é algo que poderia acontecer.

Isto é exatamente o que está acontecendo em nível regional. Por exemplo, os países membros da União Europeia têm uma carta comum baseada em valores. A assinatura da Convenção Europeia de Direitos Humanos é uma condição para a adesão à UE, assim como a abolição da pena de morte.

As democracias só funcionam quando têm um sistema de valores humanos compartilhados. Elas não funcionam bem quando são baseadas em um sistema único de crenças culturais, porque isso torna mais difícil aceitar a diversidade.

Democracias também funcionam melhor quando as pessoas que formam a nação são encorajadas a se individualizar e depois a se autorrealizar, quando os indivíduos se tornam viáveis e independentes (responsáveis e responsabilizados) dentro de suas estruturas de existência, e depois se alinham plenamente com quem são.

Você vai lembrar que eu defendi este mesmo argumento nos capítulos sobre liderar uma organização. As organizações funcionam melhor quando os funcionários são encorajados a se individualizar e a se autorrealizar – quando se tornam hábeis na maestria pessoal e na coesão interna pessoal. O mesmo é verdadeiro para as nações.

Temos de reconhecer que as nações são os recipientes culturais da humanidade. A individuação humana exige que as pessoas saiam de suas embalagens culturais (estruturas de crença) a fim de se autorrealizar. Você deve primeiro se tornar uma entidade viável e independente, para que possa realmente se ligar com outras pessoas que compartilham valores semelhantes, mas não necessariamente compartilham a mesma etnia. Jamais vamos tornar o conceito de humanidade algo palpável até que uma massa crítica de pessoas em cada nação se individualize e se autorrealize.

É minha convicção que o trabalho principal da comunidade do novo paradigma – os líderes nacionais e globais – é criar as condições e os sistemas educativos que apoiem a evolução da consciência pessoal (liderar a si mesmo) em suas comunidades, nações e regiões. Nosso futuro coletivo depende de pessoas individualizadas, autorrealizadas, integradas e prontas para servir.

Em outras palavras, o nosso futuro coletivo depende da evolução da consciência humana. Sem isso, nós simplesmente pereceremos no pântano da concorrência com base no interesse próprio movido pelo ego. Nosso futuro coletivo depende do desenvolvimento de uma massa crítica de líderes em empresas, governos e na sociedade, que operem a partir da consciência pessoal de espectro total com mentes autotransformadoras que estejam comprometidas a servir a humanidade.

NOTAS

170 http://pt.wikipedia.org/wiki/Hip%C3%B3tese_de_Gaia
171 Holon: Something which is at the same time both a part and a whole.

27

Práticas Gerais

Se você seguiu "religiosamente" este livro do começo ao fim, deve ter notado que, no capítulo final de cada parte, indiquei algumas práticas gerais recomendadas — práticas para liderar a si mesmo, liderar os outros, e liderar uma organização. A maioria destas práticas é também aplicável a liderar uma comunidade ou uma nação. As mais importantes dentre elas são as práticas de autoliderança, que são discutidas no Capítulo 12 — feedback, coaching, equilíbrio e fazer a diferença em seu mundo.

Se você quiser se tornar um líder do novo paradigma é preciso lembrar que você vive em um mundo quântico de energia onde a sua realidade — o jeito que você interpreta seu mundo — é o que você quiser que ela seja.

No nível quântico da existência tudo existe em todas as suas possibilidades. A possibilidade que você experimenta é governada por suas crenças. Você vive em um mundo totalmente subjetivo. Aquilo no que sua mente se concentra — aquilo no que você acredita — é o que você vai ver. Crer para ver. Se você acredita que alguém é preguiçoso, então você irá interpretar suas ações através deste filtro: você vai notar a sua preguiça. Se você acredita que alguém é arrogante, então você irá interpretar suas ações através deste filtro: você vai notar a sua arrogância. Seus pensamentos criam a realidade que você experimenta.

Não vemos as coisas como elas são, mas como nós somos.

O Talmud

Se você quer ver o mundo de forma diferente, então mude suas crenças. Se você quer interagir com o mundo de forma diferente, deixe que suas ações sejam impulsionadas por seus valores e não por suas crenças. Se você quer servir ao mundo, entregue a sua alma. Deixe a "inspiração" de sua alma guiar suas ações em tudo o que você faz.

> *Eu não sei qual será o seu destino, mas uma coisa eu sei: os únicos dentre vocês que serão realmente felizes são aqueles que procurarem e encontrarem como servir.*
>
> Albert Schweitzer

No capítulo final do meu primeiro livro, "Um Guia para a Libertação da Alma",[172] eu me despedi com as seguintes observações.

> *A decisão mais importante que você pode tomar é alinhar-se com sua alma. Quando você começa a aceitar e a se identificar com a sua realidade multidimensional, você reconhece dentro de si os poderes de criação e comunicação que existem nas dimensões superiores da consciência. Você se torna cada vez mais sensível à energia que permeia e envolve todos os seres vivos. Você começa a entender e conhecer as coisas que estão além do seu conhecimento atual. Você confia menos na lógica e mais na intuição e na inspiração, e suas palavras refletem a sabedoria da sua alma.*

Em última análise, há apenas uma fonte de energia no mundo – a energia que existe no nível quântico da realidade. Tudo que é físico e todas as formas de pensamento são feitos de energia. Cada alma, cada ser humano, cada planta e cada criatura é composta por esta energia. Não há nada no mundo que não faça parte deste campo energético.[173] Tudo está ligado a tudo através deste campo de energia. Todo o conhecimento que existe em todas as memórias está neste campo. Não há nada que se saiba que não esteja neste campo. Este campo de informação se torna cada vez mais acessível para nós à medida que expandimos nossa consciência.

Quando você expande o seu sentido de identidade para além do campo de energia individualizado de sua alma, você se torna uno com tudo que existe. Você se torna uno com o campo de energia universal. Neste nível de consciência, não há separação e não há dualidade. Há apenas o ser. Não há nada que você precise e não há nada que você precise fazer. Você simplesmente existe para servir à Mente Una – o campo de energia que une tudo. Você percebe que dar aos outros é o mesmo que dar a si mesmo, e que servindo aos outros você está servindo a si mesmo. Não há vocação maior do que essa.

O número global de mentes é apenas um.

Edwin Schrodinger

Meu Diário de Liderança – Liderar na Sociedade

Esta é a quarta parte de seu diário de liderança que se concentra em você como o líder de uma comunidade ou como um líder na sociedade. Este documento (Meu Diário de Liderança: Liderar na Sociedade) pode ser baixado e instalado no seu computador com links automáticos ao site do Novo Paradigma da Liderança. Conforme você trabalha com os exercícios do Manual de Liderar na Sociedade, e gradualmente completar o seu Diário de Liderar na Sociedade, você pode achar necessário atualizar o seu diário de Liderar a Si Mesmo e Liderar os Outros.

Veja a seguir os títulos dos principais capítulos da parte de Liderar na Sociedade do Diário de Liderança para download:

A Jornada da Minha Comunidade

- A história da minha comunidade.
- A história de liderança da minha comunidade.

O Potencial da Minha Comunidade

- Os pontos fortes da minha equipe de liderança/comunidade.
- Os dias no fluxo de minha equipe de liderança.
- Os valores/comportamentos da minha comunidade.
- A visão/missão da minha comunidade.

Os Desafios da Minha Comunidade

- A entropia da minha equipe de liderança/comunidade.
- Os pontos de tensão da minha equipe de liderança/comunidade.
- As disfunções da minha equipe de liderança/comunidade.
- As metas e ações da minha equipe de liderança/comunidade.

Minha Maestria Comunitária

- As perguntas de mudança da minha equipe de liderança.
- As capacidades e habilidades de gerenciamento da minha equipe de liderança.
- O scorecard da minha equipe de liderança/comunidade.

O Crescimento da Minha Comunidade

- A evolução da minha equipe de liderança/comunidade.
- O feedback/desempenho da minha equipe de liderança/comunidade.
- Os pontos de poder da minha equipe de liderança/comunidade.
- Os compromissos da minha equipe de liderança/comunidade.

O manual eletrônico para download e o diário de liderança, juntamente com o site e este livro fornecem os materiais e recursos que você precisa para completar o módulo de formação de liderança na sociedade.

Conclusões

Como expliquei na introdução desta parte do livro, o propósito do módulo de liderança na sociedade do programa evolutivo de desenvolvimento de liderança é ajudar a construir uma comunidade de alto desempenho. Você só será capaz de fazer isso se for capaz de apoiar o povo de sua comunidade ou nação em sua jornada para a autorrealização – criando um ambiente onde as pessoas sejam capazes de realizar seus sonhos e o seu potencial.

Esta viagem começa quando você decide conscientemente evoluir e assumir a responsabilidade por todos os aspectos da sua vida. Você não pode liderar sua comunidade ou sua nação nesta jornada enquanto não tiver dominado as habilidades necessárias para liderar a si mesmo.

NOTAS

172 Richard Barrett. *A Guide to Liberating Your Soul*. Alexandria: Fulfilling Books, 1995, p. 143. Available from www.amazon.com and www.valuescente.com
173 Lynne McTaggart. *The Field*. London: Element, 2003

PARTE 6

Anexos

ANEXO 1	Sete Níveis de Consciência: Um Breve Resumo das Origens do Modelo
ANEXO 2	O Novo Paradigma da Liderança: Sistema de Aprendizagem Emergente, Autodirigido e Autogerido

ANEXO 1

Sete Níveis de Consciência: Um Breve Resumo das Origens do Modelo

A razão pela qual eu criei o modelo dos Sete Níveis de Consciência foi para ter maiores definição e compreensão das motivações humanas. O modelo é baseado na hierarquia das Necessidades de Abraham Maslow.

Era claro para mim que a pesquisa e o pensamento de Maslow estavam à frente do seu tempo. Abraham Maslow morreu em 1970, aos 62 anos, bem antes do movimento da consciência criar raízes. Eu percebi que, com algumas pequenas alterações, a hierarquia de Maslow podia ser transposta para um quadro de consciência. Em 1996, comecei a fazer essas alterações, transformando o modelo da Hierarquia das Necessidades no modelo dos sete níveis de consciência. O modelo dos sete níveis de consciência é mostrado na Figura A1.1 e as alterações que fiz estão resumidas na Tabela A1.1.

Mudando das Necessidades para a Consciência

Era evidente para mim que quando as pessoas têm ansiedades ou medos subconscientes subjacentes sobre uma de suas necessidades de deficiência de ordem mais baixa, seu subconsciente continua focado no que precisam. Elas simplesmente não podem obter o suficiente daquilo de que precisam para aliviar seus medos e ansiedades subconscientes, mesmo que pareça para um observador externo que elas já satisfizeram aquela necessidade. Por exemplo, há pessoas que nunca estão satisfeitas com a quantidade de dinheiro que ganham. Embora possam ser muito ricas, para elas esta necessidade permanece insatisfeita. Não importa o quanto elas ganham, elas estão sempre querendo mais. Essas pessoas permanecem subconscientemente focadas no nível de consciência da sobrevivência, embora possam ter dominado vários dos outros níveis superiores de consciência.

```
Serviço           | 7
Fazer a Diferença | 6
Coesão Interna    | 5
Transformação     | 4
Autoestima        | 3
Relacionamentos   | 2
Sobrevivência     | 1
```

Figura A1.1 Sete níveis do modelo de consciência.

Tabela A1.1: De Maslow a Barrett

MASLOW		
Hierarquia das Necessidades		**BARRETT**
		Níveis de Consciência
Autorrealização	7	Serviço
	6	Fazer a Diferença
	5	Coesão Interna
Conhecer e compreender	4	Transformação
Autoestima	3	Autoestima
Pertencimento	2	Relacionamentos
Segurança	1	Sobrevivência
Fisiológicas		

Outras pessoas, que têm ansiedades ou medos subconscientes subjacentes sobre pertencer ou ser amado, inconscientemente operam a partir do nível de consciência de Relacionamento. Elas têm uma necessidade tão forte de experimentar um sentimento de afeição ou afiliação que podem comprometer sua integridade pessoal para conseguir que suas necessidades sejam atendidas. Elas querem ser amadas: elas não podem tolerar o conflito e usarão o humor para trazer harmonia e mascarar suas inseguranças.

Indivíduos que têm as ansiedades e medos subjacentes quanto ao seu desempenho ou status em relação aos seus pares, inconscientemente operam a partir do nível de consciência da autoestima. Sua necessidade por poder, autoridade, status ou respeito é primordial para o seu bem-estar. Eles nunca se cansam de reconhecimento, elogios ou prestígio. Eles se tornam perfeccionistas, workaholics e empreendedores. Eles são movidos por sua necessidade de obter reconhecimento. Apesar de todos os elogios que possam receber, eles sempre ficam querendo mais. Eles querem mais fama, reconhecimento, poder, autoridade ou status.

Essas considerações me levaram a reconhecer que nossas necessidades percebidas (ego ou alma) influenciam diretamente os níveis de consciência nos quais operamos.

Ampliando o Conceito de Autorrealização

Eu expandi o conceito de autorrealização para dar mais definição às nossas necessidades mentais e espirituais, integrando os níveis de consciência descritos na Ciência Védica em um modelo de Sete Níveis de Consciência.

A Ciência Védica especifica sete níveis de consciência. Estes são despertar, dormir, sonhar, consciência da alma, consciência cósmica, consciência de Deus e consciência de unidade. Pareceu-me que as descrições dos quatro últimos destes níveis de consciência descreviam as características subjacentes de autorrealização.

O Primeiro Nível de Autorrealização

Minha primeira descoberta foi que o nível da consciência da alma corresponde à necessidade de Maslow para conhecer e compreender, e ao conceito de Carl Jung de individuação. Eu chamo isso de nível de Transformação. É o primeiro nível de autorrealização, e talvez pudesse ser mais bem descrito como o nível de autoativação ou individuação. É o nível em que começamos a investigar a verdadeira natureza de quem somos e o significado que atribuímos às nossas vidas. Neste nível, somos capazes de nos afastarmos o suficiente do ambiente social, que tem condicionado as nossas crenças e valores, a ponto de fazer nossas próprias escolhas, para que possamos nos tornar autores de nossas próprias vidas, e desenvolver a nossa própria voz.

O Segundo Nível de Autorrealização

A consciência cósmica corresponde ao segundo nível de autorrealização. Refiro-me a este nível de consciência como coesão interna – o quinto dos

Sete Níveis de Consciência. Neste nível de consciência, seu ego e sua alma se mesclam – este é o significado da coesão interna. Você encontra o seu sentido pessoal de propósito transcendente (propósito de alma), e alinha as crenças de seu ego com os valores de sua alma. O seu ego e a alma tornam-se plenamente integrados. Você se torna uma personalidade impulsionada pela alma.

O Terceiro Nível de Autorrealização

A consciência de Deus corresponde ao terceiro nível de autorrealização. Refiro-me a este nível de consciência como Fazer a Diferença – o sexto nível de consciência. Este é o nível em que você começa a descobrir e desenvolver os atributos mais profundos de sua alma. Você desenvolve um senso de saber que vai além do raciocínio e sua intuição começa a direcionar a sua tomada de decisão. Neste nível de consciência, você ativa completamente o propósito de sua alma, fazendo a diferença no mundo. Você aprende rapidamente que o grau de diferença que pode fazer é significativamente alavancado pela sua capacidade de colaborar com outras pessoas que compartilham de um propósito similar.

Quarto Nível de Autorrealização

A consciência da unidade corresponde ao quarto nível de autorrealização. Refiro-me a este nível de consciência como o nível de Serviço – o sétimo da consciência. Chegamos a esse nível de consciência quando a busca por fazer a diferença torna-se um modo de vida. Neste nível de consciência, embarcamos em uma vida de serviço altruísta. Estamos totalmente à vontade com a incerteza e podemos acessar fontes mais profundas de sabedoria. Aprendemos a trabalhar com humildade e compaixão.

Muito embora as correlações que fiz com a Ciência Védica não sejam exatas, são suficientemente próximas para justificar a atenção, e fornecer *insights* sobre o significado espiritual subjacente do processo de autorrealização.

À medida que progredimos através de cada um dos níveis mais elevados de consciência, experimentamos um crescente sentimento de conexão com o mundo que se apresenta como um senso de identidade. Temos uma sensação de unidade com nós mesmos, com nossa família, com a nossa comunidade, com a organização para a qual trabalhamos, com nossa nação, com a humanidade e o planeta, e, eventualmente, com toda a criação. Eu descrevi os diferentes níveis de inclusão expansiva no Capítulo 4 deste livro (os Sete Níveis da Identidade Humana).

Renomeando os Níveis Mais Baixos de Consciência

A próxima mudança que fiz na hierarquia de Abraham Maslow das necessidades foi combinar o nível de sobrevivência fisiológica com o nível de segurança em uma única categoria. Eu me senti justificado em fazer isso já que as necessidades fisiológicas do corpo estão, essencialmente, sob os cuidados da nossa consciência celular – nossa mente-corpo e não por nossa consciência pessoal. É somente nos momentos de angústia ou disfunção que a nossa consciência pessoal intervém no funcionamento do corpo. Por exemplo, nosso corpo envia sinais para a nossa consciência pessoal quando precisa de comida e água ou quando precisa eliminar o desperdício. Nossa consciência pessoal não está no controle desses processos. Eu chamei este nível combinado de Consciência de Sobrevivência porque ele se concentra em questões de sobrevivência física, segurança física e saúde física.

Eu também renomeei o nível de amor/pertencimento como Consciência de Relacionamento. Eu me senti justificado em fazer isso já que a qualidade do amor que experimentamos na vida é diretamente afetada por nossa capacidade de construir relacionamentos significativos e de experimentar um sentido de pertencimento. Eu não renomeei o nível de autoestima. Este nível, juntamente com o nível de relacionamento, representa nossas necessidades emocionais.

Portanto, criei três níveis da consciência humana a partir da hierarquia das necessidades básicas de Maslow:

- Consciência de Sobrevivência (sobrevivência e segurança combinadas).
- Consciência de Relacionamento (que substitui o amor/pertencimento).
- Consciência de autoestima.

Juntas, essas necessidades representam as principais etapas do surgimento e do desenvolvimento do ego.

Com estas três alterações no modelo de necessidades de Abraham Maslow – mudar de necessidades para consciência, expandir a autorrealização e reestruturar e renomear as necessidades básicas – eu fui capaz de construir um modelo de consciência que corresponde aos sete temas existenciais da vida comuns a toda a humanidade.[174]

NOTA

[174] Escrevi sobre os níveis mais elevados da consciência humana em meu primeiro livro *A Guide to Liberating Your Soul*, e os integrei à hierarquia das necessidades de Maslow em meu segundo livro *Liberating the Corporate Soul: Building a visionary organisation*.

ANEXO 2

O Novo Paradigma da Liderança: Sistema de Aprendizagem Emergente, Autodirigido e Autogerido

Como afirmei no Capítulo 14, a partir de uma perspectiva evolutiva, toda a aprendizagem tem sido sempre emergente e autodirigida com a finalidade de manter ou aumentar a estabilidade interna e o equilíbrio externo de uma entidade ou estrutura de grupo – um indivíduo, uma equipe, uma organização, uma comunidade[175], ou uma nação.

Pode-se dizer também que a aprendizagem evolutiva tem sido sempre "on-job" e "on demand". As entidades experimentam os eventos, reagem a eles e então avaliam a eficácia de suas respostas com base no que aconteceu com a sua estabilidade interna e com seu equilíbrio externo. Isso ocorre em tempo real. Os resultados das decisões tomadas são registrados na memória. Respostas que mantêm ou aumentam a estabilidade interna e o equilíbrio externo são memorizadas para uso futuro quando situações semelhantes ocorrerem.

O sistema de aprendizagem do Novo Paradigma da Liderança baseia-se neste processo de aprendizagem evolutiva, mas em vez de ser inconsciente – aprender aleatoriamente com as situações que possam surgir – ele é consciente. É consciente porque é construído em torno de um modelo de evolução, e das formas de obtenção de feedback que permitem que os participantes cresçam e se desenvolvam de acordo com os três estágios da evolução universal.

O sistema de aprendizagem evolutiva do Novo Paradigma da Liderança foi concebido para tirar o máximo partido da Web 2.0, para que os participantes possam:

a) acessar os recursos de que precisam on-demand;
b) seguir um programa de aprendizagem que pode ser personalizado seguindo seu próprio ritmo, e

c) construir o seu próprio diário de liderança personalizado que funciona como um recurso vivo que documenta a sua jornada de liderança.

Os quatro componentes do sistema de aprendizagem do Novo Paradigma da Liderança são o livro do Novo Paradigma de Liderança, o website do Novo Paradigma de Liderança[176], e um manual eletrônico e Diário de Liderança para liderar a si mesmo, liderar os outros, liderar uma organização e liderar na sociedade.

O Web Site

O site do Novo Paradigma de Liderança contém os manuais e diários para cada módulo do sistema de aprendizagem, e todos os recursos materiais e links de vídeo necessários para apoiar o sistema de aprendizagem do Novo Paradigma da Liderança. Cada módulo do site vai evoluir e crescer com a adição de novos materiais com base em nossas pesquisas atuais e dos comentários e sugestões dos participantes do programa de aprendizagem. As versões eletrônicas dos manuais e diários de liderança podem ser baixadas do site após o pagamento de uma taxa de licença.

Diário de Liderança

Além de promover a evolução consciente, o sistema de aprendizagem é emergente. É emergente porque os participantes podem construir seus próprios diários de liderança personalizados. O livro fornece recursos sob demanda para lidar com situações específicas que possam surgir (emergências), e o diário de liderança fornece uma maneira para registrar os problemas que tiveram que enfrentar, os princípios que utilizaram no desenvolvimento de suas respostas, suas ações, e os resultados alcançados. Cada documento criado torna-se parte de seu banco de memória de sua jornada de liderança ao qual eles podem recorrer e consultar a qualquer momento no futuro.

Manual de Trabalho

Cada manual fornece materiais de aprendizagem programada e on-demand, links de recursos e exercícios experienciais que os participantes usam em sua jornada de aprendizagem de liderança. Os resultados dos exercícios e os recursos mais importantes ou materiais de referência que eles encontram podem ser transferidos eletronicamente para o Diário de Liderança do participante, que se torna uma enciclopédia viva ou documento de recursos da jornada de liderança do participante.

Estrutura do Sistema de Aprendizagem

O sistema de aprendizado é estruturado da seguinte forma (veja a Figura A2.1). O módulo de aprendizagem de Liderar a si Mesmo é fundamental. É o ponto de partida para uma vida mais gratificante e eficaz. Sua vida e seu diário estarão em constante evolução.

O módulo de aprendizagem de Liderar os Outros é fundamental para todos que estão envolvidos no gerenciamento de um grupo de pessoas em qualquer forma de organização. A partir deste ponto, o caminho de aprendizado diverge para liderar uma Organização ou liderar na Sociedade. Ciclos de feedback dos módulos Liderar os Outros, Liderar uma Organização e Liderar na Sociedade permitem que os participantes do sistema de aprendizagem

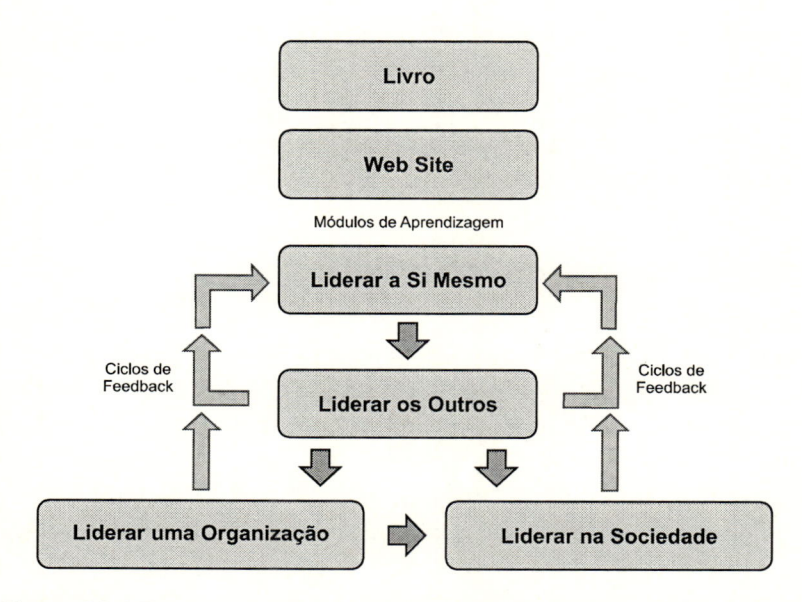

Figura A2.1 Estrutura do sistema de aprendizagem do Novo Paradigma da Liderança

atualizem seus Diários de Liderar a si Mesmo à medida que se deparam com situações novas e lidam com novas experiências que expandem a sua consciência.

É altamente recomendado que aqueles que seguirem o caminho de Liderar uma Organização também leiam a parte do livro sobre Liderar na Sociedade. Em algum momento futuro, eles também podem querer completar o módulo de Liderar na Sociedade. Os módulos de Liderar uma Organização e Liderar na Sociedade são muito semelhantes em conteúdo, mas se referem a contextos diferentes.

Opções de Entrega

Uso Pessoal

Os módulos de Liderar a Si Mesmo e Liderar os Outros do programa de treinamento de liderança do Novo Paradigma da Liderança foram concebidos para ser autodirigidos. No entanto, eles também podem ser usados em um ambiente de grupo facilitado. Cada indivíduo terá de comprar o livro e pagar uma licença que lhe permite baixar a versão eletrônica dos manuais e diários de Liderança dos módulos que querem aprender. Os participantes nos dois primeiros módulos do sistema de aprendizagem do Novo Paradigma da Liderança são incentivados a formar grupos de estudo locais ou via Skype nos quais podem partilhar os seus conhecimentos e aprofundar o material. Os módulos de Liderar uma Organização e Liderar uma Comunidade ou Nação podem ser autodirigidos ou facilitados.

Agentes de Mudança e Consultores

Agentes de mudança e consultores podem usar o sistema de aprendizagem do Novo Paradigma da Liderança dentro de suas organizações ou com os seus clientes da seguinte maneira: Eles compram uma cópia do livro e uma licença individual para si e para cada um dos participantes do programa para os módulos que desejam realizar. Mesmo que os módulos Liderar a Si Mesmo e Liderar os Outros tenham sido projetados para ser completamente autodirigidos, há benefícios óbvios quando as pessoas que trabalham em conjunto se encontram de forma regular com um facilitador para compartilhar suas experiências, aprofundar temas específicos e acessar a sabedoria do grupo. Algumas das ferramentas de feedback individual e em grupo podem exigir a facilitação de especialistas. Os facilitadores não são obrigados a usar todos os materiais em seus programas de treinamento e podem substituí-los por seus próprios exercícios, quando apropriado.

Universidades e Faculdades

O sistema de aprendizagem do Novo Paradigma da Liderança pode ser facilmente integrado em cursos de faculdade e universidades. Os professores terão de comprar o livro, e licenças individuais para si e para cada um dos participantes do programa para os módulos que quiserem ensinar.

Licenças

Todos que se utilizam do sistema de aprendizagem do Novo Paradigma precisam fornecer seu endereço de e-mail para obter uma licença. As razões para isso são três. Primeiro, eles serão informados das atualizações para os materiais; em segundo lugar, serão contatados sobre se desejam iniciar ou fazer parte de um grupo de estudo local; e terceiro, em alguma data futura, estaremos estudando a possibilidade de integrar os participantes ligados ao programa em uma comunidade interativa de aprendizagem entre pares com a partilha de conhecimentos em torno das técnicas que usaram e que tiveram resultados positivos.

NOTAS

175 Comunidade pode se referir a uma comunidade local em uma aldeia, vilarejo ou cidade, ou a uma comunidade nacional ou global ou a um movimento de interesses sociais comuns.

176 www.newleadershipparadigm.com